Hermann Glaser

Im Packeis des Unbehagens

Eine persönliche Bilanz des Generationenkonflikts

Verlag J.H.W. Dietz Nachf.

ISBN 3—8012—0077—9

Berlin · Bonn
Godesberger Allee 143, D-5300 Bonn 2
Lektorat: Charles Schüddekopf
Herstellung: Gerd Ernst
Umschlag: Karl Debus, Bonn
Satz: Fotosatz Wibbeke, Königswinter
Druck und Verarbeitung: satz + druck gmbh, Düsseldorf

Printed in Germany 1982

Inhalt

Über dieses Buch: Die Alten und die Jungen

In einem »Brief aus Grönland« — »Grönland liegt in Zürich«[1], aber natürlich auch anderswo — wird ein Dichter zitiert, der eigentlich gar nicht in die Landschaft des Packeises paßt. Denn während sich dort die weltanschaulichen Blöcke unerbittlich auf- und gegeneinander türmen, mit brutalem Knirschen, aber ohne besondere Reibungswärme, ist er ein Poet grüner Gelassenheit gewesen. Zugleich hat er jenseits ideologischer Erstarrung die urbane Kunst des Lebenwollens und Lebenlassens verkörpert, wovon in einer Landschaft, in der das Eis in Beton und der Beton in Eis übergeht, wenig zu spüren ist. Die Rede ist von Theodor Fontane, und das Gedicht, das in dem »Brief aus Grönland« zum Teil zitiert wird, lautet in seiner Gänze:

»Die Alten und die Jungen

›Unverständlich sind uns die Jungen‹,
Wird von den Alten beständig gesungen;
Meinerseits möcht ich's damit halten:
›Unverständlich sind mir die Alten.‹
Dieses Am-Ruder-bleiben-Wollen
In allen Stücken und allen Rollen,
Dieses Sich-unentbehrlich-Vermeinen
Samt ihrer ›Augen stillem Weinen‹,
Als wäre der Welt ein Weh getan —
Ach, ich kann es nicht verstahn.
Ob unsre Jungen, in ihrem Erdreisten,
Wirklich was Besseres schaffen und leisten,
Ob dem Parnasse sie näher gekommen
Oder bloß einen Maulwurfshügel erklommen,
Ob sie, mit andern Neusittenverfechtern,
Die Menschheit bessern oder verschlechtern,
Ob sie Frieden sä'n oder Sturm entfachen,
Ob sie Himmel oder Hölle machen —
Eins läßt sie stehn auf siegreichem Grunde:
Sie haben den Tag, sie haben die Stunde;
Der Mohr kann gehn, neu Spiel hebt an,
Sie beherrschen die Szene, *sie* sind dran.«[2]

Ich will an den einzelnen Versen »festmachen«, warum ich dieses Buch schrieb und welche Darstellungsstruktur ich dabei wählte (vorweg: diese besteht darin, daß das Bemühen um Verallgemeinerung bzw. die Anstrengung des Begriffs immer wieder »aufgehoben« werden soll in der persönlichen Erfahrung, auch in der Bekundung des Widerspruches zwischen Objektivierung und Subjektivität, der als solcher oft genug nicht aufgelöst wird).

»›Unverständlich sind uns die Jungen‹,
Wird von den Alten beständig gesungen«

Ist die Litanei über den Verlust der Verständigung zwischen jung und alt, Jüngeren und Älteren, Jungen und Alten ein generationspezifisches, gleichbleibend anthropologisches Problem, oder signalisiert solches Bewußtsein von der Kluft zwischen den Generationen einen besonderen gesellschaftlichen und politischen Tatbestand unserer Zeit und Welt?

> Ich »singe mit«, verstehe nicht — gefühlsmäßig — warum die Weitergabe von Erfahrung auf soviel Widerstand und Abneigung stößt. Zugleich verstehe ich rational, indem ich von meiner persönlichen Befindlichkeit mich entferne, daß eine Erfahrungsblockierung unvermeidlich ist.

Man kann in die Klage nicht einstimmen, wenn man Jugend als Entwurf begreift, der sich aufgrund seiner futurischen Ausrichtung notwendigerweise aus Übereinkunft und Übereinstimmung löst. Unverständlich ist mir jedoch der Narzißmus der Jugend, als individuelle wie kollektive Verhaltensweise, der Sozialisation erschwert bzw. an die Stelle der Ausbildung von Ich-Stärke den Wahn von Gruppenidentität setzt. Ist Narzißmus aber nicht auch verständlich in einer Welt der Entindividualisierung, wo so viele ihr Ich verloren haben oder unterdrücken müssen? So wäre jugendlicher Narzißmus zumindest eine Vorstufe zu neuer Ichbildung: ein Streukranz von egozentrischen Verhaltensweisen schirmte dann einen mentalen Freiraum ab, in dem sich Wille und Vorstellung noch formieren können.

Unverständlich ist mir alternative Denkweise in ihrer rigorosen Absage an die Industriegesellschaft. Ich verstehe nicht, wie leichtfertig man die Möglichkeiten einer sozialen und demokratischen zivilisatorischen Kultur aufs Spiel zu setzen vermag; ich verstehe jedoch die Frustrationen angesichts des materiellen Leistungsdrucks und die Sehnsucht nach Regression. Ich frage: Kann man nicht wenigstens so viel aus der Geschichte lernen, daß der Rückfall auf eine vorzivilisatorische Stufe vermieden wird und man in Richtung auf ein postmaterielles Stadium fort-schreitet? Unverständlich sind mir die Jungen, die, statt von hinten herum, frontal ins Paradies wieder einzudringen trachten, obwohl es doch jedem, der vom Baum der Erkenntnis gegessen hat, bei solcher Annäherung verschlossen bleiben muß. Oder ist man willens, vom öffentlichen Gebrauch der Vernunft, der doch immer ein Stück Entfremdung von Kreatürlichkeit bedeutet, keinen Gebrauch mehr zu machen?

Unverständlich sind sie mir, die Jungen, in so vielerlei Hinsicht. Indem die Gründe nachfolgend in einer Reihe von Kapiteln ausführlich aufgezeigt werden, soll ein Beitrag geleistet werden zur Existenzanalyse der Älteren. Indem ich aufzeige, was und warum es mir unverständlich ist, kann ich es verstehen lernen; und wenn nicht, kann zumindest mein Vor-Urteil in ein fundiertes Urteil übergeleitet werden. Unverständnis ist dann ein dem Neuen aufgeschlossener Zustand, wenn es nicht festgeschrieben, sondern in der Reflexion »aufgehoben« wird; es mag ihm dadurch ein Ende gemacht werden — Unverständnis also in Verständnis umschlagen; es mag nach entsprechender Prüfung erhalten bleiben, »aufbewahrt« werden; es ist dann, durch Abstraktion, der emotionalen Negation enthoben, über sie »erhaben«. Die Klage über das Nichtverstehenkönnen von Jugend löst sich auf diese Weise von der generationstypischen Voreingenommenheit, die eigentlich eine Nacheingenommenheit ist, ab; zurückgewonnen wird der Zustand diskursiver Verständigungsbereitschaft, die nicht mehr vorrangig anthropologisch versperrt ist. Aus unterschiedlichen Sachstandpunkten (verbunden mit unterschiedlichen Erfahrungshorizonten) entwickelt sich die Chance neuer, dialektisch sich vollziehender Integration von jung und alt.

Man kann das Packeis des Unverständnisses, in dem auch viele Mißverständnisse eingefroren sind, nicht dadurch auftauen, daß die Alten als Präzeptoren dekretieren, worin der Wärmestrom besteht; von innen her muß sich das Klima verändern. Und was dann eingeschmolzen wird, soll nicht im Strom der Geschichte dahinfließen und sich verlieren; das grüne Land, das darunter zum Vorschein kommen dürfte, läßt sich im »aufgehobenen Unverständnis« zusammen mit den Jungen als Terre des hommes bebauen.

»Meinerseits möcht ich's damit halten:
›Unverständlich sind mir die Alten‹«

Wer es damit hält, konstatiert zunächst die eigene Problematik. Er weiß nicht, was er von sich selbst halten soll; Verunsicherung ist ein guter Weg zur Selbsterkenntnis. Die Verse sind aber vorrangig nicht selbstreflexiv gemeint; die anderen in ihrer Altersstereotypie sind gemeint. Ihr Defizit ist verhältnismäßig leicht definierbar: sie haben Erfahrung; diese führt nicht zur Beweglichkeit; nichts fließt mehr; die bezogene Position ist aus dem Rückwärts gefestigt. Geschichte gilt hier nur dann, wenn sie den eigenen Standpunkt untermauert und die bei objektiver Betrachtung unübersehbaren Wandlungsprozesse mit daraus sich ergebender Relativierung von Erfahrung negiert.

Daß die Alten die Jungen unverständlich finden, ist eine Unverständlichkeit, die verständlich wird, wenn man Alter als unaufgehobenes jugendliches Ausschließlichkeitsbewußtsein versteht: die Senilität ist dann eigentlich Infantilität; die Alten sind steckengeblieben in einem Jungsein, das von der Zeit längst übergangen ist. Solche Entwicklungslosigkeit ganzer Generationen von Älteren und Alten scheint mir eine besondere Gefahr unserer gesellschaftlichen Situation zu sein. Was Fontane auf dem Höhepunkt des Wilhelminismus formuliert, ist heute aktueller denn je: eine paternalistische bzw. patriarchalische Mentalitätsschicht, freilich verpackt in ein warenästhetisch vermitteltes »Frischwärts«, überlagert Jugend; sie ist weniger an Personen, denn an Strukturen geknüpft. Systemzwänge werden überliefert und oktroyiert; der Zweifel an deren Legitimität ist vielfach weniger revolutionär fundiert, denn aus der Frustration geboren. Der Anachronismus von Strukturen hat sich sowohl elastisch im Sinne repressiver Toleranz als auch gefällig durch Reklame-Glamour abgesichert. Ich möchte es damit halten, daß das Packeis der Kulturheuchelei mit seinen Gletscherströmen weit ins Land reicht; kulturrevolutionäres Bewußtsein könnte für Tauwetter sorgen.

»Dieses Am-Ruder-bleiben-Wollen
In allen Stücken und allen Rollen,
Dieses Sich-unentbehrlich-Vermeinen
Samt ihrer ›Augen stillem Weinen‹,
Als wäre der Welt ein Weh getan —
Ach, ich kann es nicht verstahn.«

Sind die älteren Generationen zu aktiv, zu wenig resignativ? Ist ihr Gestaltungswille so stark, daß den Jüngeren kein Einfluß auf die »Richtung«, geschweige denn auf einen Richtungswechsel eingeräumt wird? Generationenwechsel ist gerade in Industriegesellschaften besonders bedeutsam. Er ist bei uns erschwert durch den Generationenausfall und die Generationenverschiebung infolge von Krieg und Nachkriegszeit. Solche politische und gesellschaftliche Verspätung spiegelt sich in Mentalitätsmustern; geschichtliche Fakten kann man nicht verdrängen; man kann aber sozialpsychologisch ihre negative Auswirkung auffangen bzw. abbauen.

Das Unentbehrlich-Vermeinen mit der »Augen stillem Weinen«, eine Mischung aus Überheblichkeits- und Minderwertigkeitskomplex also, läßt sich über die Einsicht in die Schwierigkeiten von Generationsübergängen abtragen; ein erhebliches Maß von Selbstüberwindung und Trauerarbeit ist dazu notwendig. Überwindung des eigenen Selbst: das bedeutet Zurücknahme erworbener Sicherheit und Verinnerlichung der Möglichkeit, daß der Weg, auf dem man sich dem Ziele nahe wußte, ein Holzweg sein mag; die anderen, die nachfolgenden Jüngeren, neue Wege gehen. Die Frage ist: Weltschmerz oder Heiterkeit bei der Erkenntnis vom Scheitern? Wie aber, wenn die völlige Beliebigkeit der Wege um sich griffe — was dann zwischen den Generationen und über sie hinaus den Konsens über die Grundwerte, auf denen unsere demokratische Gesellschaft basiert, infrage stellte? Wenn der Anspruch auf Legitimität mit der Legalität in kämpferischen Widerspruch geriete?

»Ob unsre Jungen, in ihrem Erdreisten,
Wirklich was Besseres schaffen und leisten,
Ob dem Parnasse sie näher gekommen
Oder bloß einen Maulwurfshügel erklommen,
Ob sie, mit andern Neusittenverfechtern,
Die Menschheit bessern oder verschlechtern,
Ob sie Frieden sä'n oder Sturm entfachen,
Ob sie Himmel oder Hölle machen —«

Kritische Fragen an die Jugend sind bei dieser nicht beliebt — soweit sie sich auf den Status von Jugend etwas zugute hält. Die Sicherheit, mit der man richtiges Bewußtsein in Anspruch nimmt, hat kein Verständnis dafür, daß man dies, in altväterlicher Weise, ein »Erdreisten« nennen kann. Daß man als Teil der »Bewegung«, als »Grüner« oder Atomkraftgegner, als Wohngemeinschaftsmitglied oder Friedensdemonstrant, sich auch nur auf einem Maulwurfshügel befinden könnte, würde als reaktionäre Abwertung zweifelsfreier Überlegenheit zurückgewiesen. Die jugendliche Gegengesellschaft ist sich (solange sie jugendlich ist) des rechten Weges stets bewußt.

Wahrscheinlich ist die Humorlosigkeit, der Mangel an Witz, der mit dem Mangel an Selbstreflexion Hand in Hand geht, schon richtig beobachtet; allerdings sah ich jetzt »Eine linke Geschichte« des »Grips«-Theaters — und erlebte die Reaktionen des jugendlichen Publikums. Wer mit solchem Witz, solcher Genauigkeit und Selbst-Ironie, mit solcher Klugheit und geistreichen Radikalität die »Jugendbewegungen« seit 1967 bis heute »aufzureißen« vermag, und wenn diejenigen, die es betrifft, mit solcher Zustimmung zu reagieren vermögen — dann kann man getrost feststellen, daß diese »unruhige Jugend« »meilenweit« den Konservativen voraus ist, die ihr pathetisches Geseire als Einsicht, ihren

Zynismus als Witz und ihren Mangel an Selbsterkenntnis als Demokratieverständnis verkaufen. Danke »Grips«! Manche linke Leute verstehen hierzulande etwas von Spaß.

»*Eins* läßt sie stehn auf siegreichem Grunde:
Sie haben den Tag, sie haben die Stunde;
Der Mohr kann gehn, neu Spiel hebt an,
Sie beherrschen die Szene, *sie* sind dran.«

Welch ein Wandel in den Auffassungen von gestern und heute: zu Fontanes Zeit der biologisch gesicherte Grund einer neuen Generation; der Zukunft der Jugend ist kein Alter gewachsen. Heute: No Future. Gegenwart verrinnt hoffnungslos. Die Angst, die Jugendlichkeit überwältigt, besteht ja gerade darin, daß kein »neues Spiel« anhebt, daß der Mohr seine Schuldigkeit nicht getan hat, sondern eine Schuld hinterläßt, die von der Jugend gar nicht mehr abgetragen werden kann. Konventionell die Interpretation des Generationenwandels durch Fontane; exorbitant die heutige Situation. »Natürliche« Entwicklungen finden eventuell nicht mehr statt, da niemand mehr die Szene beherrscht, auch diejenigen nicht mehr, die sie geschaffen haben; alle sind dran, abgerufen zu werden. Die Jüngeren merken, was die Älteren offensichtlich nicht merken; ihre Sensibilität beruht darin, daß sie befürchten, nicht die Szene beherrschen zu können. — Oder beherrscht man gerade deshalb die Szene, weil man vorspielt, sie nicht beherrschen zu können? Wird Angst zum Zauberstab eines Bewußtseins, das sich mit Hilfe pessimistischer Larmoyanz in eine dominante Position versetzt, während diejenigen, die »furchtlos« tätig sind, dadurch ausgeschaltet werden? Gehört die Zukunft der Angst? Wird sie zum großen Alibi für neue Innerlichkeit, die ihren Schrebergarten pflegt, da die Kraft zur Veränderung verloren gegangen ist?

Ich habe am Kirchentag ein Kurzreferat über »Kulturpolitik in der Stadt« zu halten, wie sie die Lebensqualität zu verbessern vermag, was kulturelle Identität bedeutet gegenüber Einsamkeit, Anonymität und den vielen Frustrationen des Alltags. Einwand beim jugendlichen Publikum: Warum soll man solche Thematik diskutieren, wenn die Welt vor dem Atomtod steht? Es sei kurz vor zwölf, wenn nicht schon danach; da muß man die Zeit anders nutzen: z.B. indem man eben über diese atomare Gefährdung spricht. Die Absicht, die Veranstaltung aufs »Eigentliche« hin umzufunktionieren, wird sofort akzeptiert. Ein Manifest wird verlesen. Die Älteren haben uns in eine ausweglose Lage gebracht. Trau keinem von ihnen mehr. Man muß dafür sorgen, daß sie abtreten. Begeisterte Zustimmung. Dann doch noch die Diskussion über Vordergründiges: eben über Kulturpolitik in der Stadt. Aber was nützt es, wenn die Apokalypse bevorsteht? Langsam verlasse ich das Universitätsgebäude; sehe mir die »Verängstigten« an. Der Alltag hat sie wieder: die Zigarette aus dem Jutebeutel; Jeunesse dorée; man vereinbart, wo man sich abends trifft. Linker Charme, androgyne Zartheit, sanfte Rauschebärte. Angereist zur empfindsamen Fete. Offensichtlich geht die Welt heute noch nicht unter. Der Kirchentag ist echt Spitze!

Anmerkungen

1 Paul Parin: Brief aus Grönland. In: Kursbuch 65/1981, S. 75.
2 Theodor Fontane: Die Alten und die Jungen. In: Gesammelte Werke. Eine Auswahl in fünf Bänden. 1. Band. Berlin 1915, S. 183 f.

Diskurs als Chance

Viele Jugendliche, die in der Jugendrevolte engagiert sind, wehren sich dagegen, daß ihre Impulse und Aktionen von Beobachtern in Formeln und Schemate gezwängt werden (so Jörg Popp in einem Aufsatz zur Jugendrevolte 1981 »Trauer-Power«). »Sie weigern sich, vor das Tribunal kritischer Gesellschaftstheorie zitiert zu werden, um sich dort zu erklären und zu rechtfertigen. Die klare, theoretisch durchgearbeitete Analyse gehört für diese Jungen auf die Seite jener gesellschaftlichen Zwänge, die sie bekämpfen. Sie erleben die Theorie als soziale Kontrolle. So befürchten sie, sie hätten schon verloren, wenn sie alles so klar und so eindeutig ausdrückten, wie die Beobachter es verlangen. Die analysierenden Experten werden als Befriedungstechniker erlebt. Viele rebellische Jugendliche kämpfen nicht nur gegen bürokratische Apparate, sondern auch gegen die Deutungsmaschinen, die nach ihrer Ansicht interpretieren, um zu dressieren. Auf dem Boden genauer Begriffe und durchdachter Langzeitstrategien zu bleiben, heißt für viele jugendliche Protestler, sich jener Ordnung zu unterwerfen, die sie ablehnen. Deshalb lassen sie sich von niemandem annektieren. Der Interpret wird als Eindringling erlebt. Die Jungen spüren, daß mancher Beobachter hinter seiner Deutungswut nur die tiefe Unruhe verbergen will, die jene Revolte in ihm auslöst.«[1]

Alibi für Gedankenlosigkeit

Ein sozialpsychologischer Tatbestand ist damit sicher richtig beschrieben. Was wirklich »so« ist, muß deshalb nicht vernünftig sein. Man sollte das Vernünftige wieder wirklich machen. In diesem Falle: die Diskurshemmung abbauen, überwinden; kritischer Gesellschaftstheorie wieder zur Akzeptanz verhelfen; diese darf freilich nicht so auftreten, als habe sie Antworten parat (Formeln, Schemata); sie muß ihre Ernsthaftigkeit durch die eigene Frag-Würdigkeit zurückgewinnen. Indem sie Meinungssätze, Erfahrungssätze, kritische Sätze »anbietet«, insgesamt zur Reflexion und Selbstreflexion ermutigt, ermöglicht sie den verschiedenen pluralen Positionen innerhalb der Gesellschaft, sich zu substantiieren und auf begriffliches Niveau sich zu begeben. Ohne ein solches ist »Gedankenaustausch« nicht möglich. Die klare theoretisch durchgearbeitete Analyse ist nicht gesellschaftlicher Zwang, sondern eine gesellschaftliche Chance, die den Streit der Geister überhaupt erst ermöglicht.

An diesem Streit der Geister als Streit des Geistes sind aber weitgehend weder die Älteren noch die Jüngeren, weder die Alten noch die Jungen interessiert. Sie vermeiden die Anstrengung des Begriffs; indem sie sie als soziale Kontrolle denunzieren, verschaffen sie sich ein Alibi für Gedankenlosigkeit. Der Mut zur geistigen Position schließt das Wagnis ein, den rational »georteten« Standpunkt handelnd zu vertreten. Wer keinen »Ort« hat, kann solche Herausforderung nicht bestehen; deshalb ist »Bewegung« als Bezeichnung für jugendlichen Protest auch so beliebt; man muß sich nicht »stellen«, ist überall und nirgendwo. Paradoxerweise fördert solche »Bewegung« die Statik der Gesellschaft: wirkliche Dialektik fehlt, kann sich mangels expliziter Pole nicht entfalten; geistige Spannung geht unter im Konturlosen, das zunehmend erkaltet und erstarrt.

Die Freude am geistigen Prinzip wird freilich noch viel mehr von jenen denunziert, die »an der Macht« sind. Auch sie meinen, sie hätten schon verloren, wenn sie klar und eindeutig ihre Position markieren (mag solche Eindeutigkeit durchaus eine der Ambivalenz sein!). Theorie als Herausforderung des Diskurses ist verpönt; beliebt ist das Dekret. Es erhält die Aura des »Staatserhaltenden« zugewiesen. Menschenwürde z.B. wird dekretiert, aber nicht diskutiert, auch nicht verifiziert. Man ist verloren, wenn man sein Ich einbringt; man will sich in Gruppenartikulation bewegen. Die Theoriefeindlichkeit des Jugendprotests und die Theoriefeindlichkeit der Etablierten ziehen am gleichen Strang — wenn auch vorläufig (inhaltlich) noch in entgegengesetzter Richtung. Einigt man sich eines Tages, was die »Richtung« betrifft, so wird dieser Demokratie ihre Basis, die im Überbau von Dialektik besteht, entzogen. Stellt man aber Demokratie dergestalt, aus Theoriefeindlichkeit, vom Kopf auf die Füße, wird der Streit der Geister und Meinungen parterre und langsam oder schnell in einen Streit der »Körper« übergehen: die Saalschlacht, die Straßenschlacht begleiten dann, wie in der Weimarer Republik »gehabt«, einen solchen Prozeß der Entsublimierung.

Theoriefeindlichkeit, die sich demokratisch zu legitimieren trachtet, tut dies nur dem Scheine nach (mag auch subjektives Demokratiebewußtsein noch dahinter stehen). Der Verfall gesellschaftlicher und politischer Sprache signalisiert den Schwund von Diskursfähigkeit.

Sprache und Kulturheuchelei

Kulturheuchelei korrumpiert Sprache. Der Diskurs hat dann kaum noch eine Chance. In allen Lagern errichtet man Barrieren gegen die Kommunikation.

Für Theodor W. Adorno manifestierte sich Kulturheuchelei unter anderem und im besonderen als »Jargon der Eigentlichkeit«. Als Kennmarke vergesellschafteten Erwähltseins sei dieser edel und anheimelnd in eins; Untersprache als Übersprache. Er erstrecke sich von der Philosophie und Theologie nicht bloß evangelischer Akademien über die Pädagogik, über Volkshochschulen und Jugendbünde bis zur gehobenen Redeweise von Deputierten aus Wirtschaft und Verwaltung. Während er überfließe von der Prätention tiefen menschlichen Angerührtseins, sei er unterdessen so standardisiert wie die Welt, die er offiziell verneine; teils infolge seines Massenerfolgs, teils auch, weil er seine Botschaft durch seine pure Beschaffenheit automatisch setze und sie dadurch absperre von der Erfahrung, die ihn beseelen solle. Er verfüge über eine bescheidene Anzahl signalhaft einschnappender Wörter. »Eigentlichkeit selbst ist dabei nicht das vordringlichste; eher beleuchtet es den Äther, in dem der Jargon gedeiht, und die Gesinnung, die ihn latent speist. Als Modell reichen fürs erste existentiell, ›in der Entscheidung‹, Auftrag, Anruf, Begegnung, echtes Gespräch, Aussage, Anliegen, Bindung aus.«[2] Der des Jargons Kundige brauche nicht zu sagen, was er denke, nicht einmal recht es zu denken: das nehme der Jargon ihm ab und entwerte den Gedanken. Der »Jargon der Eigentlichkeit« habe keinen anderen Gehalt als die Verpackung; sie bedeute bereits die Botschaft.

Gegen ein solches Tremolo der Ergriffenheit (»Wurlitzer-Orgel des Geistes«) machte die APO-Sprache Front. Die neu entdeckte Dialektik wurde zum Stoßkeil, mit dem die etablierten Klischees, Stereotypen und Ideologeme der affirmativen Sprache aufgebrochen werden sollten. Die betuliche Oberflächennaivität konnte mit Hilfe begrifflicher Differenzierung abgebaut werden. Die Sprache war nicht mehr »Seelenbadeanstalt«, sondern Instrument von Aufklärung. Vor allem hat die APO-Sprache ein methodisches Infragestellen entwickelt — einschließlich provozierender, Lernprozesse veranlassender Direktheit —, die den harmonisierenden Nebel unverbindlicher Floskeln brutal, aber ehrlich zu erhellen vermochte. Im Zeichen von Negation wurden Wort- und Begriffsbereiche aktiviert, die zu lange dem deutschen Bewußtsein entzogen gewesen waren, die allein im esoterischen wissenschaftlichen Bereich (etwa der »Frankfurter Schule«) eine begrenzte Ausstrahlungskraft hatten: das Begriffsarsenal des marxistischen Sozialismus wie des Sozialismus überhaupt und der Psycholanalyse. Als einer der ersten hat jedoch Jean Améry erkannt, daß die neue Sprache der Dialektik in einen »Jargon der Dialektik«, im Sinne »signalhaft einschnappender Worte«, zu pervertieren und damit strukturell dem »Jargon der Eigentlichkeit « sich zu nähern begann. Man bezog die Notwendigkeit der Negation und des Infragestellens nicht mehr reflexiv auch auf die eigene Position, sondern verabsolutierte und ideologisierte die erworbene bzw. erarbeitete Artikulationsebene.[3]

Außerdem wurde der »Jargon der Dialektik« in zunehmendem Maße einem Freund-Feind-Schema dienstbar gemacht, das Lernprozesse — also (wenn auch aus Gegensätzen entstehende) Kommunikation — verhinderte. Via Sprache sollten nur noch die faschistoiden Wesenszüge im anderen, im Establishment, entlarvt und durch den Aufbau von Gegensymbolen (Sündenböcken) die eigene Gruppe mit Hilfe aggressiver Artikulation als »verschworene Gemeinschaft« formiert werden. Eine Sprache, die dergestalt manipulatorischen Charakter annahm, konnte nicht mehr den ehrlichen Anspruch erheben, Manipulation, Stereotypie und Ideologie durchbrechen zu wollen.

Sie erwies sich als Kehrseite der gleichen (regressiv-bourgeoisen) Medaille. Sprache, die zum reflex-bestimmten Aktionismus wird, Provokation, die als triebdynamische Abreaktion, als Frustrationsaggressivität außerhalb der Reflexion steht, ist insofern faschistoid, als sie den anderen, auf den sie einschlägt, sprach-los zu machen sucht. Die negative Entwicklung der APO-Sprache ist natürlich auch dadurch gefördert worden, daß diese in der ersten Phase, als sie noch auf eine neue Kommunikation angelegt war, keine wirklichen Partner fand. Das Establishment wurde in seiner heilen Welt völlig unvorbereitet überrannt. Die geradezu erbärmliche wie erbarmungswürdige Hilflosigkeit der »Stützen der Gesellschaft« inmitten ihres »kultivierten« Erbauungs- und Phrasenrituals verhinderte gegenseitige Anregung, Kontrolle, Weiterentwicklung. Die Linken steigerten sich immer mehr in den Hochmut, die Etablierten wurden immer mehr in die Angst und deren Kompensation (durch noch mehr Phrasen) hineingetrieben. Die »offiziellen« Redner, deren Sprache ohnehin schon stagnierte, konnten keinen Gegenstil entwickeln, noch waren sie in der Lage und bereit, die neuentstandenen Sprachmuster zu übernehmen. Die Verständigungsschwierigkeiten erreichten damit einen besonderen Höhepunkt.

Auch wenn der »Jargon der Eigentlichkeit« bis heute weiterwest und der »Jargon der Dialektik«, allerdings aus seiner Stringenz entlassen, in der Sprache des Protests nachweisbar bleibt, wird man als dominantes Merkmal der heutigen Sprachlandschaft den »Jargon der Uneigentlichkeit« konstatieren können. Selbst der Anspruch auf Essenz fehlt; das Uneigentliche — das »Dahingesprochene« (»soft« dahingesprochen oder mit »power«) — ist die eigentliche Substanz. Wortmaschinen produzieren Jargon, den nicht einmal mehr Ideologie zusammenhält. Auf solchen Jargon lassen sich Definitionen von Adorno durchaus übertragen, zumal beide Sprachmuster den Kern, wenn auch nicht die fassadenhafte Abdeckung, gemeinsam haben: beidemal wird der Redner vor der Unannehmlichkeit beschirmt, ernsthaft zur Sache, von der er nichts versteht, sich äußern zu müssen. Erlaubt werde ihm jedoch, womöglich übersachliche, nämlich human-kommunikative Beziehungen vorzutäuschen. Die Stanzmuster, nach denen heute in diesem Sinne anbiedernd parterre oder hochtrabend ex cathedra gesprochen wird, sind nach den Gesetzen der Warenästhetik produziert: Gefälligkeit, die bei jedem in der Intimsphäre sich einzunisten trachtet, ist das wichtigste Merkmal; das entspricht den deodoranten Trivialmythen der Werbung, die über alle Probleme eine nichtssagende Glasur aus heiler Welt legen. In einem »Sprachspiel« (»Ein Kommunikationstraining«) hat kürzlich Dieter Forte diese neue Form entleerten Dahinsprechens karikiert. Zwei Männerstimmen und eine Frauenstimme auf einer Cassette verpassen dem Lernenden ein Sprachmuster, mit dem er in dieser Gesellschaft zu reüssieren vermag. »Die Stimmen der Männer: nicht mechanisch, sondern mit Gefühl, mit Betonung, eine Situation spielend, unsicher, auftrumpfend, überlegen, prahlend; die Stimme der Frau: beschwörend, einflüsternd, suggestiv.« Der Kursus helfe, den Zugang zu anderen Menschen, vornehmlich ihren versteckten Absichten herzustellen; und zwar unter anderen nach folgenden Reglen:

»Lassen Sie sich nicht provozieren.
Unterbrechen Sie nicht.
Lassen Sie sich nicht unterbrechen.
Sagen Sie nur das, was Sie sagen wollen.
Sagen Sie niemals die Wahrheit.
Geben Sie sich offen und umgänglich.
Nennen Sie die besten Argumente nicht zu früh.
Beginnen Sie nicht mit dem schwächsten Argument.
Denken Sie an Ihr Ziel.
Checken Sie sich ab.
Sind Sie sicher, daß Sie das Gesagte meinen?
Meinen Sie das Gesagte sicher?
Sicher meinen Sie das Gesagte.
Aber sagen Sie nicht das Gemeinte.
Nur so sind Sie sicher, daß Sie das Gesagte meinen.
Sagen Sie nur, was Sie sagen.
Sagen Sie nur das, was alle sagen.
So sind Sie sicher, daß Sie beide dasselbe sagen.
Auch wenn Sie nicht dasselbe meinen.
Erkennen Sie die wahre Bedeutung der Worte.

Sagen Sie es mit anderen Worten.
Verbergen Sie Ihre Worte durch Ihre Worte...
Was ist die Absicht der Worte?
Locken Sie Ihren Gegner aus der Reserve.
Begeben Sie sich selbst in Reserve.
Kommen Sie nie direkt zum Problem.
Fallen Sie nicht mit der Tür ins Haus.
Bieten Sie Ihrem Gegner keine Angriffsfläche.
Warten Sie, bis Ihr Gegner Fehler macht.
Decken Sie Ihre eigenen Fehler sofort wieder ab.
Öffnen Sie Ihr Visier.
Aber lassen Sie es innerlich herab.
Sie müssen fehlerlos sein.
Sie müssen perfekt agieren.
Sie müssen schnell reagieren.
Sie müssen unbarmherzig parieren.«[4]

Man fahre etwa einige Tage kreuz und quer, Tag und Nacht durch die Bundesrepublik — durch die Ausstrahlungsräume der verschiedenen Rundfunkanstalten —, nehme alles auf, was die Moderatoren und Talkmaster der »leichten Kanäle« vornehmlich dem Autoradiohörer servieren; die Musik dazwischen blende man aus — und montiere das Ganze zu einem Breitband-Kunstwerk. Es wird sich als konzentriertes Zeugnis der Kulturheuchelei der Epoche erweisen, freilich nur vierten oder fünften Wichtigkeitsgrades, mehr belustigend denn ärgerlich, aber doch sehr aufschlußreich. Die Hallo-Nachbar-Suada, die dich da hautnah umspült, erstickt jede Reaktionsbereitschaft. Der jeweilige Schwätzer vom Dienst spricht dich ganz persönlich an, zwinkert dir kumpelhaft auf den Ätherwellen zu; du bist vermarktet in einer populistischen Strategie; routinierte Kommunikationslügner versuchen mit ihrem schicken Schmus dir die Besinnung zu rauben. Gespräch wird aus einem Mittel, über etwas sich klar zu werden, zum Selbstzweck und zum Ersatz dessen, was seinem Sinn nach daraus folgen sollte. Der Jargon der Uneigentlichkeit, der expansiven Trivialität, mimt unentwegt die Heiterkeit des Mitmenschlichen, aber auch die profunde Ernsthaftigkeit echten Anliegens; epidemieartig breitet er sich im politischen Bereich aus und verbindet sich dort mit dem nach wie vor grassierenden Jargon der Eigentlichkeit. Ein Meister im Genre nichtssagender Redseligkeit ist zum Beispiel der Parteivorsitzende der CDU, Helmut Kohl. Sein Wanderpredigerton von uneigentlicher Eigentlichkeit und eigentlicher Uneigentlichkeit ist stets, ob Dur, ob Moll, abendländisch gestimmt; wer von ihm, etwa im »Dialog mit der Jugend«, abgeduscht wird, kann sich nur noch schütteln. — Eine Satire von gestern (Christian Schütze, 1963) kann die dominante Unsäglichkeit von heute, wie sie ständig über alle Medien verbreitet wird, charakterisieren: »Denn gerade in einer Zeit wie der unseren, da die echten menschlichen Werte mehr denn je unser ernstes, tiefinnerstes Anliegen sein müssen, wird von uns eine Aussage erwartet. Ich möchte Ihnen keine Patentlösung vortragen, sondern lediglich eine Reihe von heißen Eisen zur Diskussion stellen, die nun einmal im Raum stehen. Was wir brauchen, sind ja nicht fertige Meinungen, die uns doch nicht unter die Haut gehen, sondern was wir brauchen, ist vielmehr das echte

Gespräch, das uns in unserer Menschlichkeit aufrührt. Es ist das Wissen um die Macht der Begegnung bei der Gestaltung des zwischenmenschlichen Bereichs, das uns hier zusammengeführt hat. In diesem zwischenmenschlichen Bereich sind die Dinge angesiedelt, die zählen. Ich brauche Ihnen nicht zu sagen, was ich damit meine. Sie alle, die Sie im besonderen hervorragenden Sinne mit Menschen zu tun haben, werden mich verstehen.«[5] Man wird auch für die Zukunft aus den Bereichen offiziellen Sprechens nicht viel Besseres erwarten können.

Der Gegenpol medienvermittelter Geschwätzigkeit, die jugendliche Sprachkargheit mit ihren rotzigen, aber vielfach auch witzigen Spraydosen-Slogans, scheint da zunächst viel mehr Ehrlichkeit zu markieren: legal, illegal, scheißegal — Nonsens statt Konsens — lieber lebendig als normal — heute schon gekotzt? — life is Xerox, you are only a copy. Man muß aber nur ein bißchen über den engeren Bereich originärer Direktheit hinaushören — und schon befindet man sich wieder im kulturheuchlerischen Umfeld. Diese Primitivismen, mit denen nicht zuletzt sozialpädagogisch orientierte Berufsgruppen kokettieren, um den Anschein von Fortschrittlichkeit zu erwecken, sind weitgehend Masche, eine neue Form von Jargon. Wiederum Verpackung als Botschaft, diesmal in Fetzen, heruntergewirtschaftet, »verdreckt«, ausgezeichnet mit gewolltem Makel — Aphrodisiakum in Zeiten sprachlicher Impotenz. Und längst wird diese Basalsprache in der Boutique gehandelt: mühevoll auflackierte Ursprünglichkeit, die man dann — Gehaltsempfänger mit Pensionsberechtigung und Mittelklassewagen — zusammen mit der Jute-Tasche ziemlich beziehungslos herumträgt. Dieser Bock auf irre Typen, dieses »Feeling for power«, diese freakbesetzte scene mit ihren Buttons, Demos, Mollis, Transis, Softis, Spontis ist längst Teil eines linken Anpassungssyndroms, das unheimlich konkret sein will, aber viel mehr total unheimlich ist. Diese Sprache ist nicht nur entsublimiert, sozusagen Stoff gewordene Artikulation, aus dem Bauch heraus gesprochen, sondern aggressiv unterlegt und durchsetzt: »...brodelt die Scheiße der regierenden Schießbudenfiguren, der Kaputtsanierer und Geiselnehmer bedrohlich in unserer Umwelt; es war wie alle Jahre vorher wieder ein Jahr der Schweine...«[6]

Daß sprachliche Abreaktion sozialtherapeutische Bedeutung haben kann, soll nicht bestritten werden; die Politpornographie an den Wänden zum Beispiel der Jugendzentren kann man vornehmlich unter solchem Aspekt sehen. Das ändert aber nichts an der Tatsache, daß dieser Jargon der Bösartigkeit oft genug an faschistische Sprachmuster heranreicht oder diese kopiert. Er soll humane Ziele durchsetzen helfen, er gibt sich aus als Kampf für Menschlichkeit, für Frieden, für ein besseres Zusammenleben der Bürger; aber wehe dem, der nicht zur richtigen »Blutgruppe« gehört. Die kulturheuchlerische Protestsuada, die bis zur Rechtfertigung des Fememordes reicht, macht ihn dann fix und fertig: »... Der Terrorist Heinz Herbert Karry, posthum von den Medien als volkstümlicher, hessisch babbelnder, äppelwoisaufender und Rippchen mit Kraut fressender Mann von nebenan verkauft, war verantwortlich für — das größte Atomkraftwerk der Welt: Biblis ›A‹ und Biblis ›B‹ inklusive Kompaktlager ...«[7]

> In diesen Wochen ist freilich allenthalben große Mäßigung in Flug-, Wand-, Statt-, Stadt- und Alternativblätter eingezogen. Die Staatsräson eines Bundeskanzlers Schmidt wurde in den Redaktionsstuben der Szene verinnerlicht. Ich spreche von Polen: keine Scheißtiraden, obwohl doch dort alles Scheiße ist. Die spontaneistischen Riemen wider

den Polizeistaat werden nicht für den neuesten Copy-Druck heruntergehämmert; nach den Vorgängen im dortigen Irrenhaus wird nicht gefragt. Die globale Angst bleibt unbewegt, die Sorge um die Zukunft blickt nicht nach Osten. Nur der arme kranke linke Böll sprach herbe Worte und bekundete, daß Freiheit und Menschlichkeit unteilbar sein müssen. Der versteht ja die Welt nicht mehr!

Damit die Kulturheuchelei unter die Leute kommt, sind manche Extremisten in den Rundfunkanstalten tätig. Von einem bayerischen Erzreaktionär, denn um solche Extremisten geht es mir hier, sei nachfolgend die Rede. Als Metapherntäter übt er seit langem sein Handwerk aus: Bernhard Ücker, Kommentator der bayerischen Landespolitik. Als die Nürnberger Massenverhaftung stattfand — März 1981 — meinte er u.a. (nur der Anfang seiner damaligen »Betrachtung« kann hier zitiert und interpretiert werden): »Wenn in diesen Tagen heftig und leidenschaftlich von Nürnberg die Rede ist — Sie wissen, was ich meine — dann sollte man des besseren Vergleiches wegen lieber mal weniger von der Polizei, sondern mehr von der Feuerwehr sprechen.«[8]

Die gewählte erste Metapher ist nicht beliebig, sondern bereits mit klarer Diffamierungsabsicht gesetzt: denn wer »Feuerwehr« sagt, assoziiert auf der einen Seite schützende Hilfe und auf der anderen verheerenden, vernichtenden Brand. Die Vermutung auf Brandstiftung liegt nahe. Während man bei der Polizei immerhin noch, zumindest theoretisch, den Mißbrauch von Macht vermuten darf — ist doch das Verhältnis des Bürgers zur Polizei seit eh und je, und nicht nur aus schlechtem Gewissen, ambivalent —, wird auf Grund der Substituierung von »Polizei« durch »Feuerwehr« die Nürnberger Massenverhaftung »vorsichtshalber« gar nicht mehr benannt, sondern nur euphemistisch umschrieben (»Sie wissen, was ich meine«) und ins Positive verrückt. Die Feuerwehr kommt ja nur, wenn ein Feuer ausgebrochen ist; diejenigen, die um löschenden Schutz sich bemühen, sind nie Täter.

»Und wie hätten wir eine Feuerwehr zu bewerten, die sich stets nur darauf beschränken wollte, Brandplätze lediglich abzusperren, während am Rande des Geschehens politische Honoratioren voll Abscheu, doch im übrigen tatenlos, den Brand und seine Stifter verurteilen?«

Im Klartext: Die Polizei-Feuerwehr, die eine Massenfestnahme vornimmt, löscht eben das Feuer, während diejenigen, die solche Maßstabslosigkeit kritisch prüfen wollen, zumindest indirekt die Brandstifter unterstützen, indem sie tatenlos deren Werk betrachten. Das Fragezeichen am Ende des Satzes gleicht einer rhetorischen Floskel. Der Kommentator hat sein Urteil gesprochen; auf der Klaviatur seiner Diffamierung spielt er zwei weitere »Fragen« ein: »Oder sollte die Meinung irrig sein, daß im Fall eines Brandes noch immer der Löschversuch die wichtigste Aufgabe der Feuerwehr ist? Wäre ferner die Annahme falsch, daß zum Löschen ziemlich viel Wasser gehört?« Was von anderen faktenorientierten Beurteilern als Angriff auf den Rechtsstaat interpretiert wird, erscheint als »Löschversuch«; über jede begriffliche Trennschärfe wird der Schaumteppich des Ressentiments gelagert. Wo gehobelt wird, fallen Späne. Und hobelt die Feuerwehr auch nicht — von der Polizei ist sowieso nicht mehr die Rede —, Löschwasserschäden sind »leider« unvermeidlich: »Und wissen wir nicht alle, daß vom gleichen Löschwasser auch Schäden angerichtet werden und eben das oft unvermeidlich ist, wenn die Brandbekämpfung mindestens den Erfolg haben soll: das Übergreifen und so die weitere Ausbreitung des Feuers nämlich zu verhindern?«

Der erste Absatz des Kommentars enthält keine Meinung, sondern nur Vorurteile, kein Faktum, sondern nur irreführende Metaphern. Im zweiten Absatz wird das, was durch die schiefen Fragen bewirkt werden soll (nämlich die Verhinderung von kritischem Denken und vorgangsbezogener Differenzierung) im Indikativischen fortgesponnen. Der Kommentator dekretiert: »Nichts anderes aber hat sich in Nürnberg abgespielt. Zunehmend häufige und mit brutaler Gewaltanwendung verbundene Demonstrationen sehen jede für sich sehr wohl einem Brand verteufelt ähnlich, und was im Falle Nürnbergs von Polizei und Justiz unternommen wurde, war ein massiver Löschversuch.«

Die umgangssprachliche Formel »verteufelt«, scheinbar burschikos placiert, erleichtert aber eine weitere Assoziation: In unseren Städten sind offensichtlich (Feuer-) Teufel am Werk; die Hölle — vor dem Sieg! Jetzt erst, nachdem höchst umfangreich der Metaphernuntergrund gelegt ist, wagt der Kommentator die Erwähnung des Faktums, daß 141 junge Menschen inhaftiert wurden: »Daß dabei mit der vorläufigen Inhaftierung von 141 jungen Menschen auch Schaden entstand, steht außer Zweifel.« Man hat es ja schon gehört: Löschwasserschäden! »Unser Landtag aber — Regierungspartei wie Opposition — hätte in seiner siebenstündigen Debatte besser daran getan, sich nicht gegenseitig zu beschuldigen, sondern in demokratischer Solidarität den Versuchscharakter dieses Unternehmens zu betonen.«

Nicht kontrollieren soll die Legislative, was die Exekutive tut; solidarisch soll sie sein; das heißt: den »Versuchscharakter des Unternehmens« soll sie bejahen! Rechtsstaatlichkeit als Versuch! Mal klappt es eben, mal nicht. Der Kommentator, bekannt dafür, daß er sich gerne an seinen eigenen Metaphern stammtischbruderhaft berauscht, merkt gar nicht den Abgrund, auf den er sich zubewegt.

Die Kulturheuchelei unserer Tage ist — unter tiefenpsychologischem Aspekt betrachtet — vielfach wohl als eine vorsorgliche Liebesabwehr zu interpretieren. Die Älteren befürchten die Enttäuschung, die ihnen bei Annäherung an die Jüngeren durch deren Abweisung zuteil werden mag; deshalb denunzieren sie die Jüngeren, um gar nicht in die Gefahr zu geraten, abgewiesen zu werden. Die Jüngeren unterliegen einem ähnlichen Mechanismus; das Unverständnis der Älteren »antizipieren« sie, indem sie sie so attackieren, daß diese Zuneigung und Verständnis gar nicht erst zeigen. Beide Gruppen können dadurch wahnhaft ihre Ichstärke stabilisieren, haben sie sich doch in ihrer aggressiven Starrheit gegenseitig gerechtfertigt. Natürlich gibt es genügend Wanderer zwischen beiden Welten.

Der Gesamteffekt der Kulturindustrie ist, so Adorno, der einer Anti-Aufklärung. Sie verhindert die Bildung autonomer, selbständiger, bewußt urteilender und sich entscheidender Individuen; die aber wären die Voraussetzung einer demokratischen Gesellschaft, die nur durch Mündige sich erhalten und entfalten kann.

Das Unbehagen angesichts unserer augenblicklichen Gesellschaft besteht eben darin, daß die Kulturheuchelei vor keinem Lager Halt macht und allenthalben grassiert. In umgekehrtem Verhältnis steht dazu die Bereitschaft, sich mit ihr anzulegen — und den »Tartuffes« in jedem Lager die Tür zu weisen.

Freilich muß man sich fragen, ob es der Mühe lohnt. Denn eigentlich sind diese »lokalen« Kulturheuchler geradezu »liebenswert«, wenn man globale Maßstäbe anlegt. Als (was alle Demokraten freuen mußte) der amerikanische General Dozier aus der Hand italienischer Terroristen befreit wurde, meinte der US-Präsident Reagan:

»Unsere Gebete sind erhört worden« — der gleiche Präsident, der zwar die Freiheit der Polen fordert, aber die Freiheit zum Beispiel in El Salvador brutal unterdrücken hilft. Und hat man einen ungeheuerlichen Völkermord begangen — wie die »Roten Khmer« an ihren Landsleuten —, wird man, da es das Gleichgewicht der Kräfte eben so fordert, nicht einmal moralisch verurteilt: Der Westen und ein Teil der asiatischen Länder halten daran fest, daß dem »demokratischen Kambodscha« Pol Pots weiterhin Sitz und Stimme in den Vereinten Nationen zustehen. Und so weiter. Und so weiter.

Gegen die Deutungsdressur

Wenn — um auf die Analyse von Jörg Popp zurückzukommen — analysierende Experten als »Befriedungstechniker« erlebt werden, so erfüllen sie an sich ihre Funktion: über Analyse nämlich soll Streit als friedliche Auseinandersetzung ermöglicht werden. Die Analyse darf dabei den anderen nicht überschreien, keine (geistige) Gewalt anwenden; sie soll Prüfungs- und Entscheidungsmöglichkeit auf rationalem Wege erschließen. Dies setzt freilich voraus, daß der Experte keinen Absolutheitsanspruch entwickelt. Deutungen werden erst zu »Deutungsmaschinen«, wenn sie die unendliche Fülle geistig-seelischer Vorgänge ideologisch vereinseitigen und manipulativ nutzen. Wer auf dem Boden genauer Begriffe bleibt, unterwirft sich in der Tat einer Ordnung; diese Ordnung ist aber die einzig sinnvolle, weil sie eben eine Ordnung der Begriffe und nicht physischer Gewalt ist. Der demokratische gesellschaftliche Konsens ist immer zuerst ein Konsens der Begriffe. Und gleichermaßen muß der gesellschaftliche Dissens ein Dissens der Begriffe sein; denn nur die Stärke der Begriffe verhindert, daß die Gewalt des Stärkeren sich durchsetzt. Legalität ohne begriffliche Legitimierung ist nur eine Scheinlegalität, eine Verklausulierung physischer Gewalt. Rechtsstaatlichkeit bedeutet eine an der Wohlfahrt des einzelnen und an der salus publica orientierte, auf Gesetzen beruhende begriffliche Ordnung, die von niemandem annektiert, aber in schiedsrichterlichen Verfahren überprüft und revidiert werden kann. Wenn der Beobachter hinter seiner Deutungswut tiefe Unruhe verbirgt, ist er kein wahrer Beobachter; denn beobachten heißt, sich selbst reflexiv einzubeziehen. Indem man seine eigene Unsicherheit als Unschärferelation einbringt, wird der Blick schärfer, da man sich dem Objekt der Beobachtung als Subjekt verbunden weiß. Natürlich ist der Beobachter Eindringling, aber indem er sich beim Eindringen öffnet, wird der andere als Objekt der Beobachtung zum Subjekt von Gegenbeobachtung. Der Beobachter öffnet sich dem Beobachtenden; der Beobachtete erlebt den Beobachter als einen zu Beobachtenden. Die Möglichkeit geistig-seelischer Verbindung tut sich über ein reziprokes Subjekt-Objekt-Verhältnis auf. Nähe über Distanz.

Auf einer Diskussion, bei der die bekannte Meinungsforscherin N.N. brilliert, wird mir deutlich, wie weit verbreitet die von Jörg Popp beschriebene selbstsichere Deutungswut ist und wie hier in der Tat die Absicht der Dressur dominiert. Gleichförmiger Singsang von verabsolutierten demoskopischen Statistiken, die die Wirklichkeit aus falschen, weil nur die Oberfläche anritzenden Fragekatalogen zu erfassen trachten; multiple-choice-Verfahren ohne die Alternative freier Entscheidung. Ist das »ganz andere« im Befragungsraster nicht vorhanden, wird es auch nicht erfaßt werden können. Mit solchen Daten gängelt man in der Tat Bewußtsein, so man es überhaupt noch zuläßt.

N.N. dekretiert: Diese Jugend ist nicht mehr zu Selbstzwängen fähig; ihre Ichschwäche besteht im Weichsein; rehabilitert werden müßten Tugenden, wie sie früher gang und gäbe waren, vor allem die Tugend der Selbstbeherrschung. Höflichkeit, Sparsamkeit, Pünktlichkeit, Sauberkeit — heutzutage Fehlanzeige. Wertzerfall. Früher war alles ganz anders, viel besser. N.N. verkündet Wertvorstellungen, die sie unreflektiert läßt. Sie erkennt nicht den Unterschied zwischen Primär- und Sekundärtugenden. Sie meint: Höflichkeit sei zurückgegangen. Das könnte aber bedeuten: die Ehrlichkeit bei Beziehungen hat zugenommen; an die Stelle von Höflichkeit mag soziale Fürsorge mit Engagement getreten sein; ritualisiertes Verhalten ist der Offenheit gewichen. Sie meint: Pünktlichkeit bestehe nicht mehr. Vielleicht ist jedoch die Sinnlosigkeit von Reglements ersetzt worden durch ein Zeitbewußtsein, das mehr nach inhaltlicher und weniger nach formaler Ordnung fragt. Und was ist mit der Sauberkeit? Als Bewußtsein, daß »Schmutz Materie am falschen Ort« ist, wird sie weiter walten; in Form von undurchschaubaren Disziplinierungsmaßnahmen hat sie ihren Einfluß verloren. Selbstzwang sei notwendig. Gewiß. N.N. rekurriert auf den Selbstzwang des 19. Jahrhunderts; was war er denn anderes als verinnerlichter Fremdzwang? Die »schwarze Pädagogik«, autoritärer bzw. patriarchalischer Erziehungsstil, ermöglichte gar keine souveräne Entscheidung des Ich; was als Kalokagathie-Begriff der deutschen Klassik vorschien, blieb ohne Nachfolge: nämlich die Einheit zwischen sittlichen und persönlichen Strebungen, die sich als Übereinstimmung von Wollen und Sollen empfand. N.N., die sich bei Widerspruch in ihrem demoskopischen Sendungsbewußtsein gouvernantenhaft verletzt fühlt, begreift nicht, daß Anmut und Würde nicht Folge von Selbstzwang, sondern von Selbstsublimierung sind. Die »Annahme« des eigenen Ich jenseits von Fremdsteuerung wie die Überwindung von Schwerkraft durch den »Formtrieb« (wie es Friedrich Schiller formulierte) können im Menschen durch »Gratifikationen« gefördert werden; »Deutung« darf also nicht Sanktion sein. Die bekannte Meinungsforscherin N.N. will durch Deutung jedoch nicht gegenseitige Öffnung erreichen; überheblich, unter Verdrängung der eigenen Unsicherheit, inszeniert sie sich als Instanz von Wahrheit, noch dazu empirischer, die nicht einmal mehr den neuesten Stand des Irrtums wiedergibt.

Anmerkungen

1 Jörg Popp: Trauer-Power. Zur Jugendrevolte 1981. In: Kursbuch 65/1981, S. 155.
2 Theodor W. Adorno: Jargon der Eigentlichkeit. Zur deutschen Ideologie. Frankfurt am Main 1964, S. 9.
3 Jean Améry: Jargon der Dialektik. In: Merkur, Heft 11/1967, S. 1041 ff.
4 Dieter Forte: Sprachspiel. Ein Kommunikationstraining. In: Neue Rundschau, Heft 4/1981, S. 16 f.
5 Christian Schütze: Gestanzte Festansprache. In: Stuttgarter Zeitung, 2. 12. 1962. Zit. nach Theodor W. Adorno: Jargon der Eigentlichkeit; a.a.O., S. 75 f.
6 Undatiertes Flugblatt, Nürnberg Dezember 1981. (»Alles frisch« Alles Scheiße!«)
7 Zit. nach Komm-Zeitung. Jugendeigene Zeitung des Kommunikationszentrums Nürnberg, Juli 1981.
8 Bernhard Ücker: Kommentar zur bayerischen Landespolitik. Bayerischer Rundfunk, 14. 3. 1981.

Protest damals und heute

Aus dem Wirtschaftswunderland, dem traumlosen Schlaf der 50er Jahre, brach man auf und aus: die außerparlamentarische Opposition stellte seit 1967 die bislang unumstrittenen Ziele, aber auch geltenden Methoden radikal in Frage. Gegen die große Koalition, gegen den Vietnamkrieg, gegen den Schah, gegen die Aufrüstung und Notstandsgesetze sollte die Demokratie verteidigt werden. Den herrschenden Kapitalismus galt es zu dekuvrieren, die an der Macht befindlichen »Charaktermasken« zu entfernen.

Eine kleine Minderheit begriff sich als Vorhut der Massen und bekämpfte — wie es Rudi Dutschke formulierte — »die anonyme Aktienkompanie«: »In ihr vereinigen sich zum Zwecke der gemeinsamen Niederhaltung der Massen heute alle Fraktionen des Gesamtapparats, die ehemaligen Faschisten und bestimmte Sorten von Widerstandskämpfern, die staatlich-gesellschaftliche Bürokratie, umarmen sich die liberale Bourgeoisie, die Vertreter der Monopole, die Arbeiterverräter aus den Gewerkschaften... richten sich die Manipulationszentren, die Augstein und Springer ein.«[1]

Vom eigenen Willen, vom Willen der Avantgarde, hinge es ab, diese Periode der Geschichte zu beenden. In direkter Aktion sollten die zentralen Nervenpunkte des Systems getroffen werden; zugleich formierte man sich zum langen Marsch durch die Institutionen. Die Selbsttäuschung war groß; die rauschenden Appelle wirkten zwar sensationell; sie erregten die gelangweilte Öffentlichkeit, aber nicht in dem von den Revolutionsverkündern erwarteten Sinn; die »Massen« strömten nicht herbei, sondern forderten »law and order«.

Abschied vom Prinzipiellen

Rasch altert die Avantgarde. Sie trug den Keim des Scheiterns in sich: ihre Radikalität war oft eine Scheinradikalität, ihre Dynamik eine Scheindynamik. Bei der Scheinradikalität, schrieb ich seinerzeit (1970), steuert der revolutionäre Elan ins Leere. Er ist nicht Antrieb zur rationalen Entscheidung, sondern Selbstzweck. Statt die Revolutionierung des Bewußtseins voranzutreiben, versinkt die Scheinradikalität in bewußtloser Stofflichkeit. Während die wirkliche Radikalität den dialektischen Prozeß der Veränderung einleitet, sinkt die Scheinradikalität, wenn die Abreaktion vollzogen ist, wieder auf die Stufe zurück, von der sie ausging.

Ich begann mein damaliges Buch (»Radikalität und Scheinradikalität«) mit der Feststellung: »Die Auseinandersetzung in der Bundesrepublik zwischen Establishment und Nicht-Establishment verliert sich immer mehr in einer Sackgasse, aus der lediglich die Konservativen unlädiert herauskommen werden, denn ihr Rückwärtsgang funktioniert. Die Linksradikalen werden darin genauso steckenbleiben wie die liberalen Reformer, die hin und her geschoben werden (hin und her schwanken), oder schon überfahren sind. Es wird Zeit, daß gerade diese ›Liberalen‹ von dem Gefühl der scheinbaren Zwangsläufigkeit der Entwicklung sich befreien, um einen Ausweg aufzuzeigen, der immerhin noch zur Verfügung steht. Es ist notwendig, daß das Lager der Reformer zu einer Antwort sich formiert, ja auch organisiert, denn es hat das meiste zu verlieren: nämlich die Reform bzw. die Ansätze zur Reform. Die Linksradikalen haben ihre Ketten zu gewinnen; die konservativen und rechtsradikalen Kräfte werden, wenn die unheilvolle Entwicklung nicht durchbrochen wird, endgültig entfesselt werden; die Restauration wird mannbar, wenn infantilen Abwehrreaktionen nicht entgegengetreten wird.«[2]

Die Vokabeln sind gealtert. Die Karriere des Begriffes »Establishment« ist beendet; aber die Kluft zwischen denen »da droben« und denen »da drunten« ist noch viel tiefer geworden. Die Kräfte der APO-Bewegung wollten über Theorie ständig in die Gesellschaft einsteigen; sie attackierten mit ihrem aggressiv-präzisen Jargon die Machtstrukturen. Heute basiert der Protest weniger auf einer gesellschaftlichen Analyse — das Intuitive, Emotionale überwiegt. Die Formulierung, daß man aus dem Bauch heraus argumentiere, charakterisiert solche Befindlichkeit. »Du, weißt du«, sagte einer in Zürich, »das kommt schon vor, daß auf der Vollversammlung ein Redner so etwas Theoretisches losläßt. Bei Frauen ist das ja Gott sei Dank seltener. Dann wird die Luft mit einem Mal ganz dicht und stickig; dem stellt dann bald einer einen Teller mit Bonbons hin. Und manchmal wirkt das ja nicht, dann muß man Türen und Fenster weit aufsperren, oder.«[3] Die eifrigen »altlinken Hirnwichser« hätten ausgedient.

Begründungszusammenhänge sind wenig gefragt. Theorie riecht säuerlich; man will keine Ideologie, sondern Luft, das Zusammenfließen der Gedanken, Träume. »Unsere Träume könnt ihr nicht verhaften.« Offensichtlich vollzieht die neue Protestgeneration einen Abschied vom Prinzipiellen. Unter diesem Aspekt betrachtet Odo Marquard die Generationenfolge nach 1945, wobei er sich auf Thesen von Helmut Schelsky bezieht.

— Da war, im Sinne Helmut Schelskys, die »skeptische Generation« der 50er Jahre. Ihre Skepsis war die Antwort auf die »Generation der politischen Jugend« und jene Zusammenbrüche, in die sie verwickelt wurde und die sie nach sich zog. Der Enttäuschungsschock, unter anderem auch darüber, daß die Linken versagt und die Rechten die Katastrophe herbeigeführt hatten, bewirkte in seiner Folge Prozesse der Entpolitisierung und Entideologisierung des jugendlichen Bewußtseins. Darum wurde diese Generation in ihrem sozialen Bewußtsein kritischer, skeptischer, mißtrauischer, glaubens- oder wenigstens illusionsloser als alle Jugendgenerationen vorher. Geistige Ernüchterung machte frei zu einer für die Jugend ungewöhnlichen Lebenstüchtigkeit; diese Generation war im privaten und sozialen Verhalten angepaßter, wirklichkeitsnäher, zugriffsbereiter und erfolgssicherer als je eine Jugend vorher. Mit ihrem »geschärften Wirklichkeitssinn« für das Praktische, Handfeste, ihrem Konkretismus, ihrer Pseudo-Erwachsenheit war sie die deutsche Ausgabe der Generation, die überall die industrielle Gesellschaft konsolidiert hat.

— Auf die »skeptische Generation« folgte eine Generation mit politischem Nachholbedarf. Nach der materiellen Freßwelle kam die Ideologiewelle. Es entstand ein frei flottierender quasi-moralischer Revoltierbedarf; auf der Suche nach Gelegenheiten, sich zu entladen, richtete er sich okkasionell und unwählerisch gegen das, was jetzt da war: gegen Verhältnisse der Bundesrepublik, also demokratische, liberale, bewahrenswerte Verhältnisse — ein nachgeholter Aufstand gegen die Väter, im Sinne des

Goethe-Wortes: »Gegen nichts ist man unnachsichtiger als gegen gerade abgelegte Irrtümer.«[4]

Der »nachträgliche Ungehorsam« bewirkte eine Zeit des umgekehrten Totemismus. Totemismus führt zu demonstrativer Askese; umgekehrter Totemismus führt zu demokratischer Libertinage, die sich als emanzipatorische und antiautoritäre Bewegung versteht. Im Totemismus zwingt — nach Sigmund Freuds Interpretation — der Aufstand gegen einen Menschen (den Vater) zur nachträglichen Verehrung von Tieren (des Totem); im umgekehrten Totemismus zwingt der unterlassene Aufstand gegen das Staatstier »Leviathan« zum nachträglichen Aufstand gegen wirkliche Väter und wirkliche Menschen. Vor allem entstand der Zwang zur »sekundären Verähnlichung« von Heute und Damals: weil das, gegen das die Revolte unterblieb, Faschismus war, sollte nun das, gegen das sie nachgeholt wurde, auch Faschismus sein und wurde durch ein entsprechendes Sortiment an Theorien dazu stilisiert; denn sonst wäre der Absurditätsgehalt des nur nachträglichen Ungehorsams allzu flagrant hervorgetreten, allzu deutlich geworden, daß der gegenwärtige ein komfortabler Ungehorsam ist, der den Ungehorsamen wenig kostet. »Darum wird die angleichende Negativierung des Vorhandenen — die Technik, in jeder Suppe ein Haar, in jeder Wirklichkeit Entfremdung, in jeder Institution Repression, in jedem Verhältnis Gewalt und Faschismus zu entdecken — zu hoher Kunst entwickelt: notfalls durch ›Verbösung des Guten‹, und ›geborgtes Elend‹ wird sekundär negativiert. Partout nicht wegzuinterpretierende Differenzen zum Damals gelten als Zusatzschurkereien des Heute, als besonders infame Tarnung. Der nachträgliche Ungehorsam kam nicht unmittelbar nach dem Ende des Zweiten Weltkrieges, sondern später, und zwar nicht zufällig. ›Erst kommt das Fressen, dann kommt die Moral‹ (Brecht): erst als nach dem Wiederaufbau materiell erträgliche Zustände und dann Überflußverhältnisse entstanden waren, schlug das Entsetzen über das gewesene Schreckliche wohl voll durch aufs Gewissen und wurde nun — mit Zeitverzug — moralisch wirklich unerträglich; erst dann fand man Zeit für Schuldgefühle, für das Unbehagen an der eigenen geschichtlichen Vergangenheit.«[5]

— Heute die Generation derjenigen, die vom Prinzipiellen Abschied nehmen. Das Prinzipielle ist lang, das Leben kurz. Wir können mit dem Leben nicht warten auf die prinzipielle Erlaubnis, nunmehr anfangen und leben zu dürfen; denn unser Tod ist schneller als das Prinzipielle; das eben erzwingt den Abschied vom Prinzipiellen. Es ist nicht so, daß man prinzipiell nichts weiß, man weiß nur nichts Prinzipielles.

Direkt angewandt auf die Artikulationsformen des gegenwärtigen Protests: an die Stelle lang ausgeführter Theoreme tritt die aphoristische Kurzformel, die Tatbestände besser auf die Pointe zu bringen vermag. Das Leben als Matrize — jede Existenz austauschbar — der Entfremdungsprozeß wird mit bitterem Humor registriert:

»REIFEZEUGNIS
Ich wollte Nähe — und bekam die Flasche
Ich wollte Eltern — und bekam Spielzeug
Ich wollte reden — und bekam ein Buch
Ich wollte lernen — und bekam Zeugnisse
Ich wollte denken — und bekam Wissen
Ich wollte einen Überblick — und bekam einen Einblick

Ich wollte frei sein — und bekam Disziplin
Ich wollte Liebe — und bekam Moral
Ich wollte Arbeit — und bekam einen Job
Ich wollte Glück — und bekam Geld
Ich wollte Freiheit — und bekam ein Auto
Ich wollte einen Sinn — und bekam eine Karriere
Ich wollte Hoffnung — und bekam Angst
Ich wollte ändern — und bekam Mitleid
ICH WOLLTE LEBEN —. . .«[6]

Solche »Sprüche« sind nicht, wie Marie von Ebner-Eschenbach vom Aphorismus meinte, das letzte Glied einer langen Gedankenkette; sie werden aus der augenblicklichen Befindlichkeit und Empfindlichkeit »hinausgeschleudert«; sie sind Momentaufnahmen eines bestimmten Psychogramms, das sich auf diese Weise zu artikulieren sucht. Die neue politische Moral tritt in Fragmenten zu Tage; es gibt kein stringentes System; die spontanen Abreaktionen überwiegen. Bei dieser »Reflexphilosophie«, als Reaktion auf die Erfahrungen in der »Wüste aus Stahl und Glas, /der Wüste aus Angst und Haß«, kann man jedoch immer wieder feststellen, daß aufgestauter Zorn durch Witz sublimiert wird.

Reflex und Reflexion

Weitverbreitet war in der APO-Zeit reaktives, reflexartiges Verhalten. Man blieb in den Bereichen befangen und gefangen, die man von der Prätention her verlassen bzw. überwinden wollte. Auch heute ist das so.

Der Eindruck, daß es sich beim jugendlichen Protest um eine progressive Bewegung handle, täuscht somit vielfach; als Reaktion enthält er viel von dem, gegen das er sich wendet. Der jugendliche Protest hat dann die bourgeoisen Strukturmerkmale nicht wirklich abgeschüttelt, sondern nur verdrängt. Im Augenblick scheinbarer Befreiung fließen sie aus dem Staupotential wieder zurück und bestimmen die pseudorevolutionären Handlungen. Die Kehrseite der Medaille ist Teil einer gemeinsamen Prägung. Mit anderen Worten: die aus dem Boden autoritärer kleinbürgerlicher Ideologie erwachsende Gegenbewegung reproduziert im Reflex die strukturell gleichen, wenn auch inhaltlich veränderten Verhaltensweisen, und zwar um so stärker, je weniger die enge Bindung der Reaktion an die Strukturen, auf die man reagiert, durchschaut wird. Erst wenn der Reflex der kritischen Reflexion unterzogen und erkannt wird, daß die Reaktion dem System immanent ist und der große Sprung aus dem System in die Freiheit der Aktion qualitativ etwas ganz anderes ist, kann die sozialpathologische Verhaftung der jugendlichen Protesformen gelöst und wirkliche Progression erreicht werden.

Der Protest ist somit ambivalent. Auf der einen Seite ist dem jugendlichen Aufbruch vielfach die Grenzüberschreitung nach vorne gelungen; es konnte die Methodik des »zweiten Schritts« entwickelt werden. Es wurde der lange Weg durch die Institutionen — im Sinne eines evolutionären, auf Massenaufklärung angelegten Prozesses — begonnen. Andererseits ergibt sich eine Radikalisierung nach rückwärts, das heißt, aus dem schon beschriebenen Verdrängungspotential fließen die Elemente zurück, die den kleinbürgerlichen, spätkapitalistischen Faschismus charakterisieren.

Jürgen Habermas hat bereits im Sommer 1967 der jugendlichen Protestbewegung die Gefahr eines linken Faschismus vorgehalten, wobei er selbstverständlich nicht an die Wiederholung einer geschichtlichen Epoche, sondern an die dem Faschismus eigenen Wesenszüge dachte — Strukturen, die stichwortartig etwa mit autoritär, elitär, anti-intellektuell, aggressiv, irrational zu charakterisieren sind. Habermas ist damals mißverstanden worden; man unterstellte ihm, er wolle die jugendliche Protestbewegung abqualifizieren und diffamieren. In Wirklichkeit hat er gerade mit dem Hinweis auf die Gefahr des Linksfaschismus die Möglichkeit geboten, die Probleme reaktiven Verhaltens zu erkennen und zu lösen. Die weitere Entwicklung hat dem Vorwurf des Linksfaschismus Recht gegeben, wobei die Verstärkung rechtsfaschistischer Strömungen mit dafür sorgt, daß die Extreme sich hochschaukeln. Die Begriffe »links« und »rechts« sind dabei besser durch »kleinbürgerlich« zu ersetzen: auf diesen gemeinsamen Nenner lassen sich all die Bestrebungen zurückführen, die Abreaktion mit Aktion und Reflex mit Reflexion verwechseln. Wesentliche Teile der jugendlichen Protestbewegung, die man im allgemeinen Sprachgebrauch als radikal bezeichnet, sind somit in Wirklichkeit nicht wirklich radikal, sondern lediglich extremster Ausdruck des Systems (gegen das sie sich scheinbar wenden, das sie jedoch in Wirklichkeit produziert). Radikal sind nur diejenigen, die anstelle aggressiver Abreaktion die Revolutionierung des Bewußtseins fordern und auf diesem Weg der Massenaufklärung nicht nur den langen Marsch durch die Institutionen der bestehenden Gesellschaft, sondern auch durch die Frustrationsaggressivität sozialpathologischer Reaktion hindurchzugehen bereit sind. Der Prozeß einer dynamisch sich entwickelnden Gesamtaufklärung und evolutionären Veränderung wird durch Scheinradikalität wenn nicht unterbunden, so doch verzögert.

Bürgerliche protestieren gegen Bürgerliches

In der APO-Zeit war der biographische Hintergrund der Radikalen häufig bürgerlicher Art. Ein größerer Teil stammte aus dem Establishment, das man stürzen wollte. Der Kontakt zu den »unteren Schichten«, die als das eigentliche revolutionäre Potential gepriesen wurden, fehlte. Er wurde durch eine Hinterhofromantik ersetzt, die — auch wenn die Jungrevolutionäre persönlich anspruchslos lebten — als elitärer Snobismus zur Schau getragen wurde. Die Loslösung vom Mittelstand und dem »Bürgermief« der eigenen Familie war lediglich rhetorisch vollzogen. Die Konsequenz, etwa nun wirklich aktiv in dem Milieu zu wirken, von dem man sich das zukünftige gesellschaftliche Heil versprach, fehlte. Man perpetuierte das alte Studentendasein mit seiner bohemehaften Einfärbung, wie es seit eh und je die Bourgeoisie der Jugend als gesellschaftliche Enklave zubilligt. Die modischen Allüren waren an einem Proletarierdasein orientiert, wie es sich das romantizistische spätbürgerliche Bewußtsein vorstellte: schmuddelig, voll promiskuöser Sexualität; Ballonmützen; ein mit zünftigen fäkalischen Schimpfworten durchsetzer Jargon (wobei »Scheiße« gewissermaßen das Entree-Billet in die proletarische Utopie darstellte). Auf naive Weise versuchten die Pseudoradikalen der APO-Bewegung, die spätnaturalistischen Vorstellungen von der Proletarierwelt, wie sie Ende des 19. Jahrhunderts vorherrschten, zu verwirklichen, während in Wirklichkeit die Arbeiterschaft sich längst auf dem Weg in eine realistisch gesehene, an wirtschaftlicher Mitbestimmung orientierte, gleiche Chancen für alle fordernde Gesellschaftsordnung befand. Von gelegentlicher persönlicher Sympathie abgesehen, bestand somit eine unüberbrückbare Kluft zwischen den bourgeoisen Vorstellungen vom Proletariertum bei den Pseudorevolutionären mit ihrem stilisierten Scheinradikalismus und dem auf Sozialisation angelegten, realitätsorientierten gewerkschaftlichen Denken. — Wenn man davon ausgeht, daß eine solche Schilderung nicht den Radikalismus der APO-Bewegung insgesamt, sondern nur die, allerdings dominanten scheinradikalen Züge charakterisiert, wenn man ferner davon ausgeht, daß auch heute die neue Protestbewegung ein weites soziologisches und psychologisches Spektrum aufweist (wobei freilich auch hier die Scheinradikalität überwiegt), dann kann die Analyse von damals durchaus die heutige Situation abdecken. Die Merkmale der seinerzeitigen Protestbewegung sind in der gegenwärtigen gleichermaßen anzutreffen.

Die Pseudo-Radikalen entstammen vielfach der Mittelschicht oder dem gehobenen Bürgertum. Ihr Elternhaus verkörpert, was man seit Jahrzehnten in Deutschland die »Stützen der Gesellschaft« nannte: Beamtentum, Pfarrer, Ärzte, Lehrer, Honoratioren der Wirtschaft und des Handwerks. Die Tatsache, daß die Protestbewegung vor allem von Jugendlichen der Mittelschichten, die eine Schulbildung bis zur mittleren Reife oder bis zum Abitur genossen haben, getragen wird, mag darauf zurückzuführen sein, daß diese Jugendlichen sich länger in einem gewissen Schonraum bewegt haben, der von direkter und kontinuierlich wirkender ökonomischer Repression ausgenommen gewesen sei; ihr Ausbildungsprozeß hat größere Möglichkeiten für das Erlernen von Widerstandstechniken geboten.

Die schichtentypischen pubertären oder postpubertären Konflikte werden dabei politisiert. Die Loslösung vom mittelständischen Erziehungssystem wird als Revolution empfunden, während in Wirklichkeit lediglich das einen politischen Anstrich erfährt, was immer schon den bürgerlichen Studenten charakterisierte: nämlich während einer bestimmten Zeitphase das abreagieren zu dürfen, was die strengen und autoritären Erziehungsnormen verdrängend aufgespeichert haben. Würden die individuellen biographischen Konflikte objektiviert und gesellschaftskritisch aufgearbeitet, entstünde in der Tat dem apolitischen Tugendsystem des Mittelstandes eine große Gefahr. In Wirklichkeit werden die individuellen Neurosen bei den Pseudoradikalen lediglich mit einem soziologischen Jargon, die individuelle Abreaktion mit einem pseudorevolutionären Schein umhüllt. Wenn es um Geld oder konkreten Einsatz geht, sind die Pseudorevolutionäre genauso zurückhaltend wie ihre spätkapitalistische bürgerliche Umwelt, der sie objektiv richtig, aber subjektiv nicht berechtigt Erbarmungslosigkeit vorhalten. Als Söhne und Töchter eines schaffensfrohen, aber besinnungsarmen Bürgertums reagieren die Pseudoradikalen wie die Schicht, aus der sie stammen; sie reagieren das ab, was ein System der Sekundärtugenden, der Tabus und Ideologeme, der Disziplinierungen und der oktroyierten Versagungen, mangelnder Sozialisation und ökonomischen Zwangs in ihnen sich aufspeichern ließ. Man erkennt zwar, daß die Reproduktion überflüssig gewordener Tugenden und Opfer innerhalb der technologischen Gesellschaft von heute sinnlos geworden ist und diese Gesellschaft nicht mehr nach den Vorstellungen des 19. oder frühen 20. Jahrhunderts gestaltet werden kann, aber man ist nicht in der Lage — auch nicht in die Lage versetzt worden (und insofern beweist das eigene Verhalten die Berechtigung der Kritik am repressiven Erziehungssystem) —, Verhaltensmodelle zu entwickeln, die jenseits einer puren Abreaktion liegen. Dort, wo auf Grund des Zwanges der Verhältnisse oder der sozialgeschichtlichen Entwicklung das kleinbürgerliche Tugendsystem verhältnismäßig früh abgebaut und durch einen ziemlich unsentimentalen Realismus ersetzt wurde, wie in der Arbeiterschaft (was nicht bedeuten soll, daß nicht auch in der Arbeiterschaft sich starke kleinbürgerliche Tendenzen seit der Mitte des 19. Jahrhunderts ausgebildet haben), ist die Verdrängungsaggressivität viel weniger vorhanden. Ein Vergleich der nachfolgenden zwei Äußerungen (die erste von einer Kontoristin aus bürgerlichen Kreisen, die zweite von einem Facharbeiter aus proletarischem Milieu) charakterisiert diesen Tatbestand, wobei natürlich nur die Polarität des Verhaltens, nicht das dazwischen liegende weite Spektrum der Nuancen aufgezeigt werden kann: »Meine Eltern wollen mir auch gar nichts gönnen. Wenn es nach ihnen ginge, sollte ich jeden Abend zu Hause sitzen, obwohl es furchtbar langweilig ist. Ihre Unterhaltung interessiert mich nicht; es geht immer nur um Verwandte und Bekannte; ich soll von meiner Arbeit im Büro erzählen, und dann wird höchstens noch über Preise oder irgendwas aus der Zeitung geredet. Und außerdem ferngesehen. Aber das ist doch auch meist langweilig. Um fortzukommen, muß ich ganz schön was zusammenlügen, wenn ich dann erst spät wieder eintrudele, gibt es tagelangen Krach und wieder Lügen. Wenn die wüßten ... Aber die Erwachsenen sind ja so dumm.«

»Für mich gibt es kein Jugend-Alter-Problem. Ich stehe mit meinem Vater glänzend. Wir haben die gleichen Interessen — Allgemeinbildung, Sport, Politik —, wenn auch nicht immer die gleiche Meinung. Er hat in seinem Leben viel mit- und durchgemacht und sich bewährt. Deshalb hat er mir viel zu sagen und auch das Recht dazu, daß ich ihm zuhöre und daraus lerne.«[7]

Die Identifikation zwischen Arbeiterschaft und rebellischen Studenten ist allein schon wegen des biographischen Unterschieds sehr gering. Gefördert von einer gewissen Aversion gegen den Intellektuellen — vor allem, wenn sich dieser mit seinem Jargon besonders elitär gebärdet — und einer traditionellen Skepsis den Universitäten gegenüber, von denen man seit ihrem Bestehen weitgehend ferngehalten wurde, identifizieren die Arbeiter sich nicht mit den Studenten, weil es eben nicht die eigenen Söhne und Töchter sind, die dort rebellieren und die Gesellschaft zu verändern suchen.

Eine andere Gruppe der Scheinradikalen entstammt nicht repressiven mittelständischen Elternhäusern, sondern sozial-liberal orientierten Familien, also Familien, die in einem guten Sinn bürgerliche (ideelle wie materielle) Solidität verkörpern.

Der Denkansatz des liberalen und sozialen Aufbegehrens gegen die Zwänge der Anpassung und Manipulation erfährt hier den generationstypischen Impetus, der sich im wesentlichen aus zwei Gründen gegen das liberale Elternhaus wendet: Erstens glaubt man zu erkennen (und dies entspricht durchaus objektiven Gegebenheiten), daß die bisherigen Methoden liberaler Kritik reichlich erfolglos geblieben sind, da man sich im liberalen Lager auf die Theorie der kritischen Vernunft verließ, statt in die Praxis der schon von Marx geforderten, die Interpretation überwindenden revolutionären Handlung »umzusteigen«. Zweitens sind gerade die Familien, welche die liberale und sozialistische Denkungsart verkörperten, von der Last der politischen

Aufbauarbeit nach 1945 derart absorbiert gewesen, daß sich eine individuelle Entfremdung der Kinder von ihren Eltern vollzog (weil die Väter nicht zu Hause waren). Dieser sehr konkret zu nehmende Zustand der vaterlosen Gesellschaft — nehmen wir zu dem politischen Engagement noch das wirtschaftliche und die übrige, das Familienleben weitgehend absorbierende Tätigkeit des Managements in allen Bereichen — mußte die psychische Unruhe und die aus der familiären Frustration erwachsende Aggressivität steigern. Auf der anderen Seite zeigt das Verhaltensmuster der Revolutionäre aus liberalem Milieu, daß hier größere Bereitschaft und Fähigkeit besteht, die scheinradikalen Verwirrungen zu durchschauen und über selbstkritische Reflexion zur eigentlichen Dynamisierung der Gesellschaft zu gelangen.

Das Besondere der studentischen Situation besteht darin, daß einerseits die Universität als Schon- und Hegeraum die Entwicklung einer Subkultur außerordentlich fördert, andererseits jedoch die Studien- und Berufsziele jeder subkulturellen Abkapselung entgegenstehen, vielmehr die zunehmende Bejahung des Realitätsprinzips fordern. Das Dilemma der Studenten, für die Gesellschaft sich vorbereiten und doch von dieser Gesellschaft abgekapselt leben zu müssen, bewirkt eine neurotische Mentalität, die einer gesellschaftlichen Integration im Wege steht. Noch ist es der modernen Industriegesellschaft nicht gelungen, die Funktion des Studenten neu zu durchdenken, also Institutionen zu schaffen, die Studium und Realität zu verknüpfen vermögen und dennoch für die wissenschaftliche Entwicklung genügend Zeit lassen. Dem im östlichen Bereich mehr oder weniger geglückten Versuch, die Studenten bereits während ihrer Studienzeit in den Arbeitsprozeß einzufügen, entspricht im Westen kein freiheitliches Pendant. Um so mehr fixieren sich häufig die Sehnsüchte der in die Abkapselung gedrängten Studentenschaft auf extreme Experimente.

Die Statusunsicherheit (ob das angestrebte und vorgeschriebene Studienziel erreicht und damit der Einstieg in die Berufslaufbahn möglich wird) dauert bei den Studenten — verglichen mit anderen Bevölkerungsschichten — sehr lang. Die Gefahr des Scheiterns wirkt sich besonders gravierend und enervierend aus, da der Übergang in eine andere Tätigkeit wegen des fortgeschrittenen Alters schwierig ist. Frustration und Angst werden durch Aggression kompensiert. Da die Universität noch nach feudalen Gesichtspunkten organisiert ist, geraten die Studenten, die in einem weitgehend abgekapselten Bereich leben, in die Gefahr, die Erfahrungen ihres Lebensbereiches kritiklos auf die gesamte Gesellschaft zu übertragen, so daß angesichts des Rückstands im Universitätsbereich der Fortschritt in anderen gesellschaftlichen Bereichen nicht erkannt oder neurotisch übersehen wird.

After action satisfaction

Die zeitliche Lücke zwischen der damaligen und der heutigen Bewegung, vor allem aber die Tatsache, daß die meisten Vertreter der APO, bis auf die wenigen, die im Terrorismus verlorengingen, so rasch sich anpaßten, sich etablierten, integrierten, arrangierten, sozialisierten und damit auch exkulpierten, bewirkte, daß sich der Eindruck durchsetzen konnte, die beiden Bewegungen unterschieden sich in allem und jedem. Das stimmt hinsichtlich des theoretischen Überbaus, der heute kaum vorhanden ist, nicht aber im Hinblick auf die Verhaltensformen.

— Die Herkunft aus bürgerlichen Familien ist freilich nicht mehr so stark wie in der APO-Zeit gegeben. Peter Mosler hat recht: Die Studentenbewegung ist eine Jugendrevolte in der Wachstumsgesellschaft gewesen; die Jugendrevolte in den 80er Jahren ist eine Bewegung in der postindustriellen Gesellschaft. Für die heutigen Protestler erscheint die Zukunft als weitgehend versperrt: keine Arbeit, Numerus clausus, keine Wohnungen, Städtewucherungen, Atomkraftwerk, Massenverhaftungen. Aus einer solchen inhaltlichen Ausweitung der Protestkerne ergibt sich auch eine wesentliche Ausweitung der gesellschaftlichen Herkunft. Freilich sind nach wie vor die »Prolos« die kleinste Gruppe; immerhin sind sie vorhanden.
— Der Einfluß studentischer Allüren und Attitüden ist zurückgegangen; eine führende Rolle spielen zwar nach wie vor Studenten; sie kommen aber häufig vom zweiten Bildungsweg bzw. studieren an Fachhochschulen. Ihr Erscheinungsbild ist unstudentisch, gerade auch, was das reduzierte theoretische Instrumentarium betrifft, mit dem sie argumentieren. Solche »Primitivisierung« ist allerdings vielfach »Masche«: Anpassung an die gängige Theoriefeindschaft. In der APO-Zeit war man stolz darauf, mit Konstrukten zu brillieren. Heute eine blühende Rhetorik von Un-Sprache; der exotische Reiz des vulgären Gestammels; man glaubt »echte Prolos« vor sich, dabei sind es Sozialpädagogen, kurz vor dem Examen!
— Die studentische Situation hat sich wenig geändert. Die Studentenschaft ist weiterhin ein starker Resonanzboden für die neue Protestbewegung; freilich: immer weniger Führungspersonen kommen von den Universitäten. Einmal sind Führungsrollen sowieso verpönt; man reagiert lieber in Form kollektiver Identität (aus dem Bauch heraus — dem Bauch der Bäuche); auch hat die Lethargie in der Studentenschaft zugenommen; wenige raffen sich dazu auf, aktiv zu sein.
— »Sit-ins« nach wie vor, nur das Wort ist »out«. »Besetzt« wird viel; aber kaum noch Universitätsräume; da ist nichts mehr zu holen. Besetzt werden bekanntlich leerstehende Häuser.
— Die abreaktive Bedeutung des Protests ist stärker denn je. »After action satisfaction!« Die taktische Perfektion der »Happenings« ging verloren; diese ist noch studentischen Polit-Sekten zu eigen, die freilich vor Ort meist so schwach sind, daß sie nur durch zugereiste Verstärkung von Fall zu Fall agieren können. Ansonsten: Spontanverhalten in Gruppen. Wie die Raben, meinte einer aus der APO-Generation: fliegt einer auf, fliegen alle auf; setzt sich einer nieder, setzen sich alle nieder. Die Demonstrationsformen sind auf der einen Seite (z.B. im Umfeld von Hausbesetzungen) weitgehend — etwa in Berlin — abreaktiv-regressiv geblieben; auf der anderen Seite (etwa bei der Friedensbewegung) haben sie eine neue Qualität erfolgreicher Aufklärungsarbeit und Sympathiewerbung entwickelt. Sie haben dann auch eine entsprechende Massenbasis finden können.
— Harlekins nach wie vor — meist jedoch mit stumpfem Witz. Nach wie vor Daniel Cohn-Bendit. Das Clowneske ist, wohl auch aufgrund des Gefühls apokalyptischer Bedrohung, wesentlich zurückgegangen.

Liebe ich diese »neue« Jugend? Verachte ich sie? Erfreue ich mich ihrer Unbekümmertheit, ihrer Direktheit? Leide ich darunter? Verwirrt mich die Vielfalt, die aus der Jeans-Uniformität herausgelockt werden kann? Fasziniert mich die Dynamik, die aus der zur Schau getragenen Lässigkeit nach außen drängt? Dynamik? Spricht sie aus der blondglattsträhnigen Studienreferendarin, die bei der Diskussion zum wiederholten Male die

»unheimlichen Repressionen« des spätkapitalistischen Systems litaneihaft vorbetet, die sich zwischen den ideologischen Versatzstücken ohne jedes Fünkchen Humor bewegt — so daß etwas verbindlicher, sich um Auflockerung bemühender »Charme« dir bereits den Vorwurf des Zynismus einbringt? Wo ist die »Dynamik« in der Diskothek, da Oberschüler und Ladenmädchen im vermarkteten Saturday-night-fever den süßen Pop-Honig aus den Tonköpfen saugen? In der Boutique, wo die linke Schickeria wollüstig nichtentfremdetes Holz betastet — denn irgendwie braucht man für Parties ja den Touch landkommunaler Herstellungsart? Ist »Beweglichkeit« (Anmut) präsent, wenn der Teenager mit »Bravo« unterm Arm dir entgegentritt? Wo ist denn diese Jugend jugendlich — zwischen Sonne und Amore, Ökologie und Revolution, Warenästhetik und Second-hand-Montur?

Ich diskutiere mit Klagenfurter Studenten. Wir haben die sterilen Betonsilos der Universität verlassen und uns in einem verwilderten Wirtshausgarten niedergelassen. Ich fühle mich euphorisch; nicht nur weil der firnige Schnee und der blaue See blinkt, sondern weil das Gespräch so bewegt dahinfließt. — Fürs »Flüssige« sind an sich die aus den Tälern in die erste akademische Generation eingestiegenen Bauerntöchter und -söhne zu schwerfällig; erst im Nachhinein wird mir klar, was meine Hochstimmung bewirkte: Dein Wort gilt wieder einmal. Du wirst nicht ständig hinterfragt. Man glaubt dir eine Antwort. Die Dialektik ist die der Gemeinsamkeit, des gemeinsamen Diskurses. Du wirst nicht gleich ins irrelevante Abseits gestellt; wirst nicht mit dem Vorwurf bedacht, die Gesellschaftsstrukturen in ihrer objektiven Tatsächlichkeit personalimpressionistisch unterlaufen zu haben. Deine Erfahrungen werden zwar auch hin und her gewogen, aber nicht a priori als zu leicht befunden. Und doch sagt F. nach einiger Zeit, als wir über das Verhältnis von Jugend und Alter diskutieren: Haben Sie nicht manchmal den Eindruck, daß das, was Sie sagen oder schreiben, von jungen Menschen als Worte eines Großvaters aufgenommen wird? Da zuckt man zusammen; und faßt gleich darauf Mut: vielleicht kann Großväterlichkeit den Vaterlosen helfen? Großväterlich möchte die Generation, die 1945 so jugendlich an den Aufbau dieses Staates ging und mit viel Begeisterung sich mit ihm in kritischer Sympathie identifizierte (identifiziert bis heute) — großväterlich möchte man der Jugend schon entgegentreten, in der Hoffnung, daß die Ratschläge, die man zu geben gedenkt, nicht gänzlich ausgeschlagen werden.

Wir haben diese Generation wohl zu wenig darauf vorbereitet, Partner für Diskurs zu sein, Freude am anderen (an der anderen Meinung) empfinden zu können. Einsicht, Maßstäblichkeit, Fähigkeit des Abwägens, Freundlichkeit bei aller Kontroverse, Sachlichkeit, literarische Bildung etc. — sind dies evtl. lauter Tugenden des Alters, des erfahungsmäßigen Zuwachses? Lauter Untugenden aus der Sicht der Jugend? Sehnsüchte liberaler Schwächlinge?

Ich diskutiere stundenlang mit dem jungen Kollegium einer Gesamtschule. Die Lehrkräfte sind »enorm« motiviert, »unheimlich« motiviert (heißt dies im Jargon). Doch nur in der Gruppensolidarität fühlen sie sich wohl. Es gibt keinen abweichenden Ich-Standpunkt. Ich nenne dies »Blutgruppendenken«. Empörung. — Ob man nicht das Kollegium altersmäßig »durchbesetzen« müßte, da schließlich Erfahrung auch eine Tugend und für die Erziehung notwendig sei? Wieso? Die Ideologie der Erfahrung habe man satt. Ich versuche eine härtere Gangart. Mein diskursives Engagement findet kein Echo. Aggressives Schweigen. Terminologische und inhaltliche Gewandtheit drängt dich angesichts einer offensichtlich universitär bewirkten Unbildung in die Rolle eines intellektuellen Pfaus, der sein Rad schlägt, während die anderen am Puls des wirklichen Bewußtseins wortlos verharren.

Die Schule ist so schmutzig wie kaum eine. Ob man nicht die Putzfrauen zum Gespräch in die Klassen rufen könne, damit man höre, was den Unterprivilegierten die Abkehr von »repressiven Ordnungsvorstellungen« »koste«. Schmutz sei Materie am falschen Ort. Deine Argumente landen nicht; du zeigst eben kein Verständnis für die

»unheimlich frustrierten Kinder«. Ihr Elternhaus habe sie so gemacht, und nun bauen die bärtigen Sozialpädagogen zusammen mit ihren Lehrerkollegen eben »echte« Sozialbeziehungen auf. Echt, konkret; ich kann die beiden Worte kaum mehr hören.

Den Vorwurf der Larmoyanz verwende ich gerne: um die mich enervierenden Selbstbespiegelungen und Lamentationen junger Menschen abzuwehren. Wer dem anderen Weinerlichkeit und Ich-Schwäche vorwirft, fühlt sich offensichtlich sicher. Da schwingt eben der Stolz einer Generation mit, die das »Glück« hatte, die Stunde Null zu erleben und zu überstehen, und die es entsprechend herrlich weit gebracht hat. Die damalige Chance des Aufbruchs und Ausbruchs wird auf die Waagschale geworfen, mit der die jugendliche Generation von heute als zu leicht empfunden wird. Was hat sie erlebt? Was hat sie durchgemacht? Was berechtigt sie zur Klage? Wie soll jemand die himmlischen Mächte erleben, wenn er sein Brot nicht weinend gegessen hat? Die idealistischen Metaphern purzeln nur so herein, wenn man mit Nostalgie sich daran erinnert, was doch alles aus der Jugend, die erst zur Hitlerjugend auserwählt und dann zu ihr verdammt war, geworden ist; welche demokratische Substanz sie einbringen konnte. Aber dann überwältigt dich die Einsicht, daß es offensichtlich dieser Generation nicht gelungen ist, die Brudergesellschaft voranzubringen.

Gedrillt auf das Sekundärtugendsystem von Sauberkeit, Ordentlichkeit, Leistung, protestiert Jugend durch ihr Ganz-anders-sein. Der lächerliche Administrator mit der Krawatte; die geordnete Einlaufmappe. Die Vertreter des selbstverwalteten Jugendzentrums: als Stadtindianer kommen sie zur Besprechung; barfuß, angestrengte Respektlosigkeit in den gepflegten Konferenzsesseln. Aus den schwarz umrandeten Fingernägeln und den Bartstoppeln schlägt dir Abneigung entgegen. Nun sitzt du da an der Schwelle zum ärgerlichen Hochmut, zwingst dich zur liberalen, freundlichen Zuwendung; zum Kompromiß; den Dolch kriegst du dennoch bei nächster Gelegenheit wieder hineingestoßen. Die Scheiß-SPD. Offensichtlich sind ihnen die Reaktionäre lieber. Sie verachten diese Liberalität, die ihnen das Unterdrücktsein, bei dem sie Märtyrer sein wollen, verwehrt. Der Vater soll sie unterjochen, damit sie ihn morden, fressen können. Totemmahl. Die Gesellschaft bietet dazu kaum eine Möglichkeit; hat Gummiwände. Ich sage »Stadtindianer«, meine aber Stadtneurotiker: Diese introspektive Besessenheit; ständig auf dem Weg zur Klagemauer. Oder ist dies nur eine Schutzbehauptung, um besser überwinden zu können, daß sie dich, den Liberalen, Verständnisvollen nicht mögen? Verschmähter Liebe Pein. Sehnsucht nach Jugend. Du möchtest des Einverständnisses sicher sein. — Wie oft erlebt man, daß alternde Schriftsteller, Dichter und Dichterinnen, Intellektuelle, absteigend vom Gipfel des Erfolgs, ihren jugendlichen Claqueuren nach dem Mund reden — den unreflektierten Beifall als Jungbrunnen empfindend. Wie sie sich sonnen, wenn die emanzipatorische Jugend sie lobt.

Stadtindianer: lieben sie wirklich die Prärie der Freiheit? Oder doch nur das Schrebergärtchen, das jetzt Landkommune heißt?

Die Verständigung klappt nicht. Im Hintergrund drohen die Konservativen, das Jugendzentrum zu schließen. Sofort. Eine kommunistische Zelle. Sinnlose Vergeudung von Steuermitteln. Wenn man sie, die Stadtindianer, so anschaut und hört, glaubt man nicht, daß sie sehr viel List auf dem Kriegspfad, der ihnen aufgedrängt wurde, entwickeln. Aber da wird mir deutlich, wie liebenswert einsam, wie unglücklich verlassen sie sind. Keine Väter, an denen sie sich zur Identität hinaufreiben können. Die Schale, die sie zusammenhält (ihr Mißtrauen, ihre mit Aggressivität kompensierten enttäuschten Sehnsüchte), ist dünn; zerbrechlich.

Anmerkungen

1 Zit. nach Heinz Abosch: Das Altern der Neuen Linken. In: Neue Rundschau, Heft 1/1974, S. 194.
2 Hermann Glaser: Radikalität und Scheinradikalität. Zur Sozialpsychologie des jugendlichen Protests. München 1970, S. 9.
3 Zit. nach Tilman Spengler: Der Bauch als Avantgarde — über den aufrechten Niedergang der Theorie. In: Kursbuch 65/1981, S. 179.
4 Vgl. Odo Marquard: Abschied vom Prinzipiellen. Stuttgart 1981, S. 4 ff.
5 Odo Marquard: Abschied vom Prinzipiellen; a.a.O., S. 11 f.
6 In: Tagungsunterlagen Jugend-Festival der Jungen Union, Niedersachsen, 12. 12. 1981.
7 Zit. nach Nürnberger Nachrichten, 21./22. 10. 1968.

Was heißt »Jugend«?

Jugend als Strukturbegriff ist laut Leopold Rosenmayr: ein Phänomen der Verzögerung voller und unmittelbarer Aktivität.[1] Was das bedeutet, sei zunächst im geschichtlichen Rückblick betrachtet. Dabei tritt zutage, daß die Zeitspanne von Jugend sehr variabel ist — unabhängig von anthropologischen und biologischen Daten nach vorne oder hinten verschoben werden kann. »Trau keinem über dreißig«: da ist Jugend sehr verlängert, bis in ein Alter hinein, das in früheren Jahrhunderten schon nahe an der Grenze der durchschnittlichen Lebenserwartung lag. Im Barock und Rokoko dagegen findet Jugend kaum statt; selbst das Kind wird zum kleinen Erwachsenen (etwa in Kleidung und Haartracht) stilisiert; die Rituale des gesellschaftlichen Lebens zielen auf eine möglichst frühe Reproduktion der Lebens- und Verhaltensformen Erwachsener. Ganz anders im »Sturm und Drang«: Jugend wird als Eigenwert entdeckt. Wenn auch oft unter großen Mühen und Leiden bezieht diese (zumindest in ihren literarischen Wortführern) eine Position außerhalb der Gesellschaft, um von hier aus die Gesellschaft zu kritisieren und zu verändern. Die Ekstase des Jungseins, in die man sich hineinsteigert, gibt die entsprechende Schubkraft fürs Aufbegehren.

»Der Zeitgeist des Spätbarock hatte sich während der beiden unserer Epoche vorausgehenden Jahrzehnte (1750—1770) — bildlich gesprochen — im Prisma des gelebten Lebens in zwei weit auseinanderliegende Spektrallinien gebrochen: in den Pietismus auf der einen, in die Aufklärung auf der anderen Seite. Die Jugend, die um 1770 in den Jünglingsjahren (nach dem damaligen Sprachgebrauch im Alter von 16 bis 24 Jahren) stand, war zwar im Elternhaus entweder in dem einen oder in dem anderen geistigen Klima aufgewachsen; sie paßte sich aber weder an eine der beiden Richtungen des Geisteslebens an, um sie mit jugendlichem Elan etwa ins Extrem emporzutreiben, noch vollzog sie eine Synthese, in der beider Gegensätze aufgehoben wurden. Sie beantwortete vielmehr die Herausforderungen ihrer Zeit mit einem ganz neuen Lebensgefühl. So wird der ›Jüngling‹ zum geheimen Leitbild der Zeit, ja, zum Prototyp des Mensch-Seins überhaupt. Gleim, Klopstock, Lavater, der Fürst von Ligne versuchen zeit ihres Lebens, jünglingshaft zu sein oder doch zu erscheinen!«[2]

Hans Heinrich Muchow geht davon aus, daß — seit damals, dem »epochalen Einbruch von Jugend« — die Antworten der Jugend auf die Herausforderungen der Zeit immer schärfer ausfallen.

Innerhalb der »Großepoche« jugendlichen Aufbruchs von 1770 bis zum Ende des Zweiten Weltkrieges ließen sich eine Reihe von »Kleinepochen« erkennen: »Auf die Alterskultur der Aufklärung mit ihrem ausgesprochenen Individualismus antwortet die Jugendgeneration von 1770 nicht nur, wie schon der Pietismus, mit einer gesteigerten Gefühlskultur, sondern mit einer fast leidenschaftlichen Sehnsucht nach Gemeinschaft, die sich in den Formen der Zweierfreundschaft und des ›Bundes‹ auskristallisiert. Auf diese Epoche enthusiastischen Gemeinschaftslebens folgt der erlebnisleere und fast kaltschnäuzige Individualismus der jeunesse brûlée und, in Fortsetzung der Tendenzen des Sturm und Drang, der kaum noch zu übertreffende

Subjektivismus der Romantik. Als Gegenschlag gegen diese, teils schicksalhaft bedingte, teils bewußt erstrebte Vereinzelung folgt der von überschwenglichem Gemeinschafts- und Opfergeist gekennzeichnete Lebensstil der Freiwilligenkorps und der ›Burschenschaft‹ um und nach 1813. Wir vermuten, daß im realdialektischen Gegensatz dazu die ›Jünglinge‹ der Biedermeierzeit wieder Individualisten sind; sie werden im Zuge der wirtschaftlichen Entwicklung der folgenden Zeit und angesichts der unerhört gesteigerten Möglichkeiten des Geldverdienens und des Karrieremachens in den Jahren von 1830 bis 1890 zu sehr nüchternen und harten Individualisten, wie sie das Besitzbürgertum des ganzen 19. Jahrhunderts kennzeichnen. Gegenüber diesem Individualismus der Menschen besonders der Jahre nach 1870/71 entwickelt sich in realdialektischer Antithetik die Jugend des Wandervogels, die in ›Bund und Gruppe als Lebensformen‹ wieder die Gemeinschaft auf ihre Fahnen schreibt. Nachdem in der ›Bündischen Jugend‹, mehr noch in der Hitlerjugend, die Ideologie der Gemeinschaft hypertrophiert worden ist, wundert es uns keineswegs, daß die Jugend nach 1945 nicht nur durch Bindungslosigkeit charakterisiert ist, sondern im ›Einsiedlerkrebs-Dasein‹ eine extreme Form des Individualismus darlebt.«[3]

Jugendbewegung und Jugend-Stil

Besonders ausgeprägt das »Verzögerungsphänomen« bei der Jugendbewegung der Jahrhundertwende. Die Welt der Erwachsenen, spießbürgerlich, erstarrt, von zentralen Lebensfragen durch heuchlerische Fassaden abgetrennt, wird von der Jugendbewegung durch Negation beiseitegeschoben. Das »Jungsein« als Status des »Draußenseins« kann in diesem Sinne lebenslänglich währen — als Bereitschaft und Fähigkeit, bourgeoisen Denk-, Gefühls- und Handlungsmustern sich auf Dauer zu entziehen.

Aus einem kulturphänomenologischen Vergleich wird deutlich, wie stark »Befindlichkeiten« der Jugendbewegung die Jugendkultur bis in unsere Tage hinein prägten bzw. wie stark die innere Verwandschaft ist, die die »Mythen« der Jugendbewegung und des Jugendstils mit dem Stil der Jugend der letzten Jahrzehnte verbindet. An einigen Konfigurationen, wie Park, Hair, »Mädchenblüte«, Flesh, Trip sei dies aufgezeigt.

Jugendland: Wald, Bergeshöh, einsames Tal; durch die Heide. Als die Gesellschaft in schwülen Boudoirs sich heimisch fühlte, im Plüsch nistete, wurde Jugendstil als morgendlicher Aufbruch (als Jugendbewegung) manifest. »Des Sonntags morgens um sieben Uhr sah man in Steglitz gewöhnlich nur ein paar Gendarmen auf und ab gehen, oder Milchjungen und Semmelfrauen frostig von Tür zu Tür laufen. Dann kamen wohl auch in warme Decken tief verhüllte Mädchen, müdegetanzt vom Ball und bleiche Kavaliere begleiteten sie. Alles andere schlief bis in die Kirchenglocken hinein.«[4]

Am Bahnhof sammeln sich die Wandervögel zur frohen Fahrt. Nicht geschniegelt als Affen der Erwachsenen; offener Kragen — kurze Hosen — Kluft. Die Alten bleiben im Mief zurück; sie feiern mit Sedanlächeln beim Kommers; die Jungen treffen sich am Lagerfeuer; trinken Quellwasser statt Alkohol. Zum Meißnerfest kam es, weil man die Jahrhundertfeier der Völkerschlacht nicht in Bierseligkeit begehen wollte; die Jugend war ohne Rausch zum Rausch bereit, zur Ekstase der Verbrüderung. »Die Natur selbst war von starkem Leben erfüllt: Schnellwandernde tiefschleifende Nebelwolken verdeckten bald diesen bald jenen Teil der Feststatt. Dazwischen sah man die Reihen der Spielenden und Tanzenden, von Sonnenlicht überflutet.«[5] Die Heilrufe der sich Begrüßenden branden auf.

Der Ausdruck »Jugendbewegung« täuscht freilich: Das Statische dominiert; auch wenn einer wandert, durch Nacht und Tag, nach West und Ost, kann er erfahrungslos bleiben. Die Exorbitanz ist auf einem Punkt fixiert: auf Natur. »Wandern durch den tiefen Schnee hinaus, wenn die Nacht hereinbricht. Die Finsternis springt in Sätzen heran, sie sinkt wie in Aschenwolken herunter. Aber das Schneelicht zittert ihr aus den toten Feldern entgegen wie ein gespenstiger Wiedergänger des Tageslichts. Schwerer hängt die Dunkelheit, und greifbarer blendet und gleißt der Schneeflimmer hindurch. Die Stimmen der Winternacht reden zu dir, ohne daß du fragen brauchst. Sie reden und streiten in dir, du schreitest und hörst im Traum. Du mußt die Natur kennen vom langen Wandern, wenn sie so zu dir sprechen soll. Wie einem Freunde mußt du ihr lauschen können. Mit einem Freunde ist Reden und Hinhören kein Andrängen und Fortreißen, sondern ein sanftes Strömen, ein wechselndes Eingehen und Auslösen. Es ist wie ein andeutendes Spiel mit längst Vertrautem, ein Schwingen um verbundene Zentren in gleichmäßigen Kreislinien. Kein Fragen und Ausbreiten, sondern ein zartes Berühren gleichgestimmter Saiten. Die Worte sind wie feine geschliffene Gläser, die das Unendliche, Unsagbare in kleinen Lichtpunkten vermitteln. Wie einstellbare, umsetzende Instrumente, die die innere Spannung genau so modeln, daß sie als Funke überzuspringen vermag. Es entsteht zwischen euch eine schmiegsame, nachgebende Rundigkeit der seelischen Bewegungen; jeden Augenblick füllst du lebendig aus und greifst nach einem inneren Rhythmus zu dem nächsten. So ist es ein Miteinanderleben und ein Vorwärtsleben.«[6]

Jahrzehnte später Hippieland. Da geometrische Cleverness vorherrscht, Kapitalismus mit Bürstenhaarschnitt, sind Askese und Antialkoholismus als Drop-out-Signale nicht notwendig. Der gezirkelten Moral widerspricht besser die anarchische Ekstase. Mit Rausch zum Rausch bereit. Nach wie vor Heil in der Verbrüderung. Es entstehen neuartige Formen des Gemeinschaftserlebnisses. Der Verbund, die ingroup, muß topographisch erlebbar sein. Zehntausende, Hunderttausende treffen sich bei den Beat-, Pop- und Rock-Festivals. Eine halbe Million kam 1969 in Woodstock zusammen, auf den 240 Hektar des Farmers Max Yasgur. Woodstock erwies sich dabei als spezifische Ausdrucksform des jugendlichen Kollektivbewußtseins. Man findet und »entrückt« sich durch das Medium der Musik; das Individuelle wird aufgehoben; Masse Mensch, Masse Jugend schließt sich zusammen — hingestreckt auf dem Feld (dem Campus, der Parkwiese, der Insel). Ein vegetatives Kollektiv. Die Welt ist beautiful, peaceful. Der Mythos des Drinnen ist das alles durchdringende Gefühl des Draußenseins (weg von der Gesellschaft, weg vom Konkurrenzkampf und dem Leistungszwang!) Woodstock ist der Hohe Meißner der siebziger Jahre. Nur daß Jimi Hendrix noch mehr berauschen konnte als die Festredner von 1913, die ohne Verstärker, nur mit dem epigonalen Pathos des deutschen Idealismus, auskommen mußten.

Hippieland ist eine Phantasmagorie der Sehnsucht nach dem Paradies. Arkadien ist dabei in Metropolis angesiedelt. Zwar Natur, aber in einer ganz besonderen Weise stilisiert. So wie Rousseaus »Retour à la nature« eingebettet war in die künstliche

Landschaft des Rokoko, der »Jugendstil« in bizarr unwirklicher Fauna und Flora sich manifestierte, ist die Natur der Blumenkinder artifiziell. In allen drei Fällen ist der Park Topos für die Enklave, in die sich Zivilisationsmüdigkeit flüchtet: florale Faszination.

Was ist das Eigenrecht der Jugend? Werner Helwig, als ehemals Jugendbewegter, schreibt: »Der Drang nach ›Verwirklichung‹, die Sehnsucht, von vorne anzufangen... die Wiederherstellung des Verhältnisses von Mensch zu Mensch, von Mensch zu Natur... das alles trieb, wogte, sproßte neben- und miteinander.«[7] Psychosomatisches wird im Nachhinein rationalisiert: als Aufstand gegen Industrialisierung, Zivilisation, Dekadenz und Morbidität »entziffert«. Das jugendliche Ringen entstand — wie die biologischen Metaphern richtig andeuten — jedoch außerhalb rationaler Kritik und Analyse: als ein Drang zum Anderssein, das sich seine Mythen suchte. Mythe dieser Art ist Hair: Zeichen des Dagegen, des Draußenseins (und Draußensein-Wollens). Emphatisch umkreist Jugendstilrichtung das Haar — »In dein Haar bin ich verliebt... Laß mich berühren dein Haar«.

Die dekorative Langhaarigkeit wird mythisiert (oder als Mythe rezipiert): Haar, Bart sind sakrale Zeichen von Mannheit, von sexuellem und gesellschaftlichem Stolz — gegenüber den kahl geschorenen oder bestenfalls schnurrbärtigen Sklaven und Leisetretern, die den konformistischen Zwängen sich beugen müssen oder freiwillig einfügen. Haar ist heute mehr denn je erfolgreiche jugendliche Provokation, die den Willen zum Drop-out sowie — als gesellschaftliche Reaktion — das weite Spektrum alltäglicher Intoleranz und Aggressivität zu offenbaren vermag. Weitgehend ist jedoch dieses Anderssein Fiktion. Die Kinder des Mittel- und Wohlstandes stülpen die revolutionäre Perücke über.

Die Jugendbewegten der Jahrhundertwende sind zu einem erschreckend großen Teil 1914 und 1933 »dabei« gewesen; Waldläufer erwiesen sich als Mitläufer. Wenn »Jugendstil« Flucht war, dann war er auch Flucht vor dem Anderssein, in das man zunächst floh. Das macht denn die essentielle Leere des »Jugendstils« aus — eben die Dominanz des Dekorativen und Ornamentalen. Nichts, aber darüber Glasur. Überzeugung, Bewußtheit sind kaum greifbar; dafür Gebärden, Muster, Figurationen. Will man den Jugendstil dialektisch packen, fließt er davon. Er stellt sich nicht, er bietet keinen gedanklichen Widerstand.

»Underground« ist zum größten Teil abgesunkene Mittelstandsschicht. Neurotisierte Jugendliche, die der Last der familiären Lieblosigkeit, dem Konsumfetischismus und dem Leistungsdruck der Konkurrenzgesellschaft nicht standhielten und dabei ein hohes Maß von Sensibilität entwickelten. Doch wird diese Sensibilität von modischen Attitüden überlagert. Was jugendlicher Stil dem Jugendstil zunächst voraus hatte — Essenz nämlich —, geht verloren; es bleibt, jetzt wie einst, der Dandy, der sein Haar und seinen Bart wie der Konsumbürger seinen Kleinwagen pflegt. Haar und Bart egalisieren. Die Mode macht deutlich, daß von vornherein gar nicht so große Unterschiede gegeben waren zwischen denen, die mit, und denen, die (scheinbar) gegen die Zeit gingen.

Auch dort, wo der Jugendstil libidinös sich orientiert, ist das Libidinöse narzißtisch »eingefärbt«. Polare Sexualität gilt nicht; der Jugendstil liebt androgyne Motive. Das Figurale ist im Linienfluß aufgelöst, die Konturen verschwimmen. Diese biologische Romantik ist in ihrem Schwingen und Pulsen, Treiben und Blühen auf Zwischenreiche ausgerichtet — Schwebezustände zwischen Pflanze und Mensch, Mann und Weib; sie oszilliert zwischen Wasserleiche und Übermensch. Das »Ophelia«-Motiv charakterisiert besonders augenfällig die Fließstruktur des Jugendstils.

»Im Haar ein Nest von jungen Wasserratten,
Und die beringten Hände auf der Flut
Wie Flossen, also treibt sie durch den Schatten
Des großen Urwalds, der im Wasser ruht.

Die letzte Sonne, die im Dunkel irrt,
Versenkt sich tief in ihres Hirnes Schrein.
Warum sie starb? Warum sie so allein
Im Wasser treibt, das Farn und Kraut verwirrt?

Im dichten Röhricht steht der Wind. Er scheucht
Wie eine Hand die Fledermäuse auf.
Mit dunklem Fittich, von dem Wasser feucht
Stehn sie wie Rauch im dunklen Wasserlauf.

Wie Nachtgewölk. Ein langer, weißer Aal
Schlüpft über ihre Brust. Ein Glühwurm scheint
Auf ihrer Stirn. Und eine Weide weint
Das Laub auf sie und ihre stumme Qual. . .«[8]

Selbst dort, wo das Motiv auf Kraft, Brutalität, Sadismus verweist, wie bei der Salome, überwiegt die Entfremdung ins Vegetative. Die Kraft ist pflanzenhaft. Salome in weißen Schleiern, süchtig das abgeschlagene Haupt des Johannes umklammernd, dessen Blut lianengleich in den schwarzen Untergrund tropft, aus dem Blüten wie Phalli, Phalli wie Blüten, sich emporrecken, so hat sie Beardsley immer wieder gestaltet.

Die Auflösung des Körperhaften ins Vegetative gehört zum Grundmuster des Jugendstils. Die Kraft der Kopulation wird in Blumenmäander verpackt, die Geschlechtlichkeit in Schlingpflanzen verwoben. Die Topik des literarischen Jugendstils charakterisiert metaphernreiche Erschlaffung. Die Worte sind blasse Mandelblüten, das Lied klingt weich wie Flaum blaßroter Wölkchen; Silberweide, Flut, fließendes Licht, laue Wolken; Erglühen, aber kein Funkensprung, Leidenschaft, die in stillen Stunden vertropft.

»Schwer glitt der Kahn. Die Silberweiden hingen
schauernd zur Flut. Und behende glitt der Kahn.
Und deine Worte fremd und klanglos fielen
wie blasse Mandelblüten leicht und leuchtend
zum Fluß aus dessen schwankem Grunde spiegelnd
die hellen Wiesen lockten und der Himmel
und allen Lebens traumhaft Bild, indes
vom flirrenden Geäst durchsungner Kronen
der Abend in Rubinenfeuern sprühend
sich golden in die lauen Wolken schwang. . .«[9]

Das Bild der Frau im Jugendstil ist floral; Mädchenblüten; purpurne Entfaltung scheuer Knospen; »zur Hüfte nieder um die Brüste fließt mandelschwer ihr offenes Haar und wogt und flimmert dämmerklar, als ob ein Morgenwind es küßte.« (Richard Dehmel)[10] Die Frauenlilien prägen auch das triviale Liebesverständnis, etwa in den Familienzeitschriften, deren Liebesträumereien immerhin durch den Jugendstil eine gewisse Ästhetisierung erfuhren: das pummelige Gartenlaubenglück wurde aristokratisch fragiler.

Die Jugendstil-Personifikationen schreiten und wandeln mit dem antikisierten Faltenwurf ihrer Gewänder (à la Stefan George) durch die Haine und Gefilde einer heroischen Landschaft. Der mythisierten nackten Weiblichkeit (als Nixe, Waldfee, Göttin, Tänzerin, »Jugend«) wird eine emanzipatorische Rolle zugeordnet. Es handelt sich um Symbole einer sexuellen Revolution, die gegen die erotischen Tabus des bürgerlichen Zeitalters gerichtet ist. Der nackte Körper wird zum Symbol eines Licht- und Sonnenkults. Inbegriff einer reinen und freien Erotik, der verschleiernden und verheimlichenden Sexualität der Bourgeoisie entgegengesetzt, wie sie etwa Stefan Zweig in seinen Jugenderinnerungen oder Arthur Schnitzler in seiner Autobiographie beschreibt. Offene Nacktheit gegen die bürgerliche Wohlanständigkeit (mit der Prostitution dahinter). Mit körperlicher Reinheit soll die pornographische Schwüle des bürgerlichen Hauses ausgelüftet werden. Strahlend blickendes Menschentum will Unbehagen in der Kultur zum Behagen verwandeln. Natur ist Urquell, in dem sich die degenerierte Welt gesund baden kann. Fidus (Hugo Höppner) etwa hat die naturkultische Reformkomponente des Jugendstils popularisiert und trivialisiert. Seine Kunst ist deshalb auch so aufschlußreich, weil seine Aktbilder gewissermaßen »Synthese« sind von revolutionärem Aufbruch und bourgeoiser reaktionärer Mentalität. Er macht die emanzipatorische Nacktheit rückgängig, das heißt salonfähig, indem er sie einerseits ins Völkische (Germanische) ideologisiert und andererseits so versüßlicht, daß die Provokation verlorengeht.

Intimbereich und Wohnwelt stehen in enger Korrelation. Dem Bürgertum ist das Schlafzimmer das Allerheiligste, Kultstätte der Kopulation. Das Schlafzimmer ist ikonisch ausgeschmückt, wobei der trivialisierte Jugendstil über die Schlafzimmerbilder in den Plüsch einbricht. Mit der Purgierung der Interieurs will die Jugendbewegung als »innenarchitektonische Kampfgemeinschaft« Mensch und Gesellschaft in ihrem Umweltverständnis verändern. In seinem Ding-Roman »Wohnungen« hat Wolfgang Georg Fischer die wohnsoziologische bzw. sozialpathologische Situation dieser Zeit geschildert.

»Ornament ist Verbrechen, die verlogene Vätermoral, bürgerliche Gattin, eine Jungfrau vor dem Altar, in der Synagoge, aber Bordellbesuchsfreuden, Promotionsfeier im Etablissement der Frau Rosa, Paradesäbel um den nackten Bauch, das konnte sich nur hinter staubigen Markartbuketts, zwischen polsterschweren Kanapees, bei Täbrisläufern, vor Vitrinen mit lachenden falschen Chinesen erhalten; Bruno Frischherz ist dagegen, Neukunst und Neumensch, Frauen und Mädchen ohne Korsett, Häuser, Wohnungen, Möbel ohne formfremde Zutaten, Damen reiten im Herrensitz, Stühle einfach, gerade, rückgratgerecht, das ist der Ton dieser Welt, korsettlose Mädchen auf Fahrrädern, die schmucklose rechtwinkelige Kastenkante mit voll Stolz gezeigtem, sogar messinghell poliertem Scharnier.«[11]

Der Jugendstil verlegt gerne den Ort der Liebe in die Natur hinaus; zudem wird der Blick auf das »Liebesleben in der Natur« zum appellativen Gleichnis für menschliche Emanzipation. So ist Wilhelm Bölsche zum Ahnherrn einer romantizistischen sexuellen Aufklärungsliteratur geworden, die dem bourgeoisen Weltverständnis einging, weil sie ihre Absicht in Naturmystik einhüllte, die Wahrheit über den Menschen in einem sich anbiedernden, mit einem gewaltigen Wortschwall, mit vielen Vokativen, Du-Apostrophierungen, Ausrufezeichen und anderen ekstatischen Stilfiguren arbeitenden Sprache nahezubringen suchte. In diesem philosophischen Jugendstil ist jedes Drüsensekret ein kosmischer Vorgang. »Das wäre nun also der menschliche Zeugungsvorgang, modern angeschaut. Die Schaffung eines neuen Menschen... Du magst dich drehen und wenden, wie du willst; — mit dieser kleinen Sonne da drinnen und dieser siegreichen Kaulquappe, die das Sonnenherzchen erobert und mit ihm verschmilzt, stehst du im Zeichen des gesamten Liebesproblemes... Du kannst alles von dem Worte Liebe bei dir abziehen. Den ganzen blauen Himmel über ihr. Alles, was in den Geist, in die Kultur, in die Ideale des Menschentums, in religiöse Erhebung und künstlerischen Harmonietraum hineingewachsen ist. Nur diesen einfachen, realen Prozeß der Zeugung kannst du nicht abziehen, ohne daß der Begriff dir elendiglich abstirbt. Ich weiß wohl, daß es Leute die Menge gibt, die sich vor solcher Behauptung entsetzen. Sie werden auch die ganze Erzählung, wie ich sie dir eben gegeben habe, greulich finden. Laß sie. Es sind Menschen, die nie etwas erfahren haben von den tiefen Schauern philosophischen Denkens. Die nie mit der Welt gerungen haben: ›Ich lasse dich nicht, du segnest mich denn‹. Und die nie erkannt haben, daß dieser Segen überall fließt, daß es vor ihm nichts Schlechtes und Gemeines gibt. Dieser Zeugungsakt ist wie eine blitzschwangere Wolke, geladen mit Philosophie.«[12]

Das Fleisch als Quelle der Verzückung. Von diesem Glaubenssatz ist jugendlicher Stil heute mitgeprägt. Die libidinösen Leitbilder sind auf die unio amatoria ausgerichtet. Der antimännliche Mann und das postfeminine Mädchen sind Leitbilder; erstrebt wird die Aufhebung der polaren Sexualität (zusammen mit der Aufhebung der gesellschaftlichen Klassen). Der zeitgenössische Transvestismus und die zeitgenössische Homophilie korrespondieren mit dem androgynen Erscheinungsmuster des Jugendstils.

Dazwischen rasch ein Sprung in die Gegenwart. Ein »Frauenzentrum« wirbt in einer Stadt-Zeitung:[13]

Lesbenselbsthilfe
Durch Körperübungen werden wir unseren Körper intensiver wahrnehmen und mit dem Spekulum unseren Muttermund sehen. Wir werden mit Trancen in unsere Körper reisen und von unserem Zentrum aus unsere Lesbenstärke spüren.

Massage + Bewegung
Lassen wir unsere Energien fließen, wenn wir Atem- und aktive Bewegungsübungen machen und uns gegenseitig massieren.

Körperfarben
Wie wirken Farben auf unseren Körper und welche Energien strahlen sie aus? Gemeinsam werden wir unseren Körper bemalen, unsere Energiefelder erleben und uns gegenseitig malen. Durch Trancen wollen wir unsere persönlichen Heilfarben kennenlernen.

Kräutersammeln
Habt ihr Lust gemeinsam auf Kräutersuche zu gehen? Wir planen mehrere Tagesausflüge in die Natur und wollen uns darüber austauschen, was wir von Kräutern wissen und was sie uns bedeuten.

Anti-Diät-Gruppe
Wir wollen in dieser Gruppe versuchen gemeinsam herauszufinden, welches die Ursachen für unsere Eßsucht sind und welche Probleme sich für uns aus dem Dicksein ergeben. Anhand von Übungen aus dem »Anti-Diät-Buch« (v. Susie Orbach) wollen wir lernen, den Teufelskreis zwischen Fasten und zwanghaftem Essen zu durchbrechen und uns selbst anzunehmen.

Bauchtanz
Bauchtanz ist die weiblichste aller Ausdrucksformen. Er kann uns helfen, uns in unserem Körper sinnlich und gut zu fühlen. Bauchtanz ist Ausdruck von Leidenschaft und Energie, von Stolz auf unsere weiblichen Formen.

..... und Geburtsfilm
Christine und Jutta haben über ihre Geburt zu Hause einen Videofilm gemacht:
»Gebären ist keine Krankheit«
Er soll ein bißchen Mut machen, Gebären wieder selbst in die Hand zu nehmen.

Das neue Körpergefühl, sowohl in seiner ursprünglichen als auch modischen Ausprägung, ist dem repressiven Sexual-Ritual der Gesellschaft, ihrer Etikette und ihren Höflichkeitsformen entgegengesetzt. Die teilweise geradezu programmatische Nacktheit des modernen erotic style überwindet das bürgerliche Voyeurtum, indem sie sich als naiv und selbstverständlich empfindet. Zugleich wird diese fotogene Leibmystik durch die Massenpresse für Voyeurinteressen nutzbar gemacht oder mit den Hygienevorstellungen der affirmativen Gesellschaft verschmolzen. In Gegenposition zu den bourgeoisen Tabus und Sexualriten wird ein Gegenritual entwickelt. Das alte Ideal der Kalokagathie, der Sehnsucht nach der Einheit von Leib und Seele, bestimmt diese Enthüllungsphilosophie; sie ist Kontrapunkt zum Striptease, dem mechanischen Entblössungsritual der All-plastic-people.

Die androgyne und vegetative Sexualität des jugendlichen Stils heute, dem die aktive (polare) Libido weitgehend abgeht — florale Dauerlust mit stark monotonen Zügen —, wird freilich aus dem Underground heraus »aufgeladen«. So wie der Jugendstil durch den Rückgriff auf die Renaissance und ihre Idole seine vegetative Schweberuhe aufzulockern suchte, dienen heute obszöne oder pornographische Sprengvokabeln (auch fäkalischer und terroristischer Provenienz) der »Kräftigung« und damit der Beseitigung androgyner Erschlaffung.

»Mir machts Spaß ein Gedicht
wie das hier zu schreiben, nackt
nach einem herrlichen Fick
runterzusehen auf
meinen Schwanz
ruhig und zufrieden
in seinem Gehäuse

aus braunem Haar, meine Frau:
sie ist in der Küche
macht Erdnußbutter
und Geleenahrung, daß wir
gut essen können, um
heute nacht
noch einmal
herrlich zu ficken.«[14]

Solche handfeste und auch formal geschlossene Kraft erreichte die Underground-Literatur jedoch meist nicht. Ihr Niveau liegt nicht viel über den zivilisatorischen Rieselfeldern, denen sie sich häufig zuwendet, wobei freilich diese Zuwendung bereits bewußtseinserweiternde Bedeutung hat. Der Abhub von Kultur und Zivilisation ist auf diese Weise direkt präsent. Über die Anthologie »Acid — neue amerikanische Szene« — hat dementsprechend Siegfried Schober gesagt: »Hier findet man kurz und bündig all die Frustrationen, Idiosynkrasien und Obsessionen einer mit fliegenden Fahnen zu Underground- und Gegenkultur-Illusionen übergelaufenen Generation, die mit der theoretischen und praktischen Anstrengung nicht mehr fertig wurde, welche ihr das dialektische und kritische Denken von Marx über Freud bis Bloch, Adorno, Benjamin und Habermas abverlangte und wo so klar, dezidiert und konsequent wie nirgendwo sonst eben das Potential formuliert steht, nach dessen Verwirklichung diese neuen Schwarmgeister und Wirrköpfe doch wohl trachten. Diese Schreihälse und Kraftmeier werden es sein, die letzten Endes die ganze Bewegung und Befreiung ruinieren werden, weil sie im Grunde nämlich schon gar nicht mehr wollen; sie richten sich lieber ein in ihren apokalyptischen Ritualen und Bildern, wollen sich kuscheln und austoben im großen internationalen Warenhaus.«[15]

»Stets, mahnt Hesse, sollst du am inneren Kern bleiben. Die mystische Formeln, der Bund, das verblüffend reichhaltige intellektuelle Potential sind tödliche Fußangeln, wenn die innere Flamme nicht weiterbrennt. Die Flamme ist natürlich immer da, innen und außen, sie umgibt uns und hält uns am Leben. Unsere einzige Aufgabe ist es, auf sie eingestimmt zu sein.«[16] So der Psychedeliker Timothy Leary. Die Wiederentdeckung Hermann Hesses als Pfadfinder zur Gegenkultur ist symptomatisch. Auch wenn Hesse natürlich nicht als Autor des Jugendstils bezeichnet werden kann, so hat er doch die Stoßrichtung des Jugendstils insofern fortgeführt, als er in seinen frühen Werken der bürgerlichen Saturiertheit und Wohlanständigkeit die Notwendigkeit der Flucht und der Suche nach einem neuen Weg entgegenstellte: Protagonist einer »warmen Gegenkultur« zur erbarmungslosen und aggressiven etablierten Gesellschaft. Im »Steppenwolf«, den Leary als »unersetzbares Lehrbuch« bezeichnet, werden dem wölfisch umhergetriebenen Outsider in einem magischen Theater, jenseits von Zeit und Raum, kaleidoskopartig die seelischen Erlebnismöglichkeiten in ihrer Fülle aufgetan, Paradiese und Höllen, wobei die Traumbilder typische Konturen des Jugendstils zeigen:

»Damals hatte ich dem schönen Mädchen, das allein und träumerisch bergaufwärts gegangen kam und mich noch nicht sah, voll banger Erwartung entgegengesehen, hatte ihr Haar gesehen, das in dicken Zöpfen aufgebunden war und doch noch zu beiden Seiten der Wange offene Strähnen hatte, die im Winde spielten und flossen. Ich hatte gesehen, zum erstenmal in meinem Leben, wie schön dies Mädchen war, wie schön und traumhaft dies Spiel des Windes in ihrem zarten Haar, wie schön und sehnsuchtsweckend der Fall ihres dünnen blauen Kleides über die jungen Glieder hinab, und ebenso, wie mich mit dem bitterwürzigen Geschmack der zerkauten Knospe die ganze bange süße Lust und Angst des Frühlings durchtränkte, so erfüllte mich beim Anblick des Mädchens die ganz tödliche Ahnung der Liebe, die Ahnung vom Weibe, das erschütternde Vorgefühl ungeheurer Möglichkeiten und Versprechungen, namensloser Wonnen, unausdenklicher Verwirrungen, Ängste und Leiden, innigster Erlösung und tiefster Schuld. O wie brannte der bittre Frühlingsgeschmack auf meiner Zunge. O wie strömte der spielende Wind durch das lose Haar neben ihren roten Wangen! Dann war sie mir nahe gekommen, hatte aufgeblickt und mich erkannt, war einen Augenblick schwach errötet und hatte beiseite geblickt; dann grüßte ich sie, mit gezogenem Konfirmandenhut, und Rosa, alsbald gefaßt, grüßte lächelnd und ein wenig damenhaft zurück, erhobenen Gesichts, und ging langsam, sicher und überlegen weiter, umsponnen von tausend Liebeswünschen, Forderungen und Huldigungen, die ich ihr nachsandte.«[17]

Alternative Kultur heute: umgeben von den »Charaktermasken« ehrgeiziger Existenzen und inmitten der Oberflächenreize des Konsumfetischismus, will man mit neuer Sensibilität das Eigentliche und Wesentliche finden. Statt Horizontale Vertikale, statt Expansion Meditation, statt Aktivität Introspektion. Nicht mehr mitmachen. Absage an den amerikanischen Traum und den American way of life. Aber das Ausbrechen ist schwer; schwer ist es auch, in den Großstädten ein einzelner zu sein.

Die kultische Szene ist ohne Rausch nicht denkbar. Die Revolution findet dann nur als Phantasmagorie statt. Mit der Droge auf dem Trip; Megalopolis im Smog, aber vor dem inneren Auge Farben in nie erlebter Intensität; Klänge nie erfahrener Harmonie. Das psychedelische Erlebnis ermöglicht die Vision eines real unerreichbaren Glücks. High in der Tiefe.

Als der Jugendstil den Kampf gegen den alles überlagernden Positivismus aufnahm, gegen den Materialismus und Imperialismus der Gründerjahre, stand dahinter die Hoffnung, daß die Ästhetisierung des Lebens auch zur Sublimierung des industriellen Daseins führen könne, die ästhetische Erziehung den Menschen moralisiere. Die psychedelische Kultur heute ist introvertiert; die warme Gegenkultur ist eigentlich gar keine Gegenkultur, sondern nur Kultur des Ausscherens, des Weggehens, des Draußenbleibens. Allerdings ist die Durchlässigkeit zur Protestbewegung gegeben. Vielfach wechselt man vom meditativen Underground zum revolutionären über; der Fluchtweg hat so eine Kehre, man kämpft dann wieder, mit dem Gesicht zur Gesellschaft gewandt. Aber auch umgekehrt verläuft der Weg. Die Enttäuschungen des Protests werden durch psychedelische Entrückung kompensiert; man wendet der Gesellschaft den Rücken zu.

Der drogenbeflügelten jugendlichen Verantwortungs-losigkeit, das heißt dem Mangel an Verantwortung den gesellschaftlichen Problemen gegenüber, entspricht die gesellschaftliche Verantwortungslosigkeit gegenüber der jugendlichen Subkultur. Dem halluzinogenen Illusionismus müßte ein integrierendes Gegenbild »angeboten« werden, das spirituelle Entdeckungen jenseits des Konsummaterialismus, aber ohne Verlust des Realitätsprinzips, zuließe. Nicht nur Flucht (nach innen), sondern

Vertreibung (in die psychedelische Euphorie) kennzeichnen die Tragik der Gegenkultur, wobei der Dealer oft genug als Agent der Gesellschaft tätig ist.

Edles Menschenmaterial im Dritten Reich

Im Dritten Reich wird das Phänomen der Verzögerung als Charakteristikum von Jugend vor allem von politischer und militärischer Indoktrination genutzt. Jungsein wird zum Idol, zum Leitbild, in dem regressive »Tugenden«, die das Mündigsein verhindern, sich verdichten. »Aufklärung« (als vieldimensionaler Begriff) ist verpönt. Atavismus, gesellschaftlicher Infantilismus kennzeichnen die Erziehungsprinzipien des Nationalsozialismus.

Was die Richtlinien des Nationalsozialismus für die Schule und die schulische Erziehung betrifft, so geht es darum — meinte der führende NS-Dozent Ernst Anrich — »die Jugend im Geist und Auftrag der Nation schlechthin zu erziehen und zu bilden von der Nation als Ganzem aus«.[18] Der NS-Pädagoge Krieck forderte, die Volksgemeinschaft als entscheidenden erzieherischen Faktor zu betrachten, deren Wille durch den Lehrer-Führer mit seinen Unterführern dem jungen Menschen auferlegt werde. Nicht der eigenständige Mensch könne Ziel der Erziehung sein, sondern der biologische Typ. Mittelpunkt auch der Pädagogik sei der Rassengedanke, die biologische Vorstellung vom Menschen. »Meine Pädagogik ist hart«, sagte Hitler zu Rauschning. »Das Schwache muß weggehämmert werden. In meinen Ordensburgen wird eine Jugend heranwachsen, vor der sich die Welt erschrecken wird. Eine gewalttätige, herrische, unerschrockene, grausame Jugend will ich. Jugend muß das alles sein. Schmerzen muß sie ertragen. Es darf nichts Schwaches und Zärtliches an ihr sein. Das freie, herrliche Raubtier muß erst wieder aus ihren Augen blitzen. Stark und schön will ich meine Jugend. Ich werde sie in allen Leibesübungen ausbilden lassen. Ich will eine athletische Jugend. Das ist das Erste und Wichtigste. So merze ich die Tausende von Jahren der menschlichen Domestikation aus. So habe ich das reine, edle Material der Natur vor mir. So kann ich das Neue schaffen.

Ich will keine intellektuelle Erziehung. Mit Wissen verderbe ich mir die Jugend. Am liebsten ließe ich sie nur das lernen, was sie, ihrem Spieltriebe folgend, sich freiwillig aneignet. Aber Beherrschung müssen sie lernen. Sie sollen mir in den schwierigsten Proben die Todesfurcht besiegen lernen. Das ist die Stufe der heroischen Jugend. Aus ihr wächst die Stufe des Freien, des Menschen, der Maß und Mitte der Welt ist, des schaffenden Menschen, des Gottmenschen. In meinen Ordensburgen wird der schöne, sich selbst gebietende Gottmensch als kultisches Bild stehen und die Jugend auf die kommende Stufe der männlichen Reife vorbereiten.«[19]

Im Rahmen der Schulerziehung war oberstes Prinzip eine Neubewertung der Fächer und eine Umstufung ihrer Bedeutsamkeit. Am Anfang, als eigentliches »Bildungsfach«, stand die Biologie. Natürlich verstand man darunter keine wirkliche »Naturkunde«, sondern eine Rassenideologie, die nun von klein an den Schülern eingetrichtert werden sollte. »Daß ein solcher Biologieunterricht im Gymnasium nur von Lehrern gegeben werden kann, die Biologie als Hauptfach haben, und von sittlich und erzieherisch gesicherten Persönlichkeiten, ist deutlich. Aber es ist ja im Augenblick eine genügende Auswahlmöglichkeit durch die Verhältnisse gegeben, späterhin hat eine sorgfältige Auslese der Zulassung überhaupt auf richtigere Weise dafür zu sorgen.«[20]

Bei der Absage an Verstand, Logik und dem Mangel an Darstellungsvermögen, die grundsätzlich den nationalsozialistischen Autor kennzeichnen, ja ihm erst die eigentliche Legitimation geben, braucht man sich nicht zu wundern, daß auch die Biologiebücher geistige Ausschußware darstellten. Die meisten Autoren halfen sich über Unkenntnis und stilistische Unfähigkeit dadurch hinweg, daß sie sehr oft ihren Begriffen das Substantiv »Blut« vorausschickten: »Ihr nordisches Blut schreibt ihnen das Entwicklungsgesetz vor... Ihr wirkliches Blut hingegen ist ihnen mehr als in Wortblut verströmt... Sie lebten in der Blutliebe Deutschlands.«[21] »Alle germanische Gesittung nimmt ihren Ausgang vom Blutbewußtsein, dem Blutgedanken und der bejahten Blutsverpflichtung.«[22] Oder aber man operierte mit der Vorsilbe »Erb«:

»Grundlage aller Bildung ist der menschliche Erbkeim oder Wesenskern, dessen Angelegtheit im Erbbild erscheint, dessen Werthaftigkeit den Erbwert der Ehre darstellt, der im Urbild auch zur Bewußtheit gelangt.«[23] Die Absicht der Biologiebücher war, das Tierische im Menschen zu fördern (auch wenn man es vornehmer ausdrückte), Mitleidsregungen — nach dem Motto: Humanität ist Schwäche! — zu unterbinden und für »Mädel« und Jungen die »rassische Ehe« vorzubereiten. »Hohes Ziel ist das Mädel, dessen gesunder Körper die Voraussetzung für ein natürliches klares Denken gibt — das Mädel, das durch die frische Gesundheit und Harmonie seines Wesens anmutig und stolz und schön ist.«[24]

Das zweit-wichtigste Fach nach der Biologie war »Leibesübung«. In den Köpfen der nationalsozialistischen Führer, die der Volksmund treffend als »Schrumpfgermanen« bezeichnete, spukte das mißverstandene Wort vom »gesunden Geist in einem gesunden Körper«. Da man geistfeindlich war, sich von »gesundem Geist« sowieso keine Vorstellung machen konnte, blieb der »schöne Körper«. NS-Leibeserziehung sollte zudem auch die Vorstufe der »Wehrertüchtigung« darstellen. »Der völkische Staat hat in dieser Erkenntnis seine gesamte Erziehungsarbeit in erster Linie nicht auf das Einpumpen bloßen Wissens einzustellen, sondern auf das Heranzüchten kerngesunder Körper. Erst in zweiter Linie kommt dann die Ausbildung der geistigen Fähigkeiten... Der völkische Staat muß dabei von der Voraussetzung ausgehen, daß ein zwar wissenschaftlich wenig gebildeter, aber körperlich gesunder Mensch mit gutem, festem Charakter, erfüllt von Entschlußfreudigkeit und Willenskraft, für die Volksgemeinschaft wertvoller ist als ein geistreicher Schwächling.« (Adolf Hitler)[25]

Deutsch und Geschichte gebührte die nächste Rangstufe im NS-Erziehungssystem — natürlich ein Deutsch- und Geschichtsunterricht, der das Verstandesmäßige aufgab; es wurde ersetzt durch eine ideologische Propaganda, wozu sich die geisteswissenschaftlichen Fächer verhältnismäßig leicht vergewaltigen ließen. Hier wurden »dem jungen Deutschen die in ihm drängenden Grundzüge deutschen Wesens, deutscher Sittlichkeit und deutscher Wertung, einfach: deutschen Denkens und Handelns sichtbar: Heldentum, Ehre, deutsche Mannhaftigkeit, Stellung der deutschen Frau, Sitte, deutsche Ehe, Deutscher und Schicksal, innere Freiheit, deutscher Königs- und Führergedanke, germanischer Gefolgschaftsgedanke, germanisch-deutsche Freiheit im Staatswesen...« (Ernst Anrich)[26]

»Wesentlich ist, daß im Schüler der heldische Sinn wach und stark geworden ist und er die Schule verläßt in dem erhebenden Gefühl der rassischen Verbundenheit mit den Volksgenossen und den gedrückten Brüdern im Ausland... Der Wogengang deutscher Geschichte, den du, deutscher Junge, deutsches Mädel, in diesen Bildern hier nachempfinden konntest, hat im Dritten Reich eine Höhe gewonnen, die du begeistert miterlebst. Der Traum der besten Deutschen beginnt sich zu erfüllen. Die schmachvolle Zerrissenheit ist einer umfassenden Einheit gewichen... An dich, deutsche Jugend, richtet der Führer alljährlich seinen Appell: ›Der deutsche Junge der Zukunft muß schlank und rank sein, flink wie Windhunde, zäh wie Leder und hart wie Kruppstahl.‹ Wir müssen einen neuen Menschen erziehen, auf daß unser Volk nicht an den Zerfallserscheinungen der Zeit zugrunde geht. Jeder ist verpflichtet, seinem Volke zu dienen, jeder ist verpflichtet, sich für diesen Dienst zu rüsten, körperlich zu stählen und geistig vorzubereiten und zu festigen.«[27]

Grundgesetz aller Erziehung sollte sein: »Nicht Humanität, sondern vollendete Nationalität« (Ernst Anrich). »Die deutsche Bildung ist schon längst von der humanistischen zu ihrer arteigenen Form unterwegs... Wir werden nicht mehr durch ein humanistisches, sondern durch das nationalsozialistische Ideal erfüllt« (Wilhelm Arp).[28]

Im Nationalsozialismus wird das Jungsein gleichgesetzt mit Kämpfertum; Kämpfertum gewinnt die Qualität eines Existenznachweises: jeder muß jederzeit ein Kämpfer sein; daraus ergibt sich ein Dauerzustand von Jugend, der sich auch in den äußeren Erscheinungsformen (kurzer Haarschnitt, »frisches, bartloses Gesicht«, sportliche Schlankheit etc.) widerspiegelt. Je länger Jugend andauert, um so größer ist das männliche Kampfpotential, das der Führung zur Verfügung steht — und bei den Frauen ist es nicht viel anders. Das »Mädel« wird darauf vorbereitet, Volk und Vaterland möglichst viele Kinder zu gebären; die junge Frau wird daran gemessen, ob sie diese Erwartungen freudig erfüllt; das Bild der alten Frau ist geprägt durch den Rückblick auf ihre Jugendzeit, da sie als junge Mutter ihre »Gebärpflicht« erfüllte.

Da alle jung zu sein hatten, verlor Jugend ihre Eigenart (wie das Alter auch); die Unterschiede der Generationen gingen in einem Volksgemeinschaftsbegriff auf, der keine Chance für Auseinandersetzung, Abgrenzung, Selbstverwirklichung, also altersspezifische Identität, bot. (»Ausgegliedert« waren nur die »rassisch Minderwertigen«!)

»Die NS-Ideologie sah im (jungen) Menschen nicht ein eigenverantwortliches Individuum. Ihr antiliberaler Affekt war auch ein Affekt gegen die liberale Idee vom mündigen Individuum. Dem widersprach nicht die jugendpolitische Rührigkeit der HJ, denn die Fürsorge galt dem einzelnen nur, insofern er als nützliches und notwendiges Glied der ›Volksgemeinschaft‹ gelten konnte. Wer einer solchen Erwartung nicht gerecht werden konnte, z.B. weil er behindert war, der traf auch nicht auf das fürsorgerische Interesse der HJ. Die damals pathetisch beschworene ›Volksgemeinschaft‹ hatte also nicht nur ihre rassistischen Grenzen, insofern z.B. für Juden darin kein Platz war, ihre Solidarität mit den schwächeren Volksgenossen war auch nicht sonderlich entwickelt, sofern es sich nicht um schuldlos Arbeitslose oder um Kriegsverletzte handelte.«[29]

Jungsein bot sich im Buntdruck der NS-Weltanschauung dar als Heimatliebe mit wehmutsschwangerer Innerlichkeit, Bergromantik mit bald sexuellem, bald heroischem Einschlag, als Blutsang und Sehnsuchtsgeklampfe, Uranfangsstimmung, halsendküssendes Mädchenglück, Großstadtfeindschaft und populäre Rassenkunde.

Bilder aus eigener Vergangenheit. Wie war das? Wie war man jung, in einer Zeit, in der man nicht jung sein durfte, und doch meinte, man sei jung?

Erinnerungen als Schlaglichter auf Alltäglichkeit. Banale Erfahrungen. Und doch »Bildungserlebnisse« — Erlebnisse, die in deinem Bewußtsein tief eingekerbt sind. Zum Beispiel:

Bei den Seltsams war alles vorhanden: Fünfzimmerwohnung mit Bad; Wochenendhäuschen auf dem Lande; Skifahren an Weihnachten — was besonderen Eindruck machte, denn wer ging schon damals an Weihnachten von Heim und Herd weg! Gehobene Stellung des Vaters bei der Post oder Bahn; viel Spielzeug und immer das neueste; ein Rad mit Dreigangschaltung; Schlittschuhstiefel. Auf dem Klavier konnte er kesse Schlager spielen; im Turnen stets eine Eins. Jungenschaftsführer, bald Fähnleinführer; sportlich, blond, braungebrannt; eine Freude der Eltern, Führer und Lehrer; man rechnete damit, daß er in eine Napola aufgenommen würde. Das wohlwollende Auge der HJ-Bannführung ruhte auf meinem Schulkameraden, der fast mein Freund war. Am Geburtstag war immer Einladung; großes nachmittägiges Kuchenessen. — Bei Boxdorf verfolgten wir einmal geheimnisvolle Spuren auf den Feldern und eine Drahtleitung, die sich freilich nicht als Geheimtelefon von Agenten, sondern als abgeschnittener Draht erwies. Bei Buchenbühl hatten wir einen Tümpel entdeckt, der uns geheimnisvoll dünkte; wir kamen dem Geheimnis nicht auf die Spur. Die Radtouren und die Treffen wurden freilich seltener, da die HJ immer mehr Zeit in Anspruch nahm; Gerd mußte Führerpflichten erfüllen; so hatte er wenig Zeit. Doch am nächsten Weihnachtsfest war wieder Besuchskarussell; und es war schön bei ihm: ein großer Tannenbaum mit vielen Strohsternen und Winterhilfsfiguren; der Vater hatte Anzahlung auf den Volkswagen geleistet (die Urkunde lag auf dem Gabentisch); viele Bücher, nach erstem Anschauen wieder verpackt, die Schleifchen mit angehängten Weihnachtskarten wie unberührt; das neue Bild war schon an der Wand: Feierabend; ein Bauer mit Sense in der Abendröte, eine Frau hinter ihm mit offener Bluse und einem Medaillon auf nacktem Hals; am Rock eine blonde Kinderschar, die aufwärts zu den Eltern schaute. Die nackte Brust irritierte uns; wir blickten verstohlen aufs Bild. Aber nun kam die große Überraschung: Hatte er doch ein Buch bekommen, das ihm das Köstlichste schien vom diesjährigen Weihnachtsfest; er lachte schon, als er's auspackte: bunt, mit vielen Versen, Streichers Judenbuch — »Trau keinem Fuchs auf grüner Heid und keinem Jud bei seinem Eid«. Die dicken, fleischigen Gestalten waren in all ihrer Schändlichkeit abgebildet und reimend beschrieben. Draußen fielen die Flocken; ein weißes Weihnachten, das war selten und rief unsere besondere Freude hervor. Die Mutter las laut und lachend vor — die Mutter, die fast so einen Busen wie auf dem Bild hatte und schon vor dem Skifahren so sportlich und fesch und gesund aussah. — Und nun versprach sie sich: Trau keinem Jud auf grüner Heid und keinem Fuchs bei seinem Eid — das war zwar falsch, aber auch witzig; wir lachten. Und dann gab es Kakao. Ein gesegnetes Weihnachten. Gerd sollte bald auf die Führerschule; der Bannführer hatte sich nähere Unterlagen kommen lassen. Dazu kam es freilich später nicht. Wenn's im Unterricht heimlich möglich war, malte er nun — er saß neben mir — auf Schmierzettel und Löschblätter die fleischigen Judennasen; man mußte nur einen Sechser ausschnörkeln, und schon hatte man die Visagen.

Bei den Schulzes wuchs die Solidität langsam, aber stetig; ohne »jüdische Hast«. Grundlage war ein mehrstöckiges Haus aus der Gründerära, seit langem Familienbesitz. Der Großhandel für Molkereiprodukte war am Anfang fast nicht umfangreicher als ein Kleinhandel. Erst ein dreirädriger Hanomag, dann ein vierrädriger Elektrokarren mit hohem gelben Aufbau. Der Umsatz stieg. Der Hof war stets sauber gekehrt. Auf der Terrasse über dem Lager wurde alle Montage die Wäsche aufgehängt. Und das Vorgärtchen und die Beete bei der Einfahrt waren stets geharkt und gesprengt und die leeren Eierkisten und Butterschachteln säuberlich rechts hinten aufgestapelt. Unterm Birnbaum wurde das Fallobst regelmäßig gelesen. Der Efeu um die Fenster war säuberlich geschnitten. Und der Sohn wuchs ins Geschäft hinein; und die Töchter bekamen solide Männer, später wurde eine geschieden. Der alte Schulze war bereits frühmorgens an der Arbeit. Milch zum Vesper und dicke gelbe Butter auf kernigem Schwarzbrot. Und am Sonntag Familienausflug; später motorisiert. Wenn die Tür vom Lagerraum offenstand, roch es kühl-appetitlich nach Molkereiprodukten. Alles war so frisch wie die Menschen in den Molkereiheften, in denen über lange Monate hinweg die ganze Nibelungengeschichte in Bildern erzählt wurde. Siegfried und Kriemhild — das sah man — aßen sicher viel Butter und tranken Buttermilch; ranziger schaute Hagen drein. Es war gediegenes Glanzpapier, und hinten im Heft las man die Lobpreisung von offener und Flaschen-Frischmilch; später war es dann Magermilch, die leicht bläulich schimmerte, wenn sie aus den großen Bottichen mit der Kelle herausgeholt wurde. Eines Nachts schellte es nebenan ganz laut und lang; da unser Wohnzimmer genau dem Eingang vom Nachbarhaus gegenüberlag, machten wir das Licht aus und lauschten. Der SA-Kamerad Schulze sollte mit den Kameraden zum Großeinsatz; und in einer Stunde; und alles sei geheim. Nach einer halben Stunde war er marschbereit; Schaftstiefel; Schulterriemen; Braunhemd mit Hakenkreuzbinde und auf dem weißen Haar die Mütze; Schnauzbart; er war so jovial. In dieser Nacht zerschlugen sie den Juden die Wohnungen und Läden. Am nächsten Morgen war das Braunhemd schon gewaschen und hing auf der Terrasse über dem Lager; ganz allein flatterte es im Morgenwind; denn die große Wäsche war erst gewesen. Schulze stapelte in seinem weißen Schutzmantel die Eierkisten säuberlich aufeinander, rechts hinten im Hof neben dem Birnbaum.

Die Wohnung des Oberlehrers Knöchlein befand sich im obersten Stockwerk; einige Zimmer hatten geschrägte Wände, gerade deshalb war es so gemütlich dort. Auf seinem Schreibtisch standen einige Fotos; zwei Söhne in Uniform; fünf Bleistifte gespitzt, genau ausgerichtet; ein Stoß Hefte, exakt aufeinandergeschichtet; zwei Kaktusstöckchen. Im Bücherschrank Bücher und Mokkatassen. Ein zerbeulter Stahlhelm an der Wand; von Verdun. Ich kannte die Wohnung ziemlich gut, denn immer, wenn die Ferien kamen, schleppten wir die Blumentöpfe aus dem Klassenzimmer in die Oberlehrerwohnung, wo sie gepflegt wurden. Zu Hause hatte der Oberlehrer eine Raucherjoppe an; aber er rauchte nicht. In der Schule trug er einen braunen Arbeitsmantel, auf dem man weiße und bunte Kreidespuren sah. Die Anzugjacke hängte er sofort in den Schrank, in dem auch Handtuch und Seife waren; oben auf dem Schrank lag das Spanisch-Röhrchen, mit dem man gelegentlich Hiebe bekam. Häufig waren »Pfötchen«; entweder hielt der Lehrer die Hand des Delinquenten am Daumen fest, oder dieser mußte sie frei hinhalten; wenn man sie wegzuckte, mußte der Lehrer Knöchlein sehr lachen; er schlug dann auf die Oberseite der Finger, was schmerzlicher war; so zuckten wenige. — Wir malten, wo der Führer geboren wurde; Braunau mit viel Fachwerk und zwei Türmen; ich bekam ein »Sehr gut«; wie der Führer die NSDAP gründete und zum Retter Deutschlands wurde; das Hakenkreuz mußte ich wieder wegradieren, da ich es umgekehrt gezeichnet hatte. Nach der Heimatkunde das Singen; er hatte eine volle Stimme — »Wem Gott will rechte Gunst erweisen. . .« Oberlehrer Knöchlein war deutschnational; aus alter Lehrerfamilie; ich war auch aus einer alten Lehrerfamilie; im Lehrerverein traf er mit meinem Großvater zusammen. — Als man den Juden November 1938 die Läden zerschlug und die Wohnungen verwüstete, als wir uns ängstlich an dem aus den Fenstern geworfenen, zerschellten Mobiliar vorbeidrückten — in vielen Häusern waren die Türen aus den Angeln gerissen und die Fensterscheiben zersplittert —, als wir am Morgen zur Schule gingen, trafen wir auf dem Weg unseren Oberlehrer; da fühlten wir uns wieder geborgen. Und er munterte uns auf und lachte jovial, strich seinen Schnurrbart. Vor einem Haus lag ein Haufen Federn, der beim Vorbeigehen aufstiebte; aus einem aufgeschlitzten Inlett herausgequollen war. Haben die doch heute nacht ein bißchen Frau Holle gespielt, meinte er; und er zupfte mir den Tafellappen zurecht, der beim Zumachen der Mappe eingeklemmt war und nun wieder wie ein Fähnchen herunterhing. Und er lachte nochmals, und in der

Heimatkunde erzählte er uns, wie dem Führer erstmals in Wien über Alljuda die Augen aufgegangen seien. Blumenstöcke trug ich nicht mehr in seine Wohnung. Im nächsten Jahr kam ich allerdings sowieso in die Oberschule.[30]

Warenästhetische Trivialmythen

In der modernen Industriegesellschaft hat das Phänomen der Verlängerung von Jugend die verschiedensten Ursachen. Teils erweist es sich als Teil eines »verspäteten« Bewußtseins (das Anschluß an »Modernität« noch nicht gefunden hat); teils wird es warenästhetisch suggeriert. Industriegesellschaft bedeutet komplexe, miteinander vernetzte Systeme, die entsprechend kompliziert zu begreifen und zu handhaben sind. Lange Lern- und Erprobungszeiten sind für diejenigen, die in »Systemen« tätig sein wollen und müssen, notwendig. Wer aus den so vorgegebenen langen Ausbildungs- und Bildungsgängen ausschert, hat nur geringe Sozialchancen; wer sie in Kauf nimmt und erfolgreich abschließt, reüssiert. Als Ausdruck von Ungleichzeitigkeit haben sich jedoch agrargesellschaftlich geprägte Mentalitätsmuster, im besonderen bestimmte Vorstellungen vom Erwachsensein erhalten — nämlich daß dieses bedeutet: einen eigenen Hausstand gründen, eine Familie ernähren zu können; derjenige, der sich in Ausbildung befindet (bei Studenten etwa ein besonders langer Zeitraum), ist noch nicht erwachsen. Menschen, die sich den Produktions- und Reproduktionszwängen der Industriegesellschaft entziehen (wie zum Beispiel die Aussteiger), bleiben im Umkehrschluß »Jugend«. Diese Art von »Jugend«, sozusagen eine gesellschaftliche »Entzugserscheinung«, wird besonders stigmatisiert: sie ist ein unnützer Teil der Gesellschaft, von dieser »ausgehalten« (im doppelten Wortsinne).

Ganz anders »Jugend« in der Warenästhetik. Jugend erweist sich hier als profitmaximierendes Vehikel für Verkaufsstrategie. Das Produkt, mit den Trivialmythen des Jungseins besetzt, wird gerade deshalb zur anthropologischen »Botschaft«.

Die Warenästhetik fragt nicht nach dem Gebrauchswert und fragt nicht nach der Personalität. Geweckt wird die Begehrlichkeit auf das neue Produkt, auf den hygienisierten Partner. Das Gefühl muß vorherrschen, daß man auf dem Markt das jeweils Neueste erhält. Dementsprechend werden die Sehnsüchte präsentiert: Reinheit als Persilweiß, Zärtlichkeit als Creme-Bad, Aufbruch als Porsche-Karosserie. Glück bietet sich dar als Zahncreme; Versuchung als Cognac; Schönheit als Lippenstift; Intimität als Deodorant; Charme als Haarwasser. Angesichts der synästhetischen Inszenierung stellt sich nicht die Frage nach der Wahrheit. Was »dahinter« steckt, interessiert nicht; die Accessoires sind schon das Eigentliche. Wie Marx einmal bemerkt, werfen die Waren Liebesblicke nach den möglichen Käufern; die Reize der Warenästhetik sind Liebesreize. »Allerlei Schmuck und Textil, Duft und Farbe bietet sich als Mittel der Darstellung von Schönheit und Liebeswert. So entlehnen die Waren ihre ästhetische Sprache beim Liebeswerben der Menschen. Dann kehrt das Verhältnis sich um, und die Menschen entlehnen ihren ästhetischen Ausdruck bei den Waren. Das heißt, hier findet eine erste Rückkoppelung statt von der aus Verwertungsmotiven aufreizenden Gebrauchsgestalt der Waren auf die Sinnlichkeit der Menschen. Nicht nur verändert sich die Ausdrucksmöglichkeit ihrer Triebstruktur, sondern es verlagert sich der Akzent; starker ästhetischer Reiz, Tauschwert und Libido hängen aneinander wie die Leute in der Geschichte von der goldenen Gans, und wertvoll werden die Ausdrucksmittel, sie kosten auch ein Vermögen.«[31]

Diese Feststellung von Wolfgang Fritz Haug findet z.B. Bestätigung in Werbetexten und Heiratsanzeigen, die den industriegesellschaftlichen Glanz von Jungsein besonders deutlich illustrieren. Die durch Worte, Bilder, Farben, durch Layout und Typographie geweckte Begehrlichkeit ist auf Schönheit und Liebe ausgerichtet. Die Reklame geht darauf aus, die Ware zum Liebesobjekt zu machen, und zwar mit dem Ziel fetischistischer Bindung. Mit der magischen Kraft der Bilder wird die brachliegende Libido angezogen. Die Innenwelt materialisiert sich in der Außenwelt der Werbung, und umgekehrt entlehnen die menschlichen Beziehungen ihre Ausprägung den Waren. Die ontologische Leere der Liebesbeziehungen hüllte sich in den Schein, in den sich auch die Waren hüllen.

Zwei Herzen, die sich suchen, suchen sich so, wie Verkäufer und Käufer sich suchen. Angeboten werden Rothändle-, Stuyvesant- und Reyno-Typen, beliebig auswechselbar mit Typen der Parfum-, Sekt- oder Bekleidungsindustrie. Außenwelt und Innenwelt erweisen sich als eine Mischung von Feten, Flirts, Wassersport, Tanz und Zärtlichkeiten; der Charaktercode ist ein sportlich eingefärbter Spätidealismus. »Gäbe es jene Warenseele«, meint einmal Walter Benjamin, »von der Marx gelegentlich im Scherz spricht, so wäre sie die einfühlsamste, die im Seelenreiche je begegnet ist. Denn sie müßte in jedem den Käufer sehen, in dessen Hand und Haus sie sich schmiegen will.«[32]

Warenästhetik reduziert die Dinge auf ihren Schein und macht diesen verfügbar. »Nachdem ihre Oberfläche sich von ihr abgelöst hat und zu ihrer zweiten Oberfläche geworden ist, die in der Regel unvergleichlich perfekter als die erste ist, löst sie sich vollends los, entleibt sich und fliegt als bunter Geist der Ware in alle Welt. Niemand ist mehr vor seinen Liebesblicken sicher.«[33] Der bunte »Geist« der Ware: der abgelöste Schein, die selbständig gewordene Oberfläche, verdichtet sich zu Bild-Figurationen, zu Mythen. Als Außenwelt der Innenwelt machen sich die Reklame-Mythen selbständig; und prägen dann wieder die (individuelle wie kollektive) Innenwelt.

Mythen sind verdichtete Bilder; Figurationen von Farben, Formen, Örtlichkeiten, Gefühlen, Impressionen, Assoziationen, Reizen.

Edelweiß. Schaumgeboren. Jet. Lebenskünstler. Boudoir. Jugendstil. Dessous.

Die Reihe ist beliebig fortsetzbar; die Elemente sind durch andere ersetzbar. Das Grundmuster bleibt gleich.

Man will sein:
Herzhaft, geborgen und rein.
Kostbar, zärtlich, verinnerlicht.
Zupackend, verspielt, smart.
Kultiviert, elegant, charmant.
Sportlich und kreativ.
Kulinarisch, esoterisch, ubiquitär.
Keusch, lieblich, modern.
Man will den Duft der großen weiten Welt atmen.
Die »Bilder« lassen sich weiter reduzieren:

Man will sein — jung.
Man will sein — modern.
Man will haben — Jugend. Sonne. Und Amore.

Was die Jugend selbst betrifft, so akzeptiert sie weitgehend das ihr durch technokratisches Effizienzdenken wie warenästhetische Vermarktung auferlegte Verlängerungssyndrom; man verinnerlicht den Status »Jugend«, sei man nun 20, 25, 30 oder 35 Jahre alt — wenn man sich im Status der Vorintegration, der Teilintegration oder des Aussteigertums befindet. Ein Student in den 20er Jahren mit Freundin ist Jugend; ein Facharbeiter mit 22 und Familie ist längst erwachsen. Der Alternativ-Schriftsteller Pestalozzi war als erfolgreicher Manager erwachsen; als Aussteiger verbreitete er die Aura von Jugend. Gerade weil, sozial-psychologisch gesprochen, für viele Gruppen das »Jungsein« nicht abgeschüttelt werden kann, wird kompensatorisch die Selbständigkeit des Erwachsenen sehr früh angestrebt; gerade diejenigen, die einen langen Ausbildungsgang vor sich haben und somit im gesellschaftlichen Erscheinungsbild eine lange Jugendzeit absolvieren (z.B. Schüler von Gymnasien), haben das Bestreben, möglichst früh das elterliche Haus zu verlassen. Dementsprechend wirkt sich die psychische Akzeleration, zu der noch die biologische tritt, bei den sexuellen Beziehungen aus: frühe Bindungen, teilweise eheartiger Art, adaptieren die Attitüden eines Erwachsenenseins, das gesellschaftlich auf Jugend zurückgeworfen bleibt. Äußere Erscheinungsformen wie Bart, lange Haare zielen auf Verfrühung, um die Verspätung auszugleichen; aber gerade diese »Eigenarten« veranlassen die Gesellschaft, von Jugend zu sprechen. Schneidet man das Haar kürzer und gerät so das Erscheinungsbild jünger, wird man im gesellschaftlichen Ansehen älter. Besonders deutlich wird dieser Widerspruch zwischen Selbst- und Fremdinterpretation bei den Verhaltensformen. Wer den Idealvorstellungen des bürgerlichen sekundären Tugendsystems widerspricht (Sauberkeit, Ordentlichkeit, Pünktlichkeit etc.), wer also nicht innerhalb der Systemzwänge der industriellen Gesellschaft sich bewegt, erscheint als jung (und wird deswegen oft genug stigmatisiert).

Wer den bürgerlichen Normen entspricht, gilt als Erwachsener. In der Freizeit freilich — weitgehend manipuliert von der Warenästhetik — gilt dies nicht. Hier übernimmt der Erwachsene die Grundmuster des Jungseins; auf diese Weise verfügt er über eine doppelte, allerdings brüchige Identität: er ist Erwachsener in der Normalwelt und ein jugendliches Ich außerhalb davon. Vermarktet sind allerdings nicht nur die deodoranten Frischwärts-Vorstellungen des freizeitlichen Jungseins; das Alternativverhalten wird gleichermaßen in den Verwertungszusammenhang einbezogen — als Teil einer lukrativen Second-hand-Produktion und -Distribution.

Erfahrungsblockierung

Jugend als Phänomen der Verzögerung sei bedingt durch soziale Produktion und Arbeitsteilung; die Ausbildungssysteme seien einerseits davon abhängig, andererseits wirkten sie auf diese ein. So Leopold Rosenmayr.

Die ganzheitliche Arbeits- und Lebensweise in der Agrargesellschaft bewirkt ein entsprechend geschlossenes Ausbildungssystem, das auf die Weitergabe traditionaler

Erfahrungen begrenzt und nach verhältnismäßig kurzer Zeit beendet ist und so ein frühes Erwachsensein ermöglicht; jedoch nur in Teilbereichen; voll erwachsen ist der junge Bauer zum Beispiel erst, wenn er den Hof übernimmt. Die bäuerliche Großfamilie ordnet dem Jugendlichen verhältnismäßig frühzeitig bestimmte Rollen des Erwachsenseins zu, was dem ländlichen Arbeitsprozeß zugute kommt; freilich sind diese in die patriarchalische, auch matriarchalische Sozialstruktur eingebunden, also weder orientierungs- noch zügel-los. Die arbeitsteilige Gesellschaft mit ihrem hohen Maß von Entfremdung ist hinsichtlich ihrer sozialen Produktion an einer langen Jugendzeit interessiert. Lange Ausbildungszeiten reduzieren den Konkurrenzdruck und stellen billige Arbeitskräfte zur Verfügung; zum anderen ist — wie gesagt — der lange Ausbildungszeitraum durch die Komplexität der Systeme bestimmt, wobei freilich diese Komplexität auch häufig als Alibi dafür verwendet wird, die Integration von Jugend nicht rechtzeitig vorzunehmen, sondern deren Abhängigkeit zu verlängern.

Der lange Zeitraum von Jugend garantiert zudem, wie bereits herausgestellt, einen ganz spezifischen und sehr umfangreichen Absatzmarkt, vor allem auch, was die Freizeitindustrie betrifft. Der gesellschaftliche Status von Jugend impliziert eine größere Kaufbeweglichkeit; vom Jugendlichen wird heute erwartet, daß er das Verdiente oder Erworbene oder ihm Zuteilgewordene konsumiert; die mit abklingender Jugendlichkeit verstärkt in Erscheinung tretende Erziehung zur Vorsorge für die Zukunft wird gerade wegen ihres repressiven Charakters mißachtet, was dem »In-den-Tag-hineinleben« zugute kommt und dementsprechend von den »geheimen Verführern« begrüßt wird. Im Selbsterziehungsprozeß werden jedoch, vorwiegend im Bereich alternativer Lebensformen, asketische bzw. konsumreduzierende Tugenden verinnerlicht, nicht zuletzt aus einer gesamtgesellschaftlichen Verantwortung heraus. Dadurch wird im Protest gegen die marktgerechte Zuweisung von Jungsein eine neue Qualität des Erwachsenseins eingebracht, die den Erwachsenen vielfach, da sie auf jugendliche »Unbekümmertheit« programmiert sind, abgeht: nämlich die Sorge für die Zukunft und die Nachkommenden.

Die Ausbildungssysteme werden in Zukunft viel mehr die Aufgabe haben müssen, egoistische Unbekümmertheit abzubauen und eine Tugendlehre (im Handeln) zu entwickeln, die von der Forderung auf eine sozial gerechte Weltkultur bestimmt ist. Daraus können sich auch neue Perspektiven für ein gegenseitiges Verständnis der Generationen ergeben, da so ein wesentlicher Konfliktgrund reduziert würde: nämlich der von der jüngeren der älteren Generation gegenüber erhobene Vorwurf eines egozentrischen Materialismus. Ein Höchstmaß von generationenübergreifender Solidarität könnte zum Beispiel hervorgerufen werden durch die Einsicht in die furchtbare Not, in der sich so viele Menschen und Völker der Dritten Welt bzw. unterentwickelter Erdteile befinden. Dadurch wäre der antagonistische Diskurs in anderen Bereichen überwölbt von der Gemeinsamkeit im Mit-leiden und Mit-helfen. Natürlich gibt es auch in unserer Wohlstandsgesellschaft viele Notlagen, die erst aus der Solidarität der Generationen erfolgreich angegangen werden können. Das Engagement der Jugend für gesellschaftlich Schwache oder depravierte Gruppen (wie etwa Behinderte) weist hier den Weg.

Jugendzeit, so Leopold Rosenmayr, ist ein Phänomen der Verzögerung voller und unmittelbarer Aktivität, in dem sich Prozesse der Reproduktion mit solchen der gesellschaftlichen Transformation durchmischen; diese beruhten auf der Ausnützung von

Solidaritätspotentialen und würden von Werten, Symbolen und Ideologien gesteuert. Daß Jugend Transformation bedeutet, ist leicht verständlich. Allerdings verändert, verwandelt nicht jede neue Generation die Gesellschaft; dies mag, wenn Anpassung »rechtzeitig« erfolgt ist, auch gar nicht »Generationsziel« sein. Die Werte, Symbole und Ideologien der Agrargesellschaft z.B. sind notwendigerweise viel stärker auf »Reproduktion«, auf »Wiederholung« ausgerichtet. Jugend wird dann durch Erziehung — einschließlich rigoroser Disziplinierungsmaßnahmen — dazu gebracht, solche Reproduktionsmentalität zu verinnerlichen, so zu denken, zu fühlen, zu handeln, wie die Eltern es getan haben. Auch in der spätbürgerlichen Gesellschaft war dies der Fall: Jugend sollte »Garantie« für die Erhaltung des Erworbenen und seine Weiterentwicklung sein. Die »Kette der Geschlechter«: das bedeutet die Bereitschaft, »herausfallende« Andersartigkeit zu verhindern, sich so aneinanderzuschließen, daß die Familiengenerationen eine kontinuierliche, in ihren Lebenszielen nicht wesentlich voneinander abweichende Folge ergeben. Der Stolz auf die Kinder ist zugleich der Stolz auf das »Eigene«, das Selbstgeschaffene; die Nachkommen sollen jeweils mit neuer Kraft, gespeist von dem Elan ihrer Jugendlichkeit, »Wiederholungsarbeit« leisten.

Eine Reihe revolutionärer Bewegungen haben im ausgehenden 18. Jahrhundert und im gesamten 19. wie 20. Jahrhundert solcher »Reproduktionshaltung« einen radikalen Veränderungswillen entgegengesetzt, der dann zum Generationenbruch führte. Freilich waren solche antitraditionalen Kräfte häufig beschränkt auf Kleingruppen bzw. geringfügige Teile der jeweiligen Generation; sie erregten jedoch großes Aufsehen und irritierten den vorherrschenden Konservativismus.

Für den Bestand und die Entwicklung einer Gesellschaft ist sicherlich ein gutes »Durchmischungsverhältnis« von Reproduktion und Transformation die beste Lösung. Jugend im eigentlichen Sinne in einer Gesellschaft präsent zu haben, und zwar so, daß sie im Sinne eines Ferments »Gärungsprozesse« auslöst, ist natürlich mit Risiko verknüpft; doch ermöglicht dies Auflockerung und Dynamisierung. Literarisch gesprochen: ohne Sturm und Drang keine Klassik; gesellschaftsbiologisch: ohne Jugend Erstarrung und Verkrustung. Eine solche Aufbruchsfunktion von Jugend kann freilich auch antihumanen Kräften eine große Schubkraft verleihen. Die Jugendbewegung um die Jahrhundertwende etwa förderte das Delirium von 1914; das Jahr 1933 ist auch ein »Jahr der Jugend« gewesen. Vergleichende Sozialpsychologie, unter Berücksichtigung von Sigmund Freuds Erkenntnissen, legt die Vermutung nahe, daß Jugendrevolten hinsichtlich ihres Ausgangs bestimmt werden durch zwei Möglichkeiten:

— Die »Aktion Vatermord«, die »Aktion Muttermord« (der Aufstand gegen das Etablierte und die Etablierten) verläuft rein antagonistisch;

— im Verlauf der Revolte findet ein Einverleibungsprozeß statt, in dem man sich zum Totemmahl zusammenfindet.

Eines Tages, schreibt Sigmund Freud in »Totem und Tabu«, »taten sich die ausgetriebenen Brüder zusammen, erschlugen und verzehrten den Vater und machten so der Vaterhorde ein Ende. Vereint wagten sie und brachten zustande, was dem Einzelnen unmöglich geblieben wäre. (Vielleicht hat ein Kulturfortschritt, die Handhabung einer neuen Waffe, ihnen das Gefühl der Überlegenheit gegeben.) Daß sie den Getöteten auch verzehrten, ist für den kannibalen Wilden selbstverständlich. Der gewalttätige Urvater war gewiß das beneidete und gefürchtete Vorbild eines jeden aus der Brüderschar gewesen. Nun setzten sie im Akte des Verzehrens die Identifizierung mit ihm durch, eigneten sich jeder ein Stück seiner Stärke an. Die Totemmahlzeit, vielleicht das erste Fest der Menschheit, wäre die Wiederholung und die Gedenkfeier dieser denkwürdigen, verbrecherischen Tat, mit welcher so vieles seinen Anfang nahm, die sozialen Organisationen, die sittlichen Einschränkungen und die Religion.« Wenig später meint Freud, daß, nachdem die Söhne den Vater beseitigt und ihren Haß befriedigt hatten, ihr Wunsch nach Identifizierung mit ihm sich durchsetzte und sie die überwältigten zärtlichen Regungen wieder zur Geltung brachten. »Es geschah in der Form der Reue, es entstand ein Schuldbewußtsein, welches hier mit der gemeinsam empfundenen Reue zusammenfällt. Der Tote wurde nun stärker, als der Lebendige es gewesen war.«[34]

Dieses archetypische Modell findet immer wieder seine zeitgemäße Ausprägung. Verläuft die »Aktion Vatermord« bzw. »Muttermord« besonders heftig, ist meist auch die Einverleibung sehr intensiv. Zuletzt konnte man das »Schema« anhand der Biographien von APO-Leuten verfolgen: das einverleibte »Tote« entwickelte eine starke lebensprägende Kraft.

Die Söhne und Töchter werden zu Eltern von Söhnen und Töchtern, die dann an ihren Eltern bekämpfen, was diese selber an ihren Eltern bekämpften. Die Geschlechterabfolge *muß* aber nicht so — moderat oder aggressiv — verlaufen; es kann auch zu einem »Ausklinken« kommen; man löst sich voneinander; man wandert ab; man reißt dem anderen nicht den Stab aus der Hand, man läßt ihn fallen; man verläßt die Rennbahn, man läuft in die andere Richtung; irgendwohin. Mißverständnis, Unverständnis zwischen den Generationen kann eine Republik ertragen; aggressive Einverleibung gibt ihr eine besondere Kultur; das Aussteigen lähmt sie.

Eine große Chance für das richtige instabile Gleichgewicht von Reproduktion und Transformation stellt der Erfahrungsaustausch dar. Er ist heute weitgehend blockiert durch Erfahrungsunterschiede, die aus der historischen Konstellation heraus zu erklären sind. Älterwerden heißt, Erfahrungen gesammelt haben. Menschen, die keine Erfahrung machen bzw. sammeln bzw. verarbeiten, bleiben jung im Sinne von infantil. Wer seine Erfahrungen vergißt oder verdrängt, wird altersstarr. Jugend ist in einem historischen Sinn erfahrungslos; sie hat die Chance, jeweils den Weg in die Zukunft neu, auf ihre Weise gehen zu können. Die Dialektik des Erfahrungsaustausches zwischen alt und jung besteht darin, daß so viel Erfahrung, wie nötig ist, um nicht immer über die gleichen Fehler stolpern zu müssen, aufgenommen werden sollte; und man sich auf so wenig Erfahrung wie möglich beschränken sollte, um futurische Kreativität und Phantasie nicht zu beeinträchtigen.

In diesen Jahren zeigt sich, daß Erfahrungsaustausch solcher Art immer schwieriger wird. Diejenigen, die das Dritte Reich, den Weltkrieg und die Trümmerzeit erlebten, haben ein ungleich großes Maß an Erfahrung sammeln können, sammeln müssen. Die Alten haben dieses Erfahrungspotential meist verdrängt, gar nicht eingebracht oder auf materielle Bedürfnisse abgeleitet. Die Älteren, die ehemals Jüngeren, die sich intensiv für Demokratie und Republik engagierten, angeleitet von denjenigen, die aufgrund ihres Widerstandes gegen das Dritte Reich als »Lehrherren« akzeptiert wurden, treffen mit ihrem »Erfahrungsschatz« heute auf Jugendliche, die als Nachkriegsgeneration an diesen Erfahrungen kaum mehr interessiert sind bzw. diese sich nicht wirklich vorstellen können.

»Es war auf dem Fest eines universitären Fachbereichs. Zu vorgerückter Stunde begannen die Älteren, wie sie es dann zu tun pflegen, von ihrer Vergangenheit zu erzählen. Ein 55jähriger Professor schilderte die Not der ersten Nachkriegsjahre, den Mangel an Nahrung und Kleidung, an Brennstoff, Haushaltswaren und Mobiliar. Er berichtete, daß die Haushalte nur stundenweise mit Gas, Strom und Wasser versorgt worden seien. Die Studenten wollten das nicht glauben. Sie wunderten sich, daß die Bevölkerung sich das habe gefallen lassen. Schließlich fragte ein Zuhörer den Professor kopfschüttelnd: ›Warum haben Sie denn nicht demonstriert?‹

Zwei Weltanschauungen stoßen hier zusammen. Sowohl der 55jährige Professor als auch die Studenten erleben den gegenwärtigen wirtschaftlichen Überfluß. Sie erleben dasselbe, aber sie erfahren es anders. Die lebensgeschichtlichen Grunderfahrungen, von denen her beide Altersgruppen die Gegenwart deuten, sind sehr verschieden. Die Jugendlichen können sich nicht mehr vorstellen, daß die wohlhabende westdeutsche Gesellschaft unter großer Mühe aus Trümmern, Hunger und Armut aufgebaut wurde. Aber wie sollen sie sich auch an vergangene Not erinnern, wenn die Gesellschaft sie überwunden hat oder — wo das nicht gelang — hinter glitzernden Fassaden verbirgt? Ist für die Älteren der Wohlstand Ergebnis eigener jahrelanger, aufreibender Arbeit und zugleich Resultat glücklicher Umstände, so glauben die Jugendlichen an die Ewigkeit des Überflusses. Er ist für sie naturhafte Selbstverständlichkeit. Kollektiver Mangel — wie vom Professor geschildert — erscheint ihnen als Produkt finsterer Manipulationen, die durch öffentlichkeitswirksame Aktionen beseitigt werden können. Kollektive Not ist für die Jugendlichen Diebstahl des vorhandenen Überflusses. Sie reagieren, als würde die Sonne gestohlen.

Umgekehrt können die Älteren nicht nachempfinden, daß die Jugendlichen sich die frühen Jahre des Hungerns und Frierens nicht mehr vorstellen können. Unverständnis auf beiden Seiten. Die Jugendlichen haben nie etwas anderes als den Überfluß erlebt. Sie erfahren seine ewige Dauer. Die Älteren erfahren ihn in der Erinnerung an den Mangel. Wer weiß, daß der Wohlstand unter großen Anstrengungen der Not abgetrotzt wurde, glaubt auch, dieser Wohlstand könne wieder zerfallen, wenn man ihn nicht durch harte Arbeit verteidigt. Wer den Reichtum als selbstverständliches Lebenselement antraf, wird annehmen, jener werde auch ohne sein Zutun Bestand haben. Von den Älteren wird der Wohlstand historisiert, von den Jugendlichen wird er naturalisiert.

Das hat Auswirkungen auf die Wertmaßstäbe, die Ältere und Jugendliche sich setzen. Eine Moral, die sich vor dem Hintergrund einer Mangelökonomie — zugleich als überwundene Vergangenheit und mögliche drohende Zukunft — ausbildet, ist anders als jene, die sich aus der Anschauung, der Wohlstand sei eine Naturkonstante, entwickelt. Das Verständnis von Arbeit, Leistung, Erfolg, Verzicht und Befriedigung wird in jeweils unterschiedlichen Koordinatensystemen bestimmt. Aus der Wurzel der Mangelökonomie wachsen andere Wünsche als aus der Wurzel der Überflußökonomie. Es ist nicht verwunderlich, wenn sich die 20jährigen und die 50jährigen nur mit Mühe verständigen können. Beide leiden an der Unfähigkeit, geschichtliche Situationen zu erfassen. Die Älteren verstehen nicht die Gegenwart ihrer Kinder; die Kinder verstehen nicht die Vergangenheit ihrer Eltern. Die Moral der einen ist den anderen fremd.« (Jörg Bopp)[35]

P. P. Pasolini hat die Situation der »Erfahrungsblockierung« einmal mit den Worten umrissen: »Die heute Zwanzigjährigen — in den ›fortgeschrittenen‹ Ländern die erste Generation, die voll und ganz diesseits der Grenze zwischen gestern und heute, also in unserer Zukunft lebt — haben uns zu allererst beigebracht, daß die Lösungen technischer Probleme auch in Zukunft politisch sind.«[36] Das Bewußtsein der Jungen ist bestimmt von der Angst vor zukünftiger Erfahrung. Diese ist nicht mit der »üblichen«, in jeder Generation vorhandenen Zukunftsangst, die häufig durch Zukunftsgläubigkeit überspielt wird, vergleichbar. Die heutige Zukunftsangst ist aufgrund der Fehlentscheidungen älterer Generationen »total«: die Apokalypse ist machbar. No future! Das absolute Nein der Jugend zu einer solchen Zukunft ist nicht der Jugend, sondern der Art dieser Zukunft anzulasten. Wer unbelastet ist von leidvoller vergangener Erfahrung, kann für zukünftige Bedrohung umso sensibler sein. Ich möchte dies »antizipatorische Erfahrung« nennen, der heute, wie gesagt, eine besonders stark ausgeprägte »Erfahrung a posteriori« entgegensteht. Wer im Krieg täglich Massensterben erlebte, wer in der Trümmerzeit fast verhungert ist, wer dann erlebt hat, wie in wenigen Jahrzehnten der Wiederaufbau erfolgte und wie auch die Dumpfheit einer abgründig provinziellen Lebenshaltung urban »aufgelockert« werden konnte, wer trotz aller Negativ-Erlebnise den Eindruck mitbekam, daß die Demokratie in der Bundesrepublik sich stabilisierte, der kann gar nicht solche Angstvisionen vor der Zukunft haben, wie sie diejenigen haben können, dürfen und müssen, die eben ihren Sinn nicht aus der Überwindung vergangenen Leids beziehen. Die einen, die Älteren, müssen ihren »Bewältigungs-Stolz« durch Trauerarbeit hindurchgehen lassen, damit sie sensibler werden für das Angst-Bewußtsein der Jugendlichen heute, die ihre Zukunft gefährdet sehen. Die Trauer-Power der Jugendprotestbewegung muß sich öffnen für Geschichtserfahrung, welche die Möglichkeit von Fortschritt aufleuchten läßt, damit Resignation, Lethargie und Aussteigertum nicht epidemisch um sich greifen. Die Tatsache, daß bei der Friedensbewegung die Erfahrung Älterer und Alter nicht nur akzeptiert, sondern geradezu »einverleibt« wird, ist ein Zeichen dafür, daß »historische Erfahrungen« und »antizipatorische Erfahrung« keineswegs einander ausschließen, sondern zu einer neuen Form von Gegenwartsbewußtsein sich verbinden können. Fatal wäre freilich, wenn historische Erfahrung nur dann akzeptiert und integriert würde, wenn sie sich mit dem augenblicklichen eigenen Lebensgefühl deckt. Der notwendige Erfahrungsaustausch muß sich auch im gegenseitigen Widerstand bewähren, in einem Widerstand, der nicht abblockt, sondern die Intensität der Aneignung nur verstärkt. Damit dies geschieht, bedarf es unter Umständen nur einer ganz einfachen Verhaltensweise: nämlich einer glaubwürdigen. Die Partner des Diskurses haben sich durch ihr Verhalten der Offenheit des anderen »würdig« zu erweisen; da wird man auf allen Seiten über den eigenen Schatten springen müssen. Mit anderen Worten: die Werte und Symbole, die Reproduktion und Transformation »steuern«, sollten eine dialektische Konfiguration haben; sie stehen jenseits der Ideologie, wenn sie jeweils gegenseitig sich »aufheben« (bewahren, »vernichten«, höher heben). Die Werte und Symbole der Reproduktion müssen gleichzeitig die Bedeutung des Wandels herausstellen; die Werte und Symbole des Wandels müssen deutlich machen, daß es ohne »Wiederholung« nicht geht. Auf eine einfache »klassische« Formel gebracht: das Ererbte muß immer wieder neu erworben werden, damit es erhalten werden kann.

Die Bereitschaft zur Solidarität ist bei der Jugend grundsätzlich groß. Die Loslösung von der Familie ist zunächst ein Vereinzelungs- und Vereinsamungsprozeß, der in neuer Du- und Wir-Beziehung »Erlösung« findet. Die Loslösung bedeutet immer Trauerarbeit auf beiden Seiten: offensichtlich fällt es unserer Zeit und Gesellschaft besonders schwer, solche (wie jede andere) Trauerarbeit zu leisten. Dadurch werden auch die Möglichkeiten integrierender Solidarität (nach der Loslösung) erschwert oder verhindert. Die Synthese von Verbundenheit und Abtrennung, also die »Überwölbung« von Affirmation und Negation, ist gering ausgeprägt. Offensichtlich fehlen die konkreten »Solidarisierungskerne«, die eine solche generationenübergreifende Gemeinsamkeit ausbilden helfen.

In unserer heutigen westlichen Welt erweist sich dementsprechend der Dialog zwischen den Generationen als schwieriger denn jemals zuvor. »Der sich beschleunigende gesellschaftliche Wandel — Folge und Ausdruck weltweiten technischen Fortschrittes, wirtschaftlicher Interdependenz, zunehmend anonymer Verwaltungsstrukturen, Verstädterung, Bevölkerungsvermehrung, Expansion der Massenmedien, Informationsüberflutung — veränderte und verändert den Kontext unseres Lebens und unserer Beziehungen radikal. Er macht Traditionen, Werte, Denkwerkzeuge und Orientierungen, die die ältere der jüngeren Generation glaubt vermitteln zu können oder zu müssen, problematisch, wenn nicht obsolet. Er trennt die Erlebniswelten der Generationen und erschwert die Aufgabe, einen gemeinsamen Aufmerksamkeitsfokus und eine gemeinsame Sprache als Basis des Dialoges zu finden. Und dennoch: so schwierig sich dieser Dialog für alle Beteiligten — Eltern, Jugendliche und Therapeuten — auch gestalten mag, so notwendig erscheint er gerade heute, um dem Drama von Trennung und Versöhnung im Jugendalter die Chance eines guten Ausganges zu geben.« (Helm Stierlin)[37]

Raum für freies Handeln. Eine Fallstudie

Zielsetzung, Art und Ausmaß der Verzögerung voller und unmittelbarer Aktivität, wie sie Jugend bestimme, seien abhängig davon, was sich die Gesellschaft jeweils ökonomisch leisten kann und politisch leisten will — so Leopold Rosenmayr. Aus den beschriebenen Gründen ist das Ausmaß der Verzögerung in den modernen Industriegesellschaften groß; Jugend erweist sich als wichtiger Faktor für Profitmaximierung; andererseits legt eine lange Ausbildungszeit die Basis für zivilisatorischen (industriellen und wirtschaftlichen) Fortschritt.

Die Zielsetzung der Verzögerung kann freilich auch eine ganz andere sein. Da Jugend aufgrund ihres anthropologischen, sozialpsychologischen wie allgemein gesellschaftlichen Status im besonderen Maße zur »Kulturrevolution« in der Lage ist, täte die Industriegesellschaft, die sowieso aufgrund ihrer »Systemzwänge« dazu neigt, zu erstarren, sich ein Gutes, wenn sie die Phase Jugend besonders deshalb zu verlängern trachtete, weil so eine entsprechende gegensteuernde Dynamisierung gefördert würde. Indem sie sich Jugend »injiziert«, was zunächst schmerzhaft sein kann, immunisiert sie sich gegenüber dem in ihr selbst angelegten Hang zur Stereotypie.

Dementsprechend müßten die Erziehungs- und Bildungseinrichtungen »Gegenorte« sein, (auch) Möglichkeiten bieten für die Einübung von Ungehorsam, für »alternative Konditionierung«. Man setze sich den Stachel ins eigene Fleisch, damit dieses lebendig durchblutet bleibt.

Eine leicht dahingesagte Metapher. Durchblutung. Stachel im Fleisch. Den meisten Älteren treibt es in der Tat das Blut in den Kopf, wenn sie Jugend als Jugend erleben; sie möchten sie als Schonerwachsene oder Fasterwachsene erleben, als solche, die sich beflissen darum bemühen, erwachsen zu werden. An was soll man eigentlich erkennen, ob der Ältere jung geblieben oder der Jüngere längst älter geworden ist? Doch wohl nicht an den Jeans! Die haben längst alle Generationenunterschiede übersprungen. Bleibt die Faustregel: diejenigen, die dich durch ihre Verhaltens- und Lebensformen provozieren, sind die Jüngeren. So möchtest du auch sein; so unbekümmert, so spontan, so unreflektiert, so direkt, so gleichgültig... Dein Neid bestätigt: du gehörst zu den Älteren. Erwachsene provozieren nicht, sie entmutigen. Ihre Erstarrung ist freilich von angenehmer Zivilisiertheit. Umgänglich, geübt in abendländischer Höflichkeit. Durchblutung? Wer kann was wo wie in Gang setzen? Ruhe ist die oberste Bürgerpflicht! Wehe, wenn man ihr nicht entspricht.

Da haben wir zum Beispiel in Nürnberg seit Jahren einen »Gegenort« für die »Einübung von Ungehorsam«, für »alternative Konditionierung« geschaffen. Das selbstverwaltete Kommunikationszentrum, genannt KOMM. In einem 1981 erschienenen Bericht des Bundesministeriums für »Jugend, Familie und Gesundheit« heißt es:

»Der Tendenz zu großräumigen Strukturen sollte entgegengewirkt werden. Politik und Verwaltung sollten sich stärker kleinräumig orientieren und Gleichförmigkeit vermeiden. Treffpunkte, die nicht nur funktional sind, sondern auch eine emotionale Ausstrahlung haben, Raum zur Selbstgestaltung lassen, sollten geschaffen, bzw. dort, wo sie entstanden sind, unterstützt werden. In diesem Sinne sollten die Kommunen kreative Ansätze der alternativen Kultur fördern, ihre Andersartigkeit tolerieren und den Jugendlichen so eine Integration in das Gemeindeleben anbieten.« Und an anderer Stelle — noch deutlicher —:

»Die Dichte staatlicher Regelungen sollte vermindert, Zwänge und Bürokratie sollten abgebaut werden, ohne daß der soziale Schutz geringer wird. In der Verwaltung sollten Letztentscheidungen weniger unter juristischen und sicherheitspolitischen Aspekten gefällt werden, sondern mit Blick auf eine langfristig menschliche Gestaltung der Lebenswelt des Bürgers. Mehr Raum für individuelles, persönliches, freies und spontanes Handeln verlangt auf seiten der Verantwortlichen Mut zum Risiko, in der Jugendpolitik Persönlichkeiten, die auch Fehlschläge in Kauf nehmen, offensiven Modellen den Rücken stärken und sie verantworten.«[38]

Der gute alte Theodor Heuß hätte da gesagt: Nun trefft mal schön Letztentscheidungen; nun wagt mal was; nun nehmt mal Fehlschläge in Kauf; nun stärkt mal offensiven Modellen den Rücken!

Das sieht dann so aus... Allmählich gerät der Skandal der Nürnberger Massenverhaftung in Vergessenheit, so sei er als Fallstudie für die Schwierigkeiten bei der Verwirklichung offensiver Modelle wieder in Erinnerung gerufen.[39]

Was geschah März 1981 in Nürnberg, was wurde aus Nürnberg gemacht? In dieser Stadt, in der es seit Jahren zu keinen Ausschreitungen, Krawallen oder Gewalthandlungen gekommen ist, werden im Verlauf einer spontanen Demonstration sechs bis acht Schaufensterscheiben eingeschlagen und Beschädigungen verursacht — mit einem Schaden von rund 20000 Mark. Im KOMM (vorwiegend von Personen »unter dreißig« besucht, selbstverwaltet, städtisch finanziert, mit kommunalen »Beratern«) hatte eine Filmveranstaltung über die Kraker, die Hausbesetzerszene in den Niederlanden, stattgefunden; daraus entwickelte sich die erwähnte Demonstration (nach 22 Uhr); gegen 23

Uhr »fluteten« von den etwa 150 Demonstranten ein Teil oder der größere Teil ins Haus zurück; dort waren noch etwa 60 bis 80 Besucher, z.B. in der Kneipe und Teestube. Die Polizei umzingelte das Gelände; nach einigen Stunden, gegen 3 Uhr, stellten sich die Insassen, solche, die an der Demonstration teilgenommen, und solche, die an der Demonstration nicht teilgenommen hatten, freiwillig der erkennungsdienstlichen Behandlung. Im Laufe des nächsten Tages wurde gegen 141 der festgenommenen Personen Haftbefehl erlassen.

Ein Skandal die inhumane Behandlung der Eltern und Angehörigen, die sich um Hilfe für die Verhafteten bemühten und oft tagelang nicht einmal benachrichtigt wurden.

Skandalös, daß kein ernsthafter Versuch gemacht wurde, zwischen Schuldlosen und »Verdächtigen« zu unterscheiden, die Schwierigkeiten, die den Rechtsanwälten der Beschuldigten bei ihrer Arbeit in den Weg gelegt wurden.

Skandalös die Verständnislosigkeit der verantwortlichen Ministerien und Behörden, die der jugendlichen Unruhe nur mit geballter Staatsmacht begegneten.

Im KOMM verbringen wöchentlich durchschnittlich mehr als 2000 junge Menschen, meist Schüler und Studenten, ihre Freizeit, aber auch Aussteiger, Frustrierte und Arbeitslose. In den 50 Räumen des ehemaligen Künstlerhauses haben sich Gruppen zusammengefunden, die töpfern, basteln, schreiben, musizieren, es gibt Film-, Foto- und Videostudio, ein Kino, eine Diskothek, eine Teestube, eine Cola-Theke und eine Kneipe, in der das Bier teurer ist als alkoholfreie Getränke.

Das KOMM hat Probleme, macht auch Probleme, bis in die Randzonen der Staatsverdrossenheit, des Politrockertums und der »Politpornographie«. Sie werden keineswegs immer mit Erfolg, aber immer durch intensive Bemühungen um Vernunft im Gespräch angegangen. Auf diese Nürnberger Einrichtung, die seit 1973 besteht, wird, vor allem bei Wahlkämpfen, von der CSU eine Hexenjagd veranstaltet, indem man so tut, als ob diese Einrichtungen der Grund für Jugendprobleme, die uns in der Tat alle beunruhigen, darstellte. Man kennt das: die Seismographen werden für die Erdbeben verantwortlich gemacht! Anders ausgedrückt: wenn Flüsse über die Ufer zu treten drohen, sollte man nicht nur Dämme errichten, sondern die Quellen »stopfen«.

Eine Einrichtung wie das KOMM ist propagandistisch als Sündenbock festmachbar; man ist so einer differenzierten Diskussion über Jugendfragen enthoben. Überall gibt es politische Randgruppen, die sich gegen Staat und Gesellschaft mit Bösartigkeit, potentieller und neuerdings auch wirklicher Gewalt sowie verleumderischer Agitation stellen; und es gibt (zum Beispiel in Fußballstadien) »unpolitische«, zunehmend rechtsradikal unterwanderte Frustrationsaggressivität. Da hört man freilich kaum etwas von Haftbefehlen! In Nürnberg wird langjährige offene Jugendarbeit mit einem Schlag gefährdet; freilich, sie ist noch nicht »erledigt«. Gibt es nicht eine bessere Widerlegung der herbeigeredeten Krise als die Tatsache, daß die staatliche »Flucht in den Zwang«, bewirkt durch eindimensionales Denken und den Mangel an pädagogischer Phantasie, in Nürnberg ihr Ziel nicht (noch nicht) erreichte: Während allenthalben Demonstrationen mit Gewalttätigkeiten und Ausschreitungen stattfinden, führte diese mutwillige Provokation mit der größten Verhaftungswelle der Bundesrepublik in der Nachkriegszeit (ausgelöst von sechs bis acht zerbrochenen Fensterscheiben) zu keiner Aggression. Trotz Wut im Bauch behielt die Jugend einen kühlen Kopf.

Dem bayerischen Ministerpräsidenten werde oft — schrieb die »Süddeutsche Zeitung« — vorgeworfen, er sei in der Landespolitik nicht präsent. Die Nürnberger Affäre zeige das Gegenteil: nämlich wie die politischen Vorgaben von Franz Josef Strauß nun in praktische Politik, also vom rein Klimatischen ins durchaus Konkrete, umgesetzt würden. Zunächst habe man noch darüber gelächelt, daß der Ministerpräsident des Freistaates Bayern seinen Ministern in förmlichen und demonstrativen Briefen »Ordres«, wie er sich in Zukunft die Politik grundsätzlich vorstelle, übermittle. Jetzt spätestens erkenne man, daß hinter diesen Proklamationen prinzipielle Politik stecke. »...erhielt Kultusminister Hans Maier ein solches Sendschreiben über die Probleme der jungen Generation, das in exemplarischer Weise die Neigung bewies, neue Symptome in alte Klischees einzuordnen. Konsequenterweise ergaben sich daraus falsche Schlußfolgerungen über eine mögliche Abhilfe. Im Kern lief damals alles darauf hinaus, der Staat müsse mit Nachdruck der Jugend das Destruktive austreiben und das Positive beibringen. Was zu tun ist, wenn die Jugend dennoch nicht spurt, stand dann im Februar in einem Brief an Innenminister Gerold Tandler, als hätte man es wirklich tagtäglich mit ›bürgerkriegsähnlichen Zuständen‹ zu tun: ›Ich bitte Sie, hier höchste Aufmerksamkeit walten zu lassen...‹« (Robert Leicht).[40]

Unter den Verhafteten sind auch eine ganze Reihe von Schülerinnen und Schülern von Gymnasien, Realschulen, Berufsschulen; man merkt dies an den Schulen; Lehrer verfassen Petitionen; Schüler diskutieren, wollen demonstrieren, malen auch Transparente. Der Ministerialbeauftragte für das höhere Schulwesen in Mittelfranken greift ein; dies widerspreche der Allgemeinen Schulordnung; er beauftragt die Schulleiter zu melden, ob im Schulbereich Lehrer aktiv im Rahmen der »Demonstrationsszene« sich beteiligt haben und wenn ja, welche. »Gemeldet« sollen sie werden; kein pädagogisches Wort; kein Wort des Verständnisses. Zusätzlich an den Direktor einer Schule: Er gebe die dringende Empfehlung, allen Kolleginnen und Kollegen zu untersagen, im Unterricht oder sonstwie im Schulbereich über die Verhaftungsaktion mit Schülern zu diskutieren. Verantwortung für eine klare Entscheidung wird nicht übernommen; dem Schulleiter wird nur »dringend empfohlen...« — er soll »untersagen« — und noch dazu etwas, das ein wichtiges Unterrichtsprinzip zu sein hat: nämlich die Diskussion aktueller, die eigene Lebenswelt tief berührender Vorgänge.

Das Bundesministerium für »Jugend, Familie und Gesundheit« (eine Wiederholung solcher zentralen Sätze kann nichts schaden!): »...sollten die Kommunen kreative Ansätze der alternativen Kultur fördern, ihre Andersartigkeit tolerieren und den Jugendlichen so eine Integration in das Gemeindeleben anbieten.« In diesem Fall hat die Kommune es ja getan. Und der Staat? Und die Gesellschaft? Innerhalb der Fallstudie eine Fallstudie! Die verlorene Ehre der Irmela B. betreffend.

— Irmela B., 19 Jahre alt, wird aufgrund eines Haftbefehls am 6. März 1981 ins Gefängnis eingeliefert, und zwar nach Regensburg, obwohl sie eine feste Adresse und zu Hause (sie ist nicht verheiratet) einen zehn Monate alten Sohn hat; die Mutter, eine Klavierlehrerin, mit der sie guten Kontakt pflegt, bürgt zudem dafür, daß »Fluchtgefahr« nicht gegeben ist.

— Am 11. 3. stellt der CSU-Fraktionsvorsitzende im Nürnberger Stadtrat, Georg Holzbauer, nach einem Bericht der »Nürnberger Nachrichten« fest: »Besonders in die Nase gestiegen zu sein scheint ihm die Klage einer neunzehnjährigen, nach der Demonstration festgenommenen Regensburgerin, Mutter eines zehn Monate alten Kindes. ›Wäre sie in Regensburg geblieben und hätte sie auf ihr Kind aufgepaßt, anstatt sich um ein Uhr im KOMM rumzutreiben — es wäre besser gewesen.‹«

Notabene: Bei Irmela B. handelt es sich um eine Nürnbergerin. Ab 23 Uhr war das KOMM von der Polizei hermetisch abgeriegelt; so konnte sie nicht heimgehen; zu Hause war eine Babysitterin; nach der Verhaftung wurde sie ins Untersuchungsgefängnis nach Regensburg verbracht; sie blieb dort 11 Tage.

— Da sich die Presse nachdrücklich der Sache annimmt (das Bild des Kindes auf dem Arm der Großmutter irritiert selbst hartgesottene Konservative), wird die »besondere« Verhaftung auch besonders begründet. Bei einer Versammlung der in der CSU organisierten Polizeibeamten aus dem mittelfränkischen Raum stellt u.a. der Leiter des Präsidialbüros im Polizeipräsidium Mittelfranken fest: Es sei geflissentlich verschwiegen worden, daß die Mutter dem »horizontalen Gewerbe« angehöre. Diese öffentlich verbreitete Behauptung fußte offensichtlich auf dem Telefonanruf eines Nürnberger

Maklers bei der Polizei, der von einem Bekannten erfahren haben wollte, daß Irmela mit 16 Jahren die Realschule verlassen, mit 17 Jahren in einem Erziehungsheim gelebt, mit 18 Jahren ihren Unterhalt als Dirne verdient und mit 19 Jahren ein Kind bekommen, sich aber manchmal zwei bis sechs Wochen nicht ums Kind gekümmert habe. Der Makler und sein Bekannter werden daraufhin von der Polizei ausführlich vernommen — dabei stellt sich heraus, daß auch diese beiden »Kronzeugen« von einem Bekannten die Auskunft haben; dieser will anonym bleiben, bekundet jedoch: Er habe nur gesagt, die Frau führe einen leichten Lebenswandel; solches sei aber nicht seine eigene Erkenntnis, sondern das habe er von Nachbarn erfahren, die er jedoch auf keinen Fall nennen wolle; von der Vernachlässigung des Kindes sei nicht die Rede gewesen.

Notabene: Die Frau ist verdächtig, weil sie die Realschule verlassen hat, weil sie ein Kind hat, aber unverheiratet ist, und weil einer gehört hat — von einem anderen, der es wiederum von einem anderen weiß, der es von anderen erfuhr —, daß die Frau einen leichten Lebenswandel führe. — Aufgrund derart »genauer« Recherchen konnte der amtierende Bundestagspräsident Richard Stücklen (laut »Schwabacher Tagblatt« vom 27. 3. 1981) dann getrost feststellen: »Die junge Frau habe bereits vor acht Monaten ihr Kind verlassen und seitdem in Hamburg gelebt. In Nürnberg habe sie sich in jener Nacht nur zufällig aufgehalten.«

Notabene: Irmela B. ist seit ihrer Jugend nicht mehr in Hamburg gewesen; sie hat nie ihr Kind verlassen; sie hält sich regelmäßig in Nürnberg auf. (Ich spreche mit Irmela B.; sie besucht mich mit ihrem Baby: ein gutgenährtes, sehr freundliches Kind, ohne »nervöse« Züge).

— Richard Stücklen, der sich mit der Nürnberger Massenverhaftung nicht besonders beschäftigte (die Eltern der Inhaftierten wären dankbar gewesen, wenn sich ein so prominenter und jovialer CSU-Politiker ihrer Nöte angenommen hätte!), Richard Stücklen, der Spitzenpolitiker, dürfte seine Informationen vom Bürgermeister einer mittelfränkischen Kleinstadt bekommen haben, der seinerseits seine Informationen bei einer CSU-Vorstandssitzung von einem Mitglied des Kreistages erhielt. Dieser, ein Hauptfeldwebel, wird deshalb auch prompt von der Polizei vernommen; ihm wurde freilich die Geschichte von einem Kameraden beim Bier erzählt (die Frau sei schon in Hamburg dem »horizontalen Gewerbe« nachgegangen und dann nach Nürnberg gezogen; ihrer Mutter habe sie das Kind zum Aufziehen gegeben). Allerdings kann der jetzt vernommene Kamerad des Kameraden nur berichten, daß er seinerseits das von einer Bekannten erfahren habe, deren Namen er nicht preiszugeben beabsichtige. Nun recherchiert die Polizei im Umfeld früherer Wohnungen von Irmela B.

Die eine Nachbarin: Irmela B. schleife das Kind überall mit hin, wobei sie es am Rücken oder an der Brust trüge. Natürlich habe der Bub auch geschrien, wie alle Kinder. Aber vernachlässigt habe sie ihn bestimmt nicht, im Gegenteil, sie müsse das Kind recht gern haben. Es habe auch immer gepflegt ausgesehen, und sie habe es nie alleine gelassen.

Eine andere Nachbarin: Ihr Haushalt sei recht schlampig gewesen. Einmal sei das Wasser ihrer Waschmaschine in ihre Wohnung gelaufen. »Froh bin ich, daß sie wieder ausgezogen ist.« Das Kind habe eigentlich ganz gut ausgesehen. Nein, alleine gelassen oder vernachlässigt habe sie es nicht. Sie glaube sogar, daß sie es gern mochte, weil sie den Kleinen im Hausgang öfters geküßt habe. Eine Zeitlang sei ein Langhaariger bei dem Fräulein gewesen.

Dritte Nachbarin: Man habe Gestöhne gehört...

Eine vierte: Die B. sei ein anständiges Mädchen und sauber. Warum man wohl den Computer nicht befragt habe? (Da ist eine Prostituierte Irmela B. nicht gespeichert, auch nicht in Hamburg.)

— Vorläufiges Ende der Affäre: Mit Ausnahme des Bundestagspräsidenten Stücklen, der eine Erklärung abgab, daß er die Gerüchte nicht mehr verbreiten werde, hat sich keiner der »ehrenwerten Denunzianten, keiner der Oberen in der Polizeiführung, beim Opfer auch nur entschuldigt. Sie haben eben alle ihre Pflicht getan.« (So die Stadtzeitung »Plärrer«.)

Bericht des Bundesministeriums für »Jugend, Familie und Gesundheit« — ich fahre mit der Wiederholung von Kernsätzen aus dieser Schrift fort! — »...offensiven Modellen den Rücken stärken und sie verantworten.«

Wie wirkt sich das auf die Stadt aus? Die Fallstudie der Irmela B., mit all ihren Implikationen, ist signifikant für die allgemeine Lage: Fakten haben den rationalen Diskurs keineswegs befördert; die Positionen sind verbarrikadiert; Öffnungen für humane Lösungen sind nicht erkennbar. Als Herbert Riehl-Heyse drei Monate nach der Massenverhaftung in die Stadt kam, gab er seinem Bericht in der »Süddeutschen Zeitung« die Überschrift: »Wenn Mißtrauen eine Stadt verseucht«.

Das gilt so heute noch; auch wenn natürlich im »Laufe der Zeit« die nach wie vor tiefgreifenden Konflikte von den jeweiligen Tagesfragen »überlagert« wurden. »Nürnberg ist in diesen Monaten«, schreibt Riehl-Heyse, »eine aufregende Stadt, gerade weil sie eigentlich so gar nicht exotisch ist; eine Stadt mit 485 000 Einwohnern (davon 71 000 zwischen 15 und 25), mit einer Geschichte, auf die sie im ganzen stolz ist, aber teilweise gerne verzichten würde, eine tolerante, friedliche, fortschrittliche Stadt, das steht in allen Prospekten und stimmt sogar irgendwie. Die Probleme, auch die mit den Jungen, waren eher geringer als anderswo, als ... jene ›Ereignisse‹ über Nürnberg hereingebrochen sind. Seit diesem Tag ist Nürnberg nicht mehr friedlich und in vielem nicht mehr die Stadt, die es vorher gewesen ist. Wenn es nur die Tatsache wäre, daß die Nürnberger böse aufeinander sind: Die ist gut zu erklären, denn es muß wohl Zorn erzeugen, wenn die Gesellschaft einer Stadt meint, durch ihre Polizei ein Nest von Asozialen ausheben lassen zu müssen, und dann feststellt, daß sie ihre eigenen Kinder festgenommen hat. Gewiß war auch deshalb der Aufschrei des einen Teils der Stadt über die Verhaftungen so heftig, weil man einfach nicht glauben konnte, daß die Töchter eines Abgeordneten, eines Familienrichters, eines Zeitungsredakteurs, daß der Sohn eines bekannten Nürnberger Bäckers über Nacht Kriminelle geworden sein sollten, die man schwer bewacht auf die bayerischen Gefängnisse verteilen mußte. Ebenso sicher aber reagierten aus dem gleichen Grund manche Verteidiger der Polizeiaktion erst einmal mit Verdächtigungen: Es war wohl vor allem der dringende Wunsch nach einer Art Rechtfertigung, der den Leiter des Präsidialbüros im Nürnberger Polizeipräsidium dazu trieb, ein 19jähriges Mädchen ohne Anhaltspunkte als Prostituierte hinzustellen, das zehn Tage in Untersuchungshaft saß und nicht zu seinem 10 Monate alten Kind durfte. Und es muß die verzweifelte Hoffnung auf die Kehrtwendung aller Skeptiker gewesen sein, welche damals die Nachricht in die Welt brachte, sogar aus Berlin hätten Drahtzieher der Demonstration einen Scharfmacher eingeflogen. Daß dieser festgenommene Berliner ein netter 20jähriger Banklehrling war, der seine Freundin besucht und seinen ersten Tag in Nürnberg nicht zur Besichtigung der Burg benutzt hatte (wie die Eltern des Mädchens glaubten), sondern eben zu einem Ausflug ins Jugendzentrum KOMM mit anschließendem Happening, das sprach sich dann nicht mehr herum in der Stadt.«[41]

Ich will versuchen, ein solches Kurzpsychogramm »fortzuschreiben«, indem ich die vorliegende Materialfülle in einigen Sektoren aufs Bewußtsein hin »auszuhorchen« trachte — in manchem natürlich auf Mutmaßungen angewiesen.

»Volksseele«: sie kochte von Anfang an; das statuierte Exempel war durchaus populär; vieles von dem, was die Älteren und Alten, die »Autoritäten« (die Chefs, Meister, Lehrer, Väter, Mütter) im Umgang mit der Jugend an Unverständnis, Mißverständnis, Frustration erlebt hatten, wurde und wird aggressiv aufs Ereignis projiziert und dort abreagiert. Um nochmals Herbert Riehl-Heyse zu zitieren (wobei ich selbst, wie in der nachfolgenden Textstelle angedeutet, sehr umfangreiche Erfahrungen als »Aggressionsobjekt« aufzuweisen habe): »Man mußte nur einen Leserbrief schreiben, der etwa jene 19jährige verhaftete Mutter in Schutz nahm, um böse am Telefon beschimpft zu werden. Wenn man es gar für nötig hielt, die Nürnberger Justizaktion öffentlich einen ›Skandal‹ zu nennen, wie das der Kulturreferent Hermann Glaser getan hatte, dann war man so etwas wie der Wortführer des Chaos in der Stadt und bekam vom Oberstaatsanwalt Hans Sachs (der wegen seiner Pensionierung nur noch im Namen des gesunden Volksempfindens anklagen kann) den schriftlichen Wunsch übermittelt, es möchten ihm doch einmal die Fenster eingeworfen werden. Erst wenn man jetzt — einige Wochen später — mit Sachs selber redet, sich davon überzeugt, daß das in Wahrheit ein kultivierter, charmanter Herr ist, wird man ahnen können, welche Aggressivitäten die bloße Diskussion darüber erzeugen kann, ob womöglich auch Richter und Staatsanwälte den Rechtsstaat in Gefahr bringen könnten.«

Justiz: Wie allenthalben ausführlich berichtet wurde, hat sie inzwischen dazu beigetragen, daß das »gesunde Volksempfinden« etwas nachdenklicher geworden ist: ungewollt durch das blamable Auftreten der Staatsanwälte beim ersten KOMM-Prozeß, die das Fehlen von wichtigen (die Demonstranten entlastenden) Polizeiprotokollen auf Drängen der Verteidigung zugeben mußten; und gewollt durch die 13. Kammer des Nürnberger Landgerichts, die daraufhin den Prozeß aussetzte. Jetzt meinte selbst die FAZ, die bislang Polizei und Justiz ohne Einschränkung die Stange gehalten hatte: »Die Aussetzung des ersten der Prozesse gegen Beteiligte der ›Nürnberger Krawallnacht‹ vom Frühjahr wegen begründeter Zweifel an der Arbeit der Anklagebehörde im Vorverfahren macht es nun unvermeidlich, von dem zu sprechen, wovon ein Teil der Öffentlichkeit seit bald einem halben Jahr redet, von einem Justizskandal.« Der »Spiegel« schrieb: »Die Aussetzung dieser Hauptverhandlung ist ein Erfolg der Vernunft, die Einstellung des Verfahrens würde ihr einen Sieg bescheren.«[42] In einer Buchveröffentlichung der Rechtsanwälte Ehrig, Kempf, Maeffert kann man nun die Einzelheiten des zweiten Skandals nachlesen.[43] Den bayerischen Justizminister jedoch, der seit Beginn der Affäre sich stets nicht einmal auf dem neuesten Stand des Irrtums befindet, tangiert das alles nicht; er »opferte« die Nürnberger Staatsanwälte, indem er gegen sie eine Untersuchung einleitete, und übertrug die Aufgabe einem Regensburger Staatsanwalt. Nun werden die Prozesse weitergehen.

Notabene: Sachschäden in der »Krawallnacht«: rund 20 000 Mark; seinerzeit unhaltbar pauschal begründeten Haftbefehlen folgten gleichermaßen unhaltbar pauschal begründete Anklagen auf schweren Landfriedensbruch nach; keine Verifikation der individuellen Anklagen; dazu die Unterdrückung und Mißachtung von Entlastungsmaterial. 66 Anklagen ließen die Gerichte zu. Die Parole des bayerischen Justizministers: Hart wie in Nürnberg bleiben! Die Hoffnung des »Spiegel« wird somit — trotz der »Aktenleichen aus dem Keller« (»Die Zeit«) — unerfüllt bleiben.

Die Betroffenen: ein starker innerer Zusammenhalt unter den ehemals Inhaftierten sowie zwischen ihnen und den Bemühungen der Angehörigen ist kaum feststellbar. Von denjenigen, gegen die die Ermittlungsverfahren eingestellt wurden, da sie »trotz fortbestehenden Tatverdachts nicht mit der für eine Anklage ausreichenden Sicherheit überführt« werden konnten (eine unglaubliche Einstellungsbegründung, die jedoch gut in den Kontext des »Gesamtskandals« paßt!), von den dergestalt »Entlasteten« sind viele in ihre »Normalexistenz« zurückgekehrt; teilweise besuchen sie weiter das KOMM, teilweise haben sie von allem die Nase voll — ganz auf dem Rückzug ins Privatistische; manche haben sich sogar nicht einmal um die ihnen zustehende Haftentschädigung bemüht.

Bei den Angeklagten dürfte eine Mentalität überwiegen, die, wenn auch nur gelegentlich ausgesprochen, mit »Scheiß-Staat«, »legal, illegal, scheißegal« zu charakterisieren wäre. Man hat am eigenen Leib erfahren, wie man »in die Mühle« gerät; man steckt nach wie vor mitten drin; man sieht wenig Hoffnung, rauszukommen. Die großen »Sachbeschädiger« (die Spekulanten und die Baubetrüger; diejenigen, die, wie bei der »Neuen Heimat«, sich skrupellos bereichern) haben wenig zu befürchten; aber an denjenigen, die lediglich bei einer Demonstration mitmachten, selber gar keine Steine warfen, einschließlich derjenigen, die nicht einmal an der Demonstration teilnahmen, sondern im KOMM verblieben, statuiert man ein Exempel — was einige Jahre Gefängnis bedeuten kann! Wie tief das Mißtrauen sitzt, ist nicht zuletzt daran abzulesen, daß das ungemein eindrucksvolle Engagement der Publizistik, einer großen Anzahl von Organisationen, Gruppen und Einzelpersonen (darunter vieler Juristen), der Gewerkschaften, der SPD und FDP bei den ehemals Inhaftierten zumindest keinen erkennbaren Eindruck hinterlassen hat. Die Staatsverdrossenheit ist offensichtlich hier so weit fortgeschritten, daß die damit verknüpfte Abkapselung kaum zu durchdringen ist. Objektiv ist dies natürlich unverständlich; aber Narziß als neuer Sozialisationstyp ist eben auch hier präsent: einmal verletzt, gelingt ihm trotz großer Außenunterstützung die »Reparatur« seiner Identität nicht oder nur in langen Zeiträumen. Solche »Undankbarkeit« stößt dann wiederum diejenigen zurück, die mit großem Idealismus und erstaunlicher Opferbereitschaft um eine »glaubwürdige« Lösung sich bemühen.

»Verschmähter Liebe Pein« wirkt sich freilich auf den Kern des Widerstands nicht sehr aus: dieser besteht, miteinander verzahnt, aus dem stattlichen Rest der Elterninitiative, die sich sofort nach der Massenverhaftung bildete; und der »Bürgerinitiative 5. März«, die sich vor allem mit dem Ziel der Prozeßbegleitung formierte. Pragmatisch und mit einem erstaunlichen Realitätssinn ist man unermüdlich um Aufklärung bemüht; freilich zehrt die lange Zeit der Ungewißheit an den Nerven; auch ist es nicht einfach, die jeweils benötigten Finanzmittel zu beschaffen. So erfährt man wieder einmal recht deutlich, wie schwer es immer noch in diesem Staat ist, den »Rechtsweg auszuschöpfen«. Die Stimmungslage geben gut die nachfolgenden Interviewauszüge wieder[44], gerade weil es sich bei den Befragten um besonders aktive Mitglieder der Bürgerinitiative handelt:

— »Diese Veränderungen sind also so gravierend, daß man sie den Begriffen Enttäuschung, hieraus resultierend Resignation usw. nicht mehr unterordnen kann. Das ist einfach zu schwach. Ich möchte Begriffe einbringen wie: Entsetzen, Empörung — Empörung, anders kann man das gar nimmer darstellen; es ist unglaublich, es ist unfaßbar, und eines vielleicht zu unserem Steckbrief selbst: es geht uns nicht um unsern Sohn allein. Es geht uns um die grundsätzliche Geschichte, es geht uns um die Demokratie, und es geht uns insbesondere auch um die Jugend. . .«

— »Recht wird in jedem Fall gesprochen — Recht ist auch im Dritten Reich gesprochen worden — da war ja das das Recht — nur war's keine Gerechtigkeit — und das ist natürlich für uns, die wir eigentlich damit nie befaßt waren, sind das Erkenntnisse — ich hab sie noch nicht verdaut; ich weiß nicht, was ich letztlich mit der Erkenntnis anfangen kann. . .«

— »Ich glaub, daß wir uns ein bißl Illusionen hingegeben haben, vorher, oder sprich: das einfach net genug durchdacht hatten. Und zwar haben wir ja 's Dritte Reich miterlebt. . ., und wir meinten, jetzt in der Demokratie sei die Rechtsstaatlichkeit unpolitisch, also politische Justiz könnt nimmer stattfinden. Wenn ich mir das von der jetzigen Warte aus überleg, dann muß ich sagen, ich war naiv. Aber wir dachten wirklich, in der Demokratie steht Recht einfach fest. Aber wenn man sich's überlegt, kann's ja eigentlich gar net so sein. Außerdem darf man auch net glauben, das Recht ist gleich Gerechtigkeit — und das sind jetzt die Erfahrungen, die man jetzt am eigenen Leib macht — . . . wenn der Michael, der näher auch schon an Randgruppen dran war, an solchen meinetwegen, die schon mit'm Recht in Konflikt kamen, wenn der da Sachen erzählt hat, die nach unseren damaligen Begriffen und auch nach unsern heutigen fast net glaubhaft waren, so haben wir das immer versucht zurechtzurücken und haben gesagt, na weißt, das sind Einzelfälle, und wer weiß, ob das so war undsoweiter, aber jetzt haben wir also schon sehr Lehrgeld bezahlt — und sind da einfach mehr aufgewacht. . .«

Das Lehrgeld ist vor allem auch deshalb so bitter, da die anfängliche Euphorie, bewirkt durch das spektakuläre Interesse der »veröffentlichten Meinung«, rasch verflogen ist. Hinsichtlich praktischer Hilfe kann man sich auf nicht sehr viele verlassen; die Ermüdungserscheinungen greifen um sich; andere Probleme absorbieren die ehemaligen »Sympathisanten«. Eine schnellebige Zeit — die Sensation von gestern ist heute schon nicht mehr einer Nachricht wert! »Was, die Verfahren laufen immer noch? Ich dachte, sie seien längst eingestellt« — auf eine solche Vergeßlichkeit mag auch die Justiz bauen, damit sie eines Tages die Verfahren möglichst ungehindert »durchziehen« kann. »Bei den NS-Verbrechern wartete man lang genug, um dann nichts mehr durchziehen zu müssen; hier wird man lange warten, um dann umso schärfer durchgreifen zu können« — so die Aussage eines besonders Skeptischen.

Im KOMM ist der Alltag eingekehrt; das meiste ist so geblieben, wie es vor der Massenverhaftung war; der Betrieb »läuft« wie seit vielen Jahren. Zu solcher Normalität gehören auch die täglichen oder wöchentlichen Krisen, die Enttäuschungen der Mitarbeiter, die allgemeine oder besondere Malaise. Im Oktober 1981 veröffentlichten Mitarbeiter des KOMM eine schonungslose Analyse im »Sozialmagazin«:

»Krisenzeiten sind jene, in denen Selbstverwaltung und Kommunikation von äußeren sozialen Einflüssen so beengt werden, daß fast nur noch reagiert werden kann und ›innerer‹ Druck und Frust entstehen. Wir erreichten oft den Punkt, wo uns nicht mehr klar war, ob wir selbstbestimmt arbeiten, oder ob andere, ›fremde‹ Interessen die alltäglichen Abläufe bestimmen. Eigentlich bedeutet Selbstverwaltung die Durchsetzung und Erweiterung unserer sozialen, politischen, kulturellen, künstlerischen und handwerklichen Interessen. Doch jene der anderen, neu hinzukommenden Besucher müssen ebenso berücksichtigt, ihre Artikulation oft erst geweckt werden, auch wenn sie zunächst und allzuoft den ›echten‹ Selbstverwaltungsinteressen zu widersprechen scheinen.

Hier kommt es zu Konflikten, zu persönlichen und politischen, zwischen Besuchern, Mitarbeitern und natürlich den ›Berufsjugendlichen‹, den pädagogischen Mitarbeitern und den Selbstverwaltungs-›Funktionären‹. Nur das umfassende Problembewußtsein, die KOMM-Geschichte verhindert dann manchmal den Gedanken: ›Wofür eigentlich?‹ Periodisch werden dann auch wieder Beurteilungen und Lösungssätze unterschiedlicher Qualität gezimmert, mehr oder weniger erfolgversprechend, aber immer eher in Richtung größtmöglicher Offenheit und Toleranz, als in Richtung Kontrolle und Sanktionen, Ausschluß von Problemgruppen. Die Situation im KOMM hat sich im Laufe des letzten Jahres zugespitzt. Viele öffentliche Bereiche wie Kneipe, Café, Gang, Festsaal und Disco sind zunehmend Platz für Aggressionen und Gewalthandlungen verschiedener Besucher und Besuchergruppen: Frauenanmache, Rempeleien, Streitereien, Provokationen, Schlägereien usw.

Weiter nimmt der unbeherrschte und exzessive Drogenkonsum (Alkohol, Haschisch, Tabletten, Trips etc.) in diesen Bereichen — wie im ganzen Haus — erschreckend zu. Und zwar in einem Maß, das die Stimmung dort immer öfter umkippen läßt und die Arbeit und Absicht der dort betreuenden Selbstverwaltungsgruppen — ein sinnvolles, aktivierendes Freizeitangebot herzustellen — einfach zunichte macht. Obendrein gefährden diese Situationen, die auch nach außerhalb des Hauses in eine vielleicht wohlgesinnte, aber zunehmend besorgte Öffentlichkeit dringen, die durch den Justizskandal schon schwierige Stellung unseres Hauses, unsere Selbstverwaltung, unsere politischen Vorstellungen in der Stadt.

So ist es dazu gekommen, daß die Angebote der öffentlichen Bereiche durch die Verhaltensweisen vieler Besucher immer mehr zum bloßen Konsum verkommen, die Aktivitäten der Mitarbeiter im Sekretariat, in Kneipe, Cafe und Disco zu Gratisdienstleistungen, die sie dem ›König Besucher‹ gefälligst zu erbringen haben. In extremen Fällen geht diese Tendenz soweit, daß die Mitarbeiter des KOMM sprachlich und körperlich bedroht werden, wenn sie manche Besucher auf ihre kaputten, arroganten und belästigenden Verhaltensweisen und ›Wünsche‹ aufmerksam machen und versuchen, die minimalen Regeln zum solidarischen Umgang miteinander zu vermitteln und durchzusetzen. Daß sie dabei obendrein noch wenig bis gar kein Verständnis oder Unterstützung bei den anderen Gruppen des Hauses gefunden haben, verschärft diesen Mißstand bis zum Unerträglichen.

Dadurch wurde auch deutlich, daß der Gesamtzusammenhang des KOMM eine nicht ungefährliche Spaltung erfahren hat, bei der unsere Ziele und Inhalte, an der Spitze Selbstverantwortlichkeit und Solidarität, auf der Strecke bzw. auf dem Papier zu bleiben drohen. Gemeint ist die Aufsplitterung des KOMM in Dienstleistende, in Gruppen des Hauses und in die Besucher. Welche Folgen das im einzelnen haben kann, wird klar, wenn Sekretäre, Hauptamtliche oder andere ›Diensttuende‹ als Führer, Diktatoren, ›Hitlers‹ beschimpft werden, oder wenn Selbstverwaltungs- bzw. Vollversammlungsentscheidungen als Willkürherrschaft bezeichnet werden.

Kurz und gut: die Lage ist beschissen, aber nicht aussichtslos.«[45]

Nach der Lektüre war ich schockiert und deprimiert; es schien, als ob die Einrichtung nun in die tiefste Gefährdung seit ihrem Entstehen (1973) geraten sei; ich bat eilig die Mitarbeiter zu mir, um das »Krisenmanagement« zu besprechen. Aber da war alles schon wieder im Aufwind; die Probleme seien angegangen worden; die Lage habe sich wesentlich verbessert; überall zeigten sich neue positive Aktivitäten. Vor allem die basisdemokratische Vollversammlung reagiert sehr sensibel auf Klimaveränderungen; man kann die Tiefs zwar nicht verhindern, aber man weiß sich in ihnen einzurichten, läßt sie an sich abgleiten. Und dann erweisen sich die Aussteiger, die die Öffentlichkeit im KOMM vermutet, stets als versierte Einsteiger: in die Probleme und ihre Bewältigung. Kontinuierlich stark freilich bleiben das Mißtrauen und die Abneigung gegen die »da droben«. Dankbarkeit ist keine Kategorie der Bindung, welche die Selbstverwaltung des KOMM und die Stadt als Trägerin der Einrichtung zusammenhält. Was ist es dann? Ich sage: Macht doch einen Verein, dann seid Ihr die Stadt los! Bislang aber hat man das »partnerschaftliche Modell« noch nicht aufgekündigt; wenn ich recht informiert bin, die einzige Einrichtung in der Bundesrepublik, die auf diese Weise »funktioniert«!

Als ich an einem Märznachmittag 1982 diese Bilanz über den »Mut zum Risiko« beende (siehe Bericht des Bundesministerium für »Jugend, Familie und Gesundheit«!), besser gesagt »abbreche«, veranstalten die Nürnberger Kirchen einen Schweigemarsch für die Freiheit in Polen; ich gehe da nicht mit — ich würde es gerne tun; aber da die katholische Kirche daran beteiligt ist, sträubt sich in mir etwas: seit einem Jahr hat sie es geflissentlich vermieden, irgendeine Stellungnahme zur Massenverhaftung in Nürnberg abzugeben, hat sie entsprechende Bitten vieler Jugendlicher negiert; sich opportunistisch (man könnte auch sagen machiavellistisch oder »jesuitisch«) aus der Affäre gezogen.

Das Ganze paßt eben nicht in die bayerisch-konservative »Linie« — da spielen dann Not und Angst der Betroffenen keine Rolle. Ganz anders die protestantische Kirche in Nürnberg: vom ersten Tag an war sie kritisch engagiert; um Ausgleich bemüht, nicht parteiisch, aber stets bereit, Dinge (und es gab sehr viele »Dinge«!) beim Namen zu nennen. Das führte zu tiefgreifenden Konflikten in den eigenen Reihen, aber man war — um der eigenen Identität willen — bereit, sie durchzustehen.

Bei dem Schweigemarsch für Polen ist die örtliche CSU voll dabei: wer wird nicht für die Polen und gegen den Kommunismus demonstrieren! Kritik an den Mißständen in der eigenen Stadt: Fehlanzeige! Innerhalb eines Jahres hat die CSU es nicht fertiggebracht, allen Fakten zum Trotz, einen Millimeter von der einmal eingenommenen militanten Rechtfertigung der Nürnberger Massenverhaftung abzurücken. Jeder, der rechtsstaatliche Besorgnis äußerte, verfiel massiver Diffamierung. Den Dialog mit der Jugend überläßt man der CDU. Franz Josef Strauß und seine Kader geben den Ton an. Wer wird auch so verstiegen sein wollen, die Geschichte vom verlorenen Sohn aus der Sonntagspredigt in die Werktagspraxis übertragen zu wollen?

Bei dem Schweigemarsch für Polen war die »kritische Jugend« kaum vertreten. Was geht uns Polen an? Der Narziß, der am Altar bundesrepublikanischer Gesellschaftskritik seine Ego-Messe liest, kümmert sich um die Repressionen anderswo kaum. Sind doch wir verloren. Sind doch wir wir und die anderen lediglich die anderen... Überinterpretiere ich derartige »Tagesreste«?

Am 5. März 1982 erinnerte man im KOMM und auf den Straßen Nürnbergs an die Massenverhaftung; so entstehen ganz neuartige lokale Gedenktage. Werden sie das Denken, das Nachdenken, auch wieder das Miteinanderdenken, Aufeinanderzudenken befördern? Wird die Kulturheuchelei, die doch nicht nur gigantisch-global ist, sondern auch regional sich entwickelt, unaufhaltsam sein oder zurückge-drängt werden können?

Um »katholisch« zu argumentieren — soll der Skandal der Massenverhaftung überwunden werden, tut dreierlei not: contritio cordis, confessio oris, satisfactio operis: Reue des Herzens, Bekenntnis des Mundes, Genugtuung durch Werke. Übrigens als Handlungsanweisung für Politik insgesamt gut brauchtbar!

Das wär's: Man setze sich den Stachel ins eigene Fleisch, damit dieses lebendig durchblutet bleibt! Leopold Rosenmayr: Wie die Gesellschaft Jugend bestimmt, sei davon abhängig, was sie sich jeweils ökonomisch leisten kann und politisch leisten will. Die Stadt Nürnberg hat mit dem KOMM Jugend ökonomisch (und auch pädagogisch) sich »geleistet«; der Staat Bayern hat deutlich gemacht, was er sich politisch nicht leisten will. Was heißt ihm Jugend? Jedenfalls nicht »unruhige Jugend«!

Demoskopische Daten

Der Stringenz, mit der Leopold Rosenmayr das Phänomen Jugend definiert, seien demoskopische Daten beigegeben[45], deren Relevanz allerdings mit Skepsis betrachtet werden sollte — nicht weil die Untersuchungsmethoden fragwürdig sind, sondern weil häufig in dem Augenblick, in dem die Bewußtseinshaltungen »digital« markiert werden, im kollektiven Unterbewußtsein bereits ein Mentalitätsbruch bzw. eine Mentalitätsveränderung sich vorbereitet. Zudem handelt es sich häufig um Fragestellungen, die historische Tatbestände bzw. aktuelle Verhaltensformen und -normen verifizieren, aber nicht, in Ermangelung spekulativer Phantasie, zukünftige Tendenzen »erspüren«. Freilich kann man aus Umfragen wesentliche Anregungen für »Anfragen« an sich selbst, an die Gesellschaft, an die Politik gewinnen; vor allem die in der Erziehung Tätigen müßten überlegen, ob sie das, was an mentaler Wirklichkeit im Augenblick zutage tritt, »hinnehmen« wollen; oder ob sie sich in der Lage fühlen, der Realität eigene Konzepte, die auf die Überwindung gefährlicher Desintegrationstendenzen zielen müßten, entgegenzustellen.

Das »linke Protestpotential« (auf 4,4 % der Bevölkerung geschätzt) rekrutiere sich vor allem aus jüngeren, hochgebildeten Schichten. Das rechte Potential umfasse 1,5 %; es setze sich hauptsätzlich aus Angehörigen der unteren Sozialschichten zusammen. 94 % des linken Protestpotentials akzeptierten das Grundgesetz, litten aber im besonderen unter der Spannung zwischen Verfassung und Wirklichkeit. Unter den 5,4 Millionen 17 bis 23 Jahre alten Jugendlichen fühlten sich 700 000 als »Aussteiger«, weitere zwei Millionen seien mit der gesellschaftlichen und staatlichen Ordnung unzufrieden. Der Staat erscheine vor allem »alternativen« Gruppierungen als »Unterdrückungsapparat«, der die Jugendlichen aus ihrem erarbeiteten Freiraum vertreibe, damit dieser von den Interessen des Kapitals genutzt werden könnte.

1953 hatten 83 % der Bevölkerung das Gefühl, daß man den meisten Menschen nicht trauen könne, lediglich 13 % äußerten das Gegenteil; 1976 war ein quantitativer Gleichstand zwischen Vertrauen und Mißtrauen zu vermelden — jeweils zu 39 %; 1979 waren 53 % »vertrauensvoll«, 30 % skeptisch. Das politische Interesse der Gesellschaft hat im gleichen Zeitraum erheblich zugenommen: 1953 lag es bei 37 %; es ist inzwischen auf 49 % gestiegen; ihre Zustimmung zur demokratischen Staatsform bekunden heute 71 %; 11 % (was etwa 5 Millionen Menschen entspricht — vor allem junge Leute zwischen 16 und 29 Jahren mit Abitur und »linkem Standort«) glauben, es gäbe andere Staatsformen, die besser seien.

1953 äußerten die jungen Männer zu 61 % den Wunsch nach beruflicher Fortbildung gegenüber 28 % bei den jungen Frauen; 1979 sank der männliche Fortbildungswunsch um 20 % auf 41 %, während er unter den jungen Frauen von 15 % auf 43 % stieg. Der Wunsch junger Männer nach mehr Zusammensein in der Familie nahm von 1953 bis 1979 von 22 % auf 30 % zu; in der gleichen Zeit sank er bei den Frauen von 35 % auf 24 %. 40 % aller Straftaten werden in der Bundesrepublik von Kindern und Jugendlichen begangen; 50 000 drogenabhängige Jugendliche leben unter uns, wobei die Dunkelziffer noch nicht berücksichtigt ist; 150 000 Kinder und Jugendliche sind bereits alkoholabhängig; mit 1 500 Kinder- und Jugendselbstmorden hält die Bundesrepublik einen traurigen Weltrekord.

94 % halten heute denjenigen für jung, der noch nicht über 35 Jahre alt ist; wer über 35 alt ist, wird nur noch von 5 % für jung gehalten; die Befragten zwischen 14 und 20 Jahre trauten in ihrer Mehrheit (86 %) keinem mehr über 30. Der These, daß nach dem 30. Geburtstag die schönste Zeit des Lebens vorbei sei, stimmen 70 % der Bevölkerung zu. Von den 14 bis 20jährigen wollen sich 32 % vorwiegend amüsieren und 29 % vorwiegend Sport treiben.

Daß es sich in jungen Jahren lohne, eine Existenz und eine Familie aufzubauen, glauben nur 5 % der Befragten. 82 % aus der Altersgruppe von 16 bis 20 wollen vieles anders machen; 70 % der Jugendlichen glauben, in Schule und Beruf stark oder zu stark gefordert zu sein; aber zu hohen Leistungsdruck erkennen nur 45 % der über 60jährigen an. Die Älteren meinen, ihre Nachgeborenen seien vor allem interessiert an Geld, am bequemen Leben, würden nicht an die Zukunft denken und hätten überhaupt »zu viel Zeit«.

Jeder zweite befragte Jugendliche zwischen 14 und 20 Jahre hält sich für tolerant; nur jeder dritte interessiert sich für Politik. 80 % denken an die Zukunft — zumeist mit Angst. 57 % der Jugendlichen sind bereit, sich »für die gute Sache« einzusetzen, und für über 70 % zählt die Erhaltung der Natur zu »solchen guten Sachen«; für jeden zweiten gehört dazu der Friede auf der Welt.

63 % der Jugendlichen sehen in der Kraft zur Phantasie eine ihrer besten Eigenschaften. Im krassen Gegensatz zu den Befragten ab 21 Jahren stehen für Jugendliche zwischen 14 und 20 Jahren unter den »Vorzügen des jetzigen Lebensalters« Freiheit, Hoffnung und Unabhängigkeit ganz oben, die Freude am Beruf ganz unten. Bei den älteren Deutschen stehen der »Stolz auf das Erreichte«, die finanzielle Sicherheit, Gesundheit und eine intakte Familie im Vordergrund. Daß Vaterland und Heimat zu den Werten zählen, die wichtig im Leben sind, glauben nur noch 26 % der Jugendlichen. Besonders wichtig für sie ist stattdessen, Träume zu haben (55 %) und

»in den Tag hinein leben zu können« (29 %). Sehr stark ausgeprägt ist auch die Hoffnung auf Glück in der Liebe; man strebt eine intensive und dauernde Bindung an.

Die Shell-Studie (»Jugend '81«) ging von Befragungen Jugendlicher zwischen 15 und 24 Jahren aus. Die Ältesten sind Mitte 1956 bis Mitte 1957 geboren; die Jüngsten stammen aus den Jahren 1965 bis 1966.

»Es sind die ›geburtenstarken‹, die ›Millionen-Jahrgänge‹ — auf die Welt gekommen zur ›Wirtschaftswunder‹-Zeit, als beinahe Vollbeschäftigung herrschte und nicht enden wollende Hochkonjunktur — ehe der große ›Pillenknick‹ einsetzt und die Geburten in der Bundesrepublik drastisch zurückgehen. Aber auch die Eltern gehörten Millionen-Jahrgängen an, Kinder der Hoffnung auch sie. Geboren im Dritten Reich, zwischen 1934 und 1941, beflügelte die Großelterngeneration der wirtschaftliche und kriegerische Siegesmarsch Großdeutschlands. Bei den Enkelkindern ist es der stürmisch voranschreitende Wohlstand, der die Eltern optimistisch stimmt und den Kinderwunsch zu unterstützen scheint.

Es sind Kinder des Wachstums, die zwischen '56 und '66 geboren werden. Während sie selbst größer werden, wächst die Umwelt um sie herum ständig mit. Das Sozialprodukt, die Zahl der Ausländer, die technischen Geräte um sie herum. Mit der Weltraumforschung wächst die Menschheit ins All hinein. Der Anspruch an die Qualität der Wohnungen nimmt zu, das verfügbare Geld, die Zahl der Autostraßen, die teuren Urlaubsreisen in immer fernere Länder, die Urlaubstage der Erwachsenen, die Größe der Schulen... Einiges davon bleibt den Kindern verborgen, anderes greift direkt in ihr Leben ein. Plötzlich steht ein Farbfernseher im Wohnzimmer, der Umzug in eine moderne Wohnung erfolgt; die Landung der Amerikaner auf dem Mond, die man mitansehen kann; der Kassettenrecorder.«[47] Es handelt sich um Jugendliche, die 1975 real mehr als zweimal soviel Geld zur freien Verfügung hatten wie die Generation von 1953; zugleich ist ihr Erfahrungshorizont bestimmt durch Energieschock, Arbeitslosigkeit, Kriegsangst, weltweite Wirtschaftskrise, Umweltkatastrophen, Zweifel am Sinn der technologischen Wachstumszivilisation. »Die Jugendzeit dieser Generation löst die Versprechungen nicht ein, die in der Kinderzeit gemacht wurden. Es ist eine Generation der ›Tendenzwende‹.«[48] Wie antwortet eine solche Generation auf das Erwachen aus den optimistischen Gesellschaftsträumen, wie sie seit den Jahren der Wirtschaftswunderwelt tradiert wurden?

»Eine ›Generation der Unbefangenen‹ wie der Jugendforscher Graf Viggo Blücher die 15-24jährigen von 1964 charakterisiert hat, sind die heute Jungen gewiß nicht mehr. Eher ist es eine ›Generation der Geschockten‹, aus dem selbstgewissen Wachstum in die Ungewißheit und die drohende Katastrophe Gestoßenen.

Selbst wenn ein katastrophaler Ausgang der Industriezivilisation heute noch als ferne Schreckensvision erscheint, für die Jüngeren ist er greifbare Lebensperspektive. Zur Jahrtausendwende sind sie 35, 45 Jahre alt, zu Hauptträgern dieser Zivilisation aufgerückt. Einen ›geruhsamen Lebensabend‹ sagt ihnen die Lebens- und Sterbestatistik für die Jahrzehnte 2020, 2030, 2040 voraus. Gibt es so etwas dann überhaupt noch?...

Wenn wir die Jugend '81 mit der Generation um 1969 vergleichen, können wir auch sagen: Statt der politisch fordernden Jugend von damals treffen wir auf eine Generation, die voller Probleme steckt — und die Probleme aufgibt. Man muß etwas für sie tun. Nicht, weil das die Gesellschaft weiterbrächte, sondern weil man die

Sorgenkinder zufriedenstellen muß. So stellt sich die Generation '81 jedenfalls den politischen und Verwaltungsinstanzen dar. Ende der 60er Jahre wird Chancengleichkeit, soziale Gerechtigkeit, Demokratisierung debattiert. Die sozial-liberale Koalition setzt politische Schwerpunkte bei der Gesellschaftsreform im Bildungs- und Ausbildungsbereich. Jugend tritt im Vergleich zu ›anderen Altersschichten und sozialen Gruppen geradezu als eine bevorzugte Adressatengruppe der Reformpolitik in Erscheinung‹. Ende der 70er Jahre widmet man Jugend ›unter nahezu entgegengesetzten Aspekten öffentliche und politische Aufmerksamkeit. Jugendarbeitslosigkeit, Numerus clausus, Schulstreß sind brisante Themen der öffentlichen Diskussion... Jugend wird mithin nicht mehr als Bezugsgruppe oder potentieller Träger einer Politik angesprochen, die durch Reformen gesellschaftliche Verhältnisse ändern und verbessern will; Jugend ist vielmehr zum Sozialfall einer Politik geworden, die auf Krisenvermeidung, Abdeckung künftiger Risiken und Bestandswahrung aus ist.‹

Seit Anfang der 70er Jahre ist die technische Zivilisation ins Gerede gekommen. Sie muß sich jetzt legitimieren, wo sie zuvor uneingeschränkt den Maßstab abgab. Das gilt für alle Altersgruppen und Sozialschichten. Der Perspektivenwechsel ist am radikalsten bei denen, die zuvor die Stützen des technologischen Fortschrittsgedankens waren: die gebildeten Kreise und die junge Generation. Beide Gruppierungen entwickeln sich von Trägern zu Kritikern der Industrietechnologie.«[49]

Auch das politische Bewußtsein ist destabilisiert. Als der jüngste Jahrgang 1965/66 geboren wurde, der von der Studie berücksichtigt wird, traf dies zusammen mit dem Ende des »CDU-Staates«. Bundeskanzler Erhard rief die »formierte Gesellschaft« aus und zum »Maßhalten« auf; nicht lange darauf wurde seine Regierung von der Großen Koalition abgelöst.

»Zwischen 1953 und 1965 wählen die 21- bis 30jährigen ganz ähnlich wie die Alten bei den Bundestagswahlen CDU/CSU mit Abstand vor der SPD. 1969 wird die SPD bei den ›Jungwählern‹ die stärkste Partei. In den 70er Jahren votieren Jüngere links, für die SPD, womöglich links von der SPD. Die jüngeren Wähler, die jetzt ab 18 wählen dürfen, finden bedeutend seltener etwas an der CDU/CSU, als die Älteren dies tun. Eine große Gruppe Jugendlicher hält Abstand vom offiziellen politischen Geschehen, verweigert die Wahl. Seit 1978 entwickeln sich Grüne, Bunte, Alternative Listen vielerorten zu Favoriten für die jüngeren Wähler, nachgerade zu einer Partei der Jungen. Die Erfolge der Grünen/Alternativen — zum Beispiel bei den Landtagswahlen Bremen 1979, Baden-Württemberg 1980, Berlin 1981 — bei den Jüngeren gehen vor allem zu Lasten der SPD.

In den Jahren dazwischen (1972—1979) liegt die Politik des ›Radikalenerlasses‹, mit dem der ›lange Marsch durch die Institutionen‹ gebremst werden sollte, den allzu links gewordene Jüngere sich vorgenommen hatten. Der Höhepunkt der innenpolitischen Klimaverschärfung: die Terrorismus-Debatten 1975—1977.

Heute ist für viele diese Parole nicht mehr attraktiv. Die Institutionen sind versteinert, übermächtig organisiert, Veränderungen nicht erwünscht. Welchen Sinn macht da noch ein ›Marsch durch die Institutionen‹? Statt dessen die Losung, leitmotivisch: ›Aussteigen‹ — der Marsch aus der Institution. Oder noch kennzeichnender für die Lage: der Marsch in die selbstgeschaffenen Institutionen. Die Jugendszene der 80er Jahre kennt eine eigene Infrastruktur, auf die man sich zurückbeziehen, wo man Veränderungslust austoben, auf die man Zukunftshoffnung richten kann. Jugendzentren in eigener Regie, alternative Handwerksbetriebe, entfaltete Kneipenkultur, Wohngemeinschaften als Stützen im Wohnbereich, subkulturelle Läden, besetzte Häuser, Protest-Hüttendörfer (Freie Republik Wendland), Festivalorte (auch als Kultstätten), Urlaubsstützpunkte, Musikkultur, alternative Stadt- und Szenenblätter, autonome Vereine, selbstgebastelte soziale Einrichtungen (Kinderläden, Frauenhäuser etc.). Die Phantasie, zur Zeit der Studentenbewegung zumeist noch aufs Bestehende, Offizielle fixiert, bindet sich nun ans Alternative. Das Vorfindliche dient als Baumaterial für eine Neben-Gesellschaft.«[50]

Wesentliche Veränderungen vollzogen sich auch im familiären und schulischen Lebensumfeld. Die Ältesten erfuhren noch strengere Autorität als die Jüngsten. Die Lenkung der Kinder ist sanfter, moderater, auch unbestimmter, gleichgültiger geworden. Die »bewachte Jugendzeit« geht nun rascher zu Ende; die Jugendlichen sind beweglicher hinsichtlich ihrer Entscheidung, wann sie sich vom Elternhaus abzulösen beabsichtigen. Der frühe Zugang zu den »Genüssen und Lustprivilegien der Älteren« ist möglich. Damit entsteht auch ein neuer Lebensstil, den man als »Nach-Jugendphase« (Post-Adoleszenz) bezeichnen kann — zwischen Jugend und Erwachsensein eine neue gesellschaftlich regulierte Altersstufe. Der Verselbständigung in sozialer, moralischer, intellektueller, politischer, erotisch-sexueller, insgesamt soziokultureller Hinsicht entbehrt freilich wirtschaftlicher Unabhängigkeit. »Drei Lebenskonstellationen sind es, die zur Teilnahme am postadoleszenten Leben führen.

Der eine Weg führt über privilegierende Bildungseinrichtungen, in erster Linie über Schulen der Sekundarstufe II und über Hochschulen. Die Nachjugendlichen verlängern die Schulzeit um ein 11., 12., 13. Jahr — bis zum 18., 19., 20. Schuljahr. Sie folgen damit lediglich dem gesellschaftlich vorgesehenen Pfad, um in sozial exponierte Arbeitspositionen zu gelangen. Die lebensgeschichtliche Ausdehnung des Wegs wird von der Erwachsenengesellschaft veranlaßt. Die Jüngeren folgen der Vorgabe mehr oder weniger freiwillig. Die Struktur der Arbeitsplätze legt langjährige Ausbildungsgänge nahe; eine reiche Gesellschaft kann sich's leisten; die Verlängerung des Aufenthalts in pädagogischen Einrichtungen entlastet den Arbeitsmarkt.

Ein zweiter Zugang zur Postadoleszenz erfolgt eher unfreiwillig. Ihm folgen die Jüngeren zwischen 20 und 30 Jahren, die sich arbeitslos melden, die sich durch Um- und Weiterschulung für andere Berufsaufgaben qualifizieren müssen. Der Zwang geht hier von den Gesetzen des Arbeitsmarktes aus. Die Wohlstands- und Dienstleistungszivilisation hat für bestimmte jüngere Arbeitskräfte keine Verwendung. Das Angebot an Arbeit schmilzt zusammen für sie. Die Existenz als Post-Adoleszenter entspringt einer Verlegenheitslösung, ist erzwungene Notsituation eher denn selbstgewählte Weiterqualifikation.

Den dritten Weg eröffnet eine sich verselbständigende ›Szene‹ in den Metropolen. Wer will, kann von sich aus darauf verzichten, in die Erwachsenenexistenz ›einzusteigen‹. Auch ein Zurück-Steigen aus etabliertem Erwachsensein in die Post-Adoleszenz ist möglich. Die Voraussetzung dazu bietet die Infrastruktur der Szene, wo Überlebenstechniken und -möglichkeiten jenseits des Arbeitsprozesses bereitstehen.«[51]

Mitten in der heutigen Erwachsenenwelt zeigt sich somit eine eigenständige Kultur der Gleichaltrigen — eine Jugend, die kein Zutrauen in die Zukunft hat. Das bemerkenswerteste Ergebnis der Shell-Studie ist der ungeheure Pessimismus der jungen Generation.

»Jahrhundertelang war es eine schöne Gewohnheit der jungen Leute, die Sorgen und den Griesgram der Alten komisch zu finden; heute sind es die Jungen selbst, die sich diese Sorgen machen und sich über die Alten ärgern, die das nicht ernst genug nehmen. Wenn 76 % der Jugendlichen damit rechnen, ›daß Technik und Chemie die Umwelt zerstören‹, wenn 58 % ausdrücklich sagen, sie schätzen die Zukunft ›eher düster‹ ein, wenn also eine Mehrheit der Jugendlichen kein Zutrauen mehr hat in die großen optimistischen Gesellschaftsentwürfe sowohl der Arbeiterbewegung als auch der liberal-kapitalistischen Denkschulen, dann hat das vor allem zwei Konsequenzen: Erstens wird diese düstere Weltsicht nicht ohne Auswirkung bleiben können auf die Art, in der junge Leute ihr Leben einrichten; zweitens aber ist eine solche Jugend ohne feste gesellschaftliche Modelle stärker als jede andere zuvor in der Gefahr, manipuliert zu werden. Vor allem an diesem Punkt drängt sich aber noch einmal die Frage auf, wie eine Gesellschaft eigentlich beschaffen sein muß, die ihrer nächsten Generation vor allem das Gefühl vermittelt hat, sie habe keine rechte Zukunft mehr.

Nur auf den ersten Blick wohl ist vieles, was sich aus dieser düsteren Lebenssicht herleitet, paradox: Weil Jugendliche nicht so leicht in der Lage sind, sich abzufinden, zu resignieren, lehnen sich gerade diejenigen unter ihnen, die die Situation besonders pessimistisch sehen, besonders heftig gegen sie auf. Wie die Studie zeigt, gibt es einen unmittelbaren Zusammenhang ausgerechnet zwischen pessimistischer Zukunftserwartung und dem Engagement für Protestbewegungen aller Art: Wer glaubt, die Gesellschaft sei eigentlich kaum mehr zu retten, ist — wie sich zeigt — besonders aktiv dabei, wenn es gilt, gegen tatsächliche oder vermeintliche Fehlentwicklungen Stellung zu beziehen. So wird es denn begreiflich, daß der Protest (oder die offen gezeigte Sympathie dafür) sozusagen zur Dauerausdrucksform des besser ausgebildeten, bewußteren Teils der Jugend '81 geworden ist und es immer noch stärker wird. Die Zahlen der Studie darüber werden viele Politiker noch unruhiger machen, als sie es ohnehin schon sind.« (Herbert Riehl-Heyse)[52]

Anmerkungen

1 Vgl. hierzu Leopold Rosenmayr. In René König (Hrsg.): Handbuch der empirischen Sozialforschung. Band 6: Jugend. Stuttgart 1976, S. 12.
2 Hans Heinrich Muchow: Jugend und Zeitgeist. Morphologie der Kulturpubertät. Reinbek bei Hamburg 1962, S. 29 f.
3 Hans Heinrich Muchow: Jugend und Zeitgeist; a.a.O., S. 168.
4 Hans Blüher: Wandervogel. Geschichte einer Jugendbewegung. Berlin 1912. Vgl. hierzu auch Hermann Glaser: Mythen des Jugend-Stils. Impressionen und Assoziationen. In Hermann Glaser (Hrsg.): Jugend-Stil, Stil der Jugend. Thesen und Aspekte. München 1971, S. 9 ff.
5 Das Meißnerfest der Freideutschen Jugend. 172. Flugschrift des Dürer-Bundes.
6 Frank Fischer: Unser Wandern. Nachrichtenblatt des Wandervogels. Nr. 3, Mai 1909.
7 Zit. nach Hermann Glaser: Mythen des Jugend-Stils; a.a.O., S. 12.
8 Georg Heym: Ophelia. In Kurt Pinthus: Menschheitsdämmerung. Ein Dokument des Expressionismus (1920). Neu herausgegeben Hamburg 1959, S. 107.
9 Else Lasker-Schüler: Stille Stunde. Zit. nach Dominik Jost: Literarischer Jugendstil. Stuttgart 1969, S. 74.
10 Zit. nach Hermann Glaser: Mythen des Jugend-Stils; a.a.O., S. 18.

11 Wolfgang Georg Fischer: Wohnungen. München 1969, S. 96.
12 Wilhelm Bölsche: Das Liebesleben in der Natur. Eine Entwicklungsgeschichte der Liebe. Leipzig 1901, S. 62 ff.
13 Komm-Zeitung. Jugendeigene Zeitung des Kommunikationszentrums Nürnberg, Mai/Juni 1982.
14 Steve Richmond: Jetzt. In: Acid. Neue amerikanische Szene. Hrsg. von R.D. Brinkmann und R.R. Rygulla. Darmstadt 1969, S. 94.
15 Siegfried Schober: Der Untergrund wird verramscht. Zeugnisse aus einer Alchimistenküche. In: Die Zeit, Nr. 49, 1969.
16 Timothy Leary: Politik der Ekstase. Hamburg 1970.
17 Hermann Hesse: Der Steppenwolf (1927). Frankfurt am Main 1961, S. 237 f.
18 Ernst Anrich: Neue Schulgestaltung aus nationalsozialistischem Denken. Stuttgart 1933, S. 4.
19 Hermann Rauschning: Gespräche mit Hitler. Zürich, Wien, New York 1940, S. 237.
20 Ernst Anrich: Neue Schulgestaltung aus nationalsozialistischem Denken; a.a.O., S. 52.
21 Vgl. Margarete Schaper-Haeckel: Die Germanin. Körper, Blut und Seele. Berlin 1943. Zit. nach Hermann Glaser: Das Dritte Reich. Wie es war und wie es dazu kam. Bericht und Dokumente. Freiburg, Basel, Wien (1961) 1979, S. 115.
22 Albert Soergel. Zit. nach Walter A. Berendsohn: Die humanistische Front. Zürich 1946, S. 30.
23 Wilhelm Arp: Deutsche Bildung im Kampf um Begriff und Gestalt unseres arteigenen Menschentums. Leipzig 1943, S. 89.
24 Fränkische Tageszeitung (Nürnberg), Jhg. 1933.
25 Adolf Hitler: Mein Kampf. Ungekürzte Gesamtausgabe. (85.—94. Auflage). München 1934, S. 452.
26 Ernst Anrich: Neue Schulgestaltung aus nationalsozialistischem Denken; a.a.O., S. 57.
27 Falk, Gerold, Rother: Deutsche Geschichte für das 7. Schuljahr. Nürnberg 1936, S. 149 f., und Band 6 (Begleitwort).
28 Ernst Anrich: Neue Schulgestaltung aus nationalsozialistischem Denken; a.a.O., S. 17. Wilhelm Arp: Deutsche Bildung im Kampf um Begriff und Gestalt unseres arteigenen Menschentums; a.a.O., S. 3, 73.
29 Hermann Giesecke: Vom Wandervogel bis zur Hitlerjugend. Jugendarbeit zwischen Politik und Pädagogik. München 1981, S. 206.
30 Vgl. Hermann Glaser: Spurensuche. Deutsche Familienprosa. Freiburg, Heidelberg 1981, S. 26 ff.
Ferner Hermann Glaser, Axel Silenius (Hrsg.): Jugend im Dritten Reich. Frankfurt am Main 1975, S. 48 ff.
31 Wolfgang Fritz Haug: Zur Kritik der Warenästhetik. In: Kursbuch 20/1970, S. 142 f. Vgl. auch Wolfgang Fritz Haug: Kritik der Warenästhetik. Frankfurt am Main 1971.
32 Vgl. Hermann Glaser: Der Gartenzwerg in der Boutique. Provinzialismus heute. Frankfurt am Main 1973, S. 56.
33 Wolfgang Fritz Haug: Zur Kritik der Warenästhetik; a.a.O., S. 153.
34 Sigmund Freud: Totem und Tabu. In Sigmund Freud: Studienausgabe. Band IX. Fragen der Gesellschaft. Ursprünge der Religion. Herausgegeben von Alexander Mitscherlich, Angela Richards, James Strachey. Frankfurt am Main 1974, S. 426.
35 Jörg Popp: Wir machen es jetzt. Zur Moral der Jugendlichen. In: Kursbuch 60/1980, S. 24 ff.
36 Zit. nach: Notizen eines Verräters, eines Außenstehenden, eines Beobachters. P.P. Pasolini: aus dem öffentlichen Tagebuch »Das Chaos — gegen den Terror«. In: Frankfurter Rundschau, 24. 10. 1981.
37 Helm Stierlin: Eltern und Kinder. Das Drama von Trennung und Versöhnung im Jugendalter. Frankfurt am Main 1975, S. 231.
38 Bundesministerium für Jugend, Familie und Gesundheit: Zur alternativen Kultur in der Bundesrepublik Deutschland. In: Aus Politik und Zeitgeschichte. Beilage zur Wochenzeitung »Das Parlament«, 26. 9. 1981, S. 14.
39 Vgl. Hermann Glaser (Hrsg.): Die Nürnberger Massenverhaftung. Dokumente und Analysen. Reinbek bei Hamburg 1981.

40 Robert Leicht: Flucht in den Zwang. In: Süddeutsche Zeitung, 13. 3. 1981.
41 Herbert Riehl-Heyse: Wenn Mißtrauen eine Stadt verseucht. In: Süddeutsche Zeitung, 1. 7. 1981.
42 Gerhard Mauz: Ein Erfolg der Vernunft. In: Der Spiegel, Nr. 49/1981, S. 31.
43 H.-J. Ehrig, E. Kempf, U. Maeffert: Der Nürnberger Komm-Prozeß. Hamburg 1982.
44 Claudia Wolff: Nürnberg und die Folgen. Nach der Massenverhaftung am 5. März: Beobachtungen — Gespräche — Szenen. Westdeutscher Rundfunk, 12. 12. 1981.
45 P. Hess, W. Kischka: Sozialer Brennpunkt, ›Anarcho‹-Spielwiese oder Freizeitland. Das selbstverwaltete Komm in Nürnberg. In: Sozialmagazin, Oktober 1981. S. 16 ff.
46 Vgl. zu Nachfolgendem:
Walter Bajohr: Staat und Gesellschaft in der Bundesrepublik Deutschland — eine Bestandsaufnahme: Wir sind besser, als wir glauben. Eine »Langzeitstudie« aus Allensbach rückt manches Vorurteil zurecht. In: Rheinischer Merkur/Christ und Welt, 29. 5. 1981.
Stern-Umfrage: Nachrichten aus einem fernen Land. In: Stern, Heft 15/1981, S. 184 ff.
Jugendprotest im demokratischen Staat. In: Frankfurter Allgemeine Zeitung, 1. 12. 1981.
Infratest Wirtschaftsforschung GmbH. (Hrsg.): Politischer Protest in der Bundesrepublik Deutschland. Stuttgart 1980.
Bundesministerium für Jugend, Familie und Gesundheit: Zur alternativen Kultur in der Bundesrepublik Deutschland; a.a.O., S. 11.
47 Studie im Auftrag des Jugendwerks der Deutschen Shell, durchgeführt von Psydata, Institut für Marktanalysen, Sozial- und Mediaforschung GmbH.: Jugend '81. Lebensentwürfe, Alltagskulturen, Zukunftsbilder. Band 1, Hamburg 1981, S. 80.
48 Shell Studie: a.a.O., S. 81.
49 Shell Studie: a.a.O., S. 87 ff.
50 Shell Studie: a.a.O., S. 90 f.
51 Shell Studie: a.a.O., S. 101 f.
52 Herbert Riehl-Heyse: Jugend 1981 — kein Zutrauen zur Zukunft. Diese jungen Fremden. In: Süddeutsche Zeitung, 28./29. 11. 1981.

Perspektiven der Jugendpolitik

Immer wenn Jugend als Jugend (nämlich jugendlich) in Erscheinung tritt, also in ihrer Artikulationsweise von den Verhaltensformen und Verhaltensnormen der Erwachsenen akzentuiert abweicht, wird die Frage aufgeworfen, ob denn die Jugendpolitik versagt habe. Vorwiegend wird Jugendpolitik eben begriffen als ein Disziplinierungs- und Pazifizierungsinstrument; eine Jugendpolitik, die gerade der Jugendlichkeit zum Durchbruch zu verhelfen trachtet, widerspräche einer solchen integralistischen Gesellschaftskonzeption. Es besteht zudem die Gefahr, daß Jugendpolitik sich zu wenig an einer die verschiedensten Aufgabenbereiche übergreifenden Vorstellung orientiert — nämlich immer dann wirksam zu sein, wenn die Situation oder die Interessen junger Menschen zu berücksichtigen sind. Lange Zeit war stattdessen Jugendpolitik vor allem dem sozialfürsorgerischen Bereich zugewiesen, einschließlich einer dominanten Verwaltungszuordnung (Jugendamt), was der Querschnittsfunktion von Jugendpolitik nicht entspricht.

Partizipationsprobleme

Gegenüber einer konservativen, mehr an paternalistischer »Betreuung« orientierten Position, geht die moderne selbstkritische Jugendpolitik davon aus, daß sie nur dann ihren Zweck erfüllt, wenn ihre Ziele unter aktiver Beteiligung der betroffenen jungen Menschen und nicht stellvertretend für sie realisiert werden (Mitbestimmung, Mitwirkung). Dazu ist ein breites Angebot außerschulischer Bildung zum Erwerb von Partizipationsbereitschaft und -fähigkeit notwendig. »Daß allerdings ein so auf einen engeren Bereich von persönlicher Betroffenheit junger Menschen reduziertes Verständnis von Jugendpolitik nicht ausreicht, hat die Geschichte der Bundesrepublik Deutschland erneut bewiesen. Trotz des leidenschaftlichen Engagements einer großen Zahl junger Menschen und ihnen verbundener Jugendpolitiker Ende der 60er und Anfang der 70er Jahre ist ihre Situation heute schlechter denn je:

— ein beachtlicher Teil der Jugendlichen findet keinen Ausbildungs- bzw. Arbeitsplatz (Jugendarbeitslosigkeit);

— ein größerer Teil Jugendlicher nimmt Ausbildungs- oder Arbeitsplätze in Kauf, die weit unter ihren potentiellen Fähigkeiten und weit neben ihren Interessen liegen;

— die Reaktion von Lehrern und Eltern auf die allgemeine ›numerus clausus-Situation‹ ist Verschärfung der Selektion durch höhere Leistungsanforderung und mehr Konkurrenz;

— die dabei ausgegliederten Jugendlichen geraten in eine soziale Krisensituation, deren Folgewirkungen eine lebenslange Randexistenz begründen können;

— der in dieser Situation um seine Legitimation besorgte Staat reagiert nicht jugendpolitisch, sondern verschärft die Gefährdung junger Menschen durch Repressionen (Berufsverbote, Gesinnungsschnüffelei, Radikalenerlaß, Aussetzung von Gesetzen, Förderungsentzug für unbequeme Organisationen der Jugend). So fördert er zusätzlich Angst, Resignation, Unterwerfungsbereitschaft.

Jugendpolitik müßte also Gesellschaftspolitik sein, die sich in allen Ressorts niederzuschlagen hätte. Die Gesellschaftsstruktur der BRD und die daraus resultierenden Mechanismen verurteilen Jugendpolitik indes vielfach zu einer Schönwetterpolitik.« (D. Greese)[1]

Eine andere lexikalische Definition spricht von Jugendpolitik als einer Betrachtungsperspektive, die keinem eigentlichen politischen Bereich zuzuordnen, sondern als übergreifende Aufgabenstellung für die Zielgruppe junger Menschen bis zu einem Alter von 25 Jahren zu begreifen sei. Sie habe zwei globale Aufgaben zu erfüllen: die Sicherung der Erziehung und Bildung von Kindern und Jugendlichen, sowie die Optimierung gesellschaftlicher Sozialisationsbedingungen für die heranwachsende Generation. Die gesetzgeberischen Initiativen bezögen sich dementsprechend zur Bewältigung dieser Aufgaben unter anderem auf die Gebiete: Beratungsdienste für Kinder, Jugendliche und Erziehungsberechtigte; vorschulische und schulergänzende Sozialfelder; offene Kinder- und Jugendarbeit, politische Bildung, Jugendfreizeitstätten, offene, halbstationäre und stationäre Erziehungsfelder etc. Dieses System relativ »zufälliger«, reaktiver und untereinander unverbundener Aktivitäten sei pragmatischen Charakters mit vorrangig ökonomischer Orientierung. Es entbehre politisch übersetzbarer Konzeptionen über die gesellschaftlichen Bedingungen der Sozialisation in Kindes- und Jugendalter.

Dementsprechend wäre Jugendpolitik traditionellerweise als Jugendhilfe im Sinne von »kompensatorischer Teilpolitik« in anderen gesellschaftlichen Subsystemen verstanden. Eine offensive Jugendpolitik orientiere sich stattdessen an sozialisationspolitischen Leitkategorien, z.B. mehr Chancen für die Jugend, fordere zur Realisierung ihrer Ansprüche eigenständige Aktivitätsfelder, die Verwirklichung kinder- und jugendgemäßer Bedürfnisse in allen Bereichen politischer Planung, die Umverteilung »öffentlicher Mittel« zugunsten der Jugend, die Förderungspriorität für selbstorganisierte Jugendinitiativen, die Verwirklichung von Anhörungs-, Mitwirkungs- und Selbstorganisationsrechten junger Menschen. Im Rahmen der Strukturbedingungen eines vornehmlich leistungsorientierten sozio-ökonomischen Systems würde Jugendpolitik jedoch in erster Linie als »Investitionspolitik« betrachtet, die den offensiven, an den Interessen von Kindern und Jugendlichen orientierten Maßnahmen nur geringe Durchsetzungschancen einräume.[2]

Begreift man Jugendpolitik als eine »Hebammenkunst«, die die politische Aufgabe hat, einer normalerweise durch die dominante Erwachsenengesellschaft in ihrem anthropologischen Stadium, nämlich ihrer Jugendlichkeit, depravierten Zielgruppe zu mehr Emanzipation und damit Selbstverwirklichung zu verhelfen, sieht man Jugendpolitik dergestalt als Instrument sektoraler sozialer Emanzipation, so muß man gerade auch zu den Selbstorganisationsversuchen Jugendlicher eine positive Einstellung entwickeln. An einer solchen Nahtstelle zwischen einer allgemeinen Gesellschaftskonzeption, die ein Höchstmaß von Selbstverwirklichung zu garantieren hofft, und einem bestimmten Handlungsfeld, in dem (vom anthropologischen Status der Jugend aus gesehen) Selbstentfaltung und Selbstverwirklichung ganz besonders wichtig sind und sich auch ganz besonderss ungestüm entwickeln, ist die Gefahr des Zerreißens größer als die Chance gemeinsamer »Textur«. Auf der einen Seite, im allgemeinen gesellschaftlichen Bereich, erweist sich das Ziel der Emanzipation mehr und mehr als Utopie, die durch Praxis, innerhalb der Systemzwänge einer komplexen Gesellschaft, ständig widerlegt wird — wobei die Rationalität dieser Systeme zunehmend dazu führt, daß ihre beengende Struktur verinnerlicht, also die Diskrepanz zwischen Idee und Wirklichkeit immer weniger erkannt wird. Auf der anderen Seite steht die jugendliche Mentalität, die viel stärker, freilich »nur« intuitiv, den Widerspruch zwischen Anspruch und Realität wahrzunehmen in der Lage ist und dagegen »blindlings« anrennt — unfähig, mit entsprechender instrumenteller Kompetenz von innen heraus die Systeme schrittweise wieder mit mehr Spielräumen zu durchsetzen. Angesichts der Machtfülle der Systeme (etwa von Verwaltung, Schule, Wirtschaft, Politik) wird das jugendliche Aufbegehren ergebnislos verlaufen, was Frustration mit Frustrationsaggressivität oder Rückzug in private Bereiche bzw. Anpassung bewirkt. Die »Wellenlinie« jugendlicher Emanzipationsversuche ist damit vorgegeben: nach dem Stadium des Aufbegehrens mit Erfolgshoffnung folgt rasch das »Vereitelungserlebnis«; dieses schlägt in Aggressivität um; die herrschenden Kräfte werden mobilisiert und agieren erfolgreich; das Gefühl des Scheiterns der Autonomieversuche stellt sich ein.

System und Bewegung

Ein differenzierender Exkurs über die Leitbegriffe »System« und »Bewegung« ist in diesem Zusammenhang angebracht, zumal gerade von jugendlicher Seite, in Ermangelung historischer Kenntnisse, diese Begriffe nicht als heuristische, die Erkenntnis befördernde Vokabeln Verwendung finden, sondern als Angriffsmetaphern »zum Einsatz« kommen. Man verwendet sie meist so, ohne daß man sich bewußt ist, daß eine andere irrationale Strömung dieses Jahrhunderts sie — und zwar extensiv — als Vehikel ihrer Politik gebrauchte bzw. mißbrauchte: nämlich der Nationalsozialismus. Für ihn war »System« die Zusammenfassung aller Negativität, wie sie die auf Parteien und Mehrheitsvoten beruhende Demokratie charakterisierte; auf der anderen Seite umfaßte »Bewegung« alle gegen das »System« aktivierbaren emotionalen positiven Kräfte.

Der Parlamentarismus (des Weimarer »Systems«) war für Hitler in »Mein Kampf« eine »›Spottgeburt aus Dreck und Feuer‹, bei der mir nur leider das ›Feuer‹ im Augenblick ausgebrannt zu sein scheint.« Bei der jeweiligen »Mehrheit« handle es sich um einen »durch mehr oder minder saubere Zufälle zusammengebeulten Haufen«, der die Verantwortlichkeit der Person nicht mehr kenne. Innerhalb des Systems verstecke sich der einzelne Parlamentarier hinter den Rockschößen einer sogenannten Majorität.

»Man sehe sich nur solch einen politischen Strauchdieb einmal an, wie er besorgt zu jeder Verrichtung sich die Zustimmung der Mehrheit erbettelt, um sich so die notwendigen Spießgesellen zu sichern und damit jederzeit die Verantwortung abladen zu können. Dies aber ist mit der Hauptgrund, warum eine solche Art von politischer Betätigung einem innerlich anständigen und damit aber auch mutigen Mann widerlich und verhaßt ist, während es alle elenden Charaktere — und wer nicht für seine Handlung persönlich auch die Verantwortung übernehmen will, sondern nach Deckung sucht, ist ein feiger Lump — anzieht. Sowie aber erst einmal die Leiter einer Nation aus solchen Jämmerlingen bestehen, dann wird sich dies schon in kurzer Zeit böse rächen. Man wird dann zu keiner entschlossenen Handlung mehr den Mut aufbringen, wird jede, auch noch so schmähliche Entehrung lieber hinnehmen, als sich zu einem Entschlusse aufzuraffen; ist doch niemand mehr da, der von sich aus bereit ist, seine Person und seinen Kopf für die Durchführung einer rücksichtslosen Entscheidung einzusetzen.

Denn eines soll und darf man nie vergessen: Die Majorität kann auch hier den Mann niemals ersetzen. Sie ist nicht nur immer eine Vertreterin der Dummheit, sondern auch der Feigheit. Und so wenig hundert Hohlköpfe einen Weisen ergeben, so wenig kommt aus hundert Feiglingen ein heldenhafter Entschluß.«[3]

Die »Bewegung« dagegen werde getragen von einer Weltanschauung, die sich kraft ihrer Idee durchsetze; sie sei ihrem Wesen und ihrer inneren Organisation nach antiparlamentarisch, d.h. sie lehne im allgemeinen wie in ihrem eigenen inneren Aufbau ein Prinzip der Majoritätsbestimmung ab, in dem der Führer nur zum Vollstrecker des Willens und der Meinung anderer degradiert werde. »Der Fortschritt und die Kultur der Menschheit sind nicht ein Produkt der Majorität, sondern beruhen ausschließlich auf der Genialität und der Tatkraft der Persönlichkeit. Diese heranzuzüchten und in ihre Rechte einzusetzen, ist eine der Vorbedingungen zur Wiedergewinnung der Größe und Macht unseres Volkstums.

Damit ist die Bewegung aber antiparlamentarisch, und selbst ihre Beteiligung an einer parlamentarischen Institution kann nur den Sinn einer Tätigkeit zu deren Zertrümmerung besitzen, zur Beseitigung einer Einrichtung, in der wir eine der schwersten Verfallserscheinungen der Menschheit zu erblicken haben.

Die Bewegung lehnt jede Stellungnahme zu Fragen, die entweder außerhalb des Rahmens ihrer politischen Arbeit liegen oder für sie als nicht von grundsätzlicher Bedeutung belanglos sind, entschieden ab. Ihre Aufgabe ist nicht die einer religiösen Reformation, sondern die einer politischen Reorganisation unseres Volkes. Sie sieht in beiden religiösen Bekenntnissen gleich wertvolle Stützen für den Bestand unseres Volkes und bekämpft deshalb diejenigen Parteien, die dieses Fundament einer sittlich religiösen und moralischen Festigung unseres Volkskörpers zum Instrument ihrer Parteiinteressen herabwürdigen wollen.

Die Bewegung sieht endlich ihre Aufgabe nicht in der Wiederherstellung einer bestimmten Staatsform und im Kampfe gegen eine andere, sondern in der Schaffung derjenigen grundsätzlichen Fundamente, ohne die auf die Dauer weder Republik noch Monarchie bestehen können. Ihre Mission liegt nicht in der Begründung einer Monarchie oder der Festigung einer Republik, sondern in der Schaffung eines germanischen Staates.«[4]

Diejenigen also, die heute sehr leichtfertig, d.h. ohne Kenntnis der fatalen Begriffsgeschichte, die mit beiden Wörtern verknüpft ist, »System« als Negativ- und »Bewegung« als Positivvokabel in den Mund nehmen, sollten die dahinter lauernden Gefahren selbstkritisch zur Kenntnis nehmen (denn was in den verschiedenen Verlautbarungen der »Bewegung« über Parlamentarier und Parlamentarismus, über Demokratie und Mehrheitsprinzip geäußert wird, unterscheidet sich vom Jargon her in vielem nicht vom faschistischen Sprachgebrauch).

Im Frühjahr 1932 veröffentlichte die Pressestelle des preußischen Staatsministeriums eine Stellungnahme, in der sie denjenigen, die unreflektiert und mit aggressiver Absicht das Wort »System« zur Diffamierung der Demokratie verwendeten, Verwilderung des politischen Denkens vorhielt; der Text läßt sich durchaus auf die heutige Situation übertragen:

»Der Ausdruck ›System‹ ist im politischen Kampf der letzten Jahre, insbesondere in der preußischen, aber auch in der Reichspolitik, zu einem Universalbegriff erster Ordnung geworden. Er umschließt für den Gegner der republikanischen Staatsform oder auch schon einer republikanischen Regierungskoalition schlechthin alles, was ihm auch nur tadelnswert oder verbesserungswürdig erscheint. Schon daraus ergibt sich, daß der Begriff ›System‹ dem Verstandesmäßigen abgewandt und also kein konkreter Begriff ist. Sein verstandesmäßiger Wert beschränkt sich für den Anhänger der oppositionellen Politik darauf, daß seine Anwendung, infolge seiner Vieldeutigkeit, schon bei dürftigster Vorsicht der Formulierung, strafrechtliche Ahndung ausschließt. Insofern ist der Begriff ›System‹ oft genug ein Dokument mangelnder Mannhaftigkeit, der die eigenartige politische Begriffsverwirrung der Gegenwart und das Vorherrschen des tönenden Schlagwortes charakterisiert. Deshalb gehört es seit einigen Jahren zur politischen Taktik der Opposition, ihre Referenten, Redakteure und Berichterstatter ausdrücklich darauf hinzuweisen, daß sie die Begriffe Republik, republikanische Staatsform, Freistaat Preußen, Staatsregierung oder Preußische Staatsregierung usw. bewußt vermeiden, um zu verhindern, daß einschlägige Bestimmungen des Strafgesetzbuches, des Gesetzes zum Schutze der Republik oder der zur Abwehr verletzender Angriffe auf die Organe der Staatsgewalt erlassenen Notverordnungen angewendet werden können.

Aber auch den regional verschiedenen Bedürfnissen des politischen Kampfes ließ sich der Unbegriff ›System‹ leicht anpassen. So spricht man in rein protestantischen Gegenden von dem ›schwarz-roten Regierungssystem in Preußen‹, von ›schwarz-roten System-Ministern‹ usw., während man dort, wo man auf Zentrumskreise Rücksicht nehmen muß, analog vom ›roten‹ System der Verwaltung, der Regierung oder Wirtschaftspolitik spricht. Man setzt Regierung gleich Systemparteien oder Systempolitiker, sagt statt Polizeibehörden oder Staatsbehörden: Hüter des schwarz-roten Systems, spricht von Systempolitik, um erkennen zu lassen, daß damit angeblich fehlende Aktivität in der Außenpolitik gemeint sei, kommt damit zu einem ›System des November‹, einem ›System der Erfüllungspolitik‹, um neuestens über ein ›System Brüning‹ zum Gipfelpunkt der Demagogie mit einem ›System Hindenburg‹ zu gelangen. So entrollt die Betrachtung des Begriffs ›System‹ in der neueren deutschen Politik ein Bild fortschreitender Verwilderung und Verflachung des politischen Denkens. Jeder weiß, daß die Kritik, die auch nur einen Hauch Sachlichkeit atmet, produktiv ist. Kein denkender Mensch verkennt, daß die Kritik ein unentbehrlicher Grundpfeiler des staatlichen Lebens ist. Aber die Kritik, die durch Anwendung des Unbegriffs ›System‹ von vornherein jede Substantiierung bewußt vermeidet, um dadurch jeder Art der Verantwortung zu entgehen, müßte eigentlich in den Augen eines seiner Rechte und Pflichten bewußten Staatsvolkes von vorneherein gerichtet sein.«[5]

Nun wäre es natürlich abwegig, historische Parallelen zu weit zu treiben. Die Motive für die Systemkritik heute und das Bekenntnis zur »Bewegung« sind andere als in den 20er Jahren. Der fundamentale Unterschied liegt vor allem darin, daß die damalige Systemkritik auf einer grundsätzlichen Verneinung des parlamentarischen und demokratischen Systems beruhte, während die heutige Systemkritik die parlamentarische und demokratische Wirklichkeit als eine Abweichung von der idealtypischen (reinen) Form der Demokratie empfindet. Der »Idealismus« der Nationalsozialisten ging aus von der Idee des elitären Führertums, der »Idealismus« der heutigen Protestbewegung orientiert sich an der Idee basisdemokratischer Selbst- und Mitbestimmung. Freilich zeigen beide Bewegungen einen tiefgreifenden Haß auf diejenigen, die der »Idee« nicht entsprechen, sei es, weil sie die Vorstellungen vom Führertum, oder sei es, weil sie die Vorstellungen direktdemokratischer Verantwortlichkeit nicht erfüllen. In ein solches Dilemma sieht sich die Jugendpolitik hineingestellt. Soll man die jugendlichen Autonomieträume fördern, da direktdemokratische Enklaven die Gefahr der Erstarrung von repräsentativer Demokratie zu mindern vermögen, oder soll man solche Intentionen nicht fördern, weil auf diese Weise illusionäre Gesellschaftsvorstellungen das Bewußtsein »besetzen«? Im besonderen läßt sich diese Problematik an der Jugendzentrumsbewegung festmachen.

Die Jugendzentrumsbewegung, schreibt ein »Genosse aus Rüsselsheim«, lasse sich schlecht denken ohne die Studentenbewegung und die Hausbesetzungen. Radikal sei die Forderung nach Selbstbestimmung, Selbstverwaltung; ebenso die Durchsetzung dieser Forderung mittels Demonstrationen, Hausbesetzungen, Bullenkloppereien, Pinselaktionen, Go-ins.

»Emanzipationsansprüche nach freier Kommunikation werden formuliert und die normalen Konsummethoden kritisiert. Alle möglichen Gruppen und Parteilein, die sich nach und nach aufgrund der Studentenbewegung entwickelt haben, nehmen an der Bewegung teil, haben ihren Führungsanspruch, viele Initiativen haben das politische Bewußtsein.«[6] Die Jugendzentrumsbewegung, so das Autorenkollektiv des »Lesebuchs zur Jugendzentrumsbewegung«, »Träume, Hoffnungen, Kämpfe...«, wolle, daß das Alltägliche zum alltäglich-neuen, zum ewigen Morgen der Veränderung und des Erlebens werde. Nicht die Zerstückelung in Zeit, Funktion, die Versteinerung der Funktionen, die Pseudotreffen in Schule und Fabrik, das Töten von Zeit, die Ohnmacht der Freizeit, die Armut im alltäglichen Leben, die Leere und Hohlheit der Beziehung, der Schein und die Heuchelei der Warenwelt, die Verkümmerung der Gegenwart, sondern die Totalität des Alltags, sein Reichtum, seine Möglichkeiten müßten freigesetzt werden. Die Überwindung des Alltäglichen, die Erlösung des Alltags sei nur möglich, wenn man das geklaute Leben, das Leben, das die Verhältnisse vorenthielten, indem sie nur ein Ersatzleben anböten, zurückholte. Die Aneignung des wirklichen Lebens sei ein revolutionärer Prozeß. Die Sprengung des Alltags, die Revolution des gesamten Lebens, die Revolutionierung des Alltags seien die Folgen. Nicht Isolation, nicht Abhängigkeit, nicht Einsamkeit, nicht Leere sollten vorherrschen: die Radikalität der Träume müsse die Wirklichkeit bestimmen.

»Die Wirklichkeit ist ein Alptraum, machen wir unsere Träume zur Wirklichkeit«, stand im Mai 68 an einer Mauer. Dieser kategorische Imperativ, der gegen das alltägliche Leid und gegen das psychische Elend »die Energie des Wollens und die Materie der Solidarität, der Faust und der Bewegung« stelle, sei eben kein Idealismus, sondern konkrete Utopie, weil er sich in den Ritzen des aufgebrochenen Alltags wiederfände, weil die zur Erschütterung gebrachten Verhältnisse nach einer Melodie tanzten und die

Alternative sichtbar, fühlbar, (be)greifbar wäre als etwas Konkretes, wofür sich zu leben und zu kämpfen lohne.

»Das neue Leben, die veränderte Wahrnehmung der Umwelt, der Wandel im Verhalten untereinander, die Bereicherung des Alltags, die Freisetzung neuer Produktivität, die Befreiung vom Alltäglichen, sind die Quellen, aus denen der Wiederaneignungsprozeß des Wesentlichen, die Vermenschlichung des Alltags gespeist wird. Nicht nur die Geschichte, sondern auch die eigene Biographie wird dann immer noch Vorgeschichte sein, denn der einmal vollzogene Durchbruch kennt kein Zurück mehr, sondern nur noch den Hunger nach Liebe, Zärtlichkeit und Freiheit, den Lebenstrip, das Suchen nach dem anderen, nach meinem Leben.«[7]

Eine solche Stelle macht deutlich, welch hochgemuter Idealismus häufig die Jugendzentrumsaktivitäten enthusiasmiert, und wie schwer es dementsprechend sein dürfte, inmitten der grauen Alltagswirklichkeit die blaue Blume neuer Romantik in ihrem Blütenstand zu erhalten. Ernüchterung als Frost wird sie bald knicken.

Systemkritik bedeutet hier Kritik an einer entmenschlichten Umwelt, am Verlust elementarer humaner Tugenden. Dem Instrument der Vernunft wird Gefühl, der Rationalität Liebe entgegengesetzt.

Für eine ideologiefreie Kritik impliziert das »System« die Gefahr der Entfremdung, der Enthumanisierung von Beziehungen und Vorgängen, wie sie im besonderen Maße »der unaufhaltsame Vormarsch der Bürokratie« deutlich macht. Systemkritik bedeutet den Versuch, die Lust der Spontaneität der Unlust instrumenteller Rationalität entgegenzusetzen. Die staatsbürgerliche Unlust (Verdrossenheit), signifikant für die Defizite des Systems, entsteht aus der ständigen Erfahrung, nicht wirklich aktiv mitwirken, verantwortlich tätig sein zu können. Erfolgserlebnisse fehlen; in der dadurch sich ergebenden seelischen Leere können Neidgefühle besonders gedeihen. Antipathien, auch Sympathien werden extrem ausgebildet und im bürokratisschen Geschehen im Sinne Freuds rationalisiert: das heißt, es werden scheinobjektive Fassaden vor persönlichen Emotionen aufgestellt. Es handelt sich also nicht um direkte Brutalität, sondern um »milde Intrige«, um Verfahren von »hinten herum«.

Bürokratische Intrige ist Teil des institutionellen und institutionalisierten Mißtrauens und damit systemimmanent. Man würde diese Frustrationsaggressivität, die aus dem Gefühl der »Vereitelung« stammende Feindseligkeit, verkennen, wollte man sie zu stark personalisieren, d.h. mit dem Verhalten autoritärer Individuen in Verbindung bringen. Sie fällt als Ausdruck und Ausfluß des Systems notwendigerweise jeden an, der auf längere Zeit ganzheitlicher Arbeit entfremdet wird. Das durch die Bürokratie verursachte Entfremdungsphänomen ist von größter sozialpsychologischer Bedeutung. Der jeweilige »Vorgang« trägt gewissermaßen Wunden und Narben des Identitätsverlustes mit sich. Die beteiligten Instanzen haben in ihn all das hineinprojiziert, was sich an Unmut angehäuft hat. Triebdynamische Probleme werden mit Vernunftgründen kaschiert. Solche büropathologische Mentalität ist habitualisierte Versagung. Die durch das bürokratische System auferlegte, den eigentlichen menschlichen Intentionen zuwiderlaufende Notwendigkeit, nicht selbständig wirken zu können, Verantwortung tragen zu dürfen, somit auch nicht wirkliche Erfolge erzielen und auch nicht Fehler machen zu können, bewirkt auf die Dauer, aufgrund von Gewöhnung und hierarchischem Druck, daß die Versagung zur zweiten Natur wird. Die bürokratische Habitualisierung verläuft gegen den Strich der personalen Entwicklungslinie und ruft im Unterbewußtsein einen Verdrängungsstau hervor. Der »Amtsschimmel«, das Simile (immer dasselbe zu tun und tun zu müssen), ruft psychosomatische Unruhe hervor, die sich freilich meist eine dicke Haut zulegt. »Die großen bürokratischen Apparate gleichen allmählich Dinosauriern mit kleinem Gehirn, aber mit viel Muskeln und sehr dicker Haut, die immer unbeweglicher und schwerfälliger werden. Dabei verlieren sie die Fähigkeit zum Überblick, zur Orientierung, zum Entwickeln von Strategien. Die Routine reduziert das Denkvermögen. Systemwissen entsteht nicht. Die jetzige, immer noch viel zu starre hierarchische Befehlsgliederung in der staatlichen Verwaltung hat sich vor vielen hundert Jahren aus der Kommandostruktur der Heeresgliederung entwickelt. Sie ist heute an der Grenze ihrer Leistungsfähigkeit angelangt.« (Peter Menke-Glückert)[8] Wer dieses Simile als Person oder Institution zu beseitigen sucht, wird notwendigerweise zum Fixierungsobjekt für die Unmut- und Unlustgefühle all derjenigen, für die die Entfremdung bereits habituell geworden ist. Man bekämpft im progressiven, das »Übliche« überschreitenden »Vorgang« das, was man selbst hat verdrängen müssen. Derjenige, der unüblich handelt, zieht sich nicht nur amtlichen Ärger zu, er ruft auch die persönlichen Neidgefühle der anderen hervor, die mit Recht vermuten, daß hier Frustration durch kreatives Handeln überwunden worden ist. Die Neidgefühle, die sich als ein Besserwissen ausgeben, bekommen freilich letztlich recht, denn innerhalb des Systems hat das Unübliche weder das Recht noch den Erfolg auf seiner Seite. Nur nicht auffallen, ist die gängige und bewährte Devise.

Es ergibt sich folgende paradoxe Situation: Die Spontaneität, zum Beispiel der Jugendzentrumsbewegung, stößt vehement auf »Apparate«, zum Beispiel Bürokratie, die gerade deshalb Spontaneität bekämpfen, weil sie, in Stereotypie gefesselt, nach dieser sich unbewußt, und zwar heftig, sehnen.

> Ich bin Teil des Apparats. Somit Reibungsfläche für Sehnsüchte. »Gedenktag« im KOMM: Vor einem Jahr hatte die Massenverhaftung stattgefunden. Solidarität. Euphorie. Die Sprecherin des sogenannten »Ermittlungsausschusses«, einer Einrichtung, die sich besonders um die Aufdeckung des Justizskandals bemühte, eröffnet die Veranstaltung mit einer Geschichtsklitterung — einer Montage von Halbwahrheiten, die deutlich machen sollen, daß dieser Staat unrettbar auf dem Weg zum Faschismus sich befindet. Stürmischer Beifall. Die SPD ist auch nicht viel besser als CDU und CSU. Dann eine Mutter, die über ihre bitteren Erfahrungen, vor allem den psychischen Druck, den die noch anstehenden Prozesse bewirken, berichtet. Man hat ihr offensichtlich auch gesellschaftskritische Abstraktion in den Text diktiert. Schließlich die Rechtsanwälte: sachlich und entschieden dekuvrieren sie die Fragwürdigkeiten der Justiz. Die Unaufmerksamkeit und Unruhe im überfüllten Saal nimmt zu. Dies ist der Augenblick, da vermummte Gestalten eines Hausbesetzerkollektivs das Stakkato ihrer Anklage in den Saal hineinhämmern. »Was soll der ganze Scheiß. Wir brauchen keine juristischen Spitzfindigkeiten. Wir brauchen Kampf.« Die »Bewegung« soll sich nicht durch liberale Kräfte spalten lassen. Erhobene Fäuste, schwarze Fahnen. Die Militanten erhalten Beifall, aber niemanden reißt es von den Stühlen. Die Veranstaltung geht über in ein Rock-Konzert; ein kleiner Kreis findet sich müde und erschöpft im »Hinterzimmer« zur Diskussion zusammen; diese wird erst lebhafter, als man sich an mir zu reiben beginnt. Man könne mir zwar einen gewissen Idealismus und eine gewisse Liberalität nicht absprechen, aber ich gehöre doch auch der SPD an; und die SPD fördere den Polizeistaat, und der Polizeistaat werde alle Freiheit zum Erliegen bringen. Die Toten der Bewegung, die Kriminalisierung der Hausbesetzer, die Startbahn in Frankfurt. Ich täte ja eigentlich nichts

dagegen, ich kurierte nur an Symptomen. Die Massenverhaftung sei schlimm, aber viel schlimmer sei das, was dahinter stecke. Ich zweifle nicht: Kulturheuchelei ist groß, aber: bin ich nicht dagegen aufgetreten? Hier wie anderswo? Wenn die Anklagen auf einen herniederprasseln, besteht die Gefahr, daß man mit einer gewissen Wehmut seine Rechtfertigung überzieht, seine Verdienste aufzuzeigen trachtet, seine Kämpfe um die Demokratie, seine enttäuschten Erfahrungen, seine Hoffnungen. Die Diskussion versickert. Freaks aller Schattierungen und in buntester Gewandung. Die Chaotik des üblichen alternativen Nachtlagers.

Ich bin — wie meist — der einzige, der eine Krawatte trägt, bewußt trägt: mein uniformierter Protest gegen die Uniformierung der Protestler. Eine solche Konzentration der Struwwelpeter-, Parka-, Jeans- und Turnschuhen-Generation, der Öko- und Alternativmedaillenträger, der Bierflaschensauger und Hasch-Verdächtigen, der Rocker, Punker, Frustis, Softis, Spontis enerviert mich; man fühlt sich eingeengt, beengt, nur noch Außenseiter. Vermutet ständig Aggression; in Wirklichkeit aber dominiert die hemdsärmelige Rücksicht und laute Höflichkeit. Der Teenager, der sich vor meinem Sitz niederhockt, mir die Flasche neben die Füße stellt, sagt freundlich: »Entschuldige bitte«; und meine Nachbarn, die mich fast vom Stuhl drängen, fragen freundlich, ob sie sich das Buch, das ich in Händen habe, auch einmal ansehen könnten. — Süßer gerupfter Vogel Jugend!

Legalität und Legitimierung

Legal ist das »System«, die »Bewegung« nimmt Legitimität in Anspruch. Welche Aufgabe hat Jugendpolitik? Ist sie systemstabilisierend, also auf seiten der Legalität, oder soll sie sich von der Bewegung mitreißen lassen, weil sie dort das richtige Bewußtsein oder Ansätze dazu vermutet? Formal gesehen ist die Sache entschieden, ehe sie aufgeworfen wird. Verbindlich ist das Grundgesetz, verbindlich sind die Gesetze, verbindlich ist die Gemeindeordnung, verbindlich ist das »System«. Die »Bewegung« operiert häufig am Rande der Legalität, überschreitet sie von Fall zu Fall, wird dafür belangt. Wenn etwas legal ist, ist es in Ordnung.

Oft genug erfaßt mich der Zweifel an der Legalität. »Neue Heimat«, die dunklen Geschäfte von Vietor und Genossen sind offensichtlich legal.

Legal ist, daß der ehemalige Untersturmführer Max Täubner aufgrund von Artikel 103 des Grundgesetzes (»Niemand darf wegen derselben Straftat aufgrund der allgemeinen Strafgesetze mehrmals bestraft werden«) nicht mehr belangt werden kann. Er war nämlich schon einmal im Dritten Reich verurteilt worden. »Monatelang und auf eigene Faust hat der Werkstattzug der SS mit dem Untersturmführer Max Täubner damals unter der jüdischen Bevölkerung in der Ukraine gewütet. Aus Judenhaß und ›Gefolgschaftstreue‹ gegenüber Himmler und Hitler wollte Täubner 20 000 Juden umbringen. Als es fast tausend waren und er sich daheim mit schauerlichen Fotos von den Quälereien und Hinrichtungen brüstete, wurde es selbst der SS zuviel: sie setzte ihn fest.

1943 wurde der Ingenieur vom Obersten SS- und Polizeigericht in München zu zehn Jahren Zuchthaus verurteilt. Nicht etwa wegen der eigenmächtigen Exekutionen, sondern wegen der Ausschreitungen dabei und weil er die Fotos gemacht hatte. ›Es ist um keinen der getöteten Juden schade‹, schrieb das Gericht ins Urteil — Täubner aber habe seine Männer verrohen lassen und damit sowohl seine Dienstpflichten als auch die Manneszucht verletzt. Sein Verhalten sei, meinten die Richter deshalb, ›im höchsten Grade eines ehrliebenden Mannes unwürdig‹.

Zwei Jahre später wurde Täubner von Himmler begnadigt. Heute lebt er, schwer krank, in Bayern.«[9]

Es ist also legal, daß ein Mann, der Juden zwang, sich gegenseitig mit dem Spaten umzubringen (dem Überlebenden wurde versprochen, er würde geschont), der befahl oder zuließ, daß einer seiner Leute kleine Kinder an den Beinen in die Luft hob und erschoß, die Mütter mußten die Schlächterei mit ansehen — es ist also legal, daß ein solcher Mann Anspruch hat, in Ruhe gelassen zu werden. Ist Legalität »in Ordnung«?

Die »Bewegung« kritisiert das »System«, sie kritisiert vor allem das System der deutschen Justiz. Legal, daß die Richter, die im Namen des deutschen Volkes Bluturteil um Bluturteil fällten, unbehelligt blieben, da ihnen eine subjektive Mißachtung des Rechts nicht nachgewiesen werden konnte. Diese »furchtbaren Juristen« (Rolf Hochhuth) standen den Nazis mit herzloser Grausamkeit zu Diensten; ihr Gewissen war mit der Phrase ruhig gestellt, daß man doch nur seine Pflicht tue. »Sie waren nach 1945 mit noch blutiger Hand wieder zur Stelle, um bei der juristischen Bewältigung der Vergangenheit nützlich zu sein und ihren Nutzen zu ziehen. (Ulrich Vultejus)[10] Legal, aber wohl nicht in Ordnung!

Wird das »System« heute durch »gute Juristen« oder »gute Richter« bestimmt? Den guten Juristen, so Vultejus, kennzeichne die Tatsache, daß er keine Kennzeichen habe. Sein Lebenslauf könne das Produkt eines Schreibautomaten sein. Die Eltern Mittelschicht, Grundschule, Gymnasium, Abitur, Studium, Examen: die erste Sprosse der Karriereleiter, auf der der »gute Jurist« nach oben klettere, sei erreicht. Die Karriereleiter bestünde aus demselben Holz, aus dem in allen Hierarchien der Welt — Verwaltung, Militär, Kirche, Industrie — Karriereleitern gezimmert würden. Die Anpassungsfähigkeit an die Erwartungen der den Apparat beherrschenden alten Männer und das von ihnen bestimmte Binnenklima entscheide, wer endlich auf den oberen Sprossen der hölzernen Leiter angelangt sei; der vorne Kletternde bestimme die Erwartungen der Nachkletternden. Die Anstrengung, die die bürokratische Arbeit erfordere, erschöpften den »guten Juristen«, es gelinge immer weniger, Richter für mehr als für die herkömmliche Bearbeitung ihrer Akten zu interessieren und sie aus ihrer meist langweiligen Privatheit herauszulocken. Das kulturelle Interesse nicht weniger Richter ende am Horizont ihrer Heimatzeitung. Kritik an diesem Richtertyp solle freilich nicht übersehen, daß er auf weiten Strecken leiste, was von ihm erwartet werde; auf den guten Kenntnissen und dem Fleiß dieses guten Juristen beruhe die Massenleistung der Justiz in Westdeutschland; doch sei der gute Jurist seinerseits mit der juristischen Technik leicht zu beherrschen; er reagiere wie ein zur Dressur gezogenes Pferd auf den Schenkeldruck des Reiters auf die Veränderungen der Gesetzgebung und von höheren Richtern beschlossene Schwenks der Rechtsprechung. Er sei belastbar, wie dies in Zeugnissen immer wieder hervorgehoben wird, bearbeite ohne allzu lautes Murren Akten in großer Zahl, ohne wenn und aber, ohne nach dem woher und dem wohin der Rechtsprechung zu fragen. Kurzum: er habe alle Eigenschaften eines gepflegten höheren Angestellten. Und wo bleibt der »gute Richter«?

»Ein ›guter Jurist‹ wird gegen die Wahrheit kämpfen, ein guter Richter ist immer der Bruder der Wahrheit! Lassen Sie mich drei Beispiele nennen. Zum Tatbestand gehört die bei einer Demonstration gebrochene Scheibe, nicht zum gesetzlichen Tatbestand gehört die Spekulation mit Boden und Wohnraum, gegen die sich die Demonstration gerichtet hatte; ihre Erörterung wird als nicht zur ›Sache‹ gehörig zurückgewiesen werden. Zum Tatbestand gehört das Besprühen mit Parolen gegen ›Isolationshaft‹, nicht aber die Haftbedingungen. Zum Tatbestand gehören die Zahlungsverzögerungen beim Ratenkredit, nicht zum Tatbestand gehören die wirtschaftliche Misere des Ratenkäufers und die aggressive Werbung, die ihn zum Ratenkauf veranlaßt hatte.

Der gute Jurist im herkömmlichen Sinn ist nicht bereit, die Verantwortung für seine Entscheidungen zu tragen. Zwar steht er dafür ein, daß seine Entscheidung an dem Gesetz, jedenfalls so wie er es versteht, ausgerichtet ist. Er weiß sich aber von jeder Verantwortung für die Folgen seines Urteils frei. Diesem Satz wird die Mehrzahl der Richter mit Nachdruck widersprechen, ja ihn sogar als bewußte Herabsetzung empfinden. In der Tat ist meine These ein ungeheurer Vorwurf, indessen leider ein berechtigter Vorwurf. Ich könnte mich damit begnügen, zur Begründung meiner These darauf zu verweisen, daß nirgendwo in der rechtswissenschaftlichen Literatur der Gegenwart die Verantwortung des Richters für die Folgen seines Urteils auch nur behauptet wird, eine Tatsache, die von nicht zu unterschätzender Bedeutung für die Gewissensentlastung des Juristen im Richter ist.«[11]

Deutlich wird: Justizkritik kann ohne weiteres als exemplarisch für die Kritik am Gesamtsystem stehen. Überall »gute Juristen«: entfremdete Teile eines entfremdeten Apparats; kaum »gute Richter«, die die Überwindung des Systems aus sich selbst heraus ermöglichen, indem sie Zusammenhänge erkennen, die über »Sachverhalten« nicht die Wahrheit aus dem Auge verlieren.

Jugendpolitik muß sich auf die Seite der Systemkritiker stellen, wenn »gute Juristen« am Werk sind, und auf die Seite des »Systems«, wenn »gute Richter« dort wirken. Den Apparaturen entgegentreten, sinnvolle Ordnungen ermöglichen! Jugendpolitik sollte die Widerstandskraft junger Menschen gegen die Vereinnahmung durch bloßes Effizienzdenken stärken.

Mit anderen Worten: Jugendpolitik muß sensibel sein für »Bewegungen«, die sich aus einem Menschenbild zu legitimieren trachten, das innerhalb der Legalität oft vergessen, vielfach sogar verdrängt oder mißachtet wird. Die Politiker ruinieren häufig deshalb die öffentliche Moral, weil sie innerhalb der Systemzwänge zu sehr vom Ursprung politischen Handelns — Dienst am Menschen! — abrücken.

Die »Bewegungen«, mag es sich um die Ökologie-, Antiatom-, Hausbesetzer- oder Friedensbewegung handeln, erkennen in ihrem moralischen Impetus häufig zu wenig, daß auch Moral (sollen die Grundfesten der Demokratie nicht erschüttert werden) an Mehrheiten nicht vorbei verwirklicht werden kann. Sonst schlägt das Denken auf Utopien zu, für das sich Jugend mit Recht begeistert, rasch in ein verführtes Denken um. 1924 schreibt Eduard Spranger: »Das Denken in Utopien entspricht ganz besonders der Seelenlage junger Menschen. Denn jede Utopie beruht auf einer seltsamen Mischung von Rationalismus und Phantasie. Der Jugendliche ist im begrifflichen Gebiet meistens Rationalist, weil er die Fülle der Tatsachen nicht kennt, mit wenigen weitspannenden Grundbegriffen auskommen muß. Im übrigen aber und im gleichen Maße ist er Phantast; seine Seele ist voll von konstruktiven Baukräften, die zu plastischen Bildern führen. Dieses Gemisch von luftiger Phantasie und rationaler Geradlinigkeit projiziert er in die Zukunft und betet es als politisches Ideal an. Natürlich spielt dabei auch die Ansteckung durch die Umgebung mit, besonders Ansteckung durch herumfliegende Schlagworte. Die Suggestibilität und schnelle Begeisterungsfähigkeit der Jugend fängt sie auf. Sie erliegt auch leicht der bekannten Kunst politischer Agitatoren, bis zu einem bestimmten, lockenden Teilziel sehen zu lassen, was aber dann kommen soll, die ganze Heterogonie der Zwecke — in Dunkel zu hüllen.«[12]

Nach Max Kaase gilt es gerade der Jugend die Gefahren aufzuzeigen, die eine Aushöhlung des repräsentativ-demokratischen Systems mit sich bringe. Max Kaase meint, daß das Protestpotential eigentlich ein »Beteiligungspotential« darstelle. Die Forderung nach Formen der politischen Mitbestimmung, die über Wahlen hinausreichen, werde heute in allen westlichen Demokratien von der Mehrheit der wahlberechtigten Bürger vertreten, wobei freilich in aller Regel über die Art, wie diese Forderung tatsächlich verwirklicht werden soll, keine klare Vorstellung bestehe. Es handle sich somit nicht um ein reines Jugendproblem, doch liege das Schwergewicht der Bereitschaft, sich bei nicht institutionalisierten, direkten Formen der politischen Beteiligung zu engagieren, bei dem jungen und (im Sinne des höchsten erreichten Schulabschlusses) überdurchschnittlich gebildeten Teil der Bevölkerung. Gegenüber der Hypothese, daß Jugendliche Neuem gegenüber besonders aufgeschlossen seien, mit zunehmendem Alter und den damit verbundenen Verantwortlichkeiten, z.B. durch Gründung einer Familie, wieder zu konservativeren Haltungen neigten, vertritt Kaase die Auffassung, daß die sich zur Zeit als Jugendprotest darstellenden Entwicklungen eher dauerhafteren Charakter besitzen, denen aus diesem Grund auch nicht mit kurzfristigen politischen Maßnahmen erfolgreich beizukommen sei. »Das Aufkommen von über Wahlen hinausgehenden Formen der politischen Beteiligung seit Beginn der sechziger Jahre, das seinen ersten Höhepunkt mit der Studentenbewegung erlebte, wurde in den westlichen Demokratien nicht selten zunächst als antidemokratisch empfunden und bewertet. Solche Bewertung ist nicht überraschend, wenn man sich die damals kaum zwanzig Jahre zurückliegenden schrecklichen Folgen totalitärer Politik mit ihrer Massenmobilisierung in Erinnerung ruft. Tatsächlich zeigten die empirischen Analysen schon der Studentenbewegung, wie das aktuelle Analysen der Protestbewegung erneut bestätigen, daß das gezeigte politische Engagement sich nicht gegen die Demokratie richtet, sondern im wesentlichen — natürlich gibt es auch die antidemokratische Komponente — prodemokratischer Natur ist. Diese Aussage ist allerdings in mindestens einem Punkt zu qualifizieren. Das hier angesprochene egalitäre, beteiligungsorientierte Demokratieverständnis weist nämlich durchaus dogmatische, elitäre Züge nach dem Motto auf: Wir wissen, was die richtigen politischen Fragen und Antworten sind, und aus diesem Grunde werden wir unsere Vorstellungen auch mit allen Mitteln, notfalls mit Gewalt, durchsetzen. Diese Tendenz zur Überwindung des repräsentativdemokratischen Regelverständnisses, insbesondere die Ablehnung der Verbindlichkeit von Mehrheitsentscheidungen, hat Jürgen Habermas schon im Juni 1968, meiner Auffassung nach zu Recht, als links-faschistisch gekennzeichnet.«[13]

Solcher Anspruch auf »richtiges Bewußtsein« gegenüber dem mehrheitlich vertretenen »falschen Bewußtsein« führe auch zu einer fragwürdigen Beurteilung von Gewalt. Gerade weil die Gewalt als abstrakter Begriff abgelehnt werde, behelfe man sich nicht selten damit, daß bestimmte Verhaltensweisen subjektiv als nicht gewalttätig interpretiert werden. Ferner könne Gewaltanwendung, z.B. bei Demonstrationen, als unvermeidliche Reaktion auf durch Polizisten zuerst ausgeübte Staatsgewalt legitimiert werden, selbst wenn diese Staatsgewalt situativ durch Rechtsverletzungen erzwungen wurde. Schließlich sei auch auf die Karriere des Begriffes der »strukturellen Gewalt« zu verweisen, der wegen seiner inhaltlichen Beliebigkeit für die unterschiedlichsten Sachverhalte in Anspruch genommen werden könne und sich damit ausgezeichnet für die Legitimierung von »Gegengewalt« eigne. Da man der Meinung sei, daß bestimmte Bereiche, die eine wesentliche Bedeutung für das Leben zukünftiger Generationen haben (Ökologie, Atomkraft), von der etablierten Politik überhaupt nicht mehr erkannt oder routinemäßig abgewertet werden, entwickeln sich Legitimitätsansprüche, die unabhängig von der Meinungsbildung innerhalb repräsentativer Demokratie durchgesetzt werden sollen.

»Vielleicht ist es das einmalige, unwiederholbare Vorrecht der Jugend, das Göttergeschenk: wegen zeitlich eingeschränkter Erfahrung auf keine Selbstrelativierung verpflichtet werden zu können, sondern die eigenen Vorstellungen und Normen in unschuldiger Angriffslust als das Wahre, Echte auszugeben und auszuleben. Und wer den Sündenfall des Erwachsenseins hinter sich hat, wäre zu selbstlosem Applaus verpflichtet, auch dann noch, wenn er Zielscheibe dieser wilden Offensive wird?« (Michael Zeller)[14]

Existentiellem Interesse wird eine weitaus höhere Priorität als parlamentarischer Verfassung eingeräumt. Gegenüber der absoluten Geltung der reinen Verfassungsprinzipien profitiert diese Position von der Anschaulichkeit des konkreten Skandals, im Gegensatz zur Abstraktheit formaler Regel- und Gesetzeswerke. Was zählt der Hausfriede in einem aus Spekulationsgründen leerstehenden Haus? Habe man, so Robert Leicht, diese (Vor-)Frage erst einmal gestellt, so fühle man sich schon aus der anschließenden Hauptfrage entlassen, obwohl es in der politischen Handlungslehre nicht nur darauf ankommt, ob man ein konkretes Ärgernis zutreffend benannt habe; darüber hinaus müsse man sich vielmehr fragen: Kann meine Art, darauf zu reagieren oder zu protestieren, von jedermann, auch von meinem Gegner, als generelle Regel seines Verhaltens übernommen werden? »Will ich ein Haus willkürlich besetzen, so muß ich auch akzeptieren, daß der Eigentümer, oder jemand, der die Wohnung auch gerne hätte, mich ebenso willkürlich wieder auf die Straße setzt.

Aus eben dieser Probe auf die Verallgemeinerungsfähigkeit, auf die Vorbildhaftigkeit, also aus der Frage ›Was wäre, wenn jeder sich so verhielte?‹ entwickelt sich jede gerechte Ordnung. In einer politischen Zivilisation kann niemand sein eigenes Verhalten zum parlamentarischen Gesellschaftsvertrag selbstherrlich und ohne Blick auf die Folgen für das Gemeinwesen bestimmen, je nach gegenwärtiger Laune. Es gibt keinen Gesellschaftsvertrag mit einseitiger, täglicher Kündigung. Das wäre nämlich der vertragslose Zustand selbst, die Anarchie.

Eine Unterhöhlung des Verfassungsdenkens schlüge auf lange Sicht aber zu Lasten der Schwächeren aus: Weshalb sollte jemand, der im verfassungsmäßigen Prozeß in einer Sache — angeblich wegen zu geringer Macht — unterliegt, plötzlich im Kampf aller gegen alle (auch aller Mächtigen gegen alle Ohnmächtigen) obsiegen: Man kann und muß die ›ohnmächtige Wut‹ all jener verstehen, die von einer problematischen Entscheidung unmittelbar betroffen sind. Aber diese Wut macht auch blind gegenüber der Tatsache, daß der Wert einer Verfassungsordnung allen Erfahrungen nach größer ist als der Wert jeder einzelnen unter ihr getroffenen Entscheidung. Wer hier aussteigt, zieht sich selbst den Boden unter den Füßen weg.

Ist damit gesagt, daß die dauerhafte Zustimmung zum Gesellschaftsvertrag vernünftigerweise keine Frage der momentanen persönlichen Interessenbefriedigung sein kann, so muß umgekehrt festgehalten werden, daß der Gesellschaftsvertrag wiederum kein reiner Selbstzweck ist. Auch Politiker, die sich stets nur auf die automatische Vertrags- und Verfassungstreue verlassen und ansonsten Politik nach dem Maß günstiger Machterhaltung organisieren, untergraben den Gesellschaftsvertrag — oft nicht einmal böswillig, sondern nur einfallslos, denkfaul in der Kulisse der Sachzwänge. Wie gesagt — Rechtsbruch bleibt Rechtsbruch! Aber wer erst durch rechtswidrige Hausbesetzung davon erfährt, daß in Berlin Tausende von Wohnungen leerstehen, hat als Politiker länger als zulässig geschlafen.«[15]

Nach Kurt Sontheimer lassen sich die Grundlinien des Konzepts jugendlich-alternativer Politik wie folgt zusammenfassen:

1. Da die wachstumsorientierte Entwicklung der Industriegesellschaft die Lebensgrundlagen der Menschen dieser Gesellschaft und langfristig auch der gesamten Menschheit zerstöre, müsse sie durch eine Gesellschaft und Wirtschaft anderen Typs ersetzt werden, die von diesen Mängeln frei seien und in denen ein neuer, das Menschliche in den Mittelpunkt rückender Lebensstil praktiziert werden könne.

2. In der organisierten Industriegesellschaft würden die Menschen teils durch die Diktatur der Sachzwänge, teils durch ihre Unterordnung unter die Gewalt der technischen und bürokratischen Apparate an ihrer vornehmsten Bestimmung, der individuellen Selbstverwirklichung, gehindert. Nur ein grundsätzlicher Umbau der Gesellschaft, der die Abhängigkeit des Menschen von Menschen eliminiere und die Herrschaft der Apparate zugunsten kleinerer Einheiten, in denen solidarisch gearbeitet und gelebt werde, beseitige, verspreche eine Aussicht auf wirkliche Besserung.

3. Die repräsentative Demokratie und die mit ihr zwangsläufig verbundene oligarchische Herrschaft der Funktionäre, der Politiker und der ihnen unterstellten bürokratischen Apparate verhindere wirkliche Demokratie. Diese könne nur durch umfassende Teilnahme aller Bürger an dezentralisierten Entscheidungsprozessen verwirklicht werden. Die repräsentative Demokratie müsse deshalb ersetzt werden durch eine basisdemokratische Ordnung, in der alle als Freie und Gleiche mitbestimmten.

Der Entwurf von Gesellschaft und Demokratie, der solchen Auffassungen zugrunde läge, sei ein völlig anderer als derjenige, der in der Bundesrepublik gültig sei. Jugendpolitik müsse also entscheiden, ob sie sich mit einem Teil von Jugend gegen den Staat, oder mit der Mehrheit für diesen Staat entscheide.

Die »Bewegung« lehne jeden Dialog ab, der nicht zu Ergebnissen in der von ihr für notwendig gehaltenen systemverändernden Richtung führe. Sie fordere grundlegende Veränderungen der Politik und gebe sich mit dem bloßen Austausch von Meinungen mit dem Ziel einer Belebung der demokratischen Meinungsbildung nicht zufrieden. Sie halte demokratische Mehrheitsbeschlüsse für nicht verbindlich, wenn sie gegen ihr Konzept gerichtet seien. Sie bestreite die Legitimität einer Staatsgewalt, die Maßnahmen durchsetzt, die gegen ihre Grundposition verstoßen, und berufe sich dabei auf eine höhere Legitimität, die sie aus dem Recht auf ein gesundes Leben und eine lebenswerte Zukunft ableite. Sie halte die Anwendung von »Gegengewalt« für legitim, wenn sie diesen Zielen diene, und proklamiere ein Recht auf Widerstand gegen die Staatsgewalt, wenn diese etwas anderes durchsetzen wolle. Sie verkehre durch ihren alternativen Absolutismus das in der Demokratie geltende Verhältnis von Minderheit und Mehrheit (das der Minderheit zwar das Recht gibt, gegen die Entscheidungen der Mehrheit zu opponieren, aber doch zugleich die Bereitschaft der Minderheit impliziert, die Entscheidungen der Mehrheit auch für sich als verbindlich anzuerkennen), indem sie die Mehrheit daran zu hindern suchte, ihre Politik durchzusetzen. Sontheimer kommt zu dem Schluß: »Von solchen Positionen aus erscheint eine konsensfähige Politik nicht mehr möglich.«[16]

Wenn Jugendpolitik sich einer solchen Einschätzung der Lage anschließt, muß sie notwendigerweise ihre Funktion als beendet sehen. Als Jugendpolitik kann sie nicht allein die Interessen des »Systems« vertreten; sie wäre sonst nichts anderes als der verlängerte Arm eines Staats- und Gesellschaftskonzepts, das gerade von dieser kritischen Jugend als nicht »brauchbar« abgewertet wird. Identifiziert sich Jugendpolitik aber mit der »Bewegung«, separiert sie sich vom bestehenden Staatswesen, das sie zur »Vermittlung« seiner Ziele eingesetzt hat. In der Grauzone zwischen herrschender Legalität und beanspruchter Legitimität muß darauf hingewirkt werden, daß Legalität sich mehr legitimiert und Legitimitätsansprüche die Grenzen der Legalität nicht überschreiten. Konvergenz dürfte vor allem dann entstehen, wenn die Legalität im Sinne antizipatorischen Lernens zukünftigen Entwicklungen sich mehr öffnet; und Legalität sich nicht »absolut« setzt, wenn legitime Interessen — mögen sie auch (noch) nicht mehrheitlich vertreten werden — dadurch unterdrückt würden. Freilich müssen auch Ansprüche, die sich für legitim halten, auf langfristige Meinungsumbildungsprozesse vertrauen und nicht Legalität verletzen wollen. Diejenigen, die sich in den alternativen Strömungen befinden, sollten dies begreifen, wenn nicht aus Einsicht, so doch aus Vorsicht. Die Abwertung und Diffamierung zum Beispiel der Polizei, die das Legalitätsprinzip schützt und ihm zum Durchbruch verhilft, birgt die Gefahr, daß diese Polizei ihre zurückhaltende, ganz der Legalität verpflichtete Verhaltensweise aufgibt und zumindest unbewußt Partei, in diesem Falle gegen die jugendlich-alternative »Bewegung«, ergreift.

Ein solches Verhalten kann man heute bereits beobachten; es verdient dann mit Recht das Etikett »Polizeiskandal«; insgesamt ist aber die Polizei, auch wenn sie grundsätzlich konservativ ausgerichtet sein mag, von ihrer Linie exekutiver Unterordnung bislang nicht abgewichen. Der »Umbau« auf reaktionäre Eigenmächtigkeit hin, wie er in einer Reihe von Staaten gang und gäbe ist und in der Weimarer Republik zur Aushöhlung der Gewaltenteilung führte, vollzieht sich natürlich nicht abrupt, sondern zunächst schrittweise. Der Ermessensspielraum darf sich nicht so entwickeln, daß dem einen mehr und rascherer Schutz gewährt wird als dem anderen; so ist es notwendig, einerseits die Polizei durch die öffentliche, vor allem durch die veröffentlichte Meinung strengstens zu kontrollieren, damit jede Abweichung vom exekutiven Auftrag aufgedeckt und abgestellt werden kann; auf der anderen Seite muß die Polizei auch als entscheidende Ordnungsmacht anerkannt und als eine solche in ihrer Identität gestärkt werden.

Ich diskutiere mit einer Gruppe junger Leute, die bei jeder Gelegenheit die Polizei als »Scheißbullen« attackieren.

Natürlich ist das »System«, ist der Staat nichts wert. Was würdet ihr nun tun, wenn rechtsradikale Gruppen die Bevölkerung zur »Lynchjustiz« an euch aufforderten? Glaubt ihr, daß ihr besondere Sympathie bei den »Staatswächtern« finden würdet? Wer würde euch beschützen, wenn Neonazis in diesen Raum eindrängen und, da sie militanter als ihr seid, euch lebensbedrohlich angriffen? Aha, antwortet man, soweit ist es also mit dem Rechtsstaat gekommen! Ich sage: diese Gefahr droht nicht, aber doch nur deshalb, weil die Polizei auch denjenigen, der sie beschimpft, ihrem Staatsauftrag gemäß, schützen wird. Nur — sie könnte durch Zufall zu spät kommen; sie könnte, da eben auch »Apparate« sich aus lauter Einzelpersonen zusammensetzen, die sich bei ständiger Diffamierung in ihrem Persönlichkeitswertgefühl getroffen fühlen, weniger aktiv und weniger engagiert euren Schutz übernehmen. Wie im individuellen Fall, ist es auch sozialpsychologisch nicht gut, wichtige Organe gesellschaftlicher Ordnung »ins Eck« zu stellen, bzw. dorthin zu drängen und gleichzeitig auf ihre Dienste voll zu vertrauen.

Wie wäre es mit einer Gegenprobe? Etwa indem man in Ost-Berlin oder in einer anderen Stadt der DDR gegen die Atomkraftwerke — und zwar gegen die in der DDR! — protestierte? Dann wird man erfahren, daß Polizei nicht nach abstrakten Normen den Schutz von Minderheiten übernimmt, sondern als »politische Polizei« fungiert, d.h. unter Mißachtung des Bürgerrechts auf freie Meinungsäußerung, das auch in der DDR theoretisch garantiert ist, politisch repressiv handelt. Und wenn im Arbeiterstaat Arbeiter auf ihre Rechte pochen? An die Geschichte und Vorgeschichte des 17. Juni 1953 sollte man sich durchaus erinnern, wenn auch nicht in Form eines Feier- und Ausflugstages!

Kurz nach dieser Diskussion Unruhe beim KOMM; Polizei ist aufgefahren. Ich befürchte Schlimmstes. Mitarbeiter beruhigen mich: alles verläuft ruhig und harmonisch: vom Fußballstadion aus wollte sich eine größere Gruppe von Rocker-Fans in Bewegung setzen und die »kommunistischen Schweine« im KOMM ausräuchern. Oder zusammenschlagen. Die Polizei erfuhr rechtzeitig davon und riegelte das Gebäude ab. Der größere Teil der Bevölkerung wäre sicherlich nicht für den Schutz der ungeliebten Einrichtung zu gewinnen gewesen. Ob das im KOMM einen Lernprozeß der Polizei gegenüber einleitet?

Zur Geschichte von Jugendpolitik

In Deutschland verweist die Begriffsgeschichte von »Politik« in Verbindung mit Bereichsaufgaben, etwa Jugendpolitik oder Kulturpolitik, auf eine Staatsauffassung, die unter Politik vor allem ein aus hierarchischem Gefüge heraus operierendes Eingreifen und Lenken versteht. Nach Manfred Abelein war die politische und staatsrechtliche Basis des entstehenden modernen Staates der Gedanke der Polizeigewalt. Nach dem ursprünglichen Sinngehalt heißt »Polizei«, Politeia, nichts anderes als »Ordnung des Staatswesens«. »Die Polizei bildete einfach den Gegensatz zu dem Zustand mangelnder autoritativer Ordnung des öffentlichen Lebens. Inhaltlich bedeutete sie den Gegensatz zu der bestehenden Ohnmacht staatlicher Gewalt gegenüber der Vielzahl geschichtlich fundierter Rechte und Privilegien, die sich als Folge der Zersplitterung der Verfassung durch den Feudalismus und die ständische Verfassung ergeben haben. Infolge dieses Zusammenhangs übertrug sich der Begriff der Polizei auf den immer stärker sich entwickelnden Gedanken des modernen Staates, wonach der Vielheit der subjektiven Interessen, der zahlreichen staatlichen Untergewalten und der Staatsbürger das objektive Interesse der Gesamtheit beherrschend gegenüberstehen müsse.«[17]

Im Zeitalter der Industrialisierung, da die subjektiven Interessen einzelner (etwa der Unternehmer) die salus publica nur wenig im Auge hatten, entwickelten sich dementsprechend die ersten Ansätze von Jugendpolitik — überwölbt von der Absicht, die »Wohlfahrt und Zufriedenheit der Untertanen aller Stände« zu fördern. Hatte sich der liberale Staat des beginnenden 18. Jahrhunderts allenfalls zur wohlwollenden Unterstützung privater Initiativen im Bereich der »Jugendfürsorge« verstanden, sonst aber sich auf das Eingreifen bei extremen Mißständen in den Fürsorgeinstitutionen beschränkt, »so zwang ihn die soziale Entwicklung und die Ohnmacht der freien Fürsorge in der Folgezeit zu immer breiterer und planvollerer Intervention. Bereits 1827/28 war in Preußen vom Staat eine Untersuchung über die Ursachen von Armut und Kriminalität und die vorhandenen Fürsorgeinstitutionen durchgeführt worden. Ihre Ergebnisse schlugen sich in sozialpädagogischen Grundsätzen und Empfehlungen nieder. 1840 wurde in Preußen durch Verordnung die staatliche Pflegestellenerlaubnis und -beaufsichtigung eingeführt: die Kontrolle sollte durch freiwillige Helfer ausgeführt werden. Dieser Schritt war durch die erneute Zunahme der sogenannten Engelmacherei, d.h. des Verhungernlassens von Kostkindern bei Beziehung des Kostgeldes — selbst eine schreckliche Folge der Armut — notwendig geworden.«[18] Die Leistungen einer derartigen, aus der Verantwortung der »Herrschenden« abgeleiteten Jugend-Fürsorge sind nicht zu übersehen (wobei die »Polizeigewalt« dafür zu sorgen hatte, daß der Staatszweck der »Wohlfahrt«, was im einzelnen man auch darunter verstand, erfüllt würde); die patriarchalisch-autoritativ legitimierte Politik war jedoch angesichts der furchtbaren sozialen Notstände des 19. Jahrhunderts hilflos, da ihr »radikaler« Veränderungswille abging. Das am 9. März 1839 erlassene »Regulativ über die Beschäftigung jugendlicher Arbeiter in Fabriken« markierte den Beginn der deutschen Sozialgesetzgebung und kann in diesem Sinne als erste jugendpolitische Maßnahme bezeichnet werden: Das Zulassungsalter für die Fabrikarbeit wurde auf 9 Jahre (!) festgelegt; der Nachweis eines dreijährigen regelmäßigen Schulbesuches mußte erbracht werden: Jugendliche unter 16 Jahren durften nicht länger als 10 Stunden täglich arbeiten; neben das Arbeitsverbot für die Zeit von 21 Uhr abends bis 5 Uhr morgens trat auch ein Verbot der Sonn- und Feiertagsarbeit.

Solche Einzelheiten verdeutlichen freilich auch, wie sehr Humanität klassenspezifisch eingeengt war; während im Überbau, etwa in der Dichtung von Klassik, Romantik und Biedermeier, die Vorstellungen vom »menschlichen Menschen« artikuliert wurden, ist politisches Handeln dafür verantwortlich zu machen, daß die »unteren Schichten und Stände« jeweils nur sehr begrenzt an diesen Idealen partizipieren konnten. Immerhin: Gegen den teilweise erbitterten Widerstand der Fabrikanten, Unternehmer und Handwerker wurden in der zweiten Jahrhunderthälfte nach und nach Fortschritte im Arbeiterschutzrecht erzielt. »Von einer nachlassenden Bedeutung des Kinder- und Jugendschutzes konnte bei allen Verbesserungen aber auch um die Jahrhundertwende keineswegs die Rede sein. Zwar ging aus Gründen der technischen Entwicklung die Kinderarbeit in der Industrie stark zurück, weil immer bessere schulische Vorbildung und qualifiziertere Ausbildung verlangt wurden, doch war die Kinderarbeit im Kleingewerbe, im Handel, in der Heimarbeit und in der Landwirtschaft noch recht verbreitet. Zudem verlagerten sich die Probleme. Mit der Ausdehnung des Jugendschutzes auf den sittlichen und gesundheitlichen Bereich entfaltete sich eine breite wohlfahrtspflegerische Aktivität... So entwickelte sich der Jugendschutz zu einem ersten jugendpolitischen Ansatz, die strukturellen Bedingungen der Lebenslage Jugendlicher zu beeinflussen. Dabei blieben freilich die grundlegenden politisch-ökonomischen Verhältnisse unangetastet, sie konnten im Gegenteil damit stabilisiert werden. Die Maßnahmen galten vornehmlich der arbeitenden Jugend. Aus dieser schichtspezifischen Orientierung heraus erklärt sich die Einordnung der Aktivitäten in die sich entwickelnde Sozialpolitik, die zur ›Lösung‹ der sozialen Frage als Arbeiterfrage angetreten war.«[19]

Jugendpolitik als Förderung einer eigenen, sich selbst gestaltenden »Jugendkultur« — der paternalistisch-patriarchalisch fundierten Jugend-Fürsorge diametral entgegengesetzt — erhielt entscheidende Anstöße durch die bürgerlich bestimmte Jugendbewegung. Anders als die Arbeiterjugend hatte die bürgerliche Jugend das »Privileg«, die Repressionen weniger »leibhaft« denn geistig-seelisch zu erleben; sie konnte somit die Kraft zum Widerstand aufbringen. Angesichts »schwarzer Pädagogik« entwickelte sich eine Protesthaltung, die sich gleichermaßen gegen die bürgerliche Doppelmoral, die Einengung durch Tabus wie Normen, die »entseelte« Zivilisation und die Unnatürlichkeit städtischer Lebensweise richtete. Von frühester Kindheit an — so Stefan Zweig in seinem Erinnerungsbuch »Die Welt von gestern« — seien die stupiden Methoden der Einschüchterung ausgeübt worden.

»Dienstmädchen und dumme Mütter erschreckten schon dreijährige oder vierjährige Kinder, sie würden den ›Polizeimann‹ holen, wenn sie nicht sofort aufhörten, schlimm zu sein. Noch als Gymnasiasten wurde uns, wenn wir eine schlechte Note in irgendeinem nebensächlichen Gegenstand nach Hause brachten, gedroht, man werde uns aus der Schule nehmen und ein Handwerk lernen lassen — die schlimmste Drohung, die es in der bürgerlichen Welt gab: der Rückfall ins Proletariat —, und wenn junge Menschen im ehrlichsten Bildungsverlangen bei Erwachsenen Aufklärung über ernste zeitliche Probleme suchten, wurden sie abgekanzelt mit dem hochmütigen ›Das verstehst du noch nicht‹.«[20] Gegen die Staatsauffassung, die Thomas Mann mit den Worten beschrieb: »Als Knabe personifizierte ich mir den Staat gern in meiner Einbildung, stellte ihn mir als eine strenge, hölzerne Frackfigur mit schwarzem Vollbart vor, einen Stern auf der Brust und ausgestattet mit einem militärisch-akademischen Titelgemisch, das seine Macht und Regelmäßigkeit auszudrücken geeignet war: als General Dr. von Staat«[21] — gegen ein den Staat sowohl mystifizierendes als auch mythifizierendes Politikverständnis entwickelte die Jugendbewegung ihre auf »Selbstgestaltung« ausgerichtete Weltanschauung, die freilich weniger auf die Umgestaltung von Gesellschaft, denn auf ein eigenes »Jugendreich« aus war, was Eskapismus wie elitäre Absonderung einschloß.

Jugend wollte nicht mehr Objekt von Fürsorge sein, sondern als Subjekt das eigene Leben schöpferisch gestalten. Mit ihrem leidenschaftlichen, anklägerischen Pathos — immer »unterwegs« (real beim Wandern, symbolisch auf der Suche nach der »blauen Blume« der Romantik) — hat sie aufgezeigt, daß die vorherrschenden Wirtschafts- und Sozialformen der Jugend keine rechten Lebensmöglichkeiten boten. Sie hat aber, da ihr Realitätsprinzip unterentwickelt blieb, wenig dazu getan, Utopien durch politisches Handeln vom Kopf auf die Füße zu stellen — weshalb sie auch im besonderen (bei Ausbruch des Ersten Weltkriegs) nationalistisch-chauvinistischen Parolen zum Opfer fiel.

Als die Nationalsozialisten 1933 den »Reichsausschuß der Deutschen Jugendverbände«, mit über 100 Organisationen und fast fünf Millionen Mitgliedern, gewaltsam auflösten, endete die Epoche der Jugendbewegung.

Die Jugendpolitik des 20. Jahrhunderts entwickelte sich, wenn man Helmut Schelsky folgt,[22] angesichts von drei »Generationsgestalten des Jugendverhaltens«:

— Die Generation der Jugendbewegung: der Kern ihres Wollens lag in ihren Freiheitsforderungen; dies waren zunächst Forderungen der Freiheit des jungen Menschen von den tradierten Gruppenbildungen der patriarchalisch-autoritären Familie, der ständehaften Kastenisolierung, der extrem gegensätzlich stilisierten Rolle der Geschlechter, also sozial gesehen vor allem, was die bürgerliche Wohlanständigkeit ihrem Nachwuchs als Verhaltensformen ansann. Aber es war eine Freiheitsforderung zur Einsicht, Einfachheit, Wahrheit und Absolutheit der Person, ein Ablehnen von sozialen Bindungen zugunsten neuer Bindungen in Freundschaft und lebendiger Gemeinschaft, eine Hingabe an eine Idealität des Lebens, die als moralischer, ja asketischer Anspruch gegen sich selbst empfunden wurde.

— Die Generation der politischen Jugend: in der Weimarer Republik entstand, geistig von der apolitischen Jugendbewegung abgesetzt, in vielen Gesellschaftsformen ihr jedoch verbunden bzw. von ihr beeinflußt, zwischen links und rechts ein weites Spektrum jugendlicher Bewegungen, häufig an politische Organisationen der »Erwachsenen« angegliedert. Die Staatsjugend des Dritten Reiches hat insofern in den 20er Jahren ihre geistigen Wurzeln und den Ursprung der Verhaltensgestalt gehabt, als damals vor allem in der bürgerlichen Jugend ein Aktionismus sich ausbildete, der auf Agitation, »Stoßkraft« und »Einsatz« ausgerichtet war und sich, besonders von nationalen und nationalistischen Kräften, »in Dienst nehmen« ließ. Diese Tendenzen wurden dann vom Nationalsozialismus, unter brutaler Ausschaltung aller anderen Strömungen, »monopolisiert« bzw. verabsolutiert.

— Die Erfahrungen des Zweiten Weltkrieges und seiner Folgen hatten bei der Jugend nicht nur die Identifikationsbereitschaft mit bestimmten politischen Systemen wie dem Nationalsozialismus erschüttert, sondern die politische Glaubensbereitschaft und ideologische Aktivität in der Wurzel vernichtet; die in Kriegs- und Nachkriegszeit erlebte Not und Gefährdung der eigenen Familie durch Flucht, Ausbombung, Deklassierung, Besitzverlust, Wohnungsschwierigkeiten, Schul- und Ausbildungsschwierigkeiten oder gar durch den Verlust der Eltern oder eines Elternteils versetzten einen sehr großen Teil der Jugendgeneration frühzeitig in die Lage, für den Aufbau und die Stabilisierung ihres privaten Daseins Verantwortung oder Mitverantwortung zu übernehmen. Absage erfolgte an romantische Freiheits- und Naturschwärmerei, an vagen Idealismus; stattdessen griff »Konkretismus« um sich. Die spezifische jugendliche Haltung fehlte; stattdessen paßte man sich frühzeitig den erfolgreichen sozialen Handlungsformen der Erwachsenen an. In dem Videofilm »Züri brännt« heißt es — und das Zitat spiegelt die totale Absage der heutigen Protestbewegungen an die Wohlstandswunderwelt wider: »Unsere Eltern krabbelten emsig und tüchtig wie die Ameisen, kurzsichtig und stur wie die Maulwürfe an der Erfolgsleiter herum. Die wenigsten schafften es bis ganz oben, aber die meisten schafften es zu dem, was sie heute sind: Eine riesige Mittelschicht kleinkarierter, langweiliger, subalterner Fünfzigjähriger, die unerschütterlichen Helfer des großen Bruders! Mit Bierbauch, verklebter Phantasie und meterdicken Mauern um Hirn und Herz.«

Die Bilanz auf beiden Seiten (derjenigen, die Jugendpolitik betreiben, und derjenigen, die sie erfahren) macht die Defizits und Aufgaben überdeutlich:

— die Integrationskraft der Familie hat sich (im Gegensatz etwa zu Frankreich) als zu schwach erwiesen; Familienpolitik müßte verstärkt werden;

— die Schule ist unter dem Leistungsdruck enthumanisiert worden; rücksichtsloses Konkurrenzdenken und der Kampf um gute Noten angesichts fehlender Ausbildungs- und Arbeitsplätze führt zu einem verschlechterten Sozialklima; die innere Schulreform und die Liberalisierung von Erziehung wurden vernachlässigt;

— die Fähigkeit zur »Idealität« ist angesichts des massiven Einflusses der Kulturindustrie, vor allem aufgrund der Außensteuerung durch Warenästhetik, zurückgegangen; der dominante Narzißmus spiegelt Ichschwäche wider; die Gruppe wird zum Heimatersatz; man flüchtet sich in sie, weil man Eigen-art und Selbst-bestimmung als Überforderung fürchtet; alternative Lebensformen künden zwar vom Mut zur postmateriellen Existenzweise — getragen von einem Bewußtsein, das sich mehr dem Sein, denn dem Haben verpflichtet fühlt; doch gelingt es solcher futurischen Kreativität kaum, als Ferment einer allgemeinen gesellschaftspolitischen Veränderung zu wirken; es droht (oder lockt) die Unverbindlichkeit des Aussteigens.

Jugendpolitik müßte sich angesichts solcher Herausforderungen — in Überwindung der Zersplitterung von Kompetenzen auf Bundes-, Länder- und kommunaler Ebene und in Ablösung fürsorgerischer durch partizipatorische Arbeitsstrategien —, intensiv darum bemühen, den Jugendlichen Selbsthilfe zu ermöglichen, nicht nur Spiel-, sondern auch Handlungsräume zu eröffnen; über jugendspezifische Identität könnte der Weg wieder zu kollektiver Identität führen, wobei die Verbesserung gesellschaftlicher Sozialisationsbedingungen unabdingbar wäre. Dies verdeutlicht erneut, daß Jugendpolitik kein politischer Sektor (kein »Ressort«), sondern eine übergreifende, alle Handlungsbereiche der Politik umfassende Betrachtungs und Handlungsperspektive zu sein hat.

Vor allem die Schulen müßten sich solcher »Handlungsperspektiven« verschreiben, statt durch eine »Selektions-« und »Sanktionspädagogik« die Selbstverwirklichung von Jugend zu verhindern bzw. diese in Neurosen oder Verweigerung hineinzutreiben. Die Chancen einer jugendgemäßen Erziehung in diesem Sinne sind jedoch gering. Mit Recht stellt Peter Paulig fest, daß dem Kind und dem Jugendlichen kaum mehr eine eigenständige Daseinsform eingeräumt würde. Erwachsene sähen sich gegenüber Kindern oft in einer Art Arzt-Patienten-Verhältnis. Alles das, was vom Verhalten des Erwachsenen abweiche, was der Erwachsene aus Überzeugung und Lebenserfahrung für richtig oder falsch halte, gelte als unbedingt zu korrigierende Fehler. Die Handlungen des Kindes würden nach dem beurteilt, was der Erwachsene nach seiner Erfahrung für vertretbar erachte. Er dürfe das tun, so glaubt er, weil er es »natürlich« immer besser wisse und es nur gut mit dem Kind meine. So mache sich der Erwachsene ständig zum alleinigen Maßstab kindlicher Handlungen.

»Jeder muß die Schule besuchen! Diese Unentrinnbarkeit ist es, die alle Verantwortlichen dazu verpflichtet, dafür zu sorgen, daß die Schule — als wichtigster Lebensraum neben dem Elternhaus! — für Kinder und Jugendliche auch aushaltbar, hilfreich und menschlich gestaltet wird. Wie sieht es damit aus? Aus einer Reihe von Gründen war und ist die Schule ein Tummelplatz unterschiedlichster Ansprüche und Forderungen, die von außen an sie herangetragen werden.

Vieles wurde und wird gefordert, nur die Kinder und Jugendlichen sind mit dem, was sie im Lebensraum Schule wollen und brauchen, weitgehend vergessen worden. Der Staat wünscht sich die Erziehung des verantwortungsbewußten Staatsbürgers; die Wirtschaft erwartet den einsatzfähigen und -bereiten Arbeitnehmer; die Kirchen legen auf die christliche Bildung und Erziehung Wert, die Bundeswehr erhofft sich neuerdings von der Schule bestimmte Vorleistungen im Hinblick auf die Heranwachsenden und deren Einstellung zum Wehrdienst; ADAC und AVD fordern mehr Verkehrserziehung, andere die 3. Sportstunde, wieder andere das Fach Rechtskunde und Sexualerziehung, mehr Arbeits- und Wirtschaftslehre, mehr Erziehungskunde und Politikunterricht. Schade, daß die Philosophen aus mangelnder Einsicht oder weiser Zurückhaltung bisher noch nicht gefordert haben, das Fach ›Denken‹ in der Schule einzuführen. Es wäre höchste Zeit!

Grundsätzlich ist gegen diese unterschiedlichen Ansprüche nichts einzuwenden. Aber wer fragt danach, welche Rechte, Ansprüche, Hoffnungen, Wünsche und Lebensbedürfnisse das Kind bzw. der Jugendliche hat? Was wissen wir überhaupt darüber, was Schüler in unseren Schulen bewegt, froh, gar glücklich oder traurig macht? Ist es wirklich so unwichtig, Genaues darüber zu wissen? Warum muß das Kind in unseren Schulen erst einmal alles lernen, was irgendjemand, irgendwann, aus irgendwelchen Gründen für sinnvoll gehalten hat, um dann — sollte es noch Begeisterung für das Lernen aufbringen können — vielleicht einmal das lernen zu dürfen, was es selbst gern lernen möchte? Wenn wir davon ausgehen, daß die Schule lediglich eine Vorbereitungsanstalt ist, in der Wissen vermittelt wird sowie Fähigkeiten und Fertigkeiten geschult werden, dann werden wir automatisch das vergessen, was sich junge Menschen darüber hinaus in diesem Lebensraum Schule erwarten, wünschen und erhoffen. Sie wissen, daß in der Schule gelernt und auch gepaukt werden muß. Sie wollen aber auch wissen, welchen Sinn das alles für ihr Leben hat.«[23]

Von solcher »Sinnfrage« sollte sich Jugendpolitik generell und in allen Bereichen, von der Konzeption her wie in den Details, leiten lassen.

Anmerkungen

1 D. Greese: Jugendpolitik. In Dieter Kreft, Ingried Mielenz (Hrsg.): Wörterbuch Soziale Arbeit. Weinheim, Basel 1980, S. 255.
2 Dieter Schüpp: Jugendpolitik. In Arnold Schwendtke (Hrsg.): Wörterbuch der Sozialarbeit und Sozialpädagogik. Heidelberg 1977, S. 158 f.
3 Adolf Hitler: Mein Kampf. Ungekürzte Gesamtausgabe. (85.—94. Auflage). München 1934, S. 85, 89.
4 Adolf Hitler: Mein Kampf; a.a.O., S. 378 ff.
5 Preußen 1932 — Politik in Stichworten. Hrsg. von der Pressestelle des Preußischen Staatsministeriums, Berlin 1932. Zit. nach ötv-magazin 2/1982, S. 37.
6 Zit. nach Albert Herrenknecht, Wolfgang Hätscher, Stefan Koospal: Träume, Hoffnungen, Kämpfe. . . Ein Lesebuch zur Jugendzentrumsbewegung. Frankfurt am Main 1977, S. 47.
7 Albert Herrenknecht, Wolfgang Hätscher, Stefan Koospal: Träume, Hoffnungen, Kämpfe. . .; a.a.O., S. 67.
8 P. Menke-Glückert: Vortragsmanuskript, Nürnberg 1969. Vgl. hierzu Hermann Glaser: Jenseits von Parkinson. Ein kybernetisches Modell für Verwaltung und Wirtschaft. Köln 1972, S. 52 ff.
9 Peter Henkel: Selbst der SS war das damals zuviel. Ein schwer faßbarer NS-Prozeß in Stuttgart um bekannte Greueltaten. In: Frankfurter Rundschau, Jg. 1981.
10 Ulrich Vultejus: Der Traum vom guten Richter ist so alt wie der Richterberuf. In: Frankfurter Rundschau, 5. 8. 1981.
11 Ulrich Vultejus: Der Traum vom guten Richter; a.a.O.

12 Zit. nach Hans Dieter Bastian: Erfahrungen mit der Friedensbewegung. Die verlorene Unschuld der Moralisten. In: Rheinischer Merkur/Christ und Welt, 9. 10. 1981.

13 Max Kaase: Stellungnahme im Rahmen der Anhörung durch die Enquete-Kommission »Jugendprotest im demokratischen Staat«. Bonn, 30. 11. 1981 (Manuskript). Kommissions-Drucksache 41/2.

14 Michael Zeller: Die Lust des Zerstörens. Ein Plädoyer für die Wilden in unserer Gesellschaft. In: Frankfurter Rundschau, 21. 11. 1981.

15 Robert Leicht: Kein Recht auf eigene Faust. In: Süddeutsche Zeitung, 13. 11. 1981.

16 Kurt Sontheimer: Gehört der Jugend die Zukunft? Über die Schwierigkeit, zu einem Konsens zwischen den Generationen zu kommen. In: Frankfurter Allgemeine Zeitung, 19. 12. 1981.

17 Manfred Abelein: Die Kulturpolitik des Deutschen Reiches und der Bundesrepublik Deutschland. Köln und Opladen 1968, S. 194.

18 Rose Ahlheim u.a.: Gefesselte Jugend. Fürsorgeerziehung im Kapitalismus. Frankfurt am Main 1971, S. 43 f.

19 B.W. Nikles: Jugendpolitik in der Bundesrepublik Deutschland. Opladen 1976, S. 24.

20 Stefan Zweig: Die Welt von gestern. Erinnerungen eines Europäers. Frankfurt am Main 1970, S. 37.

21 Zit. nach Peter de Mendelssohn: Der Zauberer. Das Leben des deutschen Schriftstellers Thomas Mann. Band 1: 1875—1918. Frankfurt am Main 1975, S. 1034 f.

22 Vgl. Helmut Schelsky: Die skeptische Generation. Eine Soziologie der deutschen Jugend. Sonderausgabe Düsseldorf, Köln 1963.

23 Peter Paulig: Das Recht, ein Kind zu sein. Plädoyer für eine eigenständige Daseinsform. Bayerischer Rundfunk, 22. 7. 1982.

Narzißmus oder der neue Weltschmerz

Narziß: in der griechischen Mythologie der Jüngling, der sein Spiegelbild im Wasser entdeckt und sich nicht mehr von ihm lösen kann. In der Psychoanalyse eine Entwicklungsphase des Kleinkindes, in der die sexuellen Teiltriebe nicht auf einen anderen, sondern auf sich selbst gerichtet sind. Wir lebten heute in einem Zeitalter des Narzißmus, so Christopher Lasch. Alle Klassen, mit Ausnahme der alten Großbourgeoisie, seien von der Krankheit der Ich-sucht befallen. Die Gesellschaft habe Menschen hervorgebracht, die nur an sich selbst interessiert und unfähig seien, den anderen zu sehen. Auch die eigene Vergangenheit und Zukunft würden durch die Hingabe an den Augenblick, der im Genuß festgehalten werde, suspendiert.[1]

Psychogramm der Selbstliebe

Ist der Spießbürger ein Narziß, ist Narziß ein Spießbürger? Egozentrisches Verhalten ist beiden zu eigen, doch ergeben sich große Unterschiede. Der Spießbürger ist ein autoritärer Charakter; die repressiven Strukturen seiner Sozialisation lassen den offenen und freien Genuß nicht zu; er kann sich nur über den Umweg des Neids und mit Hilfe aggressiver Diffamierung des anderen »verwirklichen«. Eine derartige pervertierte Moral orientiert sich gerne an Führerfiguren; Kern der Ideologie: ständige Abreaktion — die eigenen depravierten Verhältnisse werden Sündenböcken angelastet.

Narziß dagegen geht ganz in der Lust auf; er fühlt sich bindungslos, sieht sich als Einzelgänger, lebt im Augenblick. Narzißmus ist das Gegenteil eines autoritären Psychogramms; freilich ist auch Narziß, wie der Spießer, in seiner Entwicklung steckengeblieben. Der Spießer weiß um die anderen und ihre Not, aber er liebt nur sich; Narziß weiß nichts von den anderen, er liebt sich nur. Der Spießer hat die gesellschaftliche Unschuld verloren, er ist von dumpfer Brutalität; Narziß ist von schöner, penetrantschöner Unschuld.

Wenn Welt und Umwelt im Spiegel seines Ichs eines Tages auftauchen, ist Chance, daß Narziß sich vom eigenen Selbst ab- und der Sozietät zuwendet. Narziß ist dann nicht länger Narziß. Vielfach aber verdrängt er die Chance der Integration; der Übergang vom Ego zur Gesellung scheitert.

Die moderne Warenwelt ermöglicht dem autoritären Spießer die Verkleidung. Sein menschenverachtender Egoismus wird sozusagen in der Boutique maskiert. Die künftigen Paradiese, die er im Konsum zu erreichen sucht, sind ganz aufs eigene Ich hin entworfen; sie bieten sich dar als angenehme, alle Herbheit vermeidende Landschaft. Die Brutalität des Daseinskampfes ist hinwegprojiziert; die Sehnsucht nach Geborgenheit mag dabei durchaus auf Kosten der anderen gehen. Der autoritäre Charakter ist heute von weichen Trivialmythen abgedeckt; es könnte auch Narziß sein, der dergestalt in Erscheinung tritt: voller gekünstelter Befangenheit, zurechtgemachter Ursprünglichkeit, inszenierter Lebensfrische.

Ein Wesenszug heutiger Jugendkultur bzw. jugendlich orientierter Erwachsenenkultur scheint mir in einer eigentümlichen Mischung spießbürgerlicher und narzißtischer Mentalität zu liegen. Der Narzißmus Jugendlicher ist vielfältig zersetzt vom bourgeoisen Profitdenken; aber diese Brüchigkeit der Identität ist durch Selbsttäuschung verleimt, so daß der Schein narzißtischer Unbefangenheit einigermaßen hält. Man entledigt sich geschickt der »Gefahr« von Selbsterkenntnis, indem man auf die umgebende bürgerliche (spießbürgerliche) Gesellschaft projiziert, was man selbst als bürgerliches (spießbürgerliches) Erbe in sich trägt. Man bekämpft die eigene Mentalität in den Projektionsobjekten um so erbitterter, je mehr man selbst lädiert ist. In den subkulturellen Nischen des Gegenmilieus richtet man sich als Flüchtling ein; ohne zu begreifen, daß solcher »Entzug« bei entsprechendem Ichkult die Chancen der Sozietät, eine humane Gesellschaft zu sein, entscheidend beeinträchtigt. Die Verantwortungslosigkeit des Aussteigers begründet sich dadurch, daß er die Gefährdung der Tugenden, denen anzuhängen er vorgibt, zum Anlaß nimmt, diese nicht selbst praktizieren zu müssen. Die Enttäuschung an der Gesellschaft wird zum Vehikel, mit dem man sich von der Dreckarbeit der Reform entfernt, um im Status der Unverbindlichkeit dem Kult des Ichs (in vielfältigen Formen) nachgehen zu können. Folgenlose Gesellschaftskritik kaschiert den Mangel an gesellschaftlichem Engagement.

Was immerhin Narziß exkulpiert, daß er eben nichts anderes kennt bzw. kennengelernt hat als sich selbst, kann der narzißtische Spießbürger nicht in Anspruch nehmen. Pubertärer Egozentrik entwachsen, rekurriert er auf diese, da sie ihn zum Dauerzustand infantiler Gleichgültigkeit zurückzubefördern vermag.

Ich lese den Roman von Urs Jaeggi »Grundrisse«. Die dort beschriebene neueste Stimmung im Westen enerviert und ennuyiert — und fasziniert mich. Albert, ein Architekt in den besten Jahren, verheiratet, ein Kind, das Ruth heißt; Ursula, seine Frau, arbeitet als Rechtsanwältin, verteidigt Mieter und Mörder, ab und zu einen mutmaßlichen Terroristen; sie ist Mitglied bei amnesty international und beim Bund demokratischer Juristen. Der Roman soll — nach Goethe — das wahre Leben sein: Das wahre Leben sind heute die Beziehungsschwierigkeiten. Rundum trennen sich Partner, ohne dann doch ganz voneinander loszukommen; und wenn zwei doch voneinander loskommen, geht die Verstrickung neu an, folgt der Lösung wieder Bindung und der Bindung wieder Lösung. Albert und Ursula: »Zehn Jahre oder noch länger ist etwas krummgelaufen... Wir kämpften miteinander, gib das endlich zu, und zum Kämpfen braucht es Abstand. Wie beim Boxen.«[2] Linke Melancholie bedarf der Freundin: Renate hat eine lange Strickjacke an, darunter oliv-grünes Hemd, raucht nervös, ihr Gesicht ist gespannt und abwesend, aber ihre Augen blicken ruhig und freudig. Man trifft sich, küßt sich auf die Wangen, ist wieder weg. Welt der vorgezogenen Midlife-crisis; eigentlich reüssierte man. Albert ist zum Beispiel als Architekt an einem großen Kongreßzentrum beteiligt gewesen. Jetzt aber will er aussteigen und steigt auch aus, zumindest auf Zeit.

In dieser Demokratie handeln zuviele wie der Architekt Albert Knie. Erst verhelfen sie der Profitmaximierung, auch der eigenen, durch ihr Mittun zum Erfolg; dann, wenn das Kind in den Brunnen gefallen ist, stimmen sie die große Wehklage an, laufen vor sich selbst und der eigenen Verantwortung davon. Als Aussteiger romantisieren sie ihr Versagen, stehen aber nach dem Purgatorium wieder für neue Aufträge bereit. Man ist nicht radikal in jedem Fall, sondern ein Radikaler für alle Fälle. Das gigantomanische Kongreßzentrum, an dem Albert mitbaute, wird zum Topos der allgemeinen Unsinnigkeit; es erscheint als eine riesige Verschwörung gegen das Leben: »Das Metallmonstrum hatte nichts zu tun mit grenzenloser Phantasie, es erfüllte keine Wünsche, war kein Unternehmen zum Eintauchen in etwas Schützendes — hier demonstrierte eine Administration, die sich auf dem Papier und nach dem Gesetz als Diener des Volkes verstand, ihre Macht. Das Bollwerk, angeblich für, in Wirklichkeit gegen die Regierten errichtet: Einschleusen und Durchschleusen, Zusammenballen und Auflösen, Trennen und Unterwerfen — etwas anderes würde dieses monströse System nicht leisten. Rolltreppen und lautlose Aufzüge saugen die Besucher an, treiben sie aufwärts, ins Leere. Die sterilen Innenräume: nichts Eroberungswürdiges und nichts Lebensfähiges. Keine Höhle fing auf. Es war ein Gewalttrakt, Hölle, eine irre Maschinerie der Selbstzerstörung. Das geplante Programm lief und lief, unaufhaltsam kontrolliert — unkontrolliert.«[3] So weit, so richtig. (Leider! Wer im Kongreßzentrum Berlin sich auch nur einige Stunden aufhält, wird die Schilderung als noch zu milde empfinden!) Nur — dieser Architekt, der larmoyant menschenfeindliches Bauen beklagt, hat solches Bauen selber mitverbrochen. Nun steigt er aus. Kann sich's wohl auch leisten.

»Albert trug Jeans, es waren die einzigen Hosen, die er ohne Abänderung tragen konnte. Die Stadt steckte voll ähnlich Angezogener, es war keine Uniform mehr. Gut, gut.«[4]

Die Tochter Ruth: Zerschlissene Hose und ausgefranster Pullover; »die Zerstruwwelung und Verwilderung ihrer Kleidung als Ausdruck ohnmächtiger Wut.« Schule muß weg, hat keinen Zweck! Aus der Reihe tanzen! Emanzipiert, aber keine Lolita. Vergiß es! Genau! Sie steht nicht, wie die meisten Mädchen auf Disco. Verkörpert die ideale Melange eines Protestmädels. »Die Ruhige und Sanfte, die noch vor Wochen fast jede Stunde lesend, plaudernd und klavierspielend eingekapselt in ihrem Zimmer gesessen hatte, entfaltete eine aufgeregte und aufregende Aktivität. Sitzungen bei den Bunten, Schülerzeitung, Flohmarkt, Gespräche in der Teestube, Gorleben, Anti-SPD-Marsch gegen die Rüstungsbeschlüsse, Anti-Strauß-Demonstration.«[5]

Und so fort. Die Stanzmuster für Progressivität. Die Suada nimmermüden kritischen Bewußtseins. Ich. Von der großen weiten bösen Welt nichts. Oder nur so viel (vom Verfasser immerhin kritisch registriert): »Da flüchtet einer in Wehleidigkeit, während, wie er der Zeitung entnimmt, allein für 1979 fünfzehn Millionen Kinder vom Hungertod bedroht sind, wobei es sich keineswegs um eine bloße Bedrohung handelt: bis jetzt, im Herbst, sind Millionen schon gestorben, unfaßbar, unerträglich, und natürlich ist der Vergleich, weil er Unvergleichbares gegenüberstellt, zum Kotzen. Albert kann sich fünfzehn Millionen sterbender Kinder nicht vorstellen. Er hat Bilder sterbender Kinder im Kopf, Kinder, die mit verzweifelten Augen an ihren ebenfalls sterbenden Müttern hängen, als Fotorealität. Er kann sich die aufgeblähten Bäuche in Erinnerung rufen, er sieht die von Fliegen besetzten eitrigen Augen. Er hat nie einem sterbenden Kind hilflos verzweifelt zugesehen, nie tatsächlich eines im Arm gehalten.«[6] Das alles kann man verstehen — verstehen, daß man es nicht versteht. Nur verstehe ich nicht, warum man dann zweihundertfünfundsiebzig Seiten lang das Wintermärchen Deutschland so breittreten muß. Halt — das wäre ja ein Thema! Breitgetreten werden vielmehr die Emanationen eines Narziß; eben eines Mannes, in dem sich nicht die Welt spiegelt, sondern der sich in diese hineinspiegelt. Und sie, die Welt, die doch eigentlich objektiv schwarz ist, ins Grau seiner mokanten Lethargie umfärbt. Worüber sie fast schon wieder rosig wird.

Zwei Zeittendenzen befänden sich heute im Widerstreit, so Kurt Sontheimer. Einmal die Tendenz des Narzißmus, eine Haltung der Selbstbezogenheit, die gefällige Betrachtung der individuellen Existenz im Spiegel rein ichbezogener Neigungen, Wünsche und Interessen (». . .es scheint, als habe der moderne Wohlfahrtsstaat und die durch die rasante Wirtschaftsentwicklung der letzten Jahrzehnte ermöglichte Verbesserung der materiellen Lebenslage den breiten Massen den Narzißmus in den westlichen Industriestaaten zu einer Massenerscheinung werden lassen«[7]; zum anderen der Geist der Solidarität, der aber immer weniger von unten komme, sondern von oben

»angeordnet« werde. (»Das geschieht durch soziale Hilfsmaßnahmen, durch Bemühungen um einen gerechten Ausgleich von Lasten unter den Bürgern; doch die erzwungene Solidarität von oben wird von den Bürgern nicht als sinnvolle und notwendige Ergänzung ihrer privatistischen Lebensform erfahren, sondern als Eingriff, als Schikane, als Manifestation öffentlicher Gehalte, mit der man allenfalls dann sympathisiert, wenn sie die eigenen Interessen unterstützt.«[8]

Besonders charakteristisch, daß zwar viele den Narzißmus, Egoismus, Privatismus und Materialismus verurteilen, aber, anstatt sich in die große Solidargemeinschaft einer demokratischen Gesellschaft einzureihen, lediglich danach trachteten, Solidarität allenfalls im streng begrenzten Rahmen ihrer Gruppe zu üben, als Solidarität von kleinen Gemeinschaften, Interessengruppen, Bürgerinitiativen, als Solidarität innerhalb von Subkulturen der Gesellschaft; kurz: Solidarität von Bürgern, die nur durch ein besonderes Interesse im Kampf gegen andere vereint seien. Auf diesem Weg würde der privatistische Narzißmus, der sich um die Belange der Allgemeinheit nicht kümmert, erweitert zu einem Netzwerk vieler Gruppen, die ihre interne Solidarität vor allem gegenüber der übergreifenden Solidarität der gesamten Gemeinschaft einsetzten.

»Der narzißtische Mensch ist labil; er drängt deshalb in Zeiten geistiger Desorientierung und gewisser materieller Einschränkungen, wie wir sie heute erfahren, danach, sich vorübergehend in die ideologische und soziale Obhut einer kleinen Gemeinschaft zu flüchten, um dort die vermißte Solidarität zu erleben, aber er ist unfähig zu erkennen, daß aus vielen in sich solidarischen Randgruppen, die nun ihrerseits den Narzißmus zum Inhalt ihres Gruppenlebens machen, nicht jene gesamtgesellschaftliche Solidarität erwachsen kann, die eine freie demokratische Gesellschaft braucht, wenn sie ihren inneren Zusammenhalt und ihren Konsensus bewahren will.«[9]

Das Problem des Mangels an gesamtgesellschaftlicher Solidarität — bei Überhandnehmen von Gruppennarzißmus — mag von konservativer Gesellschaftskritik überbetont werden, wobei man dort unter »Gesamtsolidarität« vor allem die Disziplinierung protestierender Jugend versteht; dennoch: der Rückgang republikanischen Identitätsbewußtseins (in kritischem Handeln diesem Staat sich zuwenden!) läßt demokratische Substanz zerbröckeln.

> Ich lese ein Buch, das in letzter Zeit in besonderem Maße Solidarität hervorrief. Nicht nur, weil Auflage um Auflage erschien, sondern weil so viele Bürger sich zu diesem Buch bekannten. Und als der Autor — Franz Schönhuber mit seiner Autobiographie »Ich war dabei« — aus dem bayerischen Rundfunk entlassen wurde (was wohl das Problem nicht löste), da schlug die Solidarität noch höhere Wellen. Es ist ein Buch, das der neuen faschistoiden Stimmung in Westdeutschland entgegenkommt. Das Buch enerviert mich; es fasziniert mich nicht; es ängstigt mich. Weil es in penetrant einmaliger Weise den Bourgeois als Narziß, den bourgeoisen Narziß vorführt; den egozentrischen »Wolf« im smarten demokratischen Schafspelz. Einen, der — wenn auch im Augenblick entlassen — bald wieder gerufen, bald wieder dabei sein wird.
>
> Schwindelig kann's einem bei einem solchen Buch werden. Ich hasse es nicht. Die Gemeinheit empört, die Dummheit entmutigt. Nach der Lektüre ist man halb empört — halb entmutigt. Ein Buch der Mitte. Dort befindet sich, nach eigener Einstufung und nach dem Urteil seiner Freunde, Mitläufer, Spezis der Autor; das heißt in Bayern: liberaler Konservatismus. Ich bin ein Radikaler (übrigens im Dienst) — und wenn ich, dementsprechend, dem Autor die Wurzeln bloßlege, ziehe ich Handschuhe an. Anders formuliert: Franz Schönhuber legt sich mit seinem Buch ungewollt auf die Couch; er

offenbart die Obsessionen des Kleinbürgers, dieses autoritären Phänotyps, dessen Spießer-Ideologie weitgehend den Nationalsozialismus trug. Aus tristem, muffig-bigottem Milieu stammend, will der Junge ausbrechen; die Elite-Formation der SS bietet sich an. Als Jugendsünde sollte man dies zwar nicht bezeichnen; man mußte schon ein sehr überzeugter Nationalsozialist sein, wenn man sich ihr mitten im Krieg »verschwor«; der Skandal des Buches besteht aber nicht darin, daß einer (der übrigens nicht schreiben kann) solche politische Verfehlung beichtet. Schlimm ist es jedoch, wenn einer, der sich zum demokratischen Establishment zählt, 1981 eine plumpe, an Rechtskreise sich anbiedernde Rechtfertigung der Waffen-SS vornimmt — ihr ein »Ehrenmal« setzt. Von der »National-Zeitung« ist die autobiographisch eingefärbte Geschichtsklitterung folgerichtig inzwischen zum »Buch des Jahres« erkoren worden. —

Die Waffen-SS ist für den Ich-war-dabei-Publizisten eine Truppe gewesen, in der es hart, aber herzlich, rauh, aber ehrlich zuging. Über nationalsozialistische Abgründigkeit setzt er behende, nämlich anekdotisch hinweg; breit ausgemalt werden dagegen alliierte Ungerechtigkeiten der SS gegenüber. Die Alibi-Sätze, mit denen er sich vom Nationalsozialismus absetzt, sind sehr kurz; die Tatsachen der NS-Verbrechen fehlen; so schont man die Täter. Breit ausgemalt sind auch die Passagen, in denen von der »Tragik« der SS die Rede ist. Eine »Nation Europa« stellte sie dar; es hat nicht sein sollen. Von denen, für die Trauerarbeit zu leisten wäre, von den Opfern der faschistischen Europaidee, ist kaum die Rede. Die heuchlerische Unverfrorenheit des Buches gipfelt in der Interpretation von »Versöhnung«; diese besteht nicht in einer Aufarbeitung der Vergangenheit, sondern in einer, jede moralische Trennschärfe verkleisternden Geschwätzigkeit, die sich offensichtlich von allem, was an Furchtbaren geschah, nicht aus ihrer nationalen Ruhe bringen läßt: »Ich habe dieses Buch unter anderem geschrieben, damit es zu einer gerechteren Beurteilung der Soldaten der Waffen-SS beitragen möge. Meine Hoffnungen sind dabei nicht allzu hochgespannt. Täglich werden ja neue Gräben des Hasses aufgeworfen. Der Ruf nach Rache hier, zieht den Schrei nach Vergeltung dort nach sich. Man wird müde. Vielleicht schafft es die Kirche. Sie war in schweren Zeiten ein fester, manchmal mein einziger Halt.

Ab und zu entdeckt man Hoffnungsschimmer und faßt neuen Mut. Mir ging es so nach einem Satz, den ich in dem Buch ›Euro-faschismus — Europas verratene Söhne‹ von H. W. Neulen gelesen habe: ›In Diksmuiden/Flandern treffen sich jährlich am 1. Juli die flämischen Veteranenorganisationen und gedenken ihrer Gefallenen, wobei Widerständler und ehemalige SS-Freiwillige gemeinsam demonstrieren.‹ Diese Menschen haben begriffen, worum es geht. Sie wollen Frieden, weil sie wissen, was Krieg bedeutet. Sie wollen Versöhnung, weil sie erfahren haben, wozu Haß und Hybris fähig sind.«[10]

Schönhuber, der Kleinbürgersohn, der sich als Delegierter seiner depravierten Eltern aufmacht, die große Welt zu erobern, kompensiert den Mangel an Selbständigkeit mit einem manischen Ehrgeiz, der ihn ständig zum Gipfelglück antreibt: Er will und muß der Beste sein. Er will und muß die Welt unter sich liegen sehen. Auch die Frauen.

Dieser Endfünfziger, sportiv, mit leicht braunem Teint, der die Aura des rasanten Skifahrers wie kühnen Bergsteigers ausstrahlt, mit einem Touch von Treuherzigkeit, der sich offensichtlich weder die Kollegen von der Presse noch die Politiker verschiedenen Coleurs entziehen können, dieser »Steppenwolf« mit der Ausstrahlungskraft eines herben Frischwärts, Weinkenner, ubiquitär, muß sich vor allem stets beweisen, daß er der Held aller Frauen ist. Der Leistungsdruck, der ihn treibt, wird da besonders deutlich: Auch im Bett der Beste! Der Teufelskerl breitet eine Liebschaft nach der anderen aus. Im Kitsch-Stil. Das lautet dann etwa so: »Francoise spielte mit einem Grashalm im Mund. Sie schaute mich fragend an, nahm meine Hand, führte sie an ihre Brust. Ich spürte eine pochende Erregung. Sie zog wie zufällig ihre Knie an, das Kleid rutschte nach oben; ihre Geste, es wieder über die Knie zu ziehen, reizte mich noch mehr. Meine Hand glitt über ihr Knie, an der Innenseite des Oberschenkels höher, über den Rand des Seidenstrumpfes hinweg, berührte ihr nacktes Fleisch. Sie stöhnte. Sie führte mich mit unendlicher Zärtlichkeit, half mir, obwohl auch sie ihre Erregung kaum noch meistern konnte. Ihre Stimme war heiser: ›Viens!‹ — komm!«[11]

In einem Brief beschwert sich Schönhuber: die bösen Linken kreideten ihm solche Szenen an, diejenigen, die selber so freizügig dahinlebten... Doppelmoral... und dem kleinen Aufsteiger aus dem bayerischen Trostberg, der zum Milieusprung ansetzt, will man das Liebesleben in der (Schickeria-) Kultur nicht gönnen?... Auch in dieser Hinsicht kann dem Mann nicht geholfen werden: Natürlich geht es nicht darum, dem Autor die literarisch mißglückten Liebesszenen vorzuhalten oder ein Kurzkolleg über den Unterschied von Pornographie und Obszönität zu halten! (Obwohl man vom Stil schon auf den Menschen schließen kann!) Ich werde doch nicht prüder sein als die »Münchner Katholische Kirchenzeitung«, die das Buch »griffig« nannte!

Es geht darum, daß in diesem Buch nicht nur die SS mit ihrem Herrenmenschentum exkulpiert und glorifiziert wird, sondern die »Bilder« der Schönhuberschen Männlichkeitsphantasien den Männlichkeitswahn verifizieren, der nun einmal wesentlicher Bestandteil der »autoritären Persönlichkeit« ist.

Und es geht darum, daß diese Melange aus zotiger Landserromantik, elitärem Abendlandkult, religiöser Heuchelei und Jetzt-red'-i-Gemütlichkeit zwar nicht jugend-, wohl aber republik-gefährdend ist.

Der Spießer ist, in Kompensation seiner Minderwertigkeitsgefühle, immer arrogant — dementsprechend verachtet Schönhuber, der sich zusammen mit den Angehörigen der europäischen Waffen-SS den letzten echten Söhnen des Kriegsgottes zurechnet, »opportunistische Kakerlaken, Politik-Windsurfer«, letztlich alle diejenigen, die »reeducation« betrieben haben oder betreiben, zumal sie — die Linksintellektuellen — verweichlicht und unsportlich sind.

»Ich schaute ihn an, ein glattes Gesicht, trotz seiner etwa 60 Jahre. Hier hatte der Griffel des Schicksals keine Linien hineingegraben. Das schüttere blonde, mit silbernen Strähnen durchsetzte Haar verstärkte noch den Eindruck trister Farblosigkeit. Der Mann kam überall durch, der wird immer durchkommen, der wird immer auf der richtigen Seite stehen. Er wußte, wie man Menschen behandelt, kleinmacht, auf Distance hält. Selbst seine Zimmertemperatur, die einen stets frösteln ließ, war Teil seines Führungsstils. Mein Blick glitt an seiner Figur herunter. Er hatte die Beine übereinandergeschlagen, ein Zipfel seiner langen Unterhose war über die Socken gerutscht. Plötzlich tauchte in meinem Innern die absurde Frage auf, wie's der wohl im Bett mit seiner Frau treibt, wenn überhaupt. Ich hörte gar nicht mehr zu, was er weiter sagte mit seiner einschläfernden, leicht schwäbelnden Stimme. Ich dachte. ›Ach, leck mich doch...!‹«[12]

Damit kein Mißverständnis aufkommt: ich trage keine langen Unterhosen; ich habe germanische Maße, 196 cm groß; bin (war) blond; habe keine schwäbelnde Stimme, sondern spreche frank (fränkisch) und frei; deshalb hatte ich mit sehr vielen anderen meiner Generation, als wir zur Musterung gingen, große Sorge, zur Waffen-SS verpflichtet zu werden; es war gar nicht einfach — aber es ging — sich da zu entziehen: Allerdings, und insofern bin ich, Skifahrer und Schwimmer, doch dekadent: ich »treibe es nicht mit meiner Frau«, sondern ich liebe sie; ferner habe ich Normal- und nicht Idealgewicht!

Und schließlich bin ich, was diese meine Verärgerung zeigt, nicht so ritterlich — wie die SS. Siehe Niederschlagung des polnischen Aufstandes in Warschau 1944: »Der Befehlshaber der Waffen-SS in Warschau, von den Bach-Zalewski, salutierte, als sich der polnische Oberbefehlshaber, General Bor-Komorowski, ergab. Beide wechselten einen Händedruck. Von diesem ritterlichen Akt gibt es viele Bilder. Hitler wollte zunächst alle Aufständischen erschießen lassen, aber der auch für die Kriegsgefangenen zuständige SS-Obergruppenführer Berger setzte die anständige Behandlung durch.«[13]

(Anständig, das kann man in den Memoiren des Rudolf Höß, Kommandant von Auschwitz, nachlesen, war die SS immer, auch in den Vernichtungslagern!)

Franz Schönhuber hat am Arm eine Narbe; sie juckt ihn nicht einmal mehr (das Buch zeigt es): Mit Genehmigung der Militärregierung wurde ihm die SS-Tätowierung wegoperiert; bei pikanten Anlässen wird er oft danach gefragt. »Nicht immer hatte ich Lust und Laune, die Schäferstündchen mit weltanschaulichem Unterricht zu belasten. So war's halt, von Ausnahmen abgesehen, immer ein operativer Abszeß.«[14] Ein längst verheilter Makel. Keine Wunde bleibt in dieser »Rechtfertigungsschrift« offen; von einem Trauma keine Spur. Überall Glätte. Das Leben als Wettbewerb. Die Karriere ist geglückt.

Ein völlig entbehrliches Buch! Wenn man freilich erfahren will, wie heute der Schoß beschaffen ist, aus dem der neue restaurative Konservativismus kriecht: unentbehrlich! So sieht er aus: der solidaritätsheuchelnde Narziß, der aktive Spießer-Narziß, der frisch-frank-freie Gutdeutsche, der die Jugend Mores lehren und der verweichlichten Gesellschaft das Rückgrat wieder einziehen will!

Narziß ist auch Antigone

Bildung, so Hartmut von Hentig, führe den einzelnen durch sein eigenes Sein in die Mitwissenschaft des Ganzen. Ein solcher »Bildungsweg« bedeute, den Weg über die Politik selbst gehen, also über eine Antizipation der erstrebten Selbstbestimmung in dafür heute schon geeigneten und empfänglichen gesellschaftlichen Teilbereichen; durch die Mobilisierung der geeigneten Subsysteme ergebe sich, statt der gefürchteten und darum geächteten und folglich mit allen Mitteln verhinderten »Systemüberwindung«, so etwas wie eine allmähliche Verschiebung und Wandlung des Systems mit Hilfe seiner eigenen Mittel.[15] Eine derartige Reformkraft, die jeweils die eigene Befindlichkeit aufgrund kritischer Einsicht in ihre Begrenztheit transzendiert, solche Bereitschaft zur selbst in Gang gesetzten Veränderung, liegt dem Narzißmus fern. Die Selbstbespiegelung bestätigt die Richtigkeit des individuellen Augen-Blicks; Narziß ist sich eigener und eigentlicher Mittelpunkt; der Gruppennarzißmus sieht noch die unmittelbare Umwelt, dann aber schon verliert sich teilnehmendes, mitleidendes Interesse. Bezogen auf eine Weltkultur, die bestimmt sein müßte durch gegenseitige Achtung, Toleranz und die Anerkennung sozialer Gerechtigkeit, bezogen auf eine solche Verantwortung der ganzen Menschheit gegenüber, kann man das Mentalitätsmuster moderner Industriegesellschaften (gerade auch der Bundesrepublik) als Gruppennarzißmus bezeichnen. Das letzte Halbjahrhundert, so Thomas Mann, in seiner Schiller-Rede 1955, »sah eine Regression des Menschlichen, einen Kulturschwund der unheimlichsten Art, einen Verlust an Bildung, Anstand, Rechtsgefühl, Treu und Glauben, jeder einfachsten Zuverlässigkeit, der beängstigt. Zwei Weltkriege haben, Roheit und Raffgier züchtend, das intellektuelle und moralische Niveau (die beiden gehören zusammen) tief gesenkt und eine Zerrüttung gefördert, die schlechte Gewähr bietet gegen den Sturz in einen dritten, der alles beenden würde. Wut und Angst, abergläubischer Haß, panischer Schrecken und wilde Verfolgungssucht beherrschen eine Menschheit, welcher der kosmische Raum gerade recht ist, strategische Basen darin anzulegen, und die die Sonnenkraft äfft, um Vernichtungswaffen frevlerisch daraus herzustellen.«[16] Fixiert auf ein militärisches Gleichgewichtsdenken, werden gewaltige Ressourcen besinnungslos der Aufrüstung geopfert, während »Heimat« als Ort von Geborgenheit und Sicherheit immer mehr verlorengeht, bzw. als Möglichkeit eines menschenwürdigen Lebens (als Terre des hommes) vielen Millionen verweigert bleibt. Soll das »Prinzip Hoffnung« nicht völlig untergehen, wird die zukünftige Weltkultur eine osmotische sein müssen. Die konkrete Utopie einer kommenden Weltkultur besteht in der Durchlässigkeit der Kulturen zueinander, einem gegenseitigen verinnerlichten Verständnis, einer gegenseitigen Respektierung und Akzeptierung. Die Öffnung der einen Kultur zur anderen durchbricht Kreisläufe, die sich häufig als Irrkreise, Teufelskreise erwiesen haben. Das Lernen vom anderen könnte etwa dazu führen, daß die Sorglosigkeit und Skrupellosigkeit abendländischer Ökonomie, die in Gegensatz zum Leben der Natur, zum Leben der Völker, zum Leben der arbeitenden Menschen geriet, innerhalb eines solchen Lernprozesses sich revidiert, sich aus sich selbst heraus »aufhebt«. In einer Kultur, die wir primitiv zu nennen gewohnt sind, verbietet sich unter normalen Umständen zerstörerische Expansion von selbst, weil die Menschen dort »greifbar« von der äußeren Natur abhängig sind, unmittelbar die Zusammenhänge begreifen, in denen sie leben müssen. Die osmotische Kultur gibt nicht ihren eigenen Kreislauf auf, sie speist jedoch neue, andere Erfahrungen ein.

Vor allem wird es um ein Bewußtsein gehen müssen, das im Mitleiden inhumane Verhältnisse zu bekämpften bereit ist. Dem Narzißmus fehlt solche »osmotische Ausdehnung«; weltkulturelles Verständnis liegt außerhalb seiner Ichbezogenheit. Sehr deutlich wird dies — und damit ist der Narzißmus des sogenannten Gesellschaftsprotests mit dem Narzißmus der Gesellschaft, gegen die protestiert wird, eng verbunden — im Mangel an Weltverantwortung. Der egozentrischen Fixierung der Herrschenden ist »Weltmoral« genauso gleichgültig wie weiten Teilen der Protestszene. Die einen kaschieren ihr ethisches Defizit, indem sie sich heuchlerisch auf die Notwendigkeit von Nichteinmischung berufen, die anderen sind im Binnenraum ihrer Beziehungsprobleme so mit sich selbst beschäftigt, daß für anderes wenig Zeit und Energie bleiben.

Der amerikanische Präsident Reagan, gestützt auf die ihn tragende konservative Mehrheit, prangert die Unfreiheit in Polen und Afghanistan an; mit rücksichtsloser Gewalt verhilft er jedoch in Mittelamerika reaktionären Regierungen dazu, die Freiheit auszurotten und die Menschenrechte mit Füßen zu treten. Das Pol-Pot-Regime der Roten Khmer in Kambodscha konnte etwa 1,5 Millionen Menschen umbringen; da es in die strategische Konstellation paßt, bleiben die Mörder gesellschafts- und UNO-fähig; die westlichen Demokratien denken gar nicht daran, da sie nun einmal auf die Gegnerschaft zu Vietnam fixiert sind, wenigstens moralische Sanktionen zu ergreifen. — Und diejenigen, die doch solche Systeme der Heuchelei zu durchschauen in Anspruch nehmen? So wichtig es ist, Repressionen zu diskutieren, denen man sich als Einzelperson oder Gruppe in der Bundesrepublik ausgesetzt fühlt, — warum werden von den gleichen Leuten die langen und furchtbaren Dokumentationen von amnesty international über den Zustand politischer Unmoral kaum zur Kenntnis genommen, wenn sie nicht ins eigene Weltbild passen?

Narziß drückt die Augen zu, wenn er sich nicht selbst beäugen kann. Mitmenschliche Solidarität: offensichtlich ein Grundirrtum demokratischer Utopie, den man längst hinter sich gelassen hat — auf dem Weg selbstgefälliger Saturiertheit, die die Not des anderen verdrängt.

Oft genug ist aber Narziß gar nicht Narziß. Er sieht nur so aus. Seine Ich-Versponnenheit enthält ein hohes Maß von Altruismus, von radikaler Bereitschaft, der Unmenschlichkeit entgegenzutreten. Narziß ist dann Antigone, und Antigone bringt die Welt weiter, indem sie ihr »Nein« sagt. Sie verweigert sich, aber gerade diese Verweigerung eröffnet die Perspektiven humanen Fortschritts. Der sprachgewaltige Kreon, Verkörperung des Realitätsprinzips, der pragmatischen Staatsräson, will Antigone — in Jean Anouilhs gleichnamigen Drama — überzeugen, daß sie den Bruder Polyneikos nicht begraben darf; als Aufrührer soll er unbestattet auf dem Schlachtfeld liegenbleiben, den Raben und Schakalen zum Fraß, zur Warnung für all diejenigen, die sich mit ähnlichen revolutionären Gedanken tragen. Werde sie das Gebot nicht erfüllen, müsse sie mit dem Tode bestraft werden. Vergeblich versucht er ihr beizubringen, daß Pflicht nicht etwas Unbedingtes und Absolutes sei, sondern an den jeweiligen Notwendigkeiten gemessen werden müsse; er demonstriert ihr dies am Beispiel seiner Herrscherpflichten, die sich den stets wechselnden Bedingtheiten der Politik anpassen müßten. Aber Antigone sagt »Nein«.

»Kreon: ›. . . Guter Gott, kleine Idiotin, versuch doch du endlich, eine Minute zu begreifen. Ich habe ja auch den Versuch gemacht, dich zu verstehen. Es muß auch solche geben, die ja sagen. Es muß auch solche geben, die das Steuer halten, wenn das Schiff überall leck ist, wenn alles voll ist von Verbrechen, von Dummheit, von Elend. . . Und wenn das Steuer hin und her geworfen wird. Wenn die Mannschaft nichts mehr tun will, nur noch daran denkt, die Ladung zu plündern, wenn die Offiziere schon im Begriff sind, ein kleines, bequemes Floß zu bauen, nur für sich, mit dem gehörigen Vorrat an Süßwasser, um sich so rasch wie möglich in Sicherheit zu bringen, wenn der Mast zersplittert und der Wind pfeift und die Segel in Stücke gehen, und wenn all diese Bestien zusammen krepieren, weil sie nur an ihr eigenes Fell denken, an ihr wertvolles eigenes Fell. Und all diese kleinen Geschäfte. Glaubst du, daß man die Zeit hat, den Ästheten zu spielen, daß man die Zeit hat, sich zu fragen, ob man ja oder nein sagen soll, sich zu fragen, ob der Preis nicht eines Tages zu hoch ist und man später noch ein Mensch sein kann? Man klammert sich an die Holzbarre, man dreht das Schiff gegen den Wind, man schreit einen Befehl hinaus, und man schießt in den Haufen hinein, auf den ersten, der auf dich zugeht, in den Haufen hinein, in den namenlosen Haufen. . . Es ist vielleicht der gleiche, der dir mit einem Lächeln am Vorabend noch Feuer gegeben hatte, und er hat keinen Namen mehr. Und du, an deine Barre geklammert, hast auch keinen Namen mehr. Nur noch das Schiff hat seinen Namen und der Sturm. Begreifst du das?‹

Antigone: ›. . . Ich will nicht begreifen. Das ist gut für Euch. Ich bin für etwas anderes da, als zu begreifen. Ich bin da, um nein zu sagen und zu sterben.‹

Kreon: ›Es ist leicht, nein zu sagen.‹

Antigone: ›Nicht immer.‹«[17]

Ohne die Kraft des Narzißmus könnte Antigone nicht Antigone sein: es ist eine Kraft, die es ihr ermöglicht, stattdessen den »Trotz der Humanität« aufzubringen. Indem sie ganz auf sich, auf die Stimme ihres Gewissens hört, kann sie sich den drohenden und einschmeichelnden, überredenden und verständnisvollen Argumenten Kreons verschließen. Gerade weil Antigone die Realität »verkennt«, wird sie der Essenz der Existenz gewahr. Der Stimme ihres Ichs folgend, eröffnet sie der Welt einen Weg, aus der Verdorbenheit herauszugelangen. Für die Verletzung des »positiven Rechts« muß sie mit dem Tode büßen; verloren im eigentlichen Sinne hat jedoch der Realpolitiker Kreon, da er die Jugend (verkörpert durch Antigone und Kreons Sohn Hämon, der mit ihr in den Tod geht) nicht von »seinem« Sinn des Staates überzeugen kann.

Vielfach wird jugendlicher Protest heute von einer Antigone-Gesinnung getragen; sein »Nein« wird einer Welt entgegengesetzt, die sich mit wahn-sinniger technologischer Ingeniosität um den eigenen Untergang bemüht. Staatsräson: Suche nach dem »gangbaren Weg«, rational abwägend, zwischen Machbarem und Nicht-Machbarem. Gerade dieser Weg ist für die protestierende Jugend nicht mehr gangbar; nicht mehr »Weg«, sondern Absturz.

»Nein« sagen die Hunderttausende und bald Millionen der Friedensbewegung. Gegenüber dem Aufstand solcher »Unvernunft« sehen sich die vielen Kreons gefährdet; mit Hilfe ihrer Hofberichterstatter versuchen sie, die Friedens- und Menschheitsliebe zu denunzieren.

Daraus spricht tiefe, durch Aggressivität sich abschirmende Verunsicherung — angesichts einer Jugendbewegung, welche die vorgegebene abendländisch-christliche Sicherheit, in der man sich mit Selbstgerechtigkeit einlullte, zu erschüttern vermag. Vor allem CDU, CSU, Konservative empfanden und empfinden ihre Realpolitik als moralisch legitimiert und fundiert; nun kommen junge Leute, die mit der jesuanischen Ethik der Bergpredigt Ernst machen. Das vorgegebene Zentrum einer als christlich etikettierten Politik erweist sich als Vakuum. Aufrüstung läßt sich auf vielerlei Weise rechtfertigen, aber wohl nicht von einem christlichen Menschenbild her (ohne daß deshalb die Idee der Selbstverteidigung aufgegeben werden muß). Die Bergpredigt — ich folge hier Gedanken von Pinchas Lapide — ist weder ein Produkt irrealen Schwärmertums noch das eines religiösen Zuchtmeisters, der durch Höherschraubung der moralischen Ansprüche die Einsicht in die Erbärmlichkeit der eigenen Durchschnittsexistenz zu fördern trachtete; die Bergpredigt ist vielmehr die Forderung eines real denkenden Idealismus, der eine bessere Welt »heraufträumt«, damit sie durch Handeln verwirklicht werde. Gefordert wird der versöhnliche Umgang mit dem Gegner, den man lieben soll wie sich selbst. Das ist aber nicht gemeint als affektive Zuwendung, sondern als vernunftmäßige Einsicht in die Notwendigkeit des Gut-tuns, damit Haß abgebaut werden kann. Es geht nicht um Mund-werk, sondern um Hand-werk; man bekämpft das Böse, indem man den Bösen, der das Böse tut, fürs Gute zu gewinnen trachtet. Die Friedensbewegung ist bereit, eine Vorleistung zu erbringen, damit eine Wende herbeigeführt wird, die allein die Menschheit zu retten vermag. Vorherrschend eine neue Radikalität der Weltverbesserung, die unter Umständen die eigene Freiheit zu opfern bereit ist, damit die Menschheit als solche gerettet werden kann. Klar sollte jedoch sein: eine solche Politik der »Entfeindung« ist mit einem gewaltigen Risiko belastet, das nur aus einer tief verinnerlichten Humanität erwachsen kann. Hier aber fühlt sich die etablierte Politik mit ihren Vertretern traumatisch getroffen: mit routinierter Glätte glaubt man, janusköpfig einer Politik der Vergeltung wie ethischer Gesittung das Wort reden zu können. Nun wird man durch die Friedensbewegung gezwungen, zwischen dem Primat der Gewaltlosigkeit und dem Primat der Stärke sich zu entscheiden. Die Bergpredigt geht nicht davon aus, daß der Gegner schwach ist oder der Feind milde. Sie fordert jedoch dazu auf, in einer fast »übermenschlichen« Anstrengung, die Bekehrung des Hassers zu versuchen, den Feind durch die Vorgabe des eigenen Gewaltverzichts zur Liebe zu bekehren; der eine muß mit Friedfertigkeit anfangen, damit der andere friedlich wird.

Für diese jesuanische Ethik spricht alles — nur nicht die Geschichte. Die Millionen Juden etwa, die sich von den Nationalsozialisten abschlachten ließen, haben in einer ungeheuren und auch ungeheuerlichen Weise Friedfertigkeit, den Verzicht auf Widerstand und Gegengewalt, die »Gelassenheit« des Leidens gezeigt. Nicht nur nach religiöser Überzeugung, sondern auch aufgrund von Einsichten der Verhaltensforschung hätte solche »Unterwerfung« Erbarmen, »Tötungshemmung« hervorrufen müssen. Das Gegenteil war der Fall: die Bösartigkeit der Täter wütete angesichts der Friedfertigkeit der Opfer nur um so mehr. Die Radikalität der Gewaltlosigkeit, der man sich überantwortete, weckte keinen Keim von Verantwortung in den Herzen und Gehirnen der Mörder.

Wenn ich mit den Vertretern der Friedensbewegung diskutiere und erlebe, wie aus ihrem geschichtlichen Narzißmus die Idee der Weltversöhnung im Sinne der Bergpredigt aufsteigt, frage ich: Und wenn dadurch das Böse nicht zu Fall gebracht, sondern erst recht »in Gang« gesetzt wird?

So läßt uns historische Erfahrung an der Bergpredigt scheitern.

Erkennt diese Jugend, die dennoch der Utopie anhängt, den schrecklichen Ernst der Lage: daß Gewaltfreiheit für uns, die wir in Freiheit leben, aller Wahrscheinlichkeit nach der Beginn von Gewalt, der Anfang unabsehbarer Schrecken sein könnte?

Narziß als neuer Sozialisationstyp

Der Narzißmus unserer Tage ist nach Thomas Ziehe (»Pubertät und Narzißmus«) als Folge zu verstehen der Situationsveränderungen der Subjekte im Spätkapitalismus.

— Bis ins 17. Jahrhundert hinein lag die »Volljährigkeitsgrenze«, nach deren Erreichung der Betreffende sich selbst zu versorgen hatte und strafrechtlich haftbar wurde, zwischen dem achten und zwölften Lebensjahr. Dem historischen Entwicklungsstand der vorbürgerlichen Gesellschaft entsprach ein streng traditionelles System standesbezogener Fertigkeiten, die, sei es in Landwirtschaft, Handwerk und Handel, mehr oder weniger unverändert von einer Generation in die nächste weitergegeben wurden; gleichermaßen begrenzt und traditional war das System der Sozialnormen. Kindheits- und Erwachsenenstatus gingen bis zum 17. Jahrhundert nicht nur bruchlos ineinander über, sie wurden auch gar nicht als sich gegenüberstehende Alterskategorien aufgefaßt. Das »ganze Haus« war die typische Wohngemeinschaft für den Grundbesitzer, Kaufmann, Hausindustriellen. Die Großfamilie umfaßte drei bis vier Generationen, an der Spitze stand der »Hausvater«; er besaß die patria potestas, d.h. eine theoretisch fast absolute Autorität über Frau, Kinder und Personal. Wegen mangelnder Affektbeziehung innerhalb der Gemeinschaft, wegen des Betriebscharakters der Hausorganisation und wohl auch wegen spezifischer Mängel der Wohnsituation konnte eine Atmosphäre von Häuslichkeit, wie sie später mit dem typischen Familienideal in Verbindung gebracht wurde, gar nicht erst entstehen. Weder gab es ein intimes Eltern-Kind-Verhältnis, das für affektive Bindungen und Identifikation hätte Grundlage sein können, noch eine adoleszente Umbruchsphase, die als Bindungsprozeß zur Entwicklung persönlicher Identität hätte führen können.

— Im Verlauf des späten 18. Jahrhunderts bewirkte die sozialökonomische Veränderung einen Umbruch zur Kleinfamilie. Nach dem Durchbruch der kapitalistischen Produktionsweise im Verlauf der Industrialisierung finden wir ab Beginn des 19. Jahrhunderts vier Familientypen: zwei traditionelle Typen, die der Struktur des »ganzen Hauses« bis auf weiteres am ehesten entsprachen: nämlich die Familie des (vorwiegend adeligen) Großgrundbesitzers und die des selbständigen Bauern; und zwei moderne Typen, die quasi aus der Zerteilung des »ganzen Hauses« in seine Klassenstrukturen resultieren: nämlich die sich entwickelnde bürgerliche und die Handwerker-Kleinfamilie, die häufig weiterhin Personal hat, sich aber deutlich »intern« zusammenzuschließen beginnt; ferner die proletarische Familie, deren Lebenszusammenhang freilich nur durch den Kampf ums physische Überleben hergestellt ist.

Charakteristikum der bürgerlichen Familie: ein reges Arbeitsethos, das sich akzentuiert von den Sozialnormen des Feudaladels, der als prunksüchtig, arbeitsunfähig und frivol gilt, absetzt; der geschäftliche Erfolg bzw. die Arbeitstätigkeit wird ethische Norm; die Funktionalisierung und Segmentierung der Kommunikation unter Menschen, deren Beziehungen über Tauschwerte vermittelt ist, erfordert die Disziplinierung von Affekten. Was zunächst Akt der Selbstdisziplin innerhalb geschäftlicher Beziehung war, wurde allmählich zu einem Zustand permanenter Innensteuerung der eigenen Affekte, Gedanken und Handlungen.

Eine Überich-Instanz sorgt für die Einhaltung des bürgerlichen Rigorismus, der vor allem mit einer Verdrehung sexueller Strebungen, der Entsinnlichung des Alltagslebens, dem starren Beharren auf Fleiß, Ordnung, Pünktlichkeit und Sparsamkeit einhergeht. Die Familie entwickelt eine eigene, vom väterlichen Betrieb separierte private Binnenstruktur; diese Intimisierung des Familienlebens, bei der freilich die Erfahrungsbereiche der Kinder und der Erwachsenen stark voneinander abgegrenzt werden (z.B. mit jeweils eigenen Räumen für Kinder und Eltern), kulminiert im Wohnzimmer, das den Ort der neuen Sozialisation abgibt.

Die proletarische Familie ist gezwungen, Teil des industriellen Produktionsprozesses zu werden, um sich selbst reproduzieren zu können. Frauen und Kinder müssen meistens arbeiten: fürs Familienleben ist wenig Zeit. »Wenn man bedenkt, daß daneben 12—14 Stunden täglicher Arbeit zu absolvieren waren, scheut man sich, überhaupt den Begriff der ›Sozialisation‹ zu verwenden; weit eher kann von einer systematischen Zerstörung vorkapitalistischer Sozialisationsmuster gesprochen werden, an deren Stelle eine Einpassung des Verhaltens in das Maschinensystem gewaltmäßig einkonditioniert wurde.

Historisch neu an der Situation der Familie und der Kinder war sicherlich nicht die rücksichtslose Ausbeutung der kindlichen Arbeitskraft, neu war jedoch die Trennung der Produzenten von den Produktionsmitteln: Sie erst atomisiert die Familienmitglieder, indem sie die meiste Zeit des Tages physisch voneinander getrennt werden, indem sie von ihrer Wohnstätte getrennt, indem sie von ihren Arbeitsprodukten getrennt werden und indem sie von ihren überlieferten Wertmustern getrennt und neuen rigiden Verhaltenserwartungen ausgesetzt werden.

Das liberale Gesellschaftsmodell der voneinander unabhängigen, durch Tauschbeziehungen aufeinander bezogenen monadenhaften Individuen erlangt hier eine pervertierte Realität. Jeder Proletarier, ob Erwachsener oder Kind, ist gezwungen, um sein eigenes Überleben zu kämpfen. ›Familie‹ ist hier auf einen Zusammenhang physischer Reproduktion reduziert worden, Kindheit und Jugend im psycho-sozialen Sinne finden im Proletariat sozusagen nicht statt.«[18]

»Jugend« als eine gesonderte Alterskategorie war zunächst bei den nichtbürgerlichen Klassen unmöglich, da ihre Entstehung in einem untrennbaren Zusammenhang mit den Sozialisationserfordernissen und der Familienstruktur des aufsteigenden Bürgertums stand. Politische und ökonomische Veränderungen, maßgeblich die Kinder- und Jugendschutzgesetzgebung und die relative Verbesserung der materiellen Lebensbedingungen des Proletariats, haben im Verlauf der nachfolgenden Entwicklungen dann dafür gesorgt, daß die Kindheits- und Jugendphase im psychisch-sozialen Sinne des Wortes massenhaft Realität werden konnte. Die bürgerliche Sozialisation als Klassenprivileg konnte zumindest partiell abgebaut und gesellschaftlich verallgemeinert werden. Der gleiche historisch-ökonomische Prozeß, der Kindheit als gesellschaftlich verallgemeinerten Status ermöglichte und auch erforderte, tendiert in seiner gegenwärtigen Verlängerung freilich schon wieder dahin, ihn gesellschaftlich allgemein auszuhöhlen. Ließ früher die äußere Verelendung für weite Kreise den Eigen-raum von Kindheit und Jugend nicht zu, so ist der heutige Mangel an Kindlichkeit und Jugendlichkeit vor allem mehr sozialpsychologischer Natur: Kindheit wird zunehmend und bis in die innerpsychische Entwicklung hinein durch bestimmte funktionale Erfordernisse des Verwertungsprozesses geprägt, obwohl sie gleichzeitig vom Produktionsprozeß abgekoppelt und »freigestellt« ist. »Während eine eigenständige, an bestimmte Phantasie, Kommunikationsformen und Gebrauchswerte gebundene Kinder- und Jugendkultur materiell ermöglicht worden ist, haben diese materiellen Möglichkeiten ihre gleichzeitigen Folgekosten: Sie setzen einen hohen Entwicklungsgrad der Technologie und der menschlichen Arbeitsproduktivität voraus, der wiederum die Strukturen der Familie als primärer Sozialisationsinstanz nicht unberührt läßt; je mehr aber die Familie durch die Erfordernisse des Verwertungsprozesses ergriffen und transformiert wird, um so weniger kann sie in irgendeiner Form ihre Funktion wahrnehmen, die Kinder- und Jugendwelt vor den Zugriffen der verwertungsbezogenen Interessen partiell abzuschirmen: Die Freistellung von der Produktionssphäre wird also hinterrücks wieder rückgängig gemacht. Der ›Freiraum‹ als solcher droht funktionalisiert zu werden.«[19]

Auf der anderen Seite entstünden gegenwärtig neue Phantasien, Bedürfnisse und Erfahrungen, die im Rahmen kapitalistischer Produktionsverhältnisse nicht mehr domestizierbar seien und ihn so sprengten. Freilich wäre damit die Frage verbunden, ob diese neuen Phantasien, Bedürfnisse und Erfahrungen nicht den kapitalistischen Produktionsverhältnissen lediglich zu einer Flexibilisierung verhelfen, die sie um so mehr stabilisiert.

In einem solchen Begründungszusammenhang erweise sich Narziß als neuer Sozialisationstyp. Er sei charakterisiert durch eine geschwächte Funktion des Ichs. Diese Reduzierung und ein vom Ich »abgekoppeltes« Ich-Ideal erzeugten einen Mangel an psycho-struktureller lebenslanger Konsistenz, die gerade den »Charakter« ausmache. Im einzelnen bedeutet dies:

— Im Rahmen der gegebenen gesellschaftlichen Situation, geprägt durch Komplexität und unübersehbare, sich rasch verändernde, häufig bedrohliche Zusammenhänge, seien Eltern sowohl im affektiven wie im kognitiven Bereich verunsichert. Die Beziehung ziele kompensatorisch vor allem darauf, bei den Kindern eine rasche Anpassungsfähigkeit zu bewirken, damit sie »in dieser schwierigen Welt« sich besser zurechtfinden können. Die kognitive Einsicht, daß der Leistungsdruck der modernen Industriegesellschaft nur erfüllt werden kann, wenn Kindheit und Jugend möglichst wenig Raum gegeben wird, bestimmt zum Beispiel die Schule als Agentur für Sozialchancen fast völlig; solche Denaturierung wirke sich als Störung des seelisch-geistigen Gleichgewichts aus mit der Folge neurotischer Verhaltensweisen.

— Die Angst vor dem Versagen und der häufige Mangel an Selbstbestätigungsmöglichkeiten im Arbeitsprozeß führten ferner dazu, daß die affektiven Versagungen hauptsächlich im familiären Rahmen kompensiert würden, da anderweitig emotional befriedigende Kommunikationsbeziehungen in der Gesellschaft zu wenig vorhanden seien. Die Tatsache, daß sich die Individuen im Produktionsprozeß als bloße Anhängsel der technischen Apparaturen und administrativer Zwänge begreifen müßten, führe zu übersteigerten Liebes- und Bestätigungserwartungen im privaten Bereich, die sich im Sozialisationsprozeß auf die Bedürfnisstruktur der Kinder (als den letzten von den Eltern erzeugten und zu ihrer Verfügung stehenden »Produkten«) übertrügen. Genau dies aber bewirke eine Überforderung der Kinder und Jugendlichen, die in der Familie die affektiven Defizits ausgleichen sollten und dann, wenn sie ihren anthropologisch vorgegebenen Weg, nämlich den der Loslösung von Familie und Eltern anträten, als »undankbar« stigmatisiert würden. Die familiale Dominanz der Mutter, oder genauer: die aufgrund rollenspezifischer Versagungen verursachte erhöhte Tendenz der Mutter, ihr Kind für die eigene emotionale Stabilisierung zu benützen, erfahre eine weitere Verstärkung durch die Wohnsituation; im Zuge der urbanen Zersiedelungsprozesse sei ein Isolierungstrend zu verzeichnen, da sich die verbreitenden Vorstadtsiedlungen immer weiter von den urbanen Zentren absonderten, zum anderen aber auch die Kommunikationsmöglichkeiten so erschwert seien, daß das Kind tagsüber häufig einziger Interaktionspartner der Mutter sei.

»Der von der Mittelschicht favorisierte Erziehungsstil, affektive Zuneigung zum Kind zu betonen, Aggressionen zu verdrängen und in der Weise verhaltenssteuernd auf das Kind einzuwirken, daß man nichtgebilligtes Verhalten durch Liebesentzug sanktioniert, bekommt nun einen erweiterten Stellenwert: Je mehr dieser Erziehungsstil nämlich durch Eltern praktiziert wird, die auf Grund ihrer Unsicherheit selbst der affektiven Unterstützung bedürfen, gleichzeitig aber in ihren sozialen Erfahrungen stark auf den familialen Bereich beschränkt bleiben, um so mehr läuft er auf eine umfassende Funktionalisierung des Kindes im Dienste der Versagungsängste der Eltern hinaus.

Auf der Bewußtseinsebene wird dieses Verhältnis als Zeichen der ›Liebe‹ zum Kind, als besonders ›gutes Verhältnis‹ interpretiert und gerechtfertigt. Auf der Ebene nicht bewußter Motive handelt es sich im Grunde um die Erwartung einer affektiven Tauschbeziehung. Diese Erwartung mag nicht zuletzt auch durch die Stimulierung der elterlichen Ansprüche gespeist sein, die sich im Bedarf nach erhöhter ›Lebensqualität‹ (auch in der familialen Interaktion) äußern und denen des weiteren die Zersetzung des Prinzips des Gratifikationsaufschubs (der eigenen Bedürfnisse dem Kind gegenüber) entgegenkommt.«[20]

Mutterschwäche als Mutterdominanz habe frühkindlichen Narzißmus zur Folge, da das Kind so erzogen wird, daß es vor allem abhängig zu bleiben hat. Das Gefühl der mütterlichen Hilflosigkeit werde auf das Kind projiziert, das es nun vor allen Gefahren zu schützen gilt. Die Mutter-Kind-Beziehung stelle sich als Bindungszwang dar; die Ablösung bewirke eine Gefährdung der mütterlichen Identität. Was die Rolle des Vaters betrifft, so sei er im Rahmen der (sozio-ökonomischen bedingten) »vaterlosen Gesellschaft« vorwiegend nicht zu Hause. Die Position des Vaters als Repräsentanten von Traditionsweitergabe und kompetenter Autorität könne schon aus diesem Grunde kaum durchgehalten werden. Im Rahmen des alltäglichen Lebenskampfes (fordert doch die Leistungsgesellschaft mit ihrem Konkurrenzdenken immer ein Höchstmaß von Bewährung!) finde eine konstante Auslaugung von Selbstsicherheit statt, die sich im familialen Umfeld als erziehliche Ermüdung, erziehliche Indifferenz oder, kompensatorisch, als übertriebener Versuch, Autorität zu verkörpern, niederschlage. Viele Psychodramen im familialen Bereich seien darauf zurückzuführen, daß die Kinder eine Mutter suchten, die sie nicht emotional »besetze«, und einen Vater erwarteten, der ihnen als Partner Ratschläge zu geben und Vorschläge zu machen habe — eben Eltern, die als Vor-Bilder zu agieren vermöchten. Das Vorbildhafte bestünde nicht in einer Präjudizierung des eigenen Weges, sondern in der glaubwürdigen Weitergabe von Erfahrung. Angesichts der bei Erwachsenen häufig anzutreffenden Unzufriedenheit, inneren Spannung, depressiven Stimmung, Lebensunlust und Beziehungsproblematik (man denke nur an die hohe Zahl der geschiedenen Ehen und damit gestörten Familien!), werde das Kind bzw. der Jugendliche auf sich selbst oder die eng begrenzte Gruppe zurückgeworfen; es entstehe eine Mentalität, die von der Gesellschaft — obwohl es sich doch um ihr ureigenstes Produkt handelt — als fremde Kultur, als »Subkultur« erfahren und entsprechend verdrängt, auch bekämpft werde.

Die Peer-group-Ideale mit entsprechenden Erfahrungsdimensionen (»neue« Verhaltensräume, »neues« Verhältnis zur Sexualität, »neuer« Jugendkonsum, »neue« Kommunikationsmuster) konvergierten mit dem neuen Sozialisationstyp Narziß.

»— Die neu zur Verfügung stehenden Verhaltensräume komplettieren die Ablösung von den Elternobjekten, die keine sekundär-narzißtische Identifikationsmöglichkeit mehr anzubieten haben;

— das neue Verhältnis zur Sexualität vermindert die Angst vor libidinös-triebmäßiger ›Überbeanspruchung‹, der man auf Grund des großen narzißtisch gebundenen Energiequantums nicht gewachsen ist;

— der neue Jugendkonsum ermöglicht den Kauf von Objekten, die narzißtische Befriedigung und narzißtische Spiegelung versprechen;

— die neuen subkulturellen Kommunikationsmuster ermöglichen (insbesondere in der Beat- und Drogenszene) rauschartige Erlebnisse des Selbstzerfließens, der Selbsterweiterung und des Schwebens, die mit der primär-narzißtischen Sehnsucht nach der intrauterinen Homöostase zu korrespondieren vermögen;

— das neue Vermeidungsverhalten realisiert sich in der subkulturellen Abwesenheit von Leistungsanforderungen, wodurch ebenfalls die Gefahr narzißtischer Kränkungen und schwer erträglicher Konkurrenzsituationen abgebaut wird, und in dem entsprechenden diffus-›schwimmenden‹ Geborgenheitsgefühl, gewissermaßen im Inneren eines kollektiven Uterus.«[21]

Kleidung, Stil, Kosmetik, Schmuck, Sprechweise, Interessen etc. sorgten dafür, daß die Peer-group in ihrem Gruppennarzißmus, der sich als sozialer Uterus erweist, zusammenhalten werde; zugleich schirmen die subkulturellen Attitüden nach außen hin ab. Integration in die »ganze Gesellschaft« gefährdete den Narzißmus, hinterließe angesichts der dominanten Ich-Schwäche ein Vakuum, das schwer auffüllbar wäre bzw. den schwierigen Weg der Identitätssuche notwendig mache. Die Gesellschaft jedoch fördert den Abgrenzungsprozeß, indem sie die subkulturellen Äußerlichkeiten als Aggressionen gegen ihr eigenes Selbstverständnis empfindet und damit diese in Gegenreaktion nur um so mehr eingegrenzt und ihre »Entbindung« verhindert. Die von Dieter Baacke beschriebene subkulturelle Typologie der 70er Jahre enthält Elemente pubertär-narzißtischen Verhaltens, die in immer wieder neuen »Durchmischungen« durchaus aktuell geblieben sind:

»Der ›Exzentriker‹ kleidet sich nach der neuesten Mode der Mods (farbige Schlipse, figurengeschmückte Pullover, heutenge Hosen usw.) als Affront gegen ›bürgerliche Kleidung‹; er benimmt sich auffallend, raucht etwa farbige Zigaretten in

Spitzen, hat einen wiegenden Gang, wobei er öfter die langen Haare zurückwirft; er empfindet sich auch als erotische Konkurrenz der Band, die gemeinhin die Aufmerksamkeit auf sich versammelt.

Der ›Ironiker‹ gibt sich salopp, er scheint nichts ganz erst zu nehmen; er distanziert sich von allem, und wenn Erwachsene tadelnde Gesichter machen, findet er das belustigend, er ist aus auf Bonmots, will aber nicht mit dem ›Witzbold‹ oder der ›Stimmungskanone‹ verwechselt werden, deren Späße ihm zu harmlos, zu leicht durchschaubar sind. So schafft er sich vorübergehend den Abstand, den die Erwachsenen sonst ihm gegenüber als einem noch zu Erziehenden nicht einhalten; er gewinnt durch sein Verhalten auch einen emotionalen Schutz gegenüber Autoritäten, die ihm nun ›nicht imponieren‹ können; er wartet ab und prüft.

Der ›Avantgardist‹ ist ein Kenner, interessiert sich für Raga-Rock und elektronische Musik; er ist ernsthaft, gibt sich kritisch und kann stundenlang mit großer Konzentration über seine Lieblingsthemen diskutieren, wobei er aus ist auf Unterscheidungen und Präzision.

Der ›Wilde‹ trägt Sandalen an den bloßen Füßen, verhält sich temperamentvoll, fängt an zu tanzen, wenn die anderen nur dastehen und zuhören; er animiert auch andere, mitzumachen, kümmert sich nicht darum, wenn seine Freunde ihn tadeln, ist ein Irrwisch, dessen Reaktionen nicht im voraus zu berechnen sind.

Der ›Träumerische‹ verhält sich zurückhaltend; er achtet darauf, daß seine Gesichtszüge stets anziehend sind; er spielt den in sich Gekehrten, wirft aber plötzlich einem Mädchen einen tiefen Blick zu; er ist das, was die Mädchen ›sweet‹ nennen; seine Schüchternheit ist wohldosiert, weil er weiß, daß sie einen großen Reiz darstellt.«[22]

Als Thomas Ziehe sein Buch 1973 schrieb, diskutierte die Linke vor allem Berühungspunkte, Mißverständnisse und Widersprüche zwischen Psychoanalyse und Marxismus; den neuen Sozialisationstheorien galt das besondere Interesse. »Als ich das geschrieben habe, war ich 26. Und das war ja in einer Zeit, als der Begriff ›Jugend‹ für uns überhaupt nicht das ›ganz andere‹ signalisiert hat. Sondern wir haben uns — das kann man heute nur schwer nachvollziehen — als ›Jungen‹ bezeichnet und die Frauen als ›Mädchen‹, weil erst über die Frauenbewegung der Begriff ›Frau‹ und ›Mann‹ überhaupt für uns aufkam. Für uns war es das Schlimmste, was es überhaupt gibt, als ›erwachsen‹ zu gelten. Und insofern ist, wenn in dem Buch ›Jugend‹ als Kategorie auftaucht, das nicht so streng soziologisch gemeint, als wenn so ein gemäßigter Mittdreißiger über die jungen Leute redete, sondern ich habe damals eher nachgedacht über Gemeinsamkeiten, die ich und Gleichaltrige mit Jüngeren hätten, und nicht über Unterschiede.

Ich will ein paar Stichworte nennen: Es gab eine Renaissance von Beziehungsaufmerksamkeit, Beziehungsdiskussionen und Beziehungssprache, die mir zu denken gab. Es gab eine Fähigkeit zu, aber auch starke Bedürfnisse nach Nähe, nach Gruppen, nach Auflösungserlebnissen, eigentlich eine Sehnsucht nach ›Rausch‹ in bestimmten Alltagssituationen. Es gab ein Umgehen, einen Versuch des Umgehens mit Sexualität, ohne daß der Begriff des Schuldgefühls noch so eine starke Rolle gespielt hätte. Es gab bei uns allen Probleme mit dem Arbeiten, mit Arbeitsstörungen und Ansprüchen, die wir an uns selber stellten. Es gab auch so etwas wie eine häufig aus objektiven Bedingungen nicht erklärliche Depressivität, die mit Kategorien wie ›drohende Arbeitslosigkeit‹ damals zumindest nicht hätte erklärt werden können. Das waren Ausgangspunkte, von denen her ich zunächst nur sagte, daß die ständige Betonung, wir seien alle nur bürgerliche Zwangscharaktere, wir seien anal und hätten Charakterpanzer und was es da so gab an Ausdrücken in der Rezeption von Wilhelm Reich, daß das irgendwie nicht treffe und nicht genüge. Von daher kam mein eigenes — und durchaus auch an meiner eigenen Person festgemachtes — Interesse zu fragen: Kann es sein, daß es psychische Tiefenveränderungen gibt, die ich sozusagen interpretierend beobachten kann an mir, an Gleichaltrigen, an Jüngeren? Es war — das muß ich nochmal sehr deutlich sagen — überhaupt nicht die Perspektive des ›Jugendforschers‹, der sich jetzt hinsetzt und fragt: ›Was ist mit den Jüngeren los?‹«[23]

Was die letztere Feststellung betrifft, so halte ich sie, der heutigen »Mode« entsprechend, für eine Selbsttäuschung. Es war doch gerade das charakteristische der Protestbewegung der späten 60er und der anfänglichen 70er Jahre, daß sie besessen war von der Absicht, die Welt auf den Begriff zu bringen, also analytisch-interpretierend und damit »korrigierend« vorzugehen. Dafür spricht allein schon die Sprache von Ziehes Buch. Die terminologische Konzentration ähnelt einer Geheimwissenschaft; man reflektiert über Individual- und Gruppennarzißmus in einer Weise, die diese Reflexion eigentlich nur einer Peer-group zu vermitteln vermag. Beispiele werden weitgehend vermieden; die Abstraktion verhilft dem Autor dazu, als Person verborgen zu bleiben. Das ist genau die Perspektive des Forschers, der fragt, was mit den anderen los sei, und sich selbst aus den Bezügen seines Forschens herausnimmt; während heute — wie es so heißt — jeder als Individuum sich »einbringen« soll. Zugleich wird Analyse als Eingriff empfunden; dementsprechend versucht Ziehe, im Nachhinein Sympathiewerbung für seinen früheren Denkansatz zu betreiben: Ich wollte doch diese Generation nicht pathologisieren! (In der Tat nicht, denn Analyse ist keine Pathologisierung; sie wird lediglich heute von den Spontaneisten als eine solche empfunden.) Ziehe kommt selbst wieder zum Oszillieren, zum Changieren. Es sei ein schlechtes Erbe der APO-Zeit, daß man zu schnell und zu früh, also ehe man eine Theorie überhaupt sorgfältig geprüft habe, frage, wem sie nütze, und damit insgesamt entwerte. Er sei auch heute noch beeinflußt von dem Versuch, eine Krisentheorie der bürgerlichen Gesellschaft zu entwerfen. — Warum auch nicht? Es ist gut, von der Welt eine Vorstellung zu haben. Und Ziehe hat stringent diese seine Vorstellung (Theorie) ausformuliert. Freilich im Stil »steriler Ableitungslogik«, die heute von denjenigen, die am spontaneistischen Wärmestrom sich niedergelassen haben, als Geschwätz denunziert wird.

Allerdings (und damit greife ich eine andere »Selbsterläuterung« von Ziehe auf): die Aura, die »Atmosphäre« des Wortes »Sozialisation« hat sich im Verlauf der letzten Jahre verändert. Sozialisation war einmal ein Begriff, der Anfang der 70er Jahre Befreiungscharakter hatte, mit dem man sich, in hautengem Kontakt mit objektivistischer Analyse bleibend, vorsichtig dem Thema »Subjektivität« näherte und die Emanzipationsdebatte eröffnete. Sozialiation richtete sich sowohl gegen den Biologismus von Vererbungstheorien und älterer Entwicklungspsychologie als auch gegen die dunklen Mystifizierungen der Sprache in den Geisteswissenschaften. Inzwischen sei aber ein solcher sozialwissenschaftlicher Begriff längst in die Alltagssprache eingegangen; er habe oft herhalten müssen zur Erklärung von biographischen und politischen Fehlschlägen, von eigener Ohnmacht, eigenem Leiden, eigener Unveränderbarkeit, so daß aus dem freisetzend gemeinten Wort »Sozialisation« jetzt doch mehr ein festsetzendes geworden sei. Der Sozialisationsforscher habe damals vor allem um die Transparenz der Komplexität von Beziehungen sich gekümmert; heute sei er vorwiegend einer, der über seine eigene Depressivität schreibe und rede.

Man sieht: die Couch ist zwar beliebter denn je; verzichten möchte man aber auf den Analytiker, der hinter ihr steht. Narzißmus, so Ziehe, sei im psychoanalytischen Sinne keine Eigenschaft, so wie man von »egoistischen« oder »eitlen« Eigenschaften spräche; er sei ein meta-psychologischer Begriff, also ein Begriff, der Wunschbildungen und innere Besetzungsvorgänge fassen wolle. So wie der Begriff der Neurose als tiefenpsychologische Entschlüsselung bürgerlicher Normalität genommen werden könne, so kreise die gegenwärtige Diskussion vermehrt um den Begriff der narzißtischen Störung.

Auch hier habe das Wort »Störung« keine abwertende Bedeutung; es wolle lediglich darauf hinweisen, daß es um eine die Gesamtstruktur betreffende Problematik gehe; »Störung« sei grundsätzlich nichts Schlimmeres als »Konflikt«.

»Der Ausdruck ›neuer Sozialisationstypus‹, den ich verwendet habe, ist in so viele falsche Hälse geraten, daß ich jetzt eher dafür plädiere, ihn nicht mehr zu verwenden. Er war von mir gemeint im Sinne des wissenschaftstheoretischen Begriffs ›Typus‹. Ich habe vor sechs, sieben Jahren, als ich das Buch darüber schrieb, nicht geahnt, daß sich in der slanghaften Alltagssprache das Wort ›Typ‹ verbreiten würde. Plötzlich ist aus meinem Begriff, der doch ein theoretisches Konstrukt, ein Modell, eine hochgradige Abstraktion sein sollte, eine deskriptive Bezeichnung geworden: der ›NST‹ (wie furchtbarerweise auch noch bürokratisch verkürzt wird) wurde zum lebenden Menschen!

Ich verwendete diesen Begriff nicht, um mich hinzustellen, und von hoher Warte zu verkünden, die Mehrzahl der jüngeren Generation sei ›gestört‹! Die Verkoppelung der klinischen Fragestellung zur ›narzißtischen Störung‹ mit der gesellschafts- und kulturtheoretisch fundierten Jugendtheorie war sehr viel vorsichtiger gemeint: Inwieweit bekommt die narzißtische Störung Schlüsselcharakter, um auch tpyische psychische Wünsche, Ängste, Empfindlichkeiten der heutigen ›Normalität‹ besser verstehen zu können? Inwieweit stellt also die narzißtische Störung eine qualitativ andere, historisch veränderte ›Spitze eines Eisbergs‹ der psychischen Kosten in heutiger Kultur dar? (So wie die Neurose Schlüsselcharakter für die tiefenpsychische Analyse von Bürgerlichkeit beanspruchen konnte — und natürlich partiell noch kann —, ohne daß man deshalb behaupten will, alle oder die Mehrzahl bürgerlicher Subjekte sei im pathologischen Sinne neurotisch gewesen!)

Die Narzißmusdiskussion handelt von der Frage, ob es bei der Ausbildung des Selbst zu historischen Verlagerungen gekommen ist, ob die präödipalen Entwicklungsdimensionen für das Selbst wichtiger werden als die ödipalen und nachödipalen. Es geht um die spezifische Qualität, in der das Selbst Gegenstand von Besetzungsvorgängen bzw. Besetzungsentzügen wird.«[24]

Interessant die Kapriolen, mit denen Ziehe sich heute einem klaren Urteil über Jugend zu entziehen sucht. In hermeneutischer Sympathie sagt er, daß auch Narziß »willkommen« sei. Ich sträube mich gegen eine solche Anthropologie, die Angst vor ihrer eigenen Courage hat. Ziehe will niemanden wehe tun. Ich bin der Meinung: man soll sich davor nicht drücken. Man soll sagen: Solcher Narzißmus, sei er nun eine Überbesetzung oder eine Unterbesetzung des Ichs, ist fatal. Solcher Narzißmus verhindert eine integrierte Gesellschaft; die aber brauchen wir. Solcher Narzißmus ist insofern selbstzerstörerisch, als er die biographische Fortentwicklung erschwert. Solcher Narzißmus ist eine Mißachtung des wirklichen Leids in dieser Welt; es fehlt ihm Weltverantwortung. Herbheit sich selbst gegenüber; Mut, vom Ich ständig zum Du und zum Wir vorstoßen zu wollen. Es fehlt ihm die »Freude am anderen«! Damit wird nicht eine Generation schuldig gesprochen; im Gegenteil: die Genealogie ist klar. Erleben wir den Narzißmus, erleben wir ein »Du-must-dein-Leben-ändern!«. Sicherlich, der Narzißmus hat für seelische Feinheiten sensibilisiert. Wird solche Sensibilität aber nicht dem Gemeinwohl »zugeführt«, erweist er sich als kultische Pflege der eigenen Idiosynkrasien.

Aber der Antigone-Narzißmus! Wie so oft: Hegel als Nothelfer: Narzißmus ja — als »aufgehobener« Narzißmus!

Pietismus gestern und heute

Bei dem Versuch, Seelenbilder der Gegenwart zu begreifen, können »Modelle« aus der Vergangenheit helfen. Aufschlußreich erscheint es mir, in diesem Sinne den neuen Subjektivismus, den Drang zur Innerlichkeit, die Zuwendung zum individuellen Gefühlsleben, die antirationalistischen Strömungen unserer Zeit mit dem Pietismus, wie er vor allem das 18. Jahrhundert prägte, zu konfrontieren. Der Pietismus entspringt (nach Gerhard Kaiser) der Introversion; der Rationalismus hingegen der denkenden und handelnden Bewältigung der Außenwelt, also der Emanzipation. Der Pietist ist in seiner Grundeinstellung religiös-emotional, der Aufklärer weltlich-rational. Vor allem aber ist das Ich-Bewußtsein des Pietisten im Unterschied von dem des Aufklärers heteronom: Während der Aufklärer selbstbewußt Gott immer weiter von sich und der Welt abschiebt, kommt der Pietist mit Hilfe äußerer Unterwerfung zur Erfahrung des intim nahen Gottes. Der Aufklärer will Gott die Regierung der Welt aus den Händen nehmen und autonom sein; der Pietist opfert Gott seinen Eigenwillen vollständig auf und will sich führen lassen — allerdings in der leisen, uneingestandenen Hoffnung, Gott werde ihm, durch dieses Opfer gewonnen, um so sicherer seine geheimen Wünsche erfüllen.

Unverkennbar sind Übereinstimmungen zwischen pietistischer und aufklärerischer Gesinnung. Dogmatisches Denken wird aufgelöst, die Toleranzidee wichtig genommen; Reformeifer ist am Werk. Während aber der Rationalist an die fortschreitende Aufklärung glaubt, sieht der Pietist den Fortschritt in der individuellen Entfaltung der Gemütskräfte; diese können dann auch — wenn richtig geweckt und eingesetzt — die Welt verändern. Pietismus bedeutet Aufstand des Gefühls gegen Regel und Schablone, Auflehnung gegen allen Intellektualismus, selbständige Unmittelbarkeit in der Stellung zu Welt und Leben, hoher Schwung der Phantasie, Sieg der Sinne über die Abstraktion. Das Weltliche gerät aus dem Blickfeld; an Politik und Gesellschaft ist man nur interessiert, wenn sie als Vehikel enthusiasmierender Gesinnung, jenseits von Pragmatismus, dienen können. Der rhapsodische Patriotismus des Pietismus ist vor allem einem inneren Vaterland zugewandt; seine Mystik will vom Realitätsprinzip nichts wissen.

Wenn der Aufklärer sein Denken auf den Staat richtet und in seinem Geist ein Programm des Handelns entwirft, will er die Welt verändern; der pietistische Patriot will sie verklären. Sein »inneres Vaterland« bildet sich in Spannung zur Wirklichkeit aus; die Wirklichkeitskritik dient dazu, der Phantasie zu bescheinigen, daß sie über allen Niederungen hinweg auf dem richtigen Flug ist. Aufklärung zielt auf die reale Utopie, Pietismus auf die eschatologische Vision.

»Der Aufklärer glaubt an eine stufenweise gleichmäßig fortschreitende Umwandlung der Realität ins Ideal, der religiöse Patriot an ein inneres Wachstum der Geistkräfte, das gerade durch krisenhafte äußere Situationen hervorgetrieben wird bis zu der Stunde hin, da Gott in überwältigender Plötzlichkeit aus der Dunkelheit der Zeit hervortritt und die Welt ins Helle und Geistige verwandelt. ›Daß die Zeit der Auferstehung gekommen ist, und gerade die Begebenheiten, die gegen ihre Belebung gerichtet zu sein schienen und ihren Untergang zu vollenden drohten, die günstigsten Zeichen ihrer Regeneration geworden sind, dieses kann einem historischen Gemüte gar nicht zweifelhaft bleiben. Wahrhafte Anarchie ist das Zeugungselement der Religion. Aus der Vernichtung alles Positiven hebt sie ihr glorreiches Haupt als neue Weltstifterin empor‹, schreibt Novalis 1799 in seiner Programmschrift ›Die Christenheit oder Europa‹. Die Paradoxie des: je schlimmer, desto besser, tritt deutlich hervor. Es ist dieses dramatisch-antithetische Denken, das sich später in Hegels Dialektik auskristallisiert.«[25]

Wie man die Welt reformieren kann, spielt beim Pietisten keine besondere Rolle; wohl aber die Sehnsucht, daß sie ganz anders sein müßte, wenn sie für die Menschen geeignet sein sollte. Es besteht wenig Vertrauen zu »kleinlichen« Kärrnerdiensten, zur Dreckarbeit der Reform. Die Veränderung, wie sie dem Seher vorschwebt, soll total sein; im Scheitern an der Realität verdient man sich die Krone des Märtyrertums. Charakteristisch für den Pietismus ist der Blut- und Tränenkult: zum einen die ekstatisch-aggressive Verherrlichung eines idealtypischen Vaterlandes, zum anderen ein tränenseliges Leidensbedürfnis, das religiös fundiert ist, am Schicksal Jesu Christi sich orientiert. Im »Sturm und Drang« tritt solche Befindlichkeit säkularisiert in Erscheinung: der »rechte Kerl« ist leidenschaftlich, unausgeglichen, zerrissen, zwischen Melancholie, Rührseligkeit und wildem Tatendrang schwankend; der »Bruder«: zart, weich, hingebungsvoll, schwärmerisch. Das »Originalgenie« ist ganz Natur; von der Leidenschaft des Vollbringens, von wilder Tatkraft und ungestümem Trotz bewegt. In mythologische Gestalten wird das eigene Lebensgefühl hineinprojiziert. Kronos leitet die Kutsche des Lebens auf ihrer rasenden Fahrt; zu Titanentrotz gesellt sich das Verlangen nach Liebe und Lust. Prometheus, Apollo, Dionysos, Ganymed. Fülle und Ganzheit des Herzens, oft genug rührselig, larmoyant.

Der Pietismus unserer Tage ist natürlich mit dem historischen Modell nur bedingt vergleichbar. Die inhaltlichen Bezugspunkte sind zum Teil völlig anders; handelt es sich doch heute um eine vorwiegend »weltliche« Bewegung. Aber auch so kann man das pietistische Psychogramm in seinen wesentlichen Elementen durchaus feststellen.

Die emotionale Komponente: Gefühl gilt, wenn nicht alles, doch sehr viel; Innerlichkeit ist ein Fluchtort, wo auch die neu-alte romantische Sehnsucht nach einer heilen Welt sich einfindet. Unmut, Unwille, Unruhe, Unrast, Unsicherheit inmitten der realen Welt; dadurch bewirkt Fluchtbewegungen höchst unterschiedlicher Art, alle mit dem Ziel, der Bürde, wie sie Rationalität und Intellektualismus darstellen, enthoben zu werden: ins Grüne, ins Alternative, in die Drogen-Szene, in unzählige psychotherapeutische Zirkel, ins Sektenwesen. Aus dem einstigen Kurs »Langer-Marsch-durch-die-Institutionen« ist ein Konkurs geworden. Standhalten: der Begriff ist gealtert; Regression ist en vogue. Fluchthelfer, die aus der Welt des globalen Männlichkeitswahns und zwanghaften Fortschrittsoptimismus herausführen, sind beliebt — nicht die Veteranen der Kulturrevolution; sondern Stürmer und Dränger mit einem Irrationalismus, der die ganze Skala zwischen Pietismus und Romantik durchspielt. Spontaneität erweist sich als ein neuer Glanz von innen.

Die neuen Signalworte: Natur, Nähe, Geborgenheit, Gefühl, Glück, Spiel, Festlichkeit, Phantasie, musisch, sensibel, still, einfach. Schlüsselworte fürs Paradies? Der Rückzug ins Private vollzieht sich nicht »naiv«; er konterkariert Politik und Gesellschaft. Man ist nicht apolitisch, sondern anti-politisch; man verachtet die Politik, empfindet es aber als selbstverständlich, daß sie die individuelle Selbstverwirklichung garantiert.

Die Sehnsucht nach dem Privaten ist dementsprechend überfrachtet; ins Miteinander projiziert man die Loslösung von aller Gegenwartsfrustration und Zukunftsangst. Der Kode der neuen Innerlichkeit — nachfolgend herausdestilliert aus warenästhetisch angehauchten Heiratsanzeigen — lautet etwa: gemeinsam, freundlich, nett, heiter, naturliebend, feminin, unabhängig, verstreichelt, charmant, glücksfähig, sensitiv, zierlich, zärtlich, sinnlich, emanzipiert. »Mit Dir möchte ich leben, lieben, lachen, unseren Weg zukünftig mit Dir gehen, Geselligkeit pflegen, Kinder haben, zuhausesein, eine Familie haben. So sehen wir die Welt und ihre Menschen um uns herum mit verschiedenen, sehenden Augen, teilen unser Sehen mit, reden uns an, wachsen aneinander, gehen den Berg hinauf.«[26]

Progressive Innerlichkeit lokalisiert sich markant in der Wohngemeinschaft. In ihr finden sich vielfach Menschen zusammen, die in ihrer Erziehung den krankmachenden Materialismus mitbekommen haben und nun nach den beständigeren Werten des Lebens suchen. Das gemeinsame Wohnen hat vorwiegend ideelle Gründe; man wünscht sich ein Nest mit Gleichgesinnten. Nachbarschaft wird begriffen als identische Überzeugung und gleiche Einstellung zum Leben. Die romantische Unstetheit des Lebens, dem smarten Effizienzdenken der Industriegesellschaft entgegengesetzt, setzt gleichzeitig auf Geborgenheit. Freilich stößt solche Sozialisationsromantik oft genug auf eine ganz andere Wirklichkeit; die Folge ist dann das WG-Syndrom: ein größerer Teil der »Wohnzeit« ist ausgefüllt mit psycho-dramatischen Auseinandersetzungen, die jedoch meist nicht den Klimax von Ehekrächen erreichen, da es gewissermaßen zu den Voraussetzungen einer WG-Mitgliedschaft gehört, die introspektiven pietistischen Kommunikationstechniken zu beherrschen. Ein wesentliches Bindeglied ist der Jargon, der, zusammen mit der Nonchalance der Lebensart, dafür sorgt, daß »das Leben als Therapie« einigermaßen soziabel abläuft; und außerdem ist der WG-Insasse mobil; er kann sich der Last, die zur Kehrseite multiplen Zusammenlebens gehört, verhältnismäßig rasch entledigen.

»Was es an Unverträglichkeiten gibt, stellt sich oft erst im Lauf der Zeit heraus. An gegenseitiger Überbeanspruchung oder totaler Lethargie, an hygienischen Grunddiskrepanzen, an Hyper-Organisation oder totalem Laisser-faire. Aber: wenn's nicht ›zusammenlief‹, so war das kein Drama. Wohnungsgemeinschaft soll ja nicht die Festgefahrenheit von Familienstrukturen imitieren, sie soll im Gegenteil Flexibilität erhalten.

Es herrscht in Wohngemeinschaften noch immer ein anderes Klima als in den Behausungen einzelner, darauf bestehe ich. Es herrscht ein selbstverständlicheres Kommen und Gehen, die Kontakte sind weniger formalisiert: man kommt ins Zimmer, verläßt Zimmer, begrüßt Leute und verabschiedet sich nicht, ein Rahmen, in dem der Landfreak R. und der Provinz-Studienrat B. und vier kiffende Abiturenten und die schicke Photographin A. zufällig an einem Tisch beieinandersitzen, weil es sich so ergibt. Sowas passiert häufig, manchmal zu häufig. Vielleicht ist diese Lebensweise tatsächlich nur ein Relikt aus lockeren Zeiten, aus Zeiten, als es allgemein leichter fiel, selbstverständlicher war, flippy, ein bißchen anarchischer zu sein als heute. Vielleicht ist es ja wirklich juvenil, daran zu hängen, an dieser entspannteren Lebensweise, für die das WG-Leben immerhin noch ein Symbol ist.

Vor einiger Zeit habe ich eine Zwei-Zimmer-Wohnung in Hamburg angemietet, weil ich dort viel zu tun habe. Zum erstenmal ein Apartment für mich allein, standesgemäß mit eigenem Telefon, eigenem Briefkasten. Wenn ich dort abends nach Hause gekommen bin, lag und stand unter Garantie alles genauso, wie ich es morgens zurückgelassen hatte. Es war still, bis ich das Radio andrehte. Menschliche Geräusche kamen nur aus den Nachbarwohnungen, deren Bewohner ich nie sah. Ich hegte und pflegte die kleine Wohnung, wie es sich gehört: sie war entschieden blankgeputzter als unsere Münchner Gemeinschaftswohnung. Ich ging hin und her und auf und ab im

Komfort und freute mich, wieviel nichtangeschlagenes Geschirr allein mir gehörte. Nach ein paar Tagen jedoch hatte ich jedesmal absolut genug von diesen meinen abschließbaren vier Wänden. Das kleine saubere Bad, die kleinen ideal-für-eine-Person-geschnittenen Räume, vor allem die stille Ordnung brachten mich an den Rand heftiger Depressionen. Ich habe die Wohnung aufgegeben. Vielleicht bin ich verdorben für diese Art von heroischem isolierten Singledasein. Für mich ist das nicht normal. Wenn das juvenil ist, dann muß ich es bleiben, fürchte ich.« (Renate Just)[27]

Die »Falle« der Zweier- und Mehrfachbeziehungen schnappt dann zu, wenn der Widerspruch zwischen emanzipatorischer Freiheit und pietistischer Verinnerlichung, zwischen warenästhetisch motivierter Konsumfreude und puritanischem Enthaltungsethos, zwischen altruistischer Attitüde und narzißhaftem Selbststilisierungswahn, im besonderen zwischen Zurück-zur-Natur und zivilisatorischer Gewöhnung nicht »ausgehandelt«, d.h. geklärt wird.

Materialien zur pietistischen »Beziehungsszenerie« sind in Hülle und Fülle vorhanden: gerade eben, weil es sich um Pietisten handelt, die ihre Gefühle und Erfahrungen nicht verdrängen, sondern aussprechen, beichten — zum Nutzen der anderen, mit denen sie sich im kommunikativen Verbund befinden oder wähnen; sie deuten auf ein Meer von Gefühlen; die Individuen, die an Rationalität nicht mehr glauben, tanzen darauf wie Korkstücke; sie fühlen sich freilich anders: stabil nämlich.

Die Lektüre solcher Seelenberichte fasziniert mich einerseits; andererseits weckt die introspektive Breite der Emanationen in mir das Bedürfnis nach cooler Abstraktion, die den einzelnen nun eben doch nicht so wichtig nimmt.

Das Angstsyndrom

Der »alte« Pietismus war optimistisch ausgerichtet. Die säkulare Hoffnung auf ein zukünftiges idealisches Vaterland verband sich mit der religiösen Hoffnung auf endgültige Erlösung vom irdischen Jammertal. Die letzten Dinge waren nicht die allerletzten; die Idee der Erweckung aus dem Hier zum Einst überwölbte den Pietismus.

Der Pietismus der Kinder des Wohlstandes, die sich auf der Suche nach dem verlorenen Sinn befinden, ist pessimistischer Art. Angst ist ihr Weckruf; im Zeichen der Angst steht der neue Gefühlskult; die letzten Dinge seien rascher da, als wir ahnen; und es seien die allerletzten. Die meisten Menschen, so Dorothee Sölle, hätten das Gefühl des Abgeschnittenseins; fühlten sich in einen Lebensroboter, eine Arbeitsmaschine, eine Eßmaschine, eine Sexmaschine, eine Lesemaschine, eine Kaufmaschine verwandelt. »Jeder fünfte Deutsche leidet heute an behandlungsbedürftigen psychischen Problemen, an Schlafstörungen jeder dritte bis vierte. Bei den über 65 jährigen ist schon fast jeder vierte seelisch so gestört, daß er ärztliche Betreuung braucht.

Auch 25 Prozent der Vorschulkinder und Schulanfänger werden als ›gestört, krank oder behindert‹ eingestuft, berichtet die Deutsche Gesellschaft für soziale Psychiatrie.

Daß die wahren Zahlen noch höher liegen, weiß jeder Fachmann. Heiner Ochsenfahrt, Stellvertretender Geschäftsführer der Arzneimittelkommission der deutschen Ärzteschaft, hat ›den Eindruck, daß Millionen unter Tranquilizern stehen‹.

Statistisch schluckt jeder Bundesbürger in seinem Leben nicht weniger als 36 000 Tabletten.

Die Münchner Apothekerin Eva H. sagt: ›Es ist schrecklich. Die Leute geben sich die Klinke in die Hand. Lebensangst, reine Lebensangst.‹

Allein in Bayern, so schätzt der frühere Münchner Polizeipsychologe Georg Sieber, gibt es eine Million Tablettensüchtige. Dazu vermutet Sieber in Bayern allein zwei Millionen Alkoholiker.

Offiziell wird die Zahl der Alkoholkranken für die ganze Bundesrepublik nur auf 1,8 Millionen geschätzt. Dazu rechnet Siebert noch zwei Millionen Herzneurosen. Da bliebe ja nur ein harter Kern von sechs Millionen robuster Bauwaren übrig? Sieber beharrt auf seinen Schätzungen.

Auch das ist noch nicht alles. Für maskierte Störungen aus dem seelischen Bereich halten Fachleute auch über die Hälfte aller organischen Krankheiten, die in den Praxisräumen der Allgemeinmediziner behandelt werden. Herzinfarkte, Kreislaufstörungen, Bandscheibenschäden, Magengeschwüre, Migräne, Asthma, Ischias — alles sozusagen von der Gesellschaft akzeptierte Defekte, die es den Opfern erlauben, aus dem täglichen Konkurrenzkampf auszuscheiden, ohne das Gesicht zu verlieren.

Aussteiger mit Alibi. Horst-Eberhard Richter: ›Was die Jüngeren mit ihren Ängsten offen ausdrücken — dieses Leben macht uns kaputt —, signalisieren die Älteren durch physischen Verschleiß.‹

Ein Bild zeichnet sich ab: Gedrückte Stimmung. Versteinerung im Verhalten. Abkapselung. Verbitterung. Verlust an Geborgenheit. Ungewißheit. Selbstwertzweifel. Autoaggression. Selbstvorwürfe.

Dazu: Nur mühsam unterdrückte innere Unruhe. Die Neigung, allem auszuweichen. Ein Gefühl von Leere. Jammern und lamentieren. Wahnhafte Ängste um Gesundheit und Besitz. Verlust an Wirklichkeitssinn. Schuldgefühle. Ständige Müdigkeit. Lebensunlust.«[28]

Der Mensch ist in die Angst geworfen; er kann ihr nicht entgehen. Existentiell gesehen ist sie eine Grundbefindlichkeit. Arbeit mag von ihr ablenken, der Glaube sie eventuell überwinden, der Rausch sie vergessen machen; aber letztlich bleibt sie da und wird immer wieder ihre Tiefenwirkung tun. Geschichtlich gesehen gab es vielfach Phasen der Angstfreiheit; nicht, daß man nicht Furcht gehabt hätte — Furcht vor bestimmten ökonomischen, politischen oder sozialen Entwicklungen. Man fühlte sich jedoch geborgen im christlichen Glauben oder im Glauben an Fortschritt. Vor allem die Aufklärung hat solchen gesellschaftlichen Optimismus verbreitet. Im 19. Jahrhundert war die sozialistische Bewegung davon überzeugt, daß das Paradies auf Erden zu verwirklichen sei. Nach 1945 überlagerte der Aufbauelan die Ängste, die aus der Stunde Null erwuchsen; man war überzeugt, daß es aufwärts ginge.

> Ich glaube schon, daß ich, sehr geprägt von dieser Zeit, mich nicht von einer Wirtschaftswundereuphorie mitreißen ließ, sondern tiefer nachdachte. Und da waren es zwei »Bildungserlebnisse«, die mich dem pessimistischen Pietismus gegenüber resistent werden ließen. Albert Camus mit seinem »Mythos von Sisyphos«; und Ernst Bloch, der uns mit Marx- und Engelszungen die Resignation und das Verzagtsein ausredete.
>
> Sisyphos, ein Held des Absurden, sei — so Camus — stärker als sein Fels; er mache aus dem Schicksal eine menschliche Angelegenheit, die unter Menschen geregelt werden müsse; darin bestehe die ganze verschwiegene Freude des Sisyphos. Sein Schicksal gehöre

ihm, sein Fels sei seine Sache; ohne Schatten gäbe es kein Licht, man müsse auch die Nacht kennenlernen. Dieses Universum, das nun keinen Herrn mehr kenne, komme ihm dennoch weder unfruchtbar noch wertlos vor. Jedes Grau dieses Steins, jeder Splitter dieses »durchnächtigten Berges« bedeute allein für ihn eine ganze Welt. Der Kampf gegen Gipfel vermöge ein Menschenherz auszufüllen; man müsse sich Sisyphos als einen glücklichen Menschen vorstellen.

Eine Tagebuchnotiz von Albert Camus aus dem Jahre 1936 faßt die exorbitante Situation einer Existenz à la Sisyphos in folgende Worte: »Ich beklage mich nicht mehr, da ich zuschaue, wie ich geboren werde. Ich bin glücklich in dieser Welt, denn mein Reich ist von dieser Welt. Vorüberziehende Wolke, erbleichender Augenblick. Mir selber sterben. Das Buch öffnet sich an einer geliebten Stelle. Wie fade erscheint sie mir heute, da ich das Buch der Welt vor mir habe. Es stimmt, daß ich gelitten habe, es stimmt, daß ich leide; und daß dieses Leiden mich berauscht, weil es aus dieser Sonne und diesen Schatten besteht, aus dieser Wärme und aus dieser Kälte, die man sehr ferne auf dem Grunde der Luft spürt. Was soll ich mich fragen, ob etwas stirbt und ob die Menschen leiden, da noch alles in diesem Fenster geschrieben steht, durch das der Himmel seine Fülle ergießt. Ich kann sagen — und ich werde gleich sagen —, daß es einzig darauf ankommt, menschlich zu sein, einfach. Nein, es kommt darauf an, wahr zu sein, und dann ergibt sich alles von selber, die Menschlichkeit und die Einfachheit. Und wann bin ich wahrer und lauterer als wenn ich die Welt bin?«[29]

Camus hat als aufmerksamer Beobachter der »Tragödie dieses Jahrhundert« immer wieder die menschliche existentielle Situation als eine des »Geworfenseins« beschrieben: Zwischen den Grenzsituationen von Geburt und Tod erstreckt sich das Leben, das angesichts einer »ungefragten Geburt« und stets drohenden Endes als paradox bzw. absurd erfahren wird. Inmitten von Angst und Verzweiflung gilt es, gegen die absurde Wirklichkeit dadurch zu »revoltieren«, daß man, auch wenn ohne Hoffnung auf das Morgen, diese so human wie möglich zu gestalten trachtet. Der Held des Absurden sei derjenige, der Angst in Mut, Furcht in Tapferkeit, Verzweiflung in Handlung wandelt; der Homme révolté stelle sich dem Absurden. »Der absurde Mensch sagt ja, und seine Mühsal hat kein Ende mehr.« »Die an das Sein hingegebene mediterrane Sinnenhaftigkeit, antike Lebensliebe, Lebenslust wirken in Camus; ›absurd‹ in seinem Sinne scheint es, daß er im Alter von 46 Jahren dieses so bejahte, geliebte Leben verlor.« (Margret Dietrich)[30]

Ernst Bloch hat mit seinem Werk »Das Prinzip Hoffnung«, geschrieben 1938—1957 in den USA, seine marxistisch-messianistische Philosophie der Utopie systematisch dargelegt und begrifflich-historisch wie spekulativ ausgebaut. Blochs Analyse des Hoffnungsbegriffs und seine Enzyklopädie der Hoffnungsinhalte wird in einer sowohl rationalen als auch metaphorisch-poetischen Sprache dargeboten. Die Zuversicht in die Möglichkeiten der Selbstentfaltung des Menschen, seine Identität mit sich selbst und der Natur, sollen nicht nur durch Ideen, sondern auch durch Darstellung vermittelt werden. Dieses Hauptwerk Blochs zielt mit begrifflich erfülltem Pathos auf »jene Gemeinschaft, wo die Sehnsucht der Sache nicht zuvorkommt, noch die Erfüllung geringer ist als die Sehnsucht.« Hat der arbeitende, schaffende, die Gegebenheiten umbildende und überholende Mensch »sich erfaßt und das Seine ohne Entäußerung und Entfremdung in realer Demokratie begründet, so entsteht in der Welt etwas, das allen in der Kindheit scheint und worin noch niemand war: Heimat«. Solches »Träumen nach vorwärts«, beschrieben in einer Sprache, »wie sie seit den großen Tagen Hegels und Schopenhauers... nicht mehr erklungen ist« (W. Jens), äußert sich für Bloch vor allem im »Tagtraum«, der Keimzelle utopischen Denkens.

»Wer sind wir? Wo kommen wir her? Wohin gehen wir? Was erwarten wir? Was erwartet uns?

Viele fühlen sich nur als verwirrt. Der Boden wankt, sie wissen nicht warum und von was. Dieser ihr Zustand ist Angst, wird er bestimmter, so ist er Furcht.

Einmal zog einer weit hinaus, das Fürchten zu lernen. Das gelang in der eben vergangenen Zeit leichter und näher, diese Kunst ward entsetzlich beherrscht. Doch nun wird, die Urheber der Furcht abgerechnet, ein uns gemäßeres Gefühl fällig.

Es kommt darauf an, das Hoffen zu lernen. Seine Arbeit entsagt nicht, sie ist ins Gelingen verliebt statt ins Scheitern. Hoffen, über dem Fürchten gelegen, ist weder passiv wie dieses, noch gar in ein Nichts gesperrt. Der Affekt des Hoffens geht aus sich heraus, macht die Menschen weit, statt sie zu verengen, kann gar nicht genug von dem wissen, was sie inwendig gezielt macht, was ihnen auswendig verbündet sein mag. Die Arbeit dieses Affekts verlangt Menschen, die sich ins Werdende tätig hineinwerfen, zu dem sie selber gehören. Sie erträgt kein Hundeleben, das sich ins Seiende nur passiv geworfen fühlt, in undurchschautes, gar jämmerlich anerkanntes. Die Arbeit gegen die Lebensangst und die Umtriebe der Furcht ist die gegen ihre Urheber, ihre großenteils sehr aufzeigbaren, und sie sucht in der Welt selber, was der Welt hilft; es ist findbar. Wie reich wurde allzeit davon geträumt, vom besseren Leben geträumt, das möglich wäre. Das Leben aller Menschen ist von Tagträumen durchzogen, darin ist ein Teil lediglich schale, auch entnervende Flucht, auch Beute für Betrüger, aber ein anderer Teil reizt auf, läßt mit dem schlecht vorhandenen sich nicht abfinden, läßt eben nicht entsagen. Dieser andere Teil hat das Hoffen im Kern, und er ist lehrbar. Er kann aus dem ungeregelten Tagtraum wie aus dessen schalem Mißbrauch herausgeholt werden, ist ohne Dunst aktivierbar. Kein Mensch lebte je ohne Tagträume, es kommt aber darauf an, sie immer weiter zu kennen und dadurch unbetrüglich, hilfreich, aufs Rechte gezielt zu halten. Möchten die Tagträume noch voller werden, denn das bedeutet, daß sie sich genau um den nüchternen Blick bereichern; nicht im Sinn der Verstockung, sondern des Hellwerdens. Nicht im Sinn des bloß betrachtenden Verstands, der die Dinge nimmt, wie sie gerade sind und stehen, sondern des beteiligten, der sie nimmt, wie sie gehen, also auch besser gehen können. Möchten die Tagträume also wirklich voller werden, das ist, heller, unbeliebiger, bekannter, begriffener und mit dem Lauf der Dinge vermittelter. Damit der Weizen der reifen will, befördert und abgeholt werden kann.«[31]

An solchen Kohlen schmilzt man. Können solche Texte nicht eine Legion von Ängstlichen, von pietistischen Ängstlichen, von ängstlichen Pietisten, in die Flucht schlagen? Damit die Republik eine solche bleibe, eine solche viel mehr werde, als sie es bislang ist. (Freilich: vor dem Pathos muß man sich hüten! Er wirkt tief, pumpt uns aber auch auf, so daß wir auf der Oberfläche herumrudern!)

Ein Gespenst geht um — das »Prinzip Angst«. In einem solchen Lande leben wir: Weit verbreitet ist das Gefühl des Identitätsverlusts, der Entfremdung und Verunsicherung; kämpferischer Protest ist abgelöst durch Resignation und Pessimismus, die sich nur noch gelegentlich, und dann vorwiegend als Reaktion, zur Aktion aufraffen. »Tunix« ist eine beliebte Parole unter der Jugend. Handelt es sich bei einer solchen Malaise lediglich um eine »neueste Stimmung im Westen«, die von künstlerischen und intellektuellen Sinndeutern entsprechend vorgespielt und auch vermarktet wird, oder haben wir es mit einem tiefgreifenden Mentalitätswandel zu tun, den Hartmut von Hentig der »entmutigten Republik« anlastet? Viele Bürger unseres Landes hielten es nicht mehr für möglich, daß sich die gemeinsamen Angelegenheiten gemeinsam und öffentlich und dadurch vernünftig regeln ließen. Diese Enttäuschung resultiere aus Erfahrungen, die weniger mit der republikanischen Verfassung als mit den Strukturen der hochentwickelten Industriegesellschaft zu tun hätten. Eine Generation sei herangewachsen, die die politischen Probleme der Welt jeden Abend als offensichtliches moralisches Versagen der Republik am Fernsehen erlebe.

»Die Republik, unsere politische Kultur, ist zutiefst entmutigt. Ihre Kennworte sind nicht nur alle negativ, sondern auch fast alle unpersönlich: Contergan und Seveso,

Harrisburg und die wöchentliche Öltankerkollision, HeLaBa und Herstatt, die Statistik der Drogenabhängigen, der Verkehrsopfer, der Arbeitslosen, der Krebs- und Kariesbefallenen, der Selbstmörder, der psychisch Kranken; der ›Verfall der öffentlichen Moral‹; der beginnende Zusammenbruch des internationalen Rechtes. . .«[32]

Während von Hentig den Grund der Entmutigung in objektiven Tatbeständen fundiert sieht — die Republik funktioniere nicht mehr, nicht weil die Regierungen ihre Befugnisse mißbrauchten oder ihre Kontrolle nicht ausübten oder eine Verschwörung im Gang sei, sondern weil die »Sachen« zu schwierig geworden seien, weil soviel miteinander zusammenhänge und weil keiner mehr die Wechselwirkungen und Nebenwirkungen überschaue —, während von Hentig also das Problem auf Orientierungsschwierigkeiten des einzelnen inmitten einer komplexen und komplizierten Welt zurückführt, hat Johannes Gross, allerdings mehr impressionistisch-feuilletonistisch denn systematisch-analytisch, die »Misere der öffentlichen Gefühle« als dominantes lediglich »veröffentlichtes« Bewußtsein zu dekuvrieren versucht, ein Bewußtsein, das im Widerspruch zur wahren »Lage der Nation« stehe. Ohne daß Gross es so expressis verbis formuliert — zugespitzt könnte man den Inhalt seines Aufsatzes (mit dem Untertitel »Trübsinn würzt den Genuß des Wohlstands«)[33] dahingehend charakterisieren, daß die vorherrschende Überbau-Larmoyanz gewissermaßen ein Aphrodisiakum für die notwendigerweise mit dem Wohlstand einhergehende Erschlaffung darstelle. Die Therapie, die Gross anbietet, formuliert er metaphorisch so, daß wir bereit sein müßten, die Halbmaske, die wir trügen, abzunehmen, damit das wahre Gesicht zum Vorschein komme: »Weniger pausbäckig als das jetzige, aber die Stirn von anderem umwölbt als der bloßen Misere bloßer öffentlicher Gefühle.« Eine derartige Aufforderung zu einer nüchternen Realitätssicht, verbunden mit der Bereitschaft, Probleme offener, gelassener anzugehen, hier vorgetragen von einem Standpunkt, der zumindest von den Linken als rechts bezeichnet wird, ähnelt in manchem der Therapie, die Hartmut von Hentig anbietet. Aufrufe nützten nichts gegen die Tatbestände der Gefährdung (der Republik, der Demokratie, der Humanität); mit Rütlischwur und »Wehret den Anfängen« sei nichts mehr zu machen und schon gar nichts mit den rührigen, in ihrem Pathos abgenutzten Aufrufen von 50, 500, 5000 prominenten und promovierten Dauerunterzeichnern, mit den ebenfalls abgenutzten Effekten politischer Liedersänger oder mit Demonstrationen und Störungen von Demonstrationen. Nicht das Bewußtsein von der Einfachheit helfe, sondern das Bewußtsein von der Komplexität des Problems. Nur wer wenigstens die Sachschwierigkeiten erkenne, könne helfen, die Politik wieder stimmig zu machen. Das Klagen über die Ausbreitung der Bürokratie sei nutzlos und wehleidig, solange wir für jede ungerechte Zensur, die unserem Kind erteilt wird, zum Gericht liefen. Der Protest gegen Rationalisierung im eigenen Betrieb sei unglaubwürdig, wenn wir selber nur noch im Supermarkt einkauften, wo das Scheuerpulver, die Strumpfhose und das Bier einige Pfennige billiger seien — bis die Konkurrenz verschwunden ist. Die Wahrnehmung jedoch, daß man angesichts der sichtbar gemachten Sachschwierigkeiten die letzten zehn enttäuschend Jahre so gut überstanden habe, könne selbst zur Ermutigung werden. Man solle nicht mehr überrascht und nicht wehleidig sein, wenn der Wohlstand nicht ständig zunehme, die soziale Sicherheit in Zukunft stärker durch persönliche Solidarität als durch staatliche Maßnahmen aufgebracht werden müsse, der Friede zwischen den gesellschaftlichen

Gruppen nicht milde fortdauere. Man solle Stärken und Schwächen der politischen Ordnung und Gewohnheiten sehen, bleibende Prinzipien, vereinbarte, aber veränderbare Mittel und veränderliche Aufgaben unterscheiden lernen. Gibt es Hilfe zu diesem Lernen? Die beste Hilfe liegt im Nachdenken über die eigene Erfahrung. Die Politiker, Wissenschaftler und Künstler könnten dazu anleiten; vor allem aber hätte der Bürger dem Bürger selbst zu helfen: »Ihm könnte es helfen, wenn ein anderer Bürger ihm seine eigene Not mit diesen Problemen offenbart: Versuche und Irrtümer, Taten und Versäumnisse, Formulierungen und deren Wandlung oder Auflösung, das Entstehen einer Überzeugung und die Folgen, die sie hat.«[34]

Hentigs Denkansatz, sowohl was die Diagnose als auch die Therapie betrifft, ist sehr typisch für die »tätige Reflexion« einer Generation, die durch die Erfahrungen des Nationalsozialismus geprägt wurde, die mit 1945 die Chance eines gesellschaftlichen, staatlichen und kulturellen Neubeginns begriff und nutzte — einer Generation, die alt genug war, um handeln zu können, aber jung genug, um nicht von der »Trauerarbeit«, die dennoch hier am intensivsten geleistet wurde, voll absorbiert zu werden (und natürlich auch nicht von Trotz- oder Schamgefühlen zu stark gehemmt war). »Erfahren«, im wahrsten Sinne des Wortes, wurde, was Ausbruch und Aufbruch bedeuten können. Man stand zugleich auf dem Kopf und auf den Füßen; der Eskapismus nach der Stunde Null war Konditionierung für das Engagement. Hatte früher ein Gespräch über Bäume bereits Widerstand bedeutet, weil man sich damit der Ideologisierung, die alles »in Dienst zu stellen« suchte, entzog, so wurde der Realitätsentzug nun zur Vorstufe für die Umgestaltung von Wirklichkeit. Gewiß, man flüchtete vielfach in eine imaginäre Scheinwelt, aber man erwartete eben, daß die Wirklichkeit sich der Idee anpassen würde, und war dennoch nicht völlig lädiert, wenn diese Erwartung sich nicht erfüllte; man war bereit, auch die Idee an der Wirklichkeit zu orientieren, also der Welt entgegenzukommen, um sie zu verändern.

Diese Generation wird heute von den nach 1945, vor allem in den 50er und 60er Jahren Geborenen mit einem harten Verdikt belegt. Es handle sich um Rauschebart-Großväter, die in ihrem Wolkenkuckucksheim dahinidealisierten. Wer gesellschaftspolitischen Mut hat, wer Entwicklungen auch positiv sieht, wer weiterhin Fortschritt für möglich hält, steht außerhalb des Zirkels der Progressivität.

Angst ist eben die neueste Stimmung im Westen. Wer sich ihr entzieht, ist gefühllos; der neue Gefühlskult bestätigt sich in und durch Angst, er zeichnet sich geradezu durch Angst aus; er erhält durch Angst auch seine elitäre Aura.

Widerspruch! Ich empfinde diese Angst oft als befreiend. Wir wurden auf Tapferkeit und Mut hin erzogen, durften keine Angst haben. Überall lauerte der »innere Schweinehund«; er mußte bekämpft werden. Die Angstverdrängung führte zu einem Tapferkeitswahn, zu einer Denaturierung des Menschlichen; denn Angstverlust bedeutet auch immer Mitleidsverlust; Sorge, Fürsorge und Vorsorge werden dann gering erachtet. Auch habe ich die Sing-out-Philosophen des »vorbildhaften Demokratieverständnisses« satt, die unentwegt hochtrabend mit ihren Sonntagsworten als Angstweißwäscher in Erscheinung treten.

»Darf man angesichts der gewaltigen Bewährungsproben, die im letzten Fünftel dieses Jahrhunderts auf uns warten, in eine abwartende Haltung oder gar in Tristesse-Stimmung und Weltschmerz flüchten?«[35] Nein, man darf natürlich nicht; aber dieses Pathos geht auf die Nerven (hier ausgestrahlt vom bayerischen Kultusminister Hans Maier).

»Darum heißt die Parole für das neue Jahr nicht: Fürchtet euch — wehrt euch; sie heißt vielmehr: Fürchtet euch nicht — wehrt euch gegen die Furcht! Gewiß: es gibt genug Gründe sich zu ängstigen. Die heutige Welt ist randvoll von Gefahren. Jeder kann sich bequem in seine Angst zurückziehen — oder aus ihr in Aggressionen ausbrechen. Menschlich, christlich und vernünftig ist das nicht. Schwimmen wir also gegen den Strom. Legen wir uns quer gegen Bequemlichkeiten. Nicht Angst zu pflegen, sondern Angst zu überwinden, ist heute Bürgerpflicht.«[36]

Gewiß, gewiß! Für jedes Jahr muß die Parole so heißen. Nur sollten halt die offiziellen Mutspender ihre Ermunterungen doch ein bißchen dialektischer, ein bißchen weniger affirmativ vortragen. »Schwimmen wir also gegen den Strom« — natürlich auch gegen den Strom der Angstabwiegler und Herrschaftsoptimisten. Wie der Hauptgeschäftsführer einer Abendland-GmbH dekretiert Hans Maier, was Bürgerpflicht ist: Angst zu überwinden! Wenn man wirklich gegen den Strom schwimmen soll, muß man seine Angst empfinden und zeigen können.

Widerspruch zum Widerspruch! In vielen Diskussionen erlebe ich die routinierte Artikulation von Angst; das enerviert mich. Ich gewinne den Eindruck, daß Angst für manche (oder viele) Jugendliche eine Duftnote ist, mit der man das Revier des Ausgewähltseins absteckt. Das »alte« pietistische Auserwähltheitsgefühl, Märtyrer zu sein. Wie primitiv, banal, unsensibel bin ich da, wenn ich sage: Dieser Staat ist Gott sei Dank ein Staat, in dem man nicht nur, in dem man kaum Angst haben muß. Wir können Mut zur Politik haben, denn diese Politik ist nicht nur korrupt. Dann schauen sie mich an, die doch eigentlich von ihrem Äußeren so kämpferisch (bärtig) in die Welt blicken: Wie kann einer nur an die Zukunft glauben, wie kann einer noch ein Apfelbäumchen pflanzen wollen, wenn die Welt vor dem Untergang steht? Arbeitslosigkeit, Nachrüstung, Startbahn West, Kernenergie — und da noch ans Positive glauben wollen? Ich bin ein optimistisches Fossil.

»Entweder wird sich die Menschheit bis zum Ende dieses Jahrtausends in die Luft geschossen haben oder am ökologischen Kollaps krepiert sein, verkündet der Schriftsteller K., preisgekrönter Endzeit-Lyriker und hochdotierter Spezialist für Untergangsstimmungen, anläßlich eines Festessens in der Akademie für Sprache und Dichtung. Die Endlösung von dieser Zivilisation scheint ihm nur noch als Weltenbrand und Menschheitsdämmerung möglich. Dabei sieht man ihn, mit vortrefflichem Appetit, bereits das zweite Filetsteak verspeisen. Danach wird er in seinem neuen Audi nach Hause fahren und die Nacht, wie gewöhnlich, in den Armen seiner Frau verbringen — Erstaunlich, wie sich Weltschmerz und ein gesunder Appetit, Wohlleben und Apokalypse heutzutage miteinander vertragen.

In der deutschsprachigen Literatur ist zur Zeit ein larmoyanter Misanthropismus am Werke, der sich für umso ›kritischer‹ und ›fortschrittlicher‹ hält, je desillusionierender er wirkt. Wo immer diese Autoren hinschauen, überall registrieren sie nur noch kaputte Menschen, kaputte Beziehungen, eine kaputte Umwelt usw. Ja, mitunter scheinen sie eine geradezu grimmige Genugtuung darin zu finden, den monströsen Scherbenhaufen der bundesrepublikanischen Alltags-Welt in immer brillantere Worte und Bilder zu fassen.« (Michael Schneider)[37]

So etwas habe ich kürzlich auch wieder einmal erlebt, als K.M. den nicht unbedeutenden Kulturpreis bekommen hat. Er ist ein proletarisches Urgenie, das ich bewundere. Vorher trifft man sich im Freundeskreis. Küßchen links, Küßchen rechts. Alles Nichtentfremdete. Übrigens, wir haben die Heizung ganz auf Holz umgestellt! Heute morgen noch Schneeschippen vor dem Bauernhaus. Man weiß jetzt, was Leben wirklich ist. Aber es gibt ja fast kein Leben mehr. In New York ist das einem aufgegangen, oder sonst wo, vielleicht in London. Man kennt es auch von Tokio. Dann die wirklich fulminante Rede von E.M. über K.M.; die Laudatio klingt echt radikal. Man kann sie bald nachlesen; ein großes liberales Blatt bringt sie bereits am Wochenende. Gesagt wird es allen: Die Welt ist am Ende. Überall Dumme, die das noch nicht begreifen und so tun, als fände die Apokalypse nicht statt. Übrigens, wir gehen eigentlich nur noch zu Filippo, der macht wirklich die besten Soßen. Tschüs! Bis zur nächsten neuesten Stimmung im Westen!

Randgruppen: »Dieses Sich-Unentbehrlich-Vermeinen/ samt ihrer ›Augen stillem Weinen‹, /als wär der Welt ein Weh getan« —; aber das ist es ja: der Welt wird ständig ein Weh getan; die Gefühlskultur moderner Randgruppen bedeutet, daß immerhin bei ihnen ein Licht aufgeht. Die Finsternis ist groß genug. Bei ihnen herrscht weniger Zucht und Ordnung; dafür mehr Freiheit für Schwache und Kinder; weniger Konkurrenzkampf, mehr Partnerschaft zwischen Männern und Frauen. Wenn überhaupt, wird diese Gesellschaft von den Rändern her verändert werden.

In welcher Grundhaltung kann man das Leben am besten bestehen?, fragt Freud in seiner Abhandlung »Das Unbehagen in der Kultur«. Negativ beurteilt er die Chancen des nach außen gewandten Tatmenschen, der die Umwelt umschaffen wolle, um aus ihr die unerträglichen Züge zu tilgen; denn wer in verzweifelter Empörung diesen Weg einschlage, werde in der Regel nichts erreichen. Die Wirklichkeit sei zu stark für ihn. Die zu lösende Aufgabe bestehe darin, die Triebziele so zu verlegen, daß sie von Versagungen in der Außenwelt nicht getroffen werden. Während der Tatmensch seine Kräfte in einem vergeblichen Anrennen gegen die übermächtige Realität verbrauche, werde der selbstgenügsame narzißtische die wesentlichen Befriedigungen in seinen inneren seelischen Vorgängen suchen. Man kann sagen: gerade diejenigen, die zum Primat der Innerlichkeit sich bekennen, verhelfen dem »ewigen Eros« unter Umständen dazu, sich im Kampf mit seinem »ebenso unsterblichen Gegner« Thanatos (dem Todestrieb) zu behaupten.

Aufstand der Gefühle gegen die Politik der Macht und des Geldes; diese durchdringe zur Zeit alle Lebensbereiche. »Sie fragt noch weniger als je danach, ob ihre Entscheidungen denen recht sind, welche die Außenwelt an den Maßstäben ihrer inneren Sinnvorstellungen messen wollen. Sie setzt sogar mit erfolgreicher Propaganda alles daran, sich auch noch der Innenwelt der Menschen in weitestem Umfang zu bemächtigen. Jeder erfährt, er solle sein Inneres möglichst so einrichten, daß es den äußeren Betrieb nicht störe, in den jeder unweigerlich eingespannt ist. Nicht die Person mit ihrem inneren Befinden gilt noch etwas, sondern nur noch das anonyme, nivellierte Gebilde Mensch, das man soweit als möglich berechnen kann. So ist das neue technokratische Ideal der totalen Kalkulierbarkeit entstanden. Der Mensch, den man vollständig als Datenbündel erfassen, statistisch auswerten, hochrechnen und genau verplanen kann, damit die Massengesellschaft lenkbar bleibt. Aber wohin soll sie denn noch gelenkt werden? Etwa in der Richtung wie bisher, die auf noch umfassendere Verrechnung des Menschen, auf totale Umweltzerstörung, auf weitere Verelendung der Dritten Welt und auf die immer perfektere Planung eines nuklearen Vernichtungskrieges hinausläuft?« (Horst Eberhard Richter)[38]

Für Richter ist bei der neuen Bewegung bestimmend: die in Empörung umschlagende Angst und Depression einer großen Zahl sensibler, im Grunde zarter, verletzlicher junger Menschen, die sich darum betrogen sehen, ein Leben miteinander bzw. innerhalb des gesellschaftlichen Ganzen zu führen, bei dem sie noch sie selber sein können. Die empfindsame Mentalität der Alternativkultur bilde, auch wenn dies durch das Getöse mancher Protestaktion verschleiert werde, den eigentlichen geistig-emotionalen Hintergrund des neuen Widerstandswillens. Man könne sagen: die neue

Protestbewegung sei ein Ausbruch aus der Innerlichkeit durch Innerlichkeit. »Betroffen sind elementare Gefühle einer tiefen existentiellen Schicht, die sich kaum sprachlich ausdrücken können. Deshalb macht diese Protestbewegung so wenig Worte. Sie produziert nicht blendende Rhetoriker wie die 1968er-Rebellion. Sie formuliert nicht viel mehr über sich, als das, was auf manchen Spruchbändern zu lesen ist.« Die verleugnete Hilflosigkeit und die Ahnungslosigkeit der Mächtigen könnten offenbar nur entlarvt werden durch eine genügend massive Herausforderung seitens derer, die ihrer Ohnmacht inne sind. Diese müßten in einer Art auftreten, daß der gut geölte, auf den Ruin zusteuernde Lauf der Maschine Gesellschaft irritiert werde. Die Geängstigten müßten denen Angst machen, die diese permanent verdrängen und deshalb auch von der Signalfunktion der Angst nicht mehr profitieren können. Angst und Unruhe, nicht jene von oben propagierte Gelassenheit und alles berechnende Nüchternheit, seien die der heutigen politischen Realität angemessene Stimmungsverfassung. Ohne die Ausbreitung offener tiefer Beunruhigung werde das radikale, politische und wirtschaftliche Umdenken nicht möglich sein, das uns, vor allem aber den nachfolgenden Generationen, ein friedliches Überleben allein sichern könne.

Pietistische Aggressivität

Die emotionale Selbstsicherheit des Pietismus verbürgt, daß man nicht nur eine Meinung hat, sondern sie, unbeirrt vom Druck der Normalität, zu äußern trachtet. Die eschatologische Ausrichtung des Pietismus, sei er auch so pessimistisch wie im Augenblick, bewirkt, daß wieder mehr Sinnfragen gestellt und der Versuch unternommen wird, diese durch Handeln zu beantworten. Zivilcourage ist der Mut aus dem Gefühl heraus; mag man das nun Ich-Stärke, Unterbewußtsein, Identität oder wie auch sonst nennen. Allerdings muß man fragen: Kann die Dialektik der Aufklärung (die sich selbst aufhebende Aufklärung) wirklich durch Gefühl »rückgängig« gemacht werden, damit Aufklärung als solche wieder wirksam wird, oder ist das einzige probate Mittel gegen den Mißbrauch von Aufklärung verstärkte Aufklärung? Die Aufklärung, heißt es bei Horkheimer und Adorno, muß sich auf sich selbst besinnen, wenn die Menschen nicht vollends verraten werden sollen. Selbstbesinnung von Aufklärung kommt aber wohl nicht durch Emotionalisierung zustande, sondern durch Utopie: das Mögliche weist das verirrte Wirkliche in die Schranken. Ohne diese Utopie keine aufklärende Rationalität, sondern nur rationale Verschleierung des Bestehenden als Herrschaft. Der Geist als Widersacher der Seele.

»Das Dilemma ist, daß Vernunft nicht ihr eigener Inhalt sein kann. Sie hat es mit dem Leben, mit den Menschen zu tun. Gerade jene Rationalität aber, die sich im Wirklichen längst wieder verfangen hat und vergißt, von ihm zurückzutreten, um es zu überschauen, hat immer wieder den Anspruch erhoben, und erhebt ihn weiter, die Vernunft selbst zu sein. Dabei verwechselt sie diese nur mit dem Eigeninteresse. Der Unterschied liegt darin, daß Rationalität durchaus imperialistisch, kolonialistisch, militaristisch, faschistisch sein kann, Vernunft aber nicht. Die KZs der Nazis hatten wie schließlich auch die Industrialisierung der Judenvernichtung ihre Rationalität und waren brutaler Hohn auf die Vernunft. Aufklärung, die sich prinzipiell kritisch gegen das Bestehende richtet, hat eben dabei ihr konstituierendes Moment nicht allein und nicht primär in Rationalität, sondern weit elementarer in Utopie. Wie hätte sonst die Aufklärung, die vor zweihundert und mehr Jahren der positiven Wissenschaft, dem ökonomischen Fortschritt, dem Kapitalismus den Weg freigelegt hat, gleichwohl als den durch sie zu verwirklichenden Inhalt die Freiheit, Gleichheit, Brüderlichkeit der Menschen proklamieren können? Als verdinglichtes Instrument neuer Herrschaft verlor sie mit diesen Inhalten sich selbst. Ohne ihre Utopie — die Vorstellung, politisch und gesellschaftlich lasse sich in Zukunft verwirklichen, was heute meist als ›Grundwerte‹ bezeichnet und zugleich heruntergespielt wird — ohne ihre Utopie ist selbst die Berufung auf sie nur eine Verhöhnung der Aufklärung. Ohne diese Utopie keine Vernunft. Eine einfache Feststellung, die Feinde macht. Mit der jeder, der auf ihr besteht, sich bis heute bloßstellt. Gerade als ein Element der Vernunft läßt Utopie sich leicht denunzieren, und zwar als etwas, das vor der Ratio nicht standhalte, damit als etwas Altes, als metaphysischer Rest etwa in jener Art, wie gerade die Aufklärung es ein für alle Mal liquidiert habe.« (Heinrich Vormweg)[39]

Der Anarchismus des Pietismus kann schöpferischer wie zerstörerischer Art sein. Seine introspektive wie eschatologische Orientierung verhindert den nüchternen Blick auf die Wirklichkeit; deren Bedeutung wird angesichts der Wichtigkeit des Ichs verkannt oder verachtet; sub specie aeternitatis gilt Realität als ein Nichts; man will mit ihr nichts zu tun haben; wenn man mit ihr in Berührung kommt, versucht man sie zu »vernichten«. Die Wirklichkeitsblindheit des Pietismus bewirkt dessen Anarchismus, dieser wiederum kann sich bis zum Terrorismus steigern.

Die Vertikale der pietistischen Besinnung wird ständig durch die Horizontale der Wirklichkeit gestört; man versucht sie auszuradieren. Die Frustrationen, die der pietistische Rigorismus mit sich bringt, gibt ihm so aggressive Schubkraft. Der »alte« patriotische Pietismus ist in diesem Sinne blutrünstig. Bei Friedrich Leopold von Stolberg soll z.B. der schöne blaue Rhein gefärbt werden von

»Der Tyrannen Rosse Blut,
Der Tyrannen Knechte Blut,
Der Tyrannen Blut!
Der Tyrannen Blut!
Der Tyrannen Blut. . .«[40]

Für ein besseres Vaterland kann ohne Skrupel Blut fließen. Die Besinnungslosigkeit, die den Gefühlskult des Pietismus ausmacht, fördert die Mystik der Gewalt. Enthusiasmus schlägt in ein Schwärmertum um, das im Zeichen von Dienst, Opfer, Selbstvergessenheit — jenseits der moralischen Trennschärfe von Vernunft — steht.

Das Ideal des Vaterlands ist heute »grün«; das »Bullenpack« steht für fatale Realität. Der Baum wird zum Fetisch, der Wald erhält seine mythische Qualität. Die Legitimität des Gefühls läßt nicht mit sich reden; was kümmert sie die Legalität der Rationalität, zumal diese häufig nur eine auf die Technokratie heruntergekommene Vernunft ist. Der Anarchismus des Pietismus bewirkt, daß Gewalt guten Gewissens angewandt wird, denn sie ist — einem Höheren verpflichtet — eine »gute Gewalt«. Rechtsstaatliche Gesichtspunkte werden von ungestümer Überzeugung genauso hinweggeschoben wie Mehrheitsmeinungen. Der Pietismus rechtfertigt sich aus dem Auserwähltheitsgefühl der Minderheit. Märtyrertum gibt ihm Aura; es kann auch eingebildetes Märtyrertum sein. Die Unbeirrbarkeit des Weges ist durch die Bitternis von Erfahrung abgesteckt: Vorwärts ist nur ein Zurück. Durch die Wüste in umgekehrter Richtung! Die Wegweiser standen falsch — man muß sie drehen — hin zur Erlösung.

»Ich komm aus der Wüste aus Stahl und Glas
Ich komm aus der Wüste aus Angst und Haß
Wo die Menschen verdursten auf der Suche nach Liebe
Krank vor Verzweiflung und vom Warten müde
Ich komm aus dem Land der vergifteten Straßen
Wo man den Tag verkaufen muß, um sorglos zu schlafen
Wo das Leben schneller ist als ein Herz schlagen kann
Und tausend Lügner, bevor einer die Wahrheit sagen kann

Ich komm vom Planeten der verzweifelten Götter
Ich komm vom Planeten der reichen Bettler
Wo die Liebe verkauft wird und der Haß verschenkt
Wo man die Mörder belohnt und die Heiligen hängt

Hilf mir, hilf mir
Zeig mir den Weg hier raus
Laß mich nicht hängen
Gib mir eine Antwort
Zeig mir den Weg hier raus.« (Pink Floyd-Gruppe)

Anarchistisch-pietistische Wirklichkeitsverachtung schlägt leicht in übersteigerten Haß dann um, wenn dem »Weg durch die Wüste« keine Hoffnung grünt, keine Oase des Erfolgs erscheint — wenn der eschatologische Traum nur Fata morgana bleibt.

Das Ohnmachtsbewußtsein des Pietismus klammert sich an Meta-Welten. Zum Beispiel an die Gefühlswelt. Gefühl ist alles. Genau dies darf es nicht sein. Der Mensch, der seine Personalität einseitig »aufbaut«, gefährdet seine Identität. Man kann sich seiner selbst über Emotionen und Affekte nicht gewiß werden — so wie man auch über den Intellekt allein Selbstgewißheit nicht zu erlangen vermag. Notwendiger denn je ist eine Pädagogik, die von »Ganzheitsvorstellungen« ausgeht, wobei solche Ganzheit freilich nicht ideologisch postuliert werden darf, sondern im Prozeß des Lebens erstrebt werden muß; das ständige Scheitern eingeschlossen. Kalokagathie (körperliche und geistige Vervollkommnung), die Einheit der unterschiedlichen Strebungen im Menschen, bedarf der Anstrengung des Gefühls wie der Anstrengung des Begriffs. Eine aufgeklärte Anthropologie verabsolutiert nicht Aufklärung; sie hat eine Vorstellung vom Menschen, die diesen nicht auf einen Begriff bringt; diese aber begrifflich begründet. Der Streit Pietismus kontra Aufklärung muß heute neu ausgefochten werden, mit dem Ziel, daß Verstand und Gefühl sich »versöhnen« (so wie dies auch für Ökonomie und Ökologie, instrumentelle Vernunft und sinnorientierte Vernunft notwendig ist).

Anmerkungen

1 Christopher Lasch: Das Zeitalter des Narzißmus. München 1980.
Vgl. auch Klaus Strzyz: Sozialisation und Narzißmus. Wiesbaden 1978.
H.G. Trescher: Sozialisation und beschädigte Subjektivität. Frankfurt am Main 1979.

2 Urs Jaeggi: Grundrisse. Darmstadt und Neuwied 1981, S. 161.
3 Urs Jaeggi: Grundrisse; a.a.O., S. 74.
4 Urs Jaeggi: Grundrisse; a.a.O., S. 53.
5 Urs Jaeggi: Grundrisse; a.a.O., S. 211, 203.
6 Urs Jaeggi: Grundrisse; a.a.O., S. 215.
7 Kurt Sontheimer: Narzißmus contra Solidarität. Zwei Zeittendenzen im Widerstreit. Rheinischer Merkur/Christ und Welt, 24. 4. 1981.
8 Kurt Sontheimer: Narzißmus contra Solidarität; a.a.O.
9 Kurt Sontheimer: Narzißmus contra Solidarität; a.a.O.
10 Franz Schönhuber: Ich war dabei München, Wien 1981, S. 352.
11 Franz Schönhuber: Ich war dabei; a.a.O., S. 74 f.
12 Franz Schönhuber: Ich war dabei; a.a.O., S. 19 f.
20 Franz Schönhuber: Ich war dabei; a.a.O., S. 109.
14 Franz Schönhuber: Ich war dabei; a.a.O., S. 283.
15 Hartmut von Hentig: Die Wiederherstellung der Politik. Cuernavaca revisited. München 1973, S. 63.
16 Thomas Mann: Versuch über Schiller. Berlin und Frankfurt am Main 1955, S. 103.
17 Jean Anouilh: Dramen. Erster Band. München 1958, S. 65 f.
18 Thomas Ziehe: Pubertät und Narzißmus. Sind Jugendliche entpolitisiert? Frankfurt am Main, Köln 1975, S. 50 f.
19 Thomas Ziehe: Pubertät und Narzißmus; a.a.O., S. 57.
20 Thomas Ziehe: Pubertät und Narzißmus; a.a.O., S. 117.
21 Thomas Ziehe: Pubertät und Narzißmus; a.a.O., S. 191.
22 Dieter Baacke: Beat. Die sprachlose Opposition. München 1970, S. 101 f.
23 Thomas Ziehe: Worum geht es in der Narzißmus-Diskussion? In: Neue Sammlung, Heft 2/1981, S. 132 f.
24 Thomas Ziehe: Zur Verletzlichkeit des Narzißmus. Der psychische Niederschlag »kultureller Freisetzungsprozesse«. Rundbrief, 11. 3. 1981.
25 Gerhard Kaiser: Pietismus und Patriotismus im literarischen Deutschland. Ein Beitrag zum Problem der Säkularisation. Wiesbaden 1961, S. 52.
26 Die Zeit, 18. 7. 1980.
27 Renate Just: Wohngemeinschaft — ach, immer noch? Der Wandel nach dem Stichtag »dreißig«: Die immer deutlicher hervortretenden zwei Seiten des Wohngemeinschaftslebens. In: Die Zeit, 15. 8. 1980.
28 Jürgen Leinemann: Die deutsche Depression (I). In: Der Spiegel, 3/1982, S. 69.
29 Albert Camus: Aus dem Tagebuch 1935—1937. In: Der Monat, Heft 162/1962, S. 17.
30 Margret Dietrich: Albert Camus — sein dramatisches Werk für die moderne Weltliteratur. In: Universitas, Heft 10/1967, S. 1058.
31 Ernst Bloch: Das Prinzip Hoffnung. In fünf Teilen. Kapitel 1—37. Frankfurt am Main 1959, S. 1 ff.
32 Hartmut von Hentig: Die entmutigte Republik. Aufsätze zur politischen Kultur in der Bundesrepublik. München 1980. Zit. nach Vorabdruck des Titelessays in: Süddeutsche Zeitung, 8./9. 3. 1980.
33 Johannes Groß: Die Misere der öffentlichen Gefühle. Oder Trübsinn würzt den Genuß des Wohlstands. In: Frankfurter Allgemeine Zeitung, 1. 3. 1980.
34 Hartmut von Hentig: Die entmutigte Republik; a.a.O.
35 Hans Maier: Ist Fürchten Bürgerpflicht? In: Rheinischer Merkur/Christ und Welt, 1. 1. 1982.
36 Hans Maier: Ist Fürchten Bürgerpflicht?; a.a.O.
37 Michael Schneider: Weltschmerz und gesunder Appetit. In: Literatur Konkret 2/1981, S. 41.
38 Horst Eberhard Richter: Der Aufstand der Gefühle. In: Die Zeit, 26. 6. 1981.
39 Heinrich Vormweg: Leben mit Vernunft. Zur Aktualität der Aufklärung. In: L'80, Heft 15/1980, S. 28.
40 Zit. nach Gerhard Kaiser: Pietismus und Patriotismus im literarischen Deutschland; a.a.O., S. 137.

Alternativ leben

Industrialisierung bringt Entfremdung mit sich. Der Versuch, Entfremdung nach vorwärts zu überwinden, bedeutet Futurismus. Der Versuch, Entfremdung nach rückwärts abzuschütteln, vollzieht sich als Regression.

Entfremdung

»Entfremdung« spricht das Elend des modernen Menschen an, bezogen auf seinen individuellen wie gesellschaftlichen Zustand. Gleichzeitig wird die Frage aufgeworfen nach den Ursachen dieser Situation und den Möglichkeiten ihrer Überwindung. Die bürgerliche Gesellschaft hat die Industrialisierung hervorgebracht; der ihr innewohnende Kapitalismus als ökonomische Struktur hat aber diese bürgerliche Gesellschaft in ihrer Sinnorientierung tief erschüttert; an die Stelle der Werte traten die Preise. — Entfremdung heißt fremd werden; sich von dem entfernen, was vertraut und nahe war. Das Kind entfremdet sich den Eltern, die Eltern dem Kinde, der Freund dem Freund, die Frau dem Mann, der Mann der Frau, der Mensch dem Mitmenschen. Die Menschen entfremden sich der Natur, dem Glauben, der Tradition. Der Mensch entfremdet sich dem eigenen Ich; er steht sich selbst fremd gegenüber. Das Urteil, daß Entfremdung stattgefunden hat, wird aus dem historischen Vergleich gewonnen; als einzelner bezieht man sich dabei vornehmlich auf den biographischen Erfahrungsbereich, als Kollektiv auf die Überlieferung. . . Früher war es besser, früher stand man den Menschen und Dingen näher. . . sie waren vertrauter. . . Solche Vergleiche müssen nicht den Tatbeständen entsprechen; sie können religiös, mythisch, nostalgisch besetzt sein. Ist mit dem Menschsein entfremdeter Zustand schlechthin gesetzt, ein Zustand des Getrenntseins, des Gespaltenseins, der Bezugslosigkeit, des Isoliertseins, dann hat die Sehnsucht nach einem ursprünglichen Zustand des Vertrautseins, der Einheit, der Einigkeit, der Harmonie metaphysische Züge — Sehnsucht nach dem Paradiese, das eben nicht von dieser Welt ist. Aber das im Tranzendieren aufleuchtende, vorscheinende Ideal, erst erreichbar durch Ablösung vom So-Sein, wirkt auch in dieses So-sein hinein. Man hätte doch gerne schon das Paradies, wenn auch nur ein Stückchen von ihm, hier auf Erden. Im antiken Mythos wird der Verlust des Goldenen Zeitalters beklagt und dessen Wiederkehr ersehnt. Die christliche Lehre vom paradiesischen Urzustand, vom Sündenfall als Entfremdung von Gott, von der Erlösung als Aufhebung der Entfremdung und der Wiedergewinnung des Paradieses, deutet die Geschichte der Menschheit in einem ähnlichen Sinne. Für den Marxismus entwickelt sich aus der kommunistischen Urgesellschaft die Entfremdung durch Privatkapital und Arbeitsteilung; nach Überwindung der kapitalistischen Gesellschaft werde die Entfremdung aufgehoben und wahre Humanität wieder hergestellt sein. »Die ökonomische Entfremdung des Proletariers besitzt nach Marx einen vierfachen Aspekt:

— Entfremdung von sich selbst, von seiner Arbeitskraft, die als Ware verkauft wird,

— Entfremdung von den Arbeitsmitteln und Produkten, die anderen gehören,

— Entfremdung der Menschen voneinander, die untereinander im Konkurrenzkampf um Lohn und Arbeitsplatz stehen,

— Entfremdung der Klassen voneinander (Zerfall der Gesellschaft in Ausbeuter und Ausgebeutete).

Aber auch die Besitzenden, die Kapitalisten sind entfremdet:

— durch den Konkurrenzkampf voneinander,

— von der Klasse der Proletarier, die von ihnen ausgebeutet wird,

— von sicht selbst, vom wahren Menschentum.«[1]

Das marxistische Denken ist eingebettet in einen nostalgischen und einen eschatologischen Bezugsrahmen: Sehnsucht nach Heimat. Früher war die Urgesellschaft kommunistisch, also eine Gesellschaft, die nicht entfremdet in sich selbst, in der Geborgenheit ihrer Identität ruhte; der Endzustand ist wiederum das Paradies auf Erden, vollendeter Humanismus, da die eigentliche Natur des Menschen zu sich selbst, ihrer Menschlichkeit nämlich, zurückfindet. Kommunismus als aufgelöstes Rätsel der Geschichte verwirklicht menschliche Emanzipation; mit dem Privateigentum ist auch menschliche Selbstentfremdung aufgehoben. Der Anspruch des Marxismus, ein Humanismus zu sein, stützt sich auf seine Zukunftsvision; der Weg der Beseitigung der kapitalistischen Produktionsverhältnisse ist freilich (auch) ein Prozeß des Klassenkampfes, also gewaltsam-revolutionärer Entwicklung.

Sigmund Freunds Entfremdungsbegriff ist mehr anthropologisch-psychologisch begründet. Die geschichtliche Komponente ist dadurch vorhanden, daß zwischen dem Menschen als Natur- und Kulturwesen unterschieden wird. Hat er sich einmal zum Kulturwesen fortentwickelt, sind die politisch-ökonomischen Bedingtheiten weniger wichtig; er ist in der und durch die Kultur von sich selbst als Naturwesen entfremdet. Das Unbehagen in der Kultur ist mit ihr, der Kultur, gesetzt. In seiner Schrift »Das Unbehagen in der Kultur« stellt Freud fest, daß der Mensch, der sich seit langen Zeiten eine Idealvorstellung von Allmacht und Allwissenheit gebildet habe, die er zunächst in seinen Göttern verkörpert sah (wobei diese Götter Kulturideale waren), nun sich der Erreichung dieses Ideals so sehr angenähert habe, daß er sich beinahe selbst zum Gott berufen fühle. Nicht die »leise Stimme des Intellekts« habe sich durchgesetzt, sondern die Hybris des Menschen, der gottähnlich sein wolle, aber darin nicht glücklich sein könne.

Vom zeitgenössischen Menschen ist zwar, was seine Hoffnungen und Ängste betrifft, bei Sigmund Freud konkret nicht die Rede. Doch trifft Freud die Misere in einem zentralen Punkt: Der Mensch sei eine Art Prothesengott geworden, recht großartig, wenn er alle seine Hilfsorgane anlege, aber diese seien nicht mit ihm verwachsen und machten ihm gelegentlich noch viel zu schaffen. Ferne Zeiten würden neue, wahrscheinlich unvorstellbar große Fortschritte auf dem Gebiet der Kultur mit sich bringen, die Gottähnlichkeit noch weiter steigern. Schönheit, Reinlichkeit und Ordnung nähmen dabei eine besondere Stellung unter den Kulturanforderungen ein.

Der »Prothesengott« ist gerade ob seiner Prothesen nicht glücklich; das Unbehagen in der Kultur ist zunächst und vornehmlich ein Unbehagen in der Zivilisation, die unter dem Fluch entfremdeter Arbeit steht und mit ihrem Hygiene- und Schönheitskult (als Reklamewelt materialisiert) der Selbsttäuschung über den wirklichen Zustand der Welt verfällt.

Von drei Seiten, stellt Freud fest, drohe das Leiden:

— vom eigenen Körper her, der zu Verfall und Auflösung bestimmt sei, dabei Schmerz und Angst als Warnungssignale nicht entbehren könne;

— von der Außenwelt, die mit übermächtigen, unerbittlichen, zerstörenden Kräften gegen den Menschen wüte;

— aus den Beziehungen des Menschen zu anderen Menschen.

Das Leiden, das gerade aus letztgenannter Quelle stamme, empfänden wir vielleicht schmerzlicher als jedes andere; wir seien geneigt, es als eine gewissermaßen überflüssige Zutat anzusehen, obwohl es nicht weniger schicksalsmäßig unabwendbar sein dürfte als das Leiden anderer Herkunft. Die Frage, ob Leiden schicksalhaft oder »machbar«, damit auch aufhebbar sei, die Menschen Opfer unabänderlichen Geschehens wären oder das Paradies wieder hergestellt werden könne, bleibt bei Freud offen. Abwägend zwischen Leidverhütung und Lustgewinn neigten die Menschen bald dieser, bald jenem zu. »Die Überlegung lehrt, daß man die Lösung dieser Aufgabe auf sehr verschiedenen Wegen versuchen kann; alle diese Wege sind von den einzelnen Schulen der Lebensweisheit empfohlen und von den Menschen begangen worden.«[2] Freud erwähnt dabei auch als »roheste, aber auch wirksamste Methode solcher Beeinflussung« die chemische, die Intoxikation. »Die Leistung der Rauschmittel im Kampf um das Glück und zur Fernhaltung des Elends wird so sehr als Wohltat geschätzt, daß Individuen wie Völker ihnen eine feste Stellung in ihrer Libidoökonomie eingeräumt haben.«[3] Sigmund Freud fragt, »was die Menschen selbst durch ihr Verhalten als Zweck und Absicht ihres Lebens erkennen lassen, was sie vom Leben fordern, in ihm erreichen wollen.« Die Antwort darauf sei kaum zu verfehlen: »Sie streben nach Glück, sie wollen glücklich werden und so bleiben.«[4] Dieses Glücksstreben habe zwei Seiten — eine positive und eine negative: es ziele einmal auf das Erleben starker Lustgefühle und zum anderen auf die Abwesenheit von Schmerz und Unlust. Der Bereitschaft, auch im Leid Identität sich zu erhalten und sich seines Menschseins im Standhalten von Grenzsituationen zu vergewissern, widerspreche das Glücksgefühl unserer Zeit, das ganz in der Illusion aufgehe. Nicht das Ende einer falschen (religiösen) Illusion und die Zukehr zum Realitätsprinzip, sondern ein neuer Kult mit der Fetischisierung von »Prothesengöttern« sei die Devise. Phantasmagorien herrschten vor, die um so wirksamer sich erwiesen, je unüberschaubarer, verwirrender und »gefährlicher« das Dasein sich gestaltet. Gerade weil Freuds anthropologisch-metaphysischer Grund-Satz, daß im Plane der Schöpfung das Glück des Menschen nicht vorgesehen sei, sich so oft, individuell wir gesamtgesellschaftlich, bewahrheitet, erscheint »Glück« als die Fiktion der plötzlichen Befriedigung hoch aufgestauter Bedürfnisse von besonderer Strahl- und Verführungskraft. Dies sei — so Freud — aber lediglich als episodisches Phänomen möglich. »Jede Fortdauer einer vom Lustprinzip ersehnten Situation ergibt nur ein Gefühl von lauem Behagen.«[5]

Freud erkennt offensichtlich die gegenseitige Bedingtheit von Sublimierung und sozialer Emanzipation nur ungenügend. Zwar spricht er, wiederum anmerkungsweise, von der Möglichkeit, ein starkes Ausmaß libidinöser Komponenten, narzißtische, aggressive und selbst erotische, auf die Berufsarbeit und auf die mit ihr verknüpften menschlichen Beziehungen zu verschieben; er unternimmt es jedoch nicht, die Tatsache, daß die Arbeit als Weg zum Glück von den Menschen nur wenig geschätzt werde, mit dem zeit- und gesellschaftsbedingten Wesen dieser Arbeit in expliziten

Zusammenhang zu setzen. Daß die Arbeit, wie sie sich darbietet, nichtrepressive Sublimierung verhindert, ist eben Folge einer bestimmten Form von Arbeit, die als entfremdete Arbeit den humanen Möglichkeiten von Arbeit sich entzieht. Die Dimension des Ökonomischen, etwa die Analyse der Produktionsverhältnisse und Produktionsbedingungen kapitalistischer Wirtschaft, fehlt bei Freud, wodurch die allgemeine sozialpsychologische Aussage ohne soziologische Relevanz (die Gesellschaft in einer bestimmten historischen Situation berücksichtigend) bleibt.

Ich halte nach wie vor, mehr denn je Sigmund Freuds Traktat für ein Schlüsselwerk zum Verständnis dieser unserer Epoche. Die Kulturverdrossenheit wie Kulturmüdigkeit weiter Teile der Gesellschaft bedürften der Aufhellung gerade durch sozialpsychologische und psychoanalytische Hilfe. Aber steht man dem Diskurs ablehnend gegenüber, wird man auch den geisteswissenschaftlichen Exkurs umsonst vorschlagen; dabei könnte man vor allem doch lernen, wie nahe Unbehagen in der Kultur und Barbarei (als Regression in den Naturzustand) zusammenliegen; wie intensiv man sich darum bemühen muß, den Geist nicht zum Widersacher der Seele werden zu lassen, aber auch nicht die Seele zum Bekämpfer des Geistes. Aussteiger aller Länder — und jeglicher Provenienz — vereinigt euch in der Bereitschaft, eure eigene Position kritisch zu reflektieren! Rasch landet man sonst wieder beim fatalen »Mythus des 20. Jahrhunderts«, wie ihn der NS-Ideologe Alfred Rosenberg propagierte. Der Asphaltdschungel, der jetzt Betonwüste heißt, wurde zwar ausgeräumt, aber dafür die menschliche Gesittung in die Steinzeit zurückgeworfen. Oder vielmehr: nicht einmal dorthin, denn da war eben der Mensch noch Naturwesen, der Mensch nur Wolf dem Menschen. Nicht ideologischer Massenmörder.

Die Sogkraft der Regression

Weite Teile der Jugend wollen sich heute zumindest emotional vom rasanten Wandel der Zivilisation distanzieren. Nicht traditionsgehemmte Immobilität ist — nach Hermann Lübbe — unser kulturelles Hauptproblem, vielmehr die Schwierigkeit, unter Bedingungen einer historisch beispiellosen zivilisatorischen Dynamik überhaupt handlungs- und einstellungsleitende Traditionen ausbilden zu können. Tradition altere heute sehr rasch; Tradition sei entsprechend ein knappes Gut. Avantgardismus erweise sich in einer solche Situation als die Merkwürdigkeit der Genugtuung darüber, jeweils bereits morgen selber von gestern zu sein. »Auch die Verschärfung des Problems, das sich stets aus dem Verhältnis der Generation zueinander ergibt, ist ersichtlich eine Konsequenz der Dynamik unserer Gesellschaft und nicht ihrer Stagnation. Wer den zeitgenössischen Jugendprotest als einen Protest gegen konservative Beharrungsneigungen zu verstehen versucht, mißversteht diesen Protest gründlich. Nicht Aufbruchsbereitschaft meldet sich in diesem Protest zu Wort, sondern die Verweigerung gegenüber Ansprüchen zivilisatorischer Modernität mit ihren intellektuellen und psychischen Mobilitätszumutungen. Entsprechend hat sich auch die Struktur des klassischen Konflikts zwischen Vätern und Söhnen verschoben. In stabilen Gesellschaften stand am Ende dieses Konflikts stets die Anerkennung der Normen der väterlichen Welt durch den Sohn; denn diese väterliche Welt und keine andere war ja seine zukünftige eigene. Durch seine Heimkehr, durch die Elendsfolgen seines versuchten Ausbruchs belehrt, vollzieht der verlorene Sohn eben diese Anerkennung. Demgegenüber ergibt sich in einer dynamischen Zivilisation der Vater-

Sohn-Konflikt aus dem Umstand, daß die Zukunft, in die sich der Sohn hineinfinden soll, sich in die vergangenheitsgeprägte Lebenserfahrung des Vaters gar nicht mehr integrieren läßt.«[6]

War in den 60er Jahren die Kritik an der Gesellschaft eine neomarxistische Kapitalismuskritik, aber nicht eine Kritik an der Industriegesellschaft, also durchaus »futurisch« gesonnen, so liegt heute dem jugendlichen Protest eine rückorientierte Haltung zugrunde, was von den Konservativen noch zu wenig erkannt ist, da diese die rüden jugendlichen Attitüden im Sinne ihres Höflichkeits-Kodex zu ernst nehmen! Mit der Komplexität der zivilisatorischen Lebensbedingung hat nicht nur ihre Verständlichkeit abgenommen; erhebliche Erfahrungsverluste gehen einher mit einem Höchstmaß von Entfremdung. Von der Regression ins Überschaubare und Einfache erhofft man sich Orientierung und Stabilisierung.

Weiß man eigentlich, was man mit der Industriegesellschaft aufgäbe? Erkennt man, daß erst die Industriegesellschaft die Chance zur sozialen Gerechtigkeit bietet? — Ich bin zu einer Diskussion in einen SPD-Stadtteil eingeladen; vorwiegend junge und jüngere Menschen, ein paar alte Genossen. Ich grenze mich von der hemmungslosen Wachstumsgesellschaft ab und gleichzeitig von der Sehnsucht nach der Rückkehr zur guten alten Zeit. Das seien Romantizismen, man wisse nicht, wie die gute alte Zeit wirklich ausgesehen habe; Mangel an Geschichtsverständnis; selbst hervorgegangen aus einer perfekten Konsumwelt, mißachte man leichtfertig die zivilisatorischen Errungenschaften. Lieber Entfremdung als physische Not! Die Jugendlichen begehren auf: Unsinn, überall Leistungsdruck, keine Hoffnung; die Industriegesellschaft hat sich ad adsurdum geführt; das Ganze sei nur Beschwichtigungsstrategie; radikal müsse man der Industrialisierung entgegentreten; jeder Baum muß erhalten werden. Auch wenn, sage ich, dadurch Arbeitsplätze verlorengehen und somit die sozialen Errungenschaften auf dem Spiel stehen? In der Agrargesellschaft müßten viele malochen, damit wenige in den Parks lustwandeln können. Wollen wir dorthin zurück? Ein alter Sozialdemokrat meldet sich schließlich zu Wort. Seine Diktion ist unbeholfen; der abstrakte Diskurs überfordert ihn. Er erzählt, was er in seiner Jugend erlebte und wie er an den industriellen und sozialen Fortschritt glaubte; denn beide seien eins; wie die Partei und die Gewerkschaften eine lebenswürdigere Existenz ermöglichten. Erst ungläubiges Staunen, dann Betroffenheit. War das wirklich so? Ein Mädchen sagt, so habe ich mir die Vergangenheit nicht vorgestellt. Erfahrungsaustausch ist gelungen. Mir wird wieder einmal deutlich, wie wenig konkretes geschichtliches Wissen Jugend besitzt — ein Wissen, das ihr Vorgänge nachvollziehbar macht, das es ihr ermöglicht, Vergleiche zu ziehen. Kaum eine Ahnung, was Ausbeutung wirklich bedeutete und welchen Elan diejenigen entwickeln mußten, die die kapitalistische Gesellschaft bekämpften, aber vom industriellen, technologischen, vor allem sozialen Fortschritt überzeugt waren. Sozialreportagen, wie sie Friedrich G. Kürbisch zusammengestellt hat, sollten zur Pflichtlektüre in den Schulen werden![7]

Regression: das bedeutet die Reaktivierung entwicklungsgeschichtlich älterer Verhaltensweisen bei Abbau oder Verlust des höheren Niveaus, das Zurückfallen auf frühere Stufen der Triebvorgänge. Wem die Geschichte Regression auferlegte, wer durch die Zeit des Nationalsozialismus hindurchging, ist natürlich mehr davor gefeit, sich ihr zu überantworteten als derjenige, der sie nur als Flucht aus der entfremdeten Situation (theoretisch) ersehnt. Auf der anderen Seite braucht man sich nicht zu wundern, daß die Regression heute eine solche Faszinationskraft ausübt. Ihre Gefahren verblassen gegenüber dem Druck, den die Leistungsideologie ausübt. Das Leistungsprinzip wurde so übersteigert, daß es vielfach die natürlichen Lebenszusammenhänge zerschlug oder unter sich begrub. Was sich heute zum Beispiel in den Schulen als Addition unzähliger individueller »Tragödien« abspielt — statistisch etwa daran ablesbar, daß die Anforderungen so hoch geschraubt wurden, daß in den Gymnasien und Realschulen statistisch jeder Schüler einmal eine Klasse wiederholt —, evoziert eine Gegenhaltung, die sich als »Tunix« artikuliert.

»Und ich weiß, das ganze Leben
hier hat nur den einen Zweck
sollt mich schinden für die Schinder
wir wollen aus dem Dreck.
Und ich weiß, das ganze Leben
hat erst dann einen Zweck
wenn wir endlich die Arbeit schmeißen
wir wollen leben, wie's uns schmeckt. . .«

». . . eines schlechten Tages, sitzt du am Fenster und starrst in den Hof und in 'ne leere Flasche Wein, zwar ist dieser Ausblick ein begrenzter, doch das ist symbolisch, denn du bist'n armes Schwein, weil du nämlich nichts hast und nichts bist und nur den Tick hast, daß du diese Welt verändern mußt, gehst in die Fabrik, du geht in dich, du machst Musik, was kommt dabei raus? Mensch, nichts als Frust, warum biste nicht ganz einfach stinknormal? Warum bist du unzufrieden, warum quälst du dich. . .«[8]

Was sich dergestalt subkulturell artikuliert, ist in der Empfindungsweise weitverbreitet: die zumindest potentielle Bereitschaft, gegen die »Fertigkeit« dieser Welt zu rebellieren. Man ist gegen die Symbole und Fakten der Leistungsgsellschaft, gegen den Bau von Kernkraftwerken, gegen das Fällen von Bäumen, gegen den Abbruch von Häusern, gegen den Bau von Autobahnen, gegen den Bau von Fabriken. . . Man will Luft zum Atmen, Freiraum, Autonomie und schlägt gegen das los, was anscheinend oder scheinbar diese Freiräume beeinträchtigt. Dabei wird vergessen, daß dieses System als Ergebnis der ständigen Anstrengungen, Kapitalismus abzubauen und Industriegesellschaft zu sozialisieren, erst die ökonomischen und mentalen Möglichkeiten schuf, aus denen der Protest sich heute speist. Die Dialektik der Aufklärung bewirkte regressive Sehnsüchte; mit dem Bade wird das Kind ausgeschüttet; weil technische Vernunft in technokratische Rationalität umschlug, soll Vernunft wie Technik der Garaus gemacht werden.

Nach einer Umfrage verbinden zwar noch 91 % mit dem Begriff »Technik« den Gedanken an Fortschritt; gleichzeitig nannten aber 67 % »Zerstörung der Umwelt« und 56 % »Angst« in diesem Zusammenhang. Der Gedanke an Arbeitslosigkleit wurde in Verbindung mit Technik von 51 % bejaht und von nur 18 % zurückgewiesen. Freiheit im Zusammenhang mit Technik können sich nur 22 % vorstellen, 51 % dagegen nicht.[9] »Der sozialistischen Ideologie ist das Idol der Grünen, der Traum des Rückzuges auf kleine, übersichtliche Lebensbedingungen gefolgt, der Fortschrittseuphorie das ›Nein danke‹, aber auch die Suche nach neuen Bindungen, ja nach Nestwärme in der Gruppe. Was von Staat und Gesellschaft erwartet wird, ist — um ein Glaubensbekenntnis der jüngeren Generation zu zitieren — eine Art Entwicklungshilfe ›zur Rückentwicklung‹. Sicherlich ist damit nicht die Zeit vor dem 17. Jahrhundert gemeint. Aber ein neues Lebensgefühl sucht so seinen Ausdruck. Es könnte bald auf die Probe gestellt werden, wenn eine unfreiwillige Wachstumskrise nicht nur Konsumverzicht erzwingt, sondern auch das längst durchhängende soziale Netz angreift und zu noch stärkerer Arbeitslosigkeit, auch unter Jugendlichen, führt.

Es bleibt erstaunlich, wie stark sich die Protestbewegung in einem Jahrzehnt verändert hat. Von der Ideologie einer kulturrevolutionär gesteuerten egalitären Gesellschaft bis zur Wiederentdeckung des Gefühls, der wärmenden Gruppe der menschlichen Nähe und der religiösen Bindung — der Ligaturen, wie der Soziologe Ralf Dahrendorf es vorsichtig nennt —, ist ein weiter Weg zurückgelegt worden. Während vor einem Jahrzehnt nahezu einhellig die Schließung kleiner Grund- und Hauptschulen als bildungspolitischer Fortschritt gefeiert und die landferne Mittelpunktschule im Namen der Gleichheit und des Rechts auf Bildung gefordert wurde, setzen sich heute Landtagsabgeordnete der Grünen für die Wiedereinführung der vierklassigen Dorfschule ein. Was einst als reaktionär belächelt wurde, soll nun zu grünen Ehren kommen. Ein Kreis scheint sich geschlossen zu haben.« (Hans Schuster)[10]

Wir müssen in der Kultur Unbehagen empfinden, uns ihrer Negativität bewußt werden, und gleichzeitig erfreut feststellen, daß dieses Unbehagen eben Kultur signalisiert. Das Drama unserer Zeit — so meinte schon Friedrich Schiller — bedeute hier Verwilderung, dort Erschlaffung; diese zwei äußersten Merkmale des menschlichen Verfalls sind beide in einer Epoche vereinigt. Der Futurismus ist erschlafft, da er sein schlechter Gewissen angesichts grenzenlosen Wachstums nicht mehr beschwichtigen kann. Regression führt zu Verwilderung, da sie mit ihrer »Rückkehr zur Natur« auch die zivilisatorische Gesittung, vor allem die soziale Demokratie, mit aufs Spiel setzt und damit den Kampf aller gegen alle befürwortet. In einem solchen Dilemma, zwischen Scylla und Charybdis, muß man sich um eine Gesellschaftsstruktur bemühen, die als »postmodern« zu bezeichnen wäre; sie stellt eine »Gleichgewichtsgesellschaft« dar — die Widersprüche der Modernität sind in ihr gelöst, produktiv »aufgehoben«.

Nach Daniel Bell kommt es in Zukunft nicht so sehr auf die Verfügung über industrielles Kapital, sondern über post-industrielles, theoretisches Wissen an, mit dessen Hilfe die natürliche und gesellschaftliche Welt, in der wir leben, geordnet werden kann. Allerdings muß — mit Claus Offe — gefragt werden: Gibt es überzeugende Anhaltspunkte dafür, daß die Verfügung über theoretisch begründetes Wissen in den westlichen Gesellschaften eine unabhängige Machtbasis, und nicht nur die von dritter Seite eingeräumten Privilegien für funktionale Eliten, verbürgt? Gibt es Anhaltspunkte dafür, daß die vorgeblich neue, auf theoretischem Wissen und seiner systematischen Anwendung beruhende Produktionsweise der »nachindustriellen« Gesellschaft auch im Ergebnis, und nicht nur der Absicht nach, die gesellschaftliche wie natürliche Umwelt insgesamt einer genaueren, wirkungsvolleren, umfassenderen Kontrolle und Lenkung zu unterziehen in der Lage ist?[11] Der Mut zur Gestaltung einer post-industriellen Gesellschaft sollte die Kluft, die heute zwischen futurischer Technologie und regressiver Gesellschaftskritik besteht, überwinden helfen, damit menschenwürdiges Dasein auch in Zukunft gesichert ist. Dafür notwendig ist ein neuer Konsens jenseits der bürgerlich-kapitalistischen Wachstumsgesellschaft. Ökologie als die dem Menschen auferlegte Aufgabe, natürliche Umweltbedingungen und Verhältnisse nicht zu zerstören, sondern zu erhalten, enthält das Postulat, die mit rücksichtsloser Industrialisierung verknüpften Ausbeutungsstrategien aufzugeben. Nicht das Haben, sondern das Sein sollte im Sinne Erich Fromms die gesellschaftspolitischen Intentionen bestimmen. Zu gewährleisten und zu fördern ist die Entfaltung humaner Möglichkeiten, die nicht vorwiegend im materiellen Luxus oder in materieller Verschwendung, sondern im geistig-seelischen Reichtum sich angesiedelt sehen. Soll die Welt Garten, Garten des Menschlichen sein, müssen Natur und Kultur in eine neue Symbiose treten; unser Planet muß als ökologische Nische erhalten bleiben. In Bertolt Brechts »Geschichten vom Herrn Keuner« heißt es einmal:

»Befragt über sein Verhältnis zur Natur, sagte Herr K.: ›Ich würde gern mitunter aus dem Haus tretend ein paar Bäume sehen. Besonders da sie durch ihr der Tages- und Jahreszeit entsprechendes Andersaussehen einen so besonderen Grad von Realität erreichen. Auch verwirrt es uns in den Städten mit der Zeit, immer nur Gebrauchsgegenstände zu sehen, Häuser und Bahnen, die unbewohnt leer, unbenutzt sinnlos wären. Unsere eigentümliche Gesellschaftsordnung läßt uns ja auch die Menschen zu solchen Gebrauchsgegenständen zählen, und da haben Bäume wenigstens für mich, der ich kein Schreiner bin, etwas beruhigend Selbständiges, von mir Absehendes, und ich hoffe sogar, sie haben selbst für die Schreiner einiges an sich, was nicht verwertet werden kann.‹ ›Warum fahren Sie, wenn Sie Bäume sehen wollen, nicht einfach manchmal ins Freie?‹ fragte man ihn. Herr Keuner antwortete erstaunt:‹ Ich habe gesagt, ich möchte sie sehen aus dem Hause tretend.‹ (Herr K. sagte auch: ›Es ist nötig für uns, von der Natur einen sparsamen Gebrauch zu machen. Ohne Arbeit in der Natur weilend, gerät man leicht in einen krankhaften Zustand, etwas wie Fieber befällt einen.‹)«[12]

Die Gleichgewichtsgesellschaft

Die Parabel verweist auf einen Humanismus, dem eine konservativ-bewahrende Kraft innewohnt, zugleich aber auch auf die Notwendigkeit alternativen Denkens. Will man der Utopie eines Öko-Paradieses (ohne gravierende Luftverschmutzung, ohne Energie-, Wohn- und Arbeits-, Nahrungs- und anderer Probleme) sich annähern, so bedarf es der Entwicklung eines neuen Lebensstils, zu dem sich Enthusiasten und Macher, Idealisten und Realisten zusammenfinden müßten.

An die Stelle eines Denkens, das Umwelt allzulange als Verfügungsobjekt und Manövrierfeld, allenfalls als Randbedingung individuellen und politischen Handelns gesehen hat, muß nun die Bereitschaft treten, dieser Umwelt in ökologischen Zusammenhängen, in ihrer funktionalen Ordnung und nicht zuletzt auch in ihrem Erscheinungsbild einen höheren Stellenwert als bisher zuzuordnen. Mit ihr verknüpft sein müßte die Einsicht in die Vielfalt von Verflechtungen, die zwischen den verschiedenen Lebensbereichen bestehen und die bei jeder Einflußnahme auf einem Gebiet Auswirkungen auf andere verursachen. In einer »vernetzten Welt« wird Planung zunehmend notwendig, aber auch schwieriger. Ein höherer Anteil des Sozialprodukts wäre nicht auf Expansion, sondern auf »Restauration«, auf die Ordnung und Pflege von Umwelt, zu verwenden. Gleichzeitig muß der Gebrauch technischer Machtmittel eingeschränkt werden. Gerd Albers meint, daß für solches Umdenken die Voraussetzungen gegenwärtig günstiger seien als im vergangenen

Vierteljahrhundert. »Ein grundsätzlicher Wandel wird sich wohl nur vollziehen, wenn dabei auch die Frage nach dem Sinn unseres Handelns aufgeworfen wird. Vielen mag es fruchtlos erscheinen, auf sie in einer pluralistischen Gesellschaft Antwort zu erwarten. Gleichwohl muß diese Frage gestellt und lebendig erhalten werden, denn allein um ihre elementaren Lebensgrundlagen zu sichern, wird diese unsere Gesellschaft ein Mindestmaß an Konsens über einen solchen Sinn gewinnen müssen.«[13] Was dies konkret bedeutet, können allein zwei Fakten, die den gegenwärtigen Kurs der Menschheit bestimmen, sehr deutlich machen:

— In jeder Stunde nimmt heute die Bevölkerung der Erde um fast 10 000 Menschen zu,

— in jeder Stunde geben die Staaten unseres Planeten nahezu 80 Millionen für ihre militärische Verteidigungsbereitschaft aus.

Das bedeutet, daß sich die Weltbevölkerung in den nächsten 30 bis 40 Jahren verdoppelt und daß das Rüstungspotential ein Ausmaß angenommen haben wird, das nicht nur zur »Totalexplosion« bereitsteht, sondern auch die für die Bewältigung der anderen Probleme notwendige wirtschaftliche Kraft weitgehend lähmt.

Die Perspektiven der Entwicklung der Weltwirtschaft dürfen nicht aus einem einseitig marxistischen Affekt gegenüber kapitalistischer Ausbeutung gesehen werden. Alle Industrienationen sitzen mit den Völkern und Ländern der Dritten Welt in einem Boot. Wer das Boot leck zu schlagen versucht, handelt genauso unvernünftig wie derjenige, der Bootsinsassen über Bord zu werfen trachtet. Mit anderen Worten: Das Nord-Süd-Gefälle wird nicht dadurch überwunden, daß die Entwicklungsländer nationale Willkür als nationales Recht deklarieren und mit revolutionären Enteignungsstrategien das industrielle Kapital wie das industrielle »Know-how« abdrängen.

Modernität im Widerspruch: das heißt eine Antwort finden auf die Herausforderung, den bisherigen Fortschritt in wirklichen Fortschritt, im Sinne der humanen Weiterentwicklung des Menschengeschlechts, zu verwandeln.

Für Theodor Leuenberger und Rudolf Schilling verfährt die »nachmoderne Gesellschaft« weder rein rational noch rein arational. Ihr Rationalismus sei möglicherweise der, von dem Karl Popper im Zusammenhang mit der »offenen Gesellschaft« spricht. Popper will einen Rationalismus, der auf »absolute Wahrheit« verzichtet, der »bereit ist, auf kritische Argumente zu hören und von der Erfahrung zu lernen, der zugibt, daß ich mich irren kann, daß du recht haben kannst und daß wir zusammen vielleicht der Wahrheit auf die Spur kommen werden«.[14] Eine solche »Einstellung zur Vernünftigkeit« schließe die Bereitschaft zur Kommunikation und zur Zusammenarbeit ein; sie ermögliche ein Sein-lassen anderer Ordnungen und Regelungen als die eigenen; sie lasse zu, daß »artfremde«Systeme wie verschiedene Organismen in der Biosphäre nach jeweils verschiedenem inneren Aufbau nebeneinander existieren und gleichzeitig miteinander kooperieren können; sie ermögliche eine offene Gesellschaft.

Die nachmoderne Gesellschaft bringe analytische Geister, die die Vielfalt des Lebens auf wenige Begriffe reduzieren wollten, zur Verzweiflung. Sie bleibe vielseitig offen und befinde sich dauernd im Wandel. Deshalb sei es nicht möglich, ihren Endstand zu beschreiben; sie gelange zu keinem Endzustand. Und daß hieße auch, daß sie auf keinen definierten Zustand hin aufgebaut werden kann (wie etwa nach marxistischer Lehre der Kommunismus). Sie werde sich unmerklich zu immer neuen

Zuständen fortbewegen. Und es werde sich vielleicht gar nicht bemerken lassen, wann sie nun tatsächlich existiert; weil sie eine Existenz im Sinne abgegrenzter, geschlossener Einheitlichkeit nicht erreiche. Die nachmoderne Gesellschaft wäre am besten faßbar im neuen Verstehen des Begriffs »Emanzipation«.

»Im 19. Jahrhundert bedeutete Emanzipation Befreiung von den Beschränkungen und Zwängen, die die Natur dem Menschen auferlegt. Der Mensch soll die Natur beherrschen und sie sich dienst- und nutzbar machen. Das ist die Grundtendenz sowohl der liberal-kapitalistischen wie auch der marxistischen Emanzipationstheorie. Heute meint Emanzipation Befreiung gerade von dieser modernen Ideologie der Besitzergreifung. Der Ausgangspunkt ist, daß die rationalistische Wissenschaft und Technik nicht nur von der Natur, sondern auch vom Menschen und der Gesellschaft Besitz ergriffen hat. Die wissenschaftlich-technischen Systeme haben den Menschen an sich angepaßt. Zur durchrationalisierten Welt gehört auch der durchrationalisierte Mensch. In der Geschichte der Moderne trat die Herrschaft in der Technokratie an die Stelle einer politisch-menschlichen Herrschaft. Außenlenkung durch die Interessen der Technologie und Ökonomie überwucherte die demokratische Selbstbestimmung.«[15]

Hier setzte der Protest an und begann der Wandel. Die Gerade ist der Feind alles Lebendigen. Der Regulationszwang moderner Technologie stieß auf Menschen, die sich zu weigern begannen, die der Intellektualität und Rationalität wieder Emotionalität, Intuition und ein ganzheitliches Begreifen entgegensetzten. Der Mensch will wieder Hauptakteur werden, von den technischen Systemen nicht kontrolliert werden, sondern diese seinerseits kontrollieren. Er will über die gegebenen Schematismen produktiv hinausgreifen, die Dominanzansprüche bürokratisch-wissenschaftlich-technischer Großsysteme überwinden. Er nimmt die bestehende gesellschaftliche Wirklichkeit nicht mehr als unabänderlich, sondern durchforscht sie auf Alternativen hin.

»›Emanzipation von der Moderne‹ heißt also Überwindung des Herrschaftsanspruchs des wissenschaftlich-technischen Systems, heißt aber auch Ablehnung des eingesellschaftlichen Modells der Moderne. Wir sind daran, uns von der verengenden Idee einer einheitlichen durchrationalisierten Weltgesellschaft frei zu machen.

Der Übergang zur Nachmoderne bedeutet Übergang zu einem ›Mehr-Gesellschafts-Modell‹. Kein System, keine politische oder wirtschaftliche Ordnung kann absolute Geltung beanspruchen, weder eine Kirche noch ein Staat noch eine Partei. Die modernen Systeme mit ihrer Vereinheitlichungstendenz haben sich als zu eng erwiesen. ›Unglaube‹ macht sich überall bemerkbar, es kommt zur Ablehnung orthodoxer Glaubenslehren, Häresie- und Spaltungserscheinungen sind in Ost und West an der Tagesordnung. Wir bewegen uns auf eine vielschichtige und offene Gesellschaft zu, auf die nachmoderne Gesellschaft.«[16]

Solche »schönen Sätze«, die ja immer auch einen Hauch von »Sonntagsworten« an sich haben — man muß sie halt am Werktag anwenden! —, solche klugen Hoffnungs- und Ermutigungssätze überzeugen mich persönlich sehr. Kulturelle Evolution bedeutet Risiko und Chance; ich empfinde (wie ich nicht müde werde, mir einzureden) Optimismus durchaus als eine moralische Pflicht, zumindest soweit er die Gesellschaft betrifft. Ich setze auf die Anpassungsfähigkeit und Problemlösungskapazität unseres gegenwärtigen Systems; ich bin der Meinung, daß die Menschen lernfähig sind und daß vernünftige Argumentation, verbunden mit zukunftsweisenden Modellen, die Gleichgewichtsgesellschaft ermöglichen wird. Eines Tages, hoffentlich nicht eines zu späten Tages! Entmutigt bin ich freilich, wenn ich mir überlege, wie ein solcher abstrakter Evolutionsglaube den Jugendlichen in ihren konkreten Frustrationen vermittelt werden kann. Wie soll man in der Atmosphäre der Entfremdung, der Sprachlosigkeit, der Verständnislosigkeit, der Lieblosigkeit, des Kommunikationsverlusts das Packeis aufschmelzen? Denn die »aufbauenden« Worte werden eben dann nicht zum Wärmestrom, wenn ständig Kälte erfahren wird.

Die gewalttätigen Jugendlichen, so heißt es in einer Untersuchung der Eidgenössischen Kommission für Jugendfragen über die Jugendkrawalle in der Schweiz (Zürich 1980), hatten zum großen Teil Gewalt am eigenen Leib erlebt; sie fühlten sich als »Geschlagene«, die nun zurückschlagen. Für viele sei die Gewaltanwendung die wirksamste und radikalste Gegensprache (dabei beschränke sich die Gewalttätigkeit dieser Jugendlichen auf Formen, in denen ihre eigenen Körperkräfte zum Zuge kämen, eine Kraft aber auch, die in der städtischen, naturfernen Welt sich kaum mehr entfalten könne, eine Kraft die nicht abstrakt und deshalb geeignet sei, Gefühlsfragen auszudrücken). Sprache seien auch »häßliche Wandschmierereien«, wilde Kleidung und provokatives Verhalten. Ob man das nun Sprache oder Sprachverweigerung nenne — es drücke jedenfalls Heimatlosigkeit, Verwahrlosung, Verzweiflung, aber auch Auflehnung aus. In scheinbar unsinnigen Sprüchen, Zeichnungen und Demonstrationen fänden die mit Schlagworten »Autonomie« und »Anarchie« bezeichneten Anliegen ihre formale Entsprechung. »Sie sind eine Art ›Gegensprache‹ gegen jene Sprache, mit der die Jugendlichen zur Einordnung und Anpassung angehalten werden, gegen die Sprache auch, mit der sie kein Gehör fanden, wenn sie darin ihre Anliegen formulieren wollten, und gegen die Sprache schließlich, mit der sie in Diskussionen leicht von denjenigen mundtot gemacht werden können, die diese Sprache besser beherrschen gelernt haben.«[17] Da nützt es dann wohl auch nichts, wenn man die schönen Worte über die Evolution der Industriegesellschaft in einfachere Vokabeln übersetzt. Solange es sich eben um Sprache im Sinne verbaler Kommunikation handelt, schalten diejenigen, die man im besonderen Maße gewinnen müßte, ab. Man kann aber doch nicht den Zerfall der Werte dadurch aufhalten, daß man ihn fördert! Man muß den Diskurs rehabilitieren, indem man ihn häufiger sucht und sich ihm aussetzt! So bleibt zur Zeit wohl nichts anderes übrig, als ständig »schöne Worte« zu wagen, die »Schönheit« der Vernunft zu preisen und sich dafür beschimpfen zu lassen. Für die Älteren gilt wie für die Jüngeren: Du hast keine Chance, aber nutze sie! Angenehm ist das nicht gerade.

Nach drei bis vier Stunden der Vergeblichkeit, in denen man wieder einmal »abgefertigt« wurde wegen seines Mangels an Glaubwürdigkeit und zum wiederholten Male gehört hat, daß nur Gewalt weiterhelfen könne (wohin denn eigentlich?) — möchte man auch randalieren — gegen die Randalierer. Wie wär's da mit Gegengewalt gegen die Gegengewalt? Wenn für die frustrierten Jugendlichen Gegengewalt Mittel zur Durchsetzung ihrer Forderungen ist, warum sollte dann nicht Gegengegengewalt zur Durchsetzung meiner Forderungen berechtigt sein? Man greift dann natürlich nicht zur Gewalt, sondern — zum Beispiel wie ich — zu einem Gedicht. Erlebt man die Vergeblichkeit der schönen Worte, stärkt man sich an schönen Worten; es könnte allerdings sogar sein, daß das Gedicht eine praktische, eine gesellschaftspolitische Handlungsanweisung enthält (aber soweit sind wir noch nicht — ich meine auf dem Weg in die Emigration):

Bertolt Brecht: Legende von der Entstehung des Buches Taoteking auf dem Weg des Laotse in die Emigration

Als er siebzig war und war gebrechlich
Drängte es den Lehrer doch nach Ruh
Denn die Güte war im Lande wieder einmal schwächlich
Und die Bosheit nahm an Kräften wieder einmal zu.
Und er gürtete den Schuh.

Und er packte ein, was er so brauchte:
Wenig. Doch es wurde dies und das.
So die Pfeife, die er immer abends rauchte
Und das Büchlein, das er immer las.
Weißbrot nach dem Augenmaß.

Freute sich des Tals noch einmal und vergaß es
Als er ins Gebirg den Weg einschlug
Und sein Ochse freute sich des frischen Grases
Kauend, während er den Alten trug.
Denn dem ging es schnell genug.

Doch am vierten Tag im Felsgesteine
Hat ein Zöllner ihm den Weg verwehrt:
»Kostbarkeiten zu verzollen?« — »Keine.«
Und der Knabe, der den Ochsen führte, sprach: »Er hat gelehrt.«
Und so war auch das erklärt.

Doch der Mann, in einer heitren Regung
Fragte noch: »Hat er was rausgekriegt?«
Sprach der Knabe: »Daß das weiche Wasser in Bewegung
Mit der Zeit den mächtigen Stein besiegt.
Du verstehst, das Harte unterliegt.«

Daß er nicht das letzte Tageslicht verlöre
Trieb der Knabe nun den Ochsen an.
Und die drei verschwanden schon um eine schwarze Föhre
Da kam plötzlich Fahrt in unsern Mann
Und er schrie: » He, du! Halt an!

Was ist das mit diesem Wasser, Alter?«
Hielt der Alte: »Interessiert es dich?«
Sprach der Mann: »Ich bin nur Zollverwalter
Doch wer wen besiegt, das interessiert auch mich.
Wenn du's weißt, dann sprich!

Schreib mir's auf! Diktier es diesem Kinde!
So was nimmt man doch nicht mit sich fort.
Da gibt's doch Papier bei uns und Tinte
Und ein Nachtmahl gibt es auch: Ich wohne dort.
Nun, ist das ein Wort?«

Über seine Schulter sah der Alte
Auf den Mann: Flickjoppe. Keine Schuh.
Und die Stirne eine einzige Falte.
Ach, kein Sieger trat da auf ihn zu.
Und er murmelte: »Auch du?«

Eine höfliche Bitte abzuschlagen
War der Alte, wie es schien, zu alt.
Denn er sagte laut: »Die etwas fragen
Die verdienen Antwort.« Sprach der Knabe: »Es wird auch schon kalt.«
»Gut, ein kleiner Aufenthalt.«

Und von seinem Ochsen stieg der Weise
Sieben Tage schrieben sie zu zweit
Und der Zöllner brachte Essen (und er fluchte nur noch leise
Mit den Schmugglern in der ganzen Zeit).
Und dann war's soweit.

Und dem Zöllner händigte der Knabe
Eines Morgens einundachtzig Sprüche ein
Und mit Dank für eine kleine Reisegabe
Bogen sie um jene Föhre ins Gestein.
Sagt jetzt: kann man höflicher sein?

Aber rühmen wir nicht nur den Weisen
Dessen Name auf dem Buche prangt!
Denn man muß dem Weisen seine Weisheit erst entreißen.
Darum sei der Zöllner auch bedankt:
Er hat sie ihm abverlangt.[18]

So wirklichkeitsfremd bin ich nun freilich auch wiederum nicht, daß ich mir unter Vernunft nur den Rekurs auf Gedichte vorstellen kann. Aber warum nicht auch?

Und dann noch etwas ganz Unlyrisches: Wenn der Diskurs keine Chance mehr hat, warum soll man nicht selbst abschalten, diejenigen, die den Diskurs verabscheuen, »abschreiben«? Wohl gemerkt: »abschreiben« als Diskussionspartner, nicht natürlich als Mitglieder der Sozietät. Da darf die Fürsorge keine Begrenzung haben. Rechtsstaatlich gesehen gibt es sowieso keine Zweifel: jeder ist gleich vor dem Gesetz; derjenige, der sich dem Diskurs entzieht, genauso wie derjenige, der ihn bejaht: der Aussteiger wie der Einsteiger. Nur: man kann sich doch nicht ständig zum Diskurs anbieten. Zur nächtlichen Stunde, wenn man zur theoretischen Verarbeitung des täglichen Scheiterns gelangt — und die Diskursbereitschaft als nichtige Aufforderung zum Geschwätz reflektiert —, erscheint mir das Schweigen als aller Lösung Anfang. Und am Tag sollte man wohl öfters die Fäuste ballen, statt liberal-freundlich-verständnisvoll zu sein.

Auf einer DGB-Kundgebung mit Willy Brandt, an der ich teilnehme, bringen Störungen die Versammlung fast zum Scheitern. Studentische K-Gruppen gebärden sich besonders laut und bösartig. Die »Physiognomie« der Protestierer (ich meine vor allem auch ihre Attitüden, ihre verdrängten »feinnervigen« Verhaltensweisen, ihre Anstrengung, sich in uniformer Verhaltensweise gegenseitig aufzuputschen) entspricht dem allgemeinen Erscheinungsbild dieser Art von Protest, der keinem Diskurs mehr zugänglich ist. Offensichtlich Söhne und Töchter aus »gutem Hause«, die die Defizite ihrer Sozialisation durch die »Aktion Vatermord« wettzumachen suchen; weil sie damit konfrontiert sind, daß ihre Väter rechts sind, müssen sie links sein. Ihre Autoritätsphobie korrespondiert mit einer Sehnsucht nach Autorität, die sie sich im Über-Ich des Kollektivs schaffen. An eine Einverleibung kann man da nicht mehr denken.

Kurz darauf sitze ich in feiner Gesellschaft beim Mittagessen. Einflußreiche Kreise, viel Verständnis für vieles, mit Recht kritisch nach vielen Seiten; große Artikulationsgesittung; da atmet man auf. Gesprächskultur. Man diskutiert über Menachem Begin; er hat Bundeskanzler Schmidt beleidigt; man tritt für Schmidt ein, zumindest in dieser Sache. Sagt einer, als der Dialog lockerer wird: Begin ist eben doch ein Saujud'. Da bricht sie wieder einmal auf, die demokratische Gesprächsfassade. Die unbewältigte Vergangenheit ganz hautnah. Für mich das Erlebnis der Gleichzeitigkeit höchst unterschiedlicher Gesprächslosigkeit. Vielleicht schließen sie sich eines Tages zusammen: die kleinen Randalierer und Steineschmeißer, die sich links wähnen und nicht mehr reden wollen, und die großen Vertreter struktureller Gewalt, die der Steine gar nicht bedürfen, da sie ja ganz andere Waffen haben; und die unentwegt gesittet reden; bis gelegentlich einmal ein Sicherungsbruch den Redestrom zum Kurzschluß kommen läßt. Denn einen gemeinsamen Nenner haben sie: Weg mit dieser demokratischen Schwätzerei, weg mit dem Mauscheln parlamentarischer Politiker, die einen für dumm verkaufen, die nichts zuwegebringen, alles scheißegal. Wieso denn Diskurs? Auf gut deutsch wäre es besser, Flagge zu zeigen!

Das Szenarium des Weltuntergangs

1981 hätte man etwa 17 Millionen Kinder, die in den unterentwickelten Länder verhungerten oder an frühen Krankheiten starben, retten können — wenn man für jedes dieser Kinder im Jahr 230 Mark aufgewendet hätte. Nicht eines dieser vielen Millionen Kinder war zum Beispiel gegen die sechs gefährlichsten Kinderkrankheiten geimpft; dieses Versäumnis kostete allein 5 Millionen Kinder das Leben; Preis der Impfung pro Kind 12 Mark.

»Die Zusammenhänge zwischen Rüstung und Entwicklung liegen weitgehend noch im Dunkeln. Nur langsam wird den Menschen klar, welche Aussichten sich eröffnen könnten, wenn es gelänge, auch nur einen Teil der unproduktiven Ausgaben für Waffen in produktive Aufwendungen für Entwicklungsaufgaben umzulenken. Die jährlichen Rüstungsausgaben nähern sich der Summe von 451 Milliarden US Dollar (das sind mehr als zwei Milliarden DM pro Tag), während die Ausgaben für staatliche Entwicklungshilfe weniger als 5 Prozent dieser Aufwendungen ausmachen. Vier Beispiele:

1. Die Militärausgaben allein eines halben Tages würden ausreichen, um das gesamte Programm der Weltgesundheitsorganisation zur Ausrottung der Malaria zu finanzieren. Noch weniger würde benötigt, um die Flußblindheit zu besiegen, die immer noch eine Geißel für Millionen Menschen darstellt.
2. Ein moderner Panzer kostet etwa eine Million Dollar. Mit diesem Geld könnte man die Lagermöglichkeiten von 100 000 Tonnen Reis so verbessern, daß der Verderb von jährlich 4000 Tonnen oder mehr ausgeschaltet würde. (Ein Mensch kann mit gut einem Pfund Reis am Tag leben.) Mit demselben Geld könnte man auch 1000 Klassenräume für 30 000 Schulkinder errichten.
3. Für den Preis nur eines Kampfflugzeuges (20 Millionen US Dollar) könnte man etwa 40 000 Dorfapotheken errichten.
4. Mit der Hälfte von einem Prozent der jährlichen Rüstungsausgaben könnte man all die landwirtschaftlichen Geräte anschaffen, die erforderlich sind, um in den armen Ländern mit Nahrungsmitteldefizit die Agrarproduktion bis 1990 zu verbessern und sogar die Selbstversorgung zu erreichen.«[19]

Wenn ich am Ende des Jahres bei der Abgabe der Steuererklärung meine Spendenquittungen ansehe, kann ich befriedigt feststellen, daß ich verhältnismäßig vielen Kindern das Leben gerettet habe. Ich kann mir das leisten; gravierende Folgen für mein Wohlstandsdasein sind nicht festzustellen; ich denke auch gar nicht daran, mein Leben radikal zu ändern.

Ich projiziere diese meine Mentalität in Form einer »Milchmädchenrechnung« auf die Bundesrepublik: würden 17 Millionen Bundesbürger im Jahr 230 Mark aufwenden, wären alle diese Kinder gerettet. Auf das Einkommen bezogen: Großverdiener könnten mit dem Geld, mit dem sie sich gar nichts mehr leisten können, da sie sich schon alles leisten, gleich jeweils einige Hunderte, ja Tausende Kinder retten. Auch würde es mir genügen, einmal getötet zu werden; »kill« langt mir — ich verzichte auf »overkill« — da ist ja schon fast die ganze Menschheit gerettet! (Siehe Zitat oben).

Ich höre schon die CSU-Zimmermanns: Natürlich geht das alles nicht, denn die Zusammenhänge, die das verhindern, sind ganz klar: die Nachrüstung ist unentbehrlich, auch die Nach-Nach- und dann Nach-Nach-Nachrüstung . . . Man muß eben Prioritäten setzen. Und weil dies unmöglich ist, sagt ein nicht unerheblicher Teil von Jugend: Da steigen wir aus! Diese Industrie- und Konsumgesellschaft ist Scheiße. Alternativ leben, fühlen und handeln. Glasierte Oberflächenwelt; Betonburgen; Effizienzwahn; Profitopolis, bald Nekropolis; verödete Dörfer und Kleinstädte. Die große Sehnsucht, die im Herzen brennt. Sarkastisch singt die Pink-Floyd-Gruppe:

»Ich glaub ich träume
Ich seh nur Bäume
Ich merk auf einmal
Ich bin ein Tier hier, nur ein Scheiß-Tier hier
Und da gibts für mich nur eins
Zurück zum Beton!
Zurück zum Beton!
Zurück zur U-Bahn
Zurück zum Beton
Hier ist der Mensch noch Mensch
Hier gibts noch Liebe und Glück
Zurück zum Beton!
Zurück zum Beton!«

Übersättigte wollen nicht mehr übersättigt sein, Strebsame nicht mehr strebsam, Funktionierende nicht mehr Funktionierende — Angepaßte wollen Alternative sein.

»Lesen sie jetzt nicht weiter. Sonst könnten sie sich ärgern. Gehören sie zu denen, die sich eine strebsame, saubere, funktionierende, problemlose, anständige, hygienische Jugend wünschen? Dann lesen auch sie jetzt nicht weiter denn sie könnten die Zeit besser nutzen, indem sie das Jugendgesetzbuch der DDR lesen«, schreiben zwei junge Leute in dem Politmagazin der CDU Nr. 1 (1981) »Westfalen Echo«.[20] Überschrift: »Heften wir es ab!« (Der Titel erfüllte sich bald; die Zeitschrift wurde bald darauf wieder eingestellt.) Und an anderer Stelle dieses Beitrags hieß es: »Wenn junge Leute Alternativprojekte organisieren, die klein und überschaubar sind, dann gründen sie eine eigene Existenz, was die CDU doch immer fördern will. Wenn junge Leute sich in Dritte-Welt-Gruppen engagieren und konkret wie Schwester Emanuelle in der Müllstadt von Kairo helfen, wo die Menschen auf den Müllhalden von Abfällen leben, wo 40 von 100 Kindern sterben, gibt es keinen Unterschied zu ›Misereor‹ und ›Brot für die Welt‹, aber einen Unterschied zu staatlicher Entwicklungshilfe, die zu allen Teilen in Bürokratien oder politischen Kanälen verschwindet. Würde die CDU angesichts der 15 Millionen Kinder, die 1980 in unserer Welt verhungerten, so laut aufschreien wie bei den 300 000 DM Fensterscheiben, dann gäbe es vielleicht keine Scherben mehr.«[21]

Wie richtig das ist, wenn man es psychologisch nimmt; wie falsch ist das, wenn man global denkt. Denn: hochgesteigert muß unsere Industriegesellschaft sein, damit wir von unserem Überfluß Erhebliches abgeben können an diejenigen, die notleiden. Hoch muß das Sozialprodukt getrimmt werden, damit Überflüsse abfließen können. Die alternativen Projekte werfen keinen Mehrwert ab, der zu sozialisieren wäre. Freude am Kleinen und Bescheidenen — global gesehen: die Not wird nur noch steigen. Die Alternativen mögen Einfühlungsvermögen haben in die globale Misere; sie können nicht helfen. Die etablierten Gesellschaften könnten vom Überfluß abgeben, sie werden es nicht. Heften wir es ab! Die Millionen werden weiter verhungern, ob die Alternativen oder die Etablierten regieren. Es gäbe da eine Lösung, eine utopische. (Würde es sich um eine reale Utopie handeln?) Die Alternativen führen vor, daß man, wenn man aus der materialistischen Wertorientierung aussteigt, durchaus noch einigermaßen zufrieden und glücklich leben kann. Die Industriegesellschaft könnte sich durch solche Erfahrung anderen Lebens dazu »verführen« lassen, weiter intensiv zu produzieren, aber anders, intensiv zwar, aber nicht konsum-intensiv, zu leben. Mit Freuden ließe sich dann der »Mehrwert« zur Verfügung stellen; unter anderem würden auch die 17 Millionen Kinder gerettet. Eine postmaterielle Wertorientierung machte dies möglich. Die Dialektik des Fortschritts führte nicht zum Ende des Fortschritts; sondern erhalten würden jene Qualitäten des Fortschritts, die im Interesse humaner Entwicklung erhaltenswert sind. Zwei Wege eröffnen sich der Alternativgesellschaft (sie haben einen gemeinsamen Ausgangspunkt; nämlich: so kann es nicht weitergehen, es sei denn zum Abgrund!): Der eine bedeutet Rückkehr zum vormodernen Bewußtsein; er ist antizivilisatorisch ausgerichtet. Der andere ist postmateriell orientiert; die Fortschrittsidee der Aufklärung wird, auch was das Technologische betrifft, nicht aufgegeben. Gegengesellschaft auf der einen Seite, Weiterentwicklung von Gesellschaft auf der anderen Seite.

Vor allem drei Weltprobleme verfinstern die Zukunft der Menschheit: die hemmungslose Verschwendung von Rohstoffen und Energie, einschließlich einer raschen Zerstörung der Umwelt; der unbegrenzte Rüstungswettlauf, einschließlich der Suche nach »Optionen«, auch den strategischen Nuklearkrieg führbar zu machen, als Fortsetzung der Politik mit anderen Mitteln; schließlich der Nord-Süd-Konflikt, der eine ungeheuer komplexe Problematik eher verschleiert als verdeutlicht. (Anton Andreas Guha)[22]

80 Prozent der Rohstoffe werden in 70 bis 80 Jahren erschöpft sein; etwa 200 resistente Gifte, d.h. Stoffe, die sich überhaupt nicht oder nicht innerhalb von hundert Jahren abbauen, gefährden die Natur. Eine verdreckte Lufthülle um den Globus, die unkorrigierbar umzukippen droht; Überfrachtung der Erbanlagen, die zu irreversiblen Mutationen führen kann. 200 Tierarten sind in Europa ausgerottet, 1000 stehen auf der Aussterbeliste, jedes Jahr verschwindet mindestens eine; bedroht sind 500 000. Ein geplünderter Planet!

»Wir erfahren heute, daß die ständige Steigerung der Quantität tatsächlich in eine neue Qualität umschlagen kann: Die Dialektik des Fortschritts macht es möglich, daß aus Wohltat Plage wird. Die immer weiter getriebene Steigerung der Produktivität, die Zusammenfassung immer riesigerer technischer und ökonomischer Potentiale, immer umfassendere Apparate zur Bewältigung der Risiken, die fortschreitende Technisierung aller Lebensbereiche — all dies schmückt sich mit der Fahne des Fortschritts. Ist es wirklich Fortschritt?

Die Verunsicherung sitzt tiefer, als die meisten wahrhaben wollen. Lang nicht immer äußert sie sich politisch. Irrationale Gewaltsausbrüche, Ausflippen, selbstzerstörerische Flucht in Drogen und Alkohol sind verbreitete Reaktionen.

Wo die Revolte zum Bewußtsein ihrer selbst gelangt und politisch wird, trifft sie auf die große Koalition der ›Vernunft‹. Natürlich ist das, was sich als lautere Vernunft ausgibt, zu einem erheblichen Teil nacktes, egoistisches Interesse; es geht um Profite, es geht um Posten, es geht um Macht. Aber dies ist nicht die ganze Wahrheit. Viele, die den eingeschlagenen Kurs der technisch-ökonomischen Entwicklung verteidigen, tun dies in der ehrlichen Absicht, für die Mehrheit, für das Volk das Beste zu erreichen. Und das Beste ist für sie ganz selbstverständlich das Größte, das Höchste, das Schnellste, das jeweils Neueste auf dem Markt der technologischen Eitelkeiten. Aber Optimierung und Maximierung sind keineswegs dasselbe. Von der Maßlosigkeit und von denen, die sich davon noch für eine Weile steigende Profite und Machtzuwachs versprechen können, droht die größte Gefahr. Das ist ein klassisches Thema. Von Aristoteles bis Toqueville bildet es den Tenor der konservativen Klage über die Hybris des Fortschritts. Heute kehren sich die Rollen teilweise um. In der Bundesrepublik sind die Konservativen die rücksichtslosesten Verfechter der industriellen Expansion, und die Linke diskutiert über die Grenzen des Wachstums, fordert eine Technik und eine Wirtschaft nach menschlichem Maß.« (Johano Strasser)[23]

Das Drehbuch für die atomare Vernichtung der Menschheit ist vorbereitet; es steht unter dem paradoxen Motto »Wenn du den Frieden willst, bereite den Krieg vor.« Die Vernichtungsgewalt, die angehäuft wurde, entspricht 3 Tonnen TBT für jeden Bewohner des Planeten, d.h. einem Dynamitwürfel von zweieinhalb Meter Kantenlänge. Solche Veranschaulichung macht die meist abstrakte und nebelhafte Vorstellung vom bereitstehenden Vernichtungspotential faßbar. Angst kann dadurch ausgelöst werden. Diese ist gerade deshalb so wichtig, weil die entfremdete technisierte Kriegsführung die »direkte« Aggressivität und damit auch die Tötungshemmung ausschaltet. Sehr wenige Bomberbesatzungen, meint der niederländische Verhaltensbiologe Niko Tinbergen, die willens oder sogar begierig sind, mit ihren Bomben genau ein »Ziel« zu treffen, wären auch willens, Kinder (oder auch Erwachsene) mit eignen Händen zu erwürgen, zu erstechen oder zu verbrennen; die Friedens- und Notsignale ihrer Gegner würde sie am Töten hindern. Das Unheimliche, das wahrhaft Beängstigende an den modernen Kriegen besteht gerade darin, daß sie sich außerhalb der Kategorie menschlicher Aggressivität vollziehen.

Stadtverwüstung

Wegen der Furchtbarkeit der globalen Probleme sollte man diejenigen regionalen Ausmaßes, also solche der Bundesrepublik, nicht gering einschätzen. Auch »mindere Bedrohungen« können katastrophale Wirkungen zeitigen. Die »Relativierung« funktioniert meist weder individual- noch kollektiv-psychologisch.

Rationalisierung und Mechanisierung führen zu einer Sinnentleerung der Arbeitsprozesse. Der Leistungsdruck läßt den Bereich kreativer Gestaltung des eigenen

Lebens immer weniger zu. 30 % meinen heute, es wäre am schönsten zu leben, wenn man nichts arbeiten müßte. Gemeint ist dabei wohl weniger Arbeit schlechthin, sondern die Arbeit, wie sie heute geleistet werden muß. Dazu die immer längeren Ausbildungszeiten, die eine derartige Verzögerung des Mündigwerdens mit sich bringt, daß Neurosen, die der gesellschaftlich oktroyierten Infantilisierung entspringen, immer häufiger werden. Schließlich Arbeitslosigkeit und die Tatsache, daß weniger Möglichkeiten bestehen, den Beruf, für den man sich berufen oder zu dem man sich hingezogen fühlt, ergreifen zu können.

Einsamkeit in den übergroßen Städten, Verlust von Nachbarschaft, keine Nischen für kommunikative Symbiosen. »›Dröhnende Neonröhren, Siedlungsgroßräume, Arbeits-Frieden, Geld raschelt wie Herbstlaub, leise im Nebel von den Bäumen segelnd‹, so skizziert Reto Hänny das Klima unserer Städte, die immer höher hinaus, immer schneller in die Breite schießen, in deren donnernden Einkaufsschluchten, trotz öffentlicher Krisen, noch immer die Fortschritts-, die Siegesdynamik herrscht, in deren Büroetagen wir noch immer aus unseren Handlungen und Leistungen definiert werden, nicht aber aus unserem Leiden.« (Hans-Eckehard Bahr)[24]

In Profitopolis ist die Wirklichkeit zerstört. Die Zerstörung der Sozietät macht rasche Fortschritte. In seinen »Thesen zum Städtebau« stellt Alexander Mitscherlich etwa hinsichtlich der Frage des sozialen Wohnungsbaues fest:

»Da sind überall sogenannte ›Heimstätten‹ gewachsen, Ergebnisse eines Wohnungsbaus, den man, nicht ohne grotesken Beigeschmack, als ›sozialen‹ Wohnungsbau bezeichnet; kaum übertreibend darf man von ›geplanten Slums‹ sprechen. Baulücken werden geistlos und rücksichtslos aufgefüllt, Park- und Gartenoasen werden überbaut; die Städtebauordnung scheint mehr an unwichtigen Einzelheiten herumzukommandieren, als sich je einen Gedanken zu machen, worauf eigentlich die Hausbewohner blicken, wenn sie ans Fenster ihrer Wohnung treten, ans Fenster ihrer zu teuer gekauften oder zu abschreckenden Preisen gemieteten Wohnung. Wenn irgendwo freie Marktwirtschaft versagt hat, dann auf dem Gebiet des Neuaufbaues unserer Städte. Wenn irgendwo mit dem Gebrauch des Wortes ›sozial‹ Schindluder getrieben wurde, so im sogenannten ›sozialen Wohnungsbau‹.«[25]

Angesichts der »modernen Stadtverwüstung« gibt es sogar eine Sehnsucht nach der alten Malaise, das heißt, man hält die Fehler von gestern immer noch für besser als die Irrtümer von heute. Was durch die bislang praktizierten Sanierungsmaßnahmen erreicht wird, gilt meist als größeres Übel als das, was durch die Sanierung beseitigt wird. Ungünstige Wohnverhältnisse sollen behoben werden; doch mit den Beton-Neubauten werden auch die alten Kommunikationsstrukturen zerstört. — Eine Familie zum Beispiel, die aus einem Altbaugebiet nach München-Lehel umgezogen war, sagte, sie würde lieber wieder in ihre alte Wohnung mit den hygienischen Mängeln zurückkehren, als weiterhin die Ödnis der Trabantenstadt ertragen. Man sehnt sich nach der Eckkneipe, dem Bäcker mit den eigenen frischen Brötchen, dem kleinen Buchladen, der preiswerten Speisegaststätte, dem handwerklichen Kleinbetrieb, vor allen nach dem persönlichen Gespräch, das an vielen Orten eines funktionierenden Wohnviertels — »über den Zaun hinweg« (auch wenn der Zaun materialiter fehlt) — stattfindet. In der Trabantenstadt dominieren Geometrie, Effizienz, Funktionalität; verlorengegangen ist Nachbarschaft. Ein Hochhaus mit seiner Vereinsamung bewirke die Belegung des Drittels einer psychiatrischen Klinik — lautet eine sarkastische Feststellung.

Nachbar — das ist der nahebei Wohnende. Das Wort verweist jedoch nicht nur auf die räumliche Nähe; der Nachbar steht uns nahe: Nachbarschaft läßt wechselseitige Fürsorge und Mitsorge erwarten.

»... so legt euch denn, ihr Brüder,
in Gottes Namen nieder;
kalt ist der Abendhauch.
Verschon uns, Gott! mit Strafen,
und laß uns ruhig schlafen!
Und unsern kranken Nachbarn auch«

heißt es in der letzten Strophe von Matthias Claudius' Abendlied.

Das ist freilich nur der eine Aspekt von Nachbarschaft; der humane; der gutnachbarliche. Die andere Seite zeigt provinzielle Engstirnigkeit und neidisches Dreinmischen. Der Nachbar beargwöhnt den Nachbarn; er versucht, ihm auf die Schliche zu kommen; er spürt seiner Moral oder Unmoral nach. Da macht man dann besser den Zaun dicht; man igelt sich ein; schließt sich ab. So ist es verständlich, daß »Landflucht« — weitgehend eine Flucht aus den Kleinstädten in die Großstadt — die Anonymität suchte und fand. Wo keiner den anderen kennt. Wo keiner dem anderen nachspürt. Jugendsoziologische Untersuchungen zeigen, daß vor allem den jugendlichen Menschen die Anonymität der Stadt fasziniert; zumindest solange er sie als Duft der großen weiten Welt von außen her ersehnt.

Die Wirklichkeit sieht vielfach ganz anders aus. Etwa so, wie sie Fräulein Klara Heydebreck, Berlin, alleinstehend, 72 Jahre alt, erlebte. Am Abend des 10. März 1969, nach Einnahme einer Überdosis Schlaftabletten, gestorben. Motiv unbekannt. Ein Reporter mit einem Fernsehteam versuchte, dieses Durchschnittsschicksal zu rekonstruieren. Klara Heydebreck wohnte 50 Jahre im selben Haus.

Die Nachbarn:
... die kenn ich ja gar nicht;
... sie hat ja, wie gesagt, kaum mit jemandem gesprochen;
... also im Haus selbst hat sie gar nicht Kontakt gehabt;
... sie wohnte sehr zurückgezogen;
... also die hat alles allein gemacht.
»... sie kam immer mit schweren Taschen an, und da hab ich einmal — bin ich da zwei Treppen hochgegangen, sie wohnte doch vier Treppen — und da hab ich gesagt: Na, geben Sie mir mal 'ne Tasche her, ich stell sie zwei Treppen ab, dann haben Sie nur noch eine Tasche. Nicht mal Dankeschön gesagt, nichts, also sie hat das alles so hingenommen. Wenn ich's nun nicht gemacht hätte, also wär — ungefähr wär's genauso gut gewesen. Wir haben sie ja wochenlang manchmal nicht gesehen, daß man sich denn sagte, oh, Fräulein Heydebreck? Haben wir schon ewig nicht gesehen...«[26]

In Altbaugebieten ist das Leben vielfach nachbarlicher als in den Beton-Trabantenstädten. Natürlich hat dies seinen Grund zunächst in der Tatsache, daß man sich besser kennt, weil man länger dort wohnt. Ein wesentlicher Grund der Entfremdung, der sich durch Zeit nicht beheben läßt, besteht jedoch darin, daß man inmitten der Geometrie der Betonstädte keine »Nischen« mehr hat, in denen man verweilen, in denen man sich gemütlich »einrichten« kann. Alles ist auf Funktionalität getrimmt; der Profit dominiert. Im Shopping Center fährt man vor; kauft ein; packt ein; fährt weg. Im Begleitgrün gibt es keinen Gartenzaun. Und keinen Plausch über den Gartenzaun hinweg.

Nachbarschaft ist die »Kunst« von Nähe und Distanz. Sitzt man zu dicht aufeinander, wird der Nachbar leicht zum »Schnüffler«; einer, der sich einmischt, auch wenn er nicht gefragt ist. Man kommt besser zusammen, wenn man etwas weiter auseinander ist. Der Nationalsozialismus hat Nachbarschaft in »Volksgemeinschaft« verkehrt: Jede Privatheit sollte ausgeschaltet werden; der Nachbar den Nachbarn überwachen. Der Hauswart oder Blockwart war Funktionär solcher Gemeinschaftsideologie. Das war dem englischen Leitspruch »my home is my castle« — mein Heim ist meine Festung — diametral entgegengesetzt. Wenn nach dem Krieg in Form einer Gegenbewegung »Nachbarschaft« als altmodisch und provinziell desavouiert wurde, so sicherlich als Folge der negativen Erfahrungen im Dritten Reich. Die Anonymität der modernen Wohnsilos stellt das andere Extrem dar: Irene Rakowitz, 41 Jahre, Hausfrau, vier Kinder, Teilzeitarbeiterin, verheiratet, berichtet aus ihrer Berliner Wohnsiedlung:

»Wir haben nirgends Zentren, wo wir uns in größeren Mengen zusammenfinden können. Wir hocken alle in den Mauselöchern, wir haben überhaupt keine Nachbarn, im Grunde genommen. Selbst auf dem Flur, wo du mit vier Familien hockst, du kommst da nicht zusammen, weil das so geschachtelt ist — das ist Glückssache, wenn du da jemand triffst: da sind fünf extra Abzweigungen — bedenke da die Ecken mal: das ist wie im Kittchen, Mensch! Lange Flure mit einzelnen Zellen, das isoliert so richtig schön!«[27]

Ob Nachbarschaft entsteht oder nicht entsteht, ist weitgehend nicht dem Willen oder der Mentalität des einzelnen überlassen, sondern abhängig von den gesellschaftlichen, vor allem auch sozialarchitektonischen Bedingtheiten. Wenn Häuser so schlecht gebaut sind, daß man durch die dünnen Wände das Leben des anderen »mithören« muß; wenn Verkehrsplanung so angelegt wurde, daß weite Wohngebiete durch Lärm und Abgase ruiniert werden; wenn durch den Mangel an strengen Auflagen für Gewerbe und Industrie die Umweltverschmutzung laufend zunimmt, dann lassen sich solche Hindernisse für Nachbarschaft, für das »geruhsame« Miteinander der Menschen, nicht durch Appelle an den einzelnen überwinden. Planung orientiert sich an »Kosten- und Ertragsberechnungen«; im ökonomischen System wird der Ertrag ausschließlich monetär berechnet. Planung in der »nachökonomischen« Stadt hingegen kalkuliert vor allem die menschlichen Bedürfnisse ein; sie muß sich um humane Konditionen bemühen. Gerade die Diskussion um das Bodenrecht macht deutlich, daß es im Städtebau intensiver Anstrengungen bedarf, damit sozialstaatliche Verhältnisse hergestellt werden können. Nachbarschaft bedarf des Raumes, in dem sie sich entfalten kann; dieser muß sozial so gesichert und abgesichert sein, daß Nachbarschaft nicht zum Luxus wird, sondern als allgemeine Sozialisation sich vollzieht. Nachbarschaft ist »Einbergen« in einer überschaubaren und durchschaubaren, erfahrbaren und gestaltbaren Umwelt.

> Du gehst durch eine fremde Stadt; sie ist gar nicht so fremd. Du warst schon öfter da; in E., in D., in H., in F., in K., in M., in S., in B. Alphabet der Großstädte. Aber immer wieder fremd. Der Stolz der Oberbürgermeister und Stadträte: Fußgängerzonen. Läden.

Kaufhäuser. Hinein- und herausstürzende Massen mit Plastikbeuteln; dazwischen Blumentröge, Hähnchen am Spieß, Schaschlik. Leben, Trubel, Heiterkeit; und leis ertönt Musik — auch laut. Verkaufen, kaufen, verkaufen, kaufen. Natürlich ist das alles in Ordnung. Wer soll denn das Theater der Stadt zahlen, wenn nicht die Gewerbesteuer eingeht? Wohin du blickst: Schöne Reklamewelt und die Meisterwerke der Architekten. Steinhaufen um Steinhaufen, hochgezogen, mit allerlei Schnickschnack verziert. Input — output. Profitopolis kotzt dich an. Alternativ sollte das alles sein. Aber immerhin ist hier bis 18 Uhr Leben. Die Stadtstreicher legen sich deshalb gerade hier auf die Roste, aus denen der abventilierte warme Innenmief der Konsumgesellschaft herausströmt. In ihrem Fuseldelirium blicken sie wohlwollend auf hastende Menschen. Da ist eben »Bewegung«.

Nicht weit weg davon beginnen die Wohnwüsten. Sanierte Gebiete. Durch Sanierung kann man Menschen krank machen, ihr Leben zerstören. Da ist beispielsweise in M. die Rentnerin Gertrud F., deren Gesundheitszustand sich rapide verschlechterte, seit sie vor zwei Jahren erfuhr, daß ihr Haus von der Sanierung betroffen sein könnte.

»Sie leidet neben anderem unter einem latenten Herzversagen und einer Magenschleimhautentzündung. Außerdem hat sie Angst, verrückt zu werden. ›Dies ist angesichts der Aussicht, im Alter von fast 74 Jahren heimatlos zu werden, ... durchaus ernst zu nehmen.‹ Die Vertreibung aus ihrem Haus, folgerte der Doktor, gefährde die alte Frau, ›daher wird ärztlicherseits gefordert, alle diesbezüglichen Pläne aufzugeben‹. Ein paar Monate nach dem Gutachten drehte Gertrud F. durch und drohte an, den Gashahn aufzumachen. Dann schloß sie sich ein. Die Nachbarn wußten sich nicht anders zu helfen, als die Polizei zu rufen; die alte Dame wurde zwangsweise in die Nervenklinik geschafft. ›Sie befand sich in einem Erregungszustand‹, protokollierten die Ärzte, ›schimpfte laut, wobei ihre Gedanken um ihr Haus kreisten.«[28]

Auch wenn dabei Vergangenheit romantisiert wird: wir müssen uns auf die Suche nach der verlorengegangenen Stadt machen, um die Verwüstung der Stadt zu verhindern; wenn aus dem geordneten Schutthaufen zivilisatorischer Modernität wirklich neues Leben ergrünen soll. (Verantworten müssen sich Architekten sowieso nie. Die Verrechtlichung, sonst oft genug unerträglich, hätte hier wenigstens ihren Sinn!)

Im Spannungsfeld zwischen etablierter und alternativer Gesellschaft sehe ich vor allem drei Problembereiche, die der Lösung harren:

— Wie kann man entfremdetem, enteignetem, verdinglichtem Bewußtsein als Modernitätssyndrom mit einer neuen gesellschaftlichen Moral entgegentreten?

— Wie kann man dem Kulturverlust als Verlust traditionaler Ordnungsmuster von Werten durch neue Weisen der Identitätsfindung steuern?

— Wie ist angesichts des Kahlschlages von Spontaneität durch Reglementierung »Erfahrungshunger« zu stillen, »lebendiges Leben« wieder mehr möglich?

Das Entfremdungssyndrom zeigt sich meist vermummt. Von der Existenzkrise lenken Beruhigungsstrategien ab. Abbau des Sperrigen. Flachland. Easy going. Enterotisierung. Bei rechts und links, bei groß und klein; und in der Mitte; dort ist sowieso der bequemste Sessel.

»Die gesellschaftlichen Leitbilder in Lehrplänen, Magazinen, Werbung und Unterhaltungskultur stellen dagegen für das in Dreizimmerneubauwohnungen, Mittelklassewagen, Ferienclubs, Diskotheken usw. tatsächlich gelebte Leben (voller organisierter Animation) längst die entsprechend allen anderen Mechanismen des Konsums nach Angebot und Nachfrage geregelte Partnerschaft vor: sportlich zügiger Verkehr ohne Stau oder Rückstände. Eine durch Pharmazie, Freizeitindustrie,

Sozialingenieure und Psychotherapeuten möglichst entsorgte Sexualität, gesund und unfruchtbar, keim- und angstfrei, noch jeder Triebschatten hell ausgeleuchtet. Und wo anstelle des Fernsehens die spießig öde, lustlos lüsterne Pornoschau bereits zum Ziel des generationsverbindenden Familienausflugs wird, sind Don Quichotte und Emma Bovary, ja erst recht der alte Don Juan nur noch erotische Fossilien.

Notate zur Sterilität der sogenannten permissiven Gesellschaft gehören in Botho Strauß' ›Paare Passanten‹ zum Besten, Genauesten der neueren Literatur. Folgerungen: ›Die Angst gehört den Atomkraftwerken. Keiner ist mehr gezwungen, sie an ihrer geschichtlichen Quelle selbst zu ertragen... Allein das Wort ›Beziehungen‹ immer wieder zu hören, wirkt sich handschweißhemmend aus. So handelsplatt, wie es klingt, sucht es den Umgang mit der gründlichen Gefahr, welche die Liebe ihrem Wesen nach für das Gemeinwohl darstellt, künstlich zu ernüchtern und in eine Berechenbarkeit hineinzubeschwören.‹ Kann sein, es wird also dem Beziehungsreichen, aber Lieblosen einmal ergehen wie dem Geschichtslosen bei ›den kalten Inszenierungen von Vergangenheiten, den plötzlichen Tableaus von Preußen, Staufern, Pharaonengräbern‹, an denen der sich erfreut. Erregt von nicht mehr als einer ›Spurensicherung der Liebe‹, würde er zu gerne einmal erfahren, ›was wohl ein sogenanntes erotisches Abenteuer wirklich war, oder wie eine Leidenschaft sich ausnahm, die erst im Bruch von Regeln, Sitte, Widerständen groß geworden war‹.« (Peter von Becker)[29]

Wenn, wie der Titel eines romanhaften Erfahrungsberichtes des alt-linken Peter Mosler es formuliert, die vielen Dinge arm machen, wird man in wenigeren Dingen neuen Reichtum, inneren Reichtum aufspüren können. Wenn das »Große« (»think big!«) Angst macht, wird man aufs »Kleine« (»small is beautiful!«) sich zurückziehen wollen; z.B. aufs Dorf. Der Trend ist allgemein; die Gefahr ist, daß neue Maskeraden, alternative Maskeraden, das Entfremdungssyndrom einmummen. Denn wer die Stadt flieht, gibt auch die Möglichkeiten von Urbanität auf. Homogenität ist auch Eintönigkeit, Mangel an Vielfalt und Komplexität. Wenn der »Dorfblick« das Dorf als menschlicheres Lebens romantisiert, nostalgisch einnebelt, ändert sich nicht viel: die Stadtneurotiker werden lediglich zu Landneurotikern; die Misere hat lediglich ein anderes Etikett. Stadtleben — Dorfsehnsucht; Dorfleben — Stadtsehnsucht.

Aussteigen und Einsteigen

Alternativ denken und fühlen bedeutet, Träume von Glück und Frieden haben; gerade auch weil man die Gefährdung von Glück und Frieden angstvoll sich zu vergegenwärtigen weiß. Die Gegengesellschaft hat ihre Vorgeschichte.

Nach Walter Hollstein kennt die Epoche nach dem Zweiten Weltkrieg vorwiegend drei Entwicklungslinien jugendlichen Protestverhaltens: Die eine umfaßte jene Jugendliche, die sich aufgrund ihrer politischen Sozialisation in die sozialistischen und kommunistischen Parteien integrierten; die zweite Entwicklungslinie betraf Bewegungen wie Rockers, Mods, Skinheads, Teds, Greasers, Punks und andere; ihr Protest war aggressiv und auf die Zerstörung von »Umwelten« angelegt, von denen die Jugendlichen spürten, daß diese sie »kaputtmachten«. Die dritte Entwicklungslinie ist die gegengesellschaftliche der Beats, Hippies, des »underground« und vieler ökologischer, feministischer, kommunitärer Basisinitiativen; ihre Anhänger entstammen weithin den Mittelschichten. Diese gegengesellschaftliche Bewegung habe dabei inzwischen ihre frühere Spezifität von Jugendprotest überschritten und umfasse auch immer mehr Erwachsene und ältere Bürger.

Heute werden historische Entwicklungen teilweise wiederholt: die Typologien vermengen sich; die »Szene« ist im Erscheinungsbild diffus; in ihrer Zielrichtung jedoch einigermaßen homogen: gegenüber der Großtechnik erstrebt man: ökologische Einpassung, niederen Energieverbrauch, Verhinderung von Verschmutzung, Recycling, handwerkliche Tätigkeiten, Großfamilien, Dorfleben, lokalen Tauschhandel, Begrenzung des Wachstums, Symbiosen von jung und alt, Dezentralisierung, libidinöses Dasein, kollektive Nahrungsbeschaffung, nichtentfremdete Arbeit. Der menschliche Körper soll ganz Natur sein; er habe die Fähigkeit der Selbstregeneration. Die Unterscheidung zwischen Geist und Körper sei falsch; der Körperfeindlichkeit müsse ein Ende gesetzt werden. Die neue Natürlichkeit fordert auch eine neue Ernährung... gesundes Brot, biodynamisches Obst und Gemüse, reduzierter Fleischgenuß, ... Vorliebe für Nüsse, Kerne, Erbsen, Bohnen... ausgeglichene, sparsam gewürzte Naturprodukte... das beste Getränk ist Wasser, auch Milch...

Gegenüber den Übersteigerungen der Zivilisation und hybriden Wachstumsvorstellungen bedeutet die »Gegengesellschaft« ein wichtiges Korrektiv, freilich nur dann, wenn sie die in ihr angelegten regressiven Tendenzen zu überwinden und ihre antiaufklärerischen Affekte abzubauen vermag. In der Alternativbewegung liegt das Moment der Naturschwärmerei wieder einmal nahe.

»Barfuß über ein Stück Land zu gehen, das man natürlich düngt, ändert nichts an der Naturzerstörung und ihren Mechanismen. Der Rückzug in eine autarke Welt irgendwo hinter grünen Bergen, die einen vor dem Zugriff der bösen Technik schützen, ist zwar sicher keine illegitime Lebensform; wenn schon, ist sie aber gewiß nicht alternativ im Sinne von Veränderung, sondern kleinbürgerlich im Sinne von Eskapismus und unzeitgemäßer Romantik. Dort, wo solche Konzepte gar in die unreflektierte Naturverherrlichung umschlagen, ist schließlich ›Blut und Boden‹ nicht fern. Unübersehbar ist in der Tat, daß gerade in der ökologischen Bewegung sich auch reaktionäre, nicht selten faschistoide Züge von natürlich-hartem Leben und dem Durchsetzen des Stärkeren, von Zucht und vom Schicksal, von germanischen Rückerinnerungen und ähnlichem Gespensterwahn dunkelster Zeiten artikulieren.«[30]

Das Zitat (von Walter Hollstein) macht bereits deutlich: Die antizivilisatorischen Strömungen haben in der deutschen Geistes- und Kulturgeschichte eine lange Tradition. Als bürgerliche Fluchtbewegungen wirkten sie sich vor und nach der Jahrhundertwende fatal auf die Politik aus, indem sie diese sich selbst überließen oder ihr irrationale Schubkräfte zuführten. Der alternative Slogan: »Wir sind die, vor denen uns unsere Eltern immer gewarnt haben«, ist so nicht richtig. In vielem verkörpern die Alternativen genau das, was ihre Eltern und Großeltern im Rahmen des national-völkischen und nationalsozialistischen Blut-und-Boden-Kults verinnerlicht hatten, aber nach 1945 verdrängten. Die autoritären und totalitären Ideologien sind abgefallen, durch basisdemokratisches Denken ersetzt worden.

Die Grenzen zwischen gesundem Volksempfinden und populistischen Strömungen sind jedoch fließend; aus dem Kampf gegen die Wohlstandsdemokratie kann durchaus die Feindschaft gegen Demokratie schlechthin erwachsen. Das Unbehagen an der Stadt kann zur Mißachtung von Urbanität führen. Das Aussteigen aus der Gesellschaft mag einen elitären Minderheitskomplex fördern, der den sozialen Fortschritt, wie ihn die Industriegesellschaft mit sich gebracht hat, schlechthin leugnet. Mit dem einfachen Leben gelangen hierarchische bzw. patriarchalische Strukturen wieder zum Durchbruch. Die »Gegengesellschaft« neigt dazu, aus der Gesamtverantwortung auszusteigen und sich in Enklaven, alternativen Gettos, einzurichten. Die Isolierung führt zu einem neuen Gruppenprivatismus, der häufig nur dann noch unterbrochen wird, wenn die »herrschende Gesellschaft« in die ausgegrenzten Alternativzonen eingreift. Lernen die Etablierten hinzu, wird die Desintegration bald so vollkommen sein, daß auch die subkulturellen Störfaktoren vergessen sind. Die Alternativen werden in der gleichermaßen selbst gewollten wie auferlegten Abkapselung dahindämmern und in Bedeutungslosigkeit versinken.

Es wird schwer sein, diejenigen, die sich — angewidert vom »Frischwärts« — auf dem Weg nach rückwärts befinden, zu einem Richtungswechsel zu veranlassen. Die Erfahrung eigener Wirkungslosigkeit mag eines Tages eine Wende fördern; man kann sich aber auf solche Selbstkorrektur nicht verlassen. Vielmehr sollten diejenigen, die vom Standort eines »So-geht-es-nicht-mehr-weiter« den Weg nach vorne in die postmaterielle Gesellschaft sich zu bahnen suchen, die regressive alternative Bewegung nicht mißachten, sondern sie zu gewinnen suchen. Eine Politik, die eine Gleichgewichtsgesellschaft anstrebt, zielt auf die Stiftung einer Alternativzivilisation, die den Menschen dazu veranlaßt, die sinnlose Jagd nach ständiger Konsumsteigerung aufzugeben und den produzierten Mehrwert den notleidenden Menschen und Völkern zuteil werden zu lassen. Aus meiner Sicht kann zur erstrebten »sanften Technik« durchaus die friedliche Nutzung der Kernenergie gehören, wenn mit aller Ingeniosität und technologischen Kompetenz die damit verknüpften Gefahren auf ein Mindestmaß zurückgedrängt würden. Vor allem aber wären die Möglichkeiten alternativer Energiegewinnung auszuschöpfen, was Rücksichtnahme auf die natürlichen Ressourcen bedeutet und zugleich die Entwicklung neuer Industriezweige fördert.

Die historische Besinnung auf die Entwicklung der Industriegesellschaft im 19. und 20. Jahrhundert (auf »Industrie-Kultur«), kann den Blick schärfen für das, was notwendig und möglich, und für das, was sinnlos und gefährlich ist.

Das politische Instrumentarium, mit dem man an den Aufbau einer postmodernen Gesellschaft heranzugehen hätte, kann manches aus dem »Werkzeugkasten« der regressiven Alternativen übernehmen. In einer Studie des »Bundesministeriums für Jugend, Familie und Gesundheit« zur alternativen Kultur in der Bundesrepublik wird ein aus der Analyse der Jugendsituation erwachsener »Katalog« von zehn Punkten aufgemacht, der als Charta für eine Integration der beiden alternativen Gesellschaftsmodelle (rückwärts ins Vorindustrielle und vorwärts ins Postmoderne!) sorgen könnte. So konträr die beiden Wege im Augenblick auch auseinanderlaufen — warum sollten sie sich nach vielerlei Kehren und Wenden nicht auf einem höheren Niveau wieder treffen?

1. Die Kritik der Aussteiger richtet sich nicht gegen abstrakte Grundwertvorstellungen der Mehrheitsgesellschaft wie persönliche Freiheit, Solidarität, soziale Gerechtigkeit. Die Aussteiger werfen der Mehrheitsgesellschaft vielmehr vor, daß sie diese Grundwerte gar nicht verwirklichen wolle und eine ihnen entgegengerichtete Politik betreibe. Auf ihre Fragen haben oft auch die Vermittler staatlicher Politik, Praktiker der Jugendbildung, Sozialarbeiter etc. keine Antwort. Grundsätzlich geht es

um die Frage, ob eine klare Orientierung der großen Politik wie der Kommunalpolitik an diesen Grundwerten möglich ist, ob diese Orientierung glaubhafter vermittelt werden kann und ob tatsächlich entgegenstehende Sachzwänge ihrerseits glaubhaft gemacht werden können. Damit ist auch die »politische Sozialisation« junger Menschen angesprochen, die Frage, wie abstrakt, vielleicht naiv sie an manchen Stellen verläuft, ob in ihr selbst genügend Wissen um wirtschaftliche Zusammenhänge, internationale Verflechtungen vermittelt wird und ob sie zu historischem Denken und Vergleichen anregt.

2. Das politische Verhalten der jungen Generation ist weithin durch Ohnmachtserfahrungen hinsichtlich der Möglichkeiten politischer Einflußnahme bestimmt. Es sollte vor allem in politischen Parteien und ihren Gliederungen und in der Kommunalpolitik dafür Sorge getragen werden, daß der Prozeß der politischen Willensbildung von unten nach oben neu belebt und transparenter gemacht wird. Politische Verantwortung darf nicht hinter tatsächlichen oder vermeintlichen Sachzwängen verborgen werden. Der Ansatzpunkt liegt sicher darin, die Wechselbeziehungen zwischen großer und kleinräumiger Politik deutlicher zu machen.

3. Nicht nur der Inhalt der Politik, sondern auch die Art und Weise, wie viele Politiker und ein großer Teil der Administration mit dem Bürger umgehen, wird häufig als destruktiv empfunden. Jugendliche sehen dies so, daß Politiker und Verwaltung ihnen fertige Lösungen und vorschnelle Erklärungsmuster präsentieren, in denen nicht auf ihre konkreten Probleme eingegangen wird und die zum Teil Antworten auf Probleme von gestern enthalten. Um die Kluft zwischen Spitzenpolitikern und politischer Basis, zwischen Politik und gesellschaftlichem Leben zu überbrükken, sollten Gespräche geführt und Dialogformen gesucht werden, deren Ergebnisse sich in der praktischen Politik auch sichtbar niederschlagen.

4. Die Dichte staatlicher Regelungen sollte vermindert, Zwänge und Bürokratie abgebaut werden, ohne daß der soziale Schutz geringer wird. In der Verwaltung sollten Letztentscheidungen weniger unter juristischen und sicherheitspolitischen Aspekten gefällt werden, sondern mit Blick auf eine langfristig menschliche Gestaltung der Lebenswelt des Bürgers. Mehr Raum für individuelles, persönliches, freies und spontanes Handeln verlangt auf seiten der Verantwortlichen Mut zum Risiko, in der Jugendpolitik Persönlichkeiten, die auch Fehlschläge in Kauf nehmen, offensiven Modellen den Rücken stärken und sie verantworten.

5. Das Bild von der Gesellschaft der Zukunft richtet sich leicht auf eine Gesellschaft mit einheitlichen Wertmaßstäben und Verhaltensweisen, die sich vor allem im Einklang mit der technologischen Entwicklung befindet. Realistisch ist eher, daß es auch in Zukunft neben der Mehrheitskultur auch Minderheitskulturen geben wird — wie es in der Regel in der Vergangenheit war —, die zum Teil im bewußten Gegensätze zur Mehrheitskultur stehen und stehen wollen. Solche Minderheitskulturen werden für die Bundesrepublik außer der alternativen Kultur auch die Kulturen der ausländischen Arbeitnehmer sein. Die Fähigkeit zum Umgang mit solchen Minderheitskulturen muß entwickelt werden.

6. Wenn die alternative Kultur menschliche Bedürfnisse innerhalb eines integralen Lebenszusammenhangs möglichst umfassend und in spezifischer Ausprägung befriedigen will, knüpft sie damit an Traditionen sowohl des kirchlichen Bereiches als auch zum Beispiel der Arbeiterbewegung an (Selbsthilfeorganisationen in den Bereichen

Bildung und Kultur, Sport, Nachbarschaftshilfe, Kinder- und Jugendarbeit, Hilfe bei der Wohnungsversorgung, beim Hausbau usw.). Auch von den früheren gesellschaftlichen Organisationen hat sich ein Teil (z.B. die der Arbeiterbewegung mindestens in der Zeit vor der Weimarer Republik) in bewußtem auch politischem Gegensatz zur Mehrheitsgesellschaft entwickelt. Für religiöse und nationale Minderheiten galt ähnliches. Möglicherweise sollten sich Kirchen, politische Parteien und andere gesellschaftliche Kräfte auf unterschiedliche Lebensweisen von Teilen der Bevölkerung wiederum stärker einstellen.

7. Der Tendenz zu großräumigen Strukturen sollte entgegengewirkt werden. Politik und Verwaltung sollten sich stärker kleinräumig orientieren und Gleichförmigkeit vermeiden. Treffpunkte, die nicht nur funktional sind, sondern auch eine emotionale Ausstrahlung haben, Raum zur Selbstgestaltung lassen, sollten geschaffen bzw. dort, wo sie entstanden sind, unterstützt werden. In diesem Sinne sollten die Kommunen kreative Ansätze der alternativen Kultur fördern, ihre Andersartigkeit tolerieren und den Jugendlichen so eine Integration in das Gemeindeleben anbieten.

8. Faktoren, die die Jugendprobleme auslösen oder verstärken, sollten kritisch beleuchtet werden. Nötig wären eine menschlichere Schule, besserer Berufsübergang, Abbau von Jugendarbeitslosigkeit und Wohnungsnot. Die beiden letzteren Punkte haben in den aktuellen Unruhen eine sehr große Bedeutung; ihre Lösung sollte mit allen Kräften weiterverfolgt werden.

9. Die Hilfen für die Familie sollten verstärkt werden. Es kommt vor allem darauf an, daß Eltern bereit und fähig sind, persönlich auf die Probleme ihrer Kinder einzugehen, sich ihnen als Partner auch in Auseinandersetzungen zu stellen und in Krisen Orientierung anzubieten.

10. Kinder und Jugendliche sollten den nötigen Freiraum erhalten, ihre emotionalen Bedürfnisse in Familie, Schule, Beruf und Freizeit auszuleben, mit anderen weiterzuentwickeln. Dort, wo sie in Eigeninitative ihren Lebensraum zu gestalten versuchen, ihr Zentrum selbst verwalten, sollten sie Fehler machen dürfen, sollten nicht Effizienz und reibungsloser Ablauf das oberste Beurteilungskriterium sein. Möglichkeiten zur gesellschaftlichen Mitarbeit sollten den Jugendlichen in ihrem Alltag geboten werden.[31]

> Ein derartiges »Sowohl-als-auch-Denken« ist für mich ungemein beruhigend. Dialektik, die zur Synthese findet, vermittelt das wohlige Gefühl von »Sicherheit«, wie Aufklärung sie anstrebt. Wahrheit? Viele haben recht. Die Wahrheit als Prozeß an dem viele teilhaben! Blättert man tagelang eine Kollektion von Alternativzeitungen, -Blättchen, -Traktaten durch, weiß man freilich nicht mehr so recht, wie die Sonne der Aufklärung in diese Verworrenheit hineinleuchten soll. Die Naivität, mit der man die mühsam abgeschirmten ökologischen Nischen ausstaffiert, ist rührend und ärgerlich zugleich. Die Aggressivität, mit der man seine Nester abschirmt, gibt einem schon mehr zu denken. Der propagierte Neo-Primitivismus läßt fatale Assoziationen zu. Die Boutiquen-Mentalität mildert freilich die grobgestrickte Derbheit. Auf das Make-up will man genauso wenig verzichten wie auf die Zigarette. Die Rückkehr in die Wälder soll zumindest mit dem Kleinwagen erfolgen; man kauft im Supermarkt, verpackt aber das Gekaufte nicht im Plastikbeutel, sondern in der Jute-Tasche; und die Tonkonserve ist auch notwendig usw. Moderne Nervosität ist umgeprägt in ein vegetatives, androgynes, narzißhaftes, weiches, sanftes Mentalitätsmuster, zu dem auch »Dauerkose« und gesellschaftskritische Eurhythmie gehören. Alles »aufgeladen« mit Selbstbewußtsein.

Herbert Marcuse fordert eine »libidinöse Moral«; alternative Weltanschauung würde ihre Verkrampfung ablegen, wenn sie im Geiste einer Gleichgewichtsgesellschaft zu einer libidinösen Kulturbejahung zurückfände — ein Behagen in der Kultur vermittelte, das Natur wie Technik bejaht und sich neben mystischer Offenbarung auch um den weiteren Ausbau der Stromversorgung kümmert. Am Anfang war eben das Feuer...

Romantik des einfachen Lebens

Ein »Dorf« im Flörsheimer Wald. Die Dorfgemeinschaft, heißt es in Horst Karaseks »Chronik vom alltäglichen Widerstand gegen die Startbahn West«, zerfällt im wesentlichen in drei Gruppen:

»Da sind die Bewohner des Kampfwagens, der Maintal-, der Darmstädter- und der Frankfurter Fachhochschul-Hütte, die man als die ›Dorfakademiker‹ bezeichnen könnte. Sie kommen aus studentischen Wohngemeinschaften und sind finanziell einigermaßen abgesichert. Schirmi, Sepp, Rolf, Matthias, Ernst, Karin, Gabi und ihre Freunde halten den Kontakt zum politischen Umfeld, insbesondere zu den BI's aufrecht. Im Dorf bilden sie die geistige Oberschicht.

Die breite Mittelschicht setzt sich zusammen aus den Jugendlichen, die ihre Schul- und Berufsausbildung unterbrochen haben. Sie wohnen in der Regel in Hütten, die sie nicht selber gebaut haben; bevorzugt werden die Biologen-, die Mediziner-, die Regenbogen- und die Oberurseler Hütte. Während diese Jugendlichen im Dorf über keinen festen Wohnsitz verfügen, haben sie die Brücken zum Elternhaus nicht vollkommen abgebrochen. Manchmal fahren sie heim, um Geld zu holen, oder sie suchen sich eine Beschäftigung in den Umliegergemeinden. Jutta, Eva, Rosi, Kerstin, Jürgen, Jimmi, Michael, Ede und viele andere sorgen praktisch für den Alltag im Dorf.

In Heimen, Knästen oder auf den Straßen zu Hause ist die Unterschicht. Jetzt wohnen diese Abgestoßenen vor allem in den Bretterbuden des Neubauviertels, oder sie halten die BI-Hütte und den Dorfplatz besetzt. Sie kommen und gehen, untereinander entwickeln sie Ansätze zu einem Bandenbewußtsein. Im Dorf sorgen sie dafür, daß der Zündstoff nie ausgeht.«[32]

Aufgebrochen sind sie, den Wald zu schützen. Die Holzfäller fressen sich mit den Motorsägen in den Wald hinein. Die Grünen leisten Widerstand; der Kahlschlag darf nicht stattfinden:

— Bürger übernehmen Patenschaften, indem sie Zettel mit ihren Anschriften an die Rinden heften; evangelische Pfarrer kämpfen in der vordersten Front mit.

— Drei Zimmerleute in ihrer schwarzen Wanderkluft errichten zwischen zwei triefend nassen Bäumen ein schräg abfallendes Gerüst aus Stämmen und Zweigen, über das sie eine Plastikplane spannen, die sie mit Erde und Moos belegten; da kann man hineinkriechen.

— Immer mehr Waldbesetzer stellen sich ein; etwas wie Goldgräberstimmung liegt in der Novemberluft, die vor Kälte, vor Hammerschlägen und vom Dröhnen darüber hinwegfliegender Flugzeuge vibriert. Gruben, Baumstämme, Bretter, Fensterrahmen, Türen, Öfen, Styroporplatten, Dachpappe, Matratzen und Werkzeuge: die Bürgerinitiativen schaffen sich Behausungen.

»Die Nacht von Samstag zu Sonntag schlafen wir in einem der beiden Pfadfinderzelte, in denen Matratzen, Wolldecken, Schlafsäcke, Mäntel, Pullover, Jakken, Hosen, Handschuhe, Socken, Unterwäsche, kurz warme Sachen gelagert sind, mit denen die Bürger die Dauerbesetzer winterfest machen wollen. Auf die Zeltplanen pladdert der Regen, dünne Rinnsale ergießen sich durch das rissige, durchhängende Dach. Wir verkriechen uns in eine trockene Ecke und stülpen einen ganzen Berg Wolldecken und Schlafsäcke über uns.

Am Sonntagmorgen werden wir durch einen Jägerchor geweckt, der uns im Dauerregen draußen auf dem Dorfplatz mit Waldhörnern aufspielt. Aus dem Schlafhaus stolpern müde Gestalten, die aussehen, als seien sie geteert und gefedert worden. Wir erfahren, daß im Innern eine Kissenschlacht getobt hatte, und wir sind froh, im Zelt untergekrochen zu sein. Der ständige Regen und der knöcheltiefe Matsch treiben uns nach Frankfurt zurück — doch wir beschließen, besser ausgerüstet wiederzukehren.«[33]

— Die Arbeiten werden aufgeteilt. Es gibt eine Gruppe von Leuten, die »unheimlich viel macht«, dann einige Leute, die einiges machen, und dann wieder Leute, die gar nichts machen. Natürlich kann man die Leute, die nichts machen, nicht zwingen, irgend etwas zu machen.

»Bertrand ist siebzehn Jahre alt, hat Eltern und Schule mitten in der elften Klasse verlassen und ist in den Wald gezogen. Bertrand ist ein großes, ungewaschenes Kind. Er hat einen kurzgeschorenen Riesenschädel; kreisrunde, braune Augen blicken erstaunt (oder auch fassungslos) in die Welt. Bertrand hat den schmutzigsten Hals, den ich je gesehen, und die dreckigsten Hände, die ich je ergriffen habe. Seine Kleidung starrt vor Schmutz, er beschmiert sie mit allem, was ölig, klebrig oder matschig ist. Bertrand redet wenig, dafür beherrscht er die Körpersprache. Mit ihr drückt er seinen Protest gegen jede Zivilisation und alle bürgerlichen Anstandsregeln aus. Mit ihr provoziert er. Manchmal tippelt Bertrand, die Füße gefesselt, mit klirrenden Ketten über den Dorfplatz, oder er läuft, eine Axt schwingend, in den Nächten Amok.«[34]

— Die Basisdemokratie formiert sich. Waldrat. Es gibt keine Rednerliste, es wird nicht abgestimmt. Beschlüsse kommen durch Übereinstimmung zustande und werden auch nur solange eingehalten, wie der allgemeine Konsens besteht. Jedermann kann spontan Stellung nehmen. Das löst die Zungen. Später wird die Organisation straffer.

»Über den Waldrat führt Gabi Protokoll. Gabi ist dreißig Jahre alt, geschieden und von Beruf Industriekaufmann. Sie ist sehr gewissenhaft und verwaltet auch die Dorfkasse. Die Spendengelder, die von ihr täglich eingesammelt werden, rechnet sie wöchentlich mit der BI ab. Gabi trägt die dunklen Haare kurzgeschnitten und blickt mit braunen, klugen Augen durch eine runde Brille. Sie erinnert mich an die russischen Nihilistinnen vor hundert Jahren; Gabi hat ihren Beruf nach zehn Jahren aufgegeben und Sozialpädagogik zu studieren begonnen. Ähnlich den Narodniki ist auch sie ›unters Volk gegangen‹, im Umgang mit den Außenseitern dieser Gesellschaft und in der direkten Konfrontation mit der Staatsgewalt lernt sie nun, sich auch körperlich durchzusetzen, und entwickelt dabei einen Mut und eine Ausdauer, wie sie Frauen oft eigen ist. Gabi lebt im Kampfwagen mit Matthias, dem Diplommathematiker, zusammen, dessen sanfte Besonnenheit fast schon ansteckend ist.«[35]

— Studenten spielen eine wichtige Rolle. Anders als den Bürgern geht es ihnen nicht nur darum, der bäumefressenden Flughafen AG entgegenzuwirken; sie wollen eine Dorfgemeinschaft formen; sie soll ein Gegenmodell zur Warengesellschaft, die von der

Entfremdung des Menschen, dem Verschleiß seiner Arbeitskraft und der Zerstörung seiner Umwelt inganggehalten wird, darstellen.

»Wie die mittlerweile auf 22 Ortsgruppen angewachsene Bürgerinitiative gegen die Flughafenerweiterung ihre Vertreter in Waldrat und Vollversammlung entsenden soll, so nehmen die Dorfbewohner an den wichtigsten Sitzungen, Treffen, Veranstaltungen und Kundgebungen in den umliegenden Gemeinden teil. Das oberste Beschlußgremium der BI ist das Plenum, das monatlich stattfindet und an dem jeder Startbahngegner teilnehmen kann. Exekutivorgan ist der siebenköpfige Delegiertenrat, in dem neben Schirmi auch Dirk Treber als Pressesprecher der BI sitzt. In der Delegiertenversammlung, zu der jede Ortsgruppe drei Vertreter entsenden darf, werden die Schwerpunktthemen fürs Plenum festgelegt und die inneren Konflikte geregelt.«[36]

Alltag im Wald: »Ich habe mich an das Dorfleben gewöhnt. Wie alle Bewohner komme ich aus meiner Winterkleidung kaum noch heraus; morgens wasche ich mir in der BI-Hütte mit kalten Grundwasser die Hände und auch mal das Gesicht, rasiere mich nur daheim, und auch zum Zähneputzen komme ich höchst selten. Abends ziehe ich die vermatschten Gummistiefel von den Füßen, hänge die nassen Socken über den Ofen; Hose, Hemd und Pullover lasse ich häufig an, wenn ich mich in den Schlafsack verkrieche. Nicht, daß es in der Hütte kalt wäre, ganz im Gegenteil: der Ofen heizt tüchtig ein. Nur, wenn er nachts ausgeht, überfällt uns der klirrende Morgenfrost — und bei meiner schwachen Blase muß ich noch zwei, drei Mal zum Pissen hinaus. Ja, selbst an das Plumpsklo habe ich mich gewöhnt, obwohl ich dorthin durch das ganze Dorf muß, weil es am Ostende liegt.«[37]

— »Pendler«: Ein Lehrer klagt, daß er, wenn er vom Dorf in seine Schule radelt, sich im Lehrerzimmer rasieren und seinen Parka gegen ein Jackett mit Fischgrätenmuster umtauschen muß. Wenn er einmal in sein Frankfurter Appartment kommt, erscheint ihm seine Wohnung leer. Vom fünften Stockwerk steigt er gerne wieder hinunter in die Erdhütte im Wald.

— Die Liedermacher bringen die Waldbesetzer-Stimmung auf den richtigen Ton:

»Auf welcher Seite stehst Du?
He, hier wird ein Platz besetzt.
Hier schützen Bürger ihren Wald,
nicht morgen, sondern jetzt.

Wir bauen viele Hütten und auch ein Freundschaftshaus
und wenn die FAG ankommt,
dann schmeißen wir sie raus.
Wir jagen sie aus unserm Wald,
wir leisten Widerstand;
wir stehen fest zusammen
und singen Hand in Hand.«[38]

— Weihnachtsgottesdienst in der Hüttenkirche. Pfarrer Oeser: »Daß Menschen mitten in der Nacht kommen, junge und alte Menschen; daß dabei der Beruf, die politische, die religiöse, die weltanschauliche Einstellung keine Rolle spielt, wenn es darum geht, den Lebensraum gewaltfrei zu schützen, das ist ein Zeichen.

Daß dieses Dorf hier draußen entstanden ist, das ist ein Zeichen. Die Art, wie man hier miteinander redet und zusammenlebt, das ist ein Zeichen.

Daß hier Phantasie Gestalt geworden ist in Form dieser Hütten unter der Erde, auf der Erde, in den Bäumen, raus und weg von der Monotonie unserer Wohlstandssiedlungen, von den Perfektionen unserer üblichen Lebensweise und daß dies immer mehr Menschen verstehen, das ist ein Zeichen.

Daß man sich nicht mehr scheut, als Älterer mit den Jungen sich zusammenzusetzen, die anders aussehen und ganz anders reden und ganz anders denken, sondern daß man miteinander denkt und fragt, wo soll das Ganze hinführen, das ist ein Zeichen.

Und daß die nächsten Monate uns zwar viel Sorgen bereiten, aber wir nicht mutlos ihnen entgegengehen, das ist ein Zeichen.

Und selbst wenn diese Startbahn gebaut würde, was wir mit allen uns gebotenen Mitteln des gewaltfreien Widerstandes verhindern wollen, selbst dann hätten wir hier ein Zeichen aufgerichtet, an dem niemand vorbeikommt.«[39]

— Dichterlesungen finden statt. Helga M. Novak liest aus ihrem Erzählband »Die Landnahme von Torre Bela«.

— Die Bürgerinitiative legt Strom ins Dorf. Von einem Generator aus wird eine Leitung u.a. zur Kirche geführt. Neonlicht wird angeschlossen. Einige sträuben sich dagegen; die Bürger bleiben dabei, daß elektrisches Licht in ihre Hütte und Kirche müsse. Als Antwort der Dauerbesetzer wird von diesen der Weihnachtsbaum auf dem Dorfplatz umgeschlagen. Der Täter heißt Bertram; während eines Gottesdienstes öffnet er seinen Hosenlatz und pißt an die Kirche. In den Nächten werden manchmal »schwarze Messen« durchgeführt, zu denen man sich kostümiert und anmalt.

»Nach den Feiertagen verebbt der Besucherstrom, und auch unsere Versorgungsquelle im Mörfelder Pfarramt sprudelt nun spärlicher. Dekan Geil ist in den Urlaub gefahren, und die Spendengelder werden für die Bezahlung der Hüttenkirche gebraucht. Mercedes, eine vierzigjährige Spanierin aus Mörfelden, die sich in aufopferungsvoller Weise ums Dorfs sorgt, bringt immer seltener Frischfleisch, Fisch oder Geflügel aus dem Pfarramt mit. In der Küche muß jetzt auf Konserven zurückgegriffen werden.

Die Bürgerinitiativen, die sonntags an den Informationsständen Dienst tun und an den Tischen heiße Getränke, Suppen und Würstchen austeilen, halten uns Dauerbesetzern auf einmal ihre Sammelbüchsen vor. Wo wir uns bisher ganz selbstverständlich bedienten, ist nun von Geld die Rede. Das führt umgekehrt dazu, daß unsere eigenen Spendenbüchsen immer häufiger verschwinden und auch der Opferstock in der Kirche aufgebrochen wird. Gabi leert jetzt, kaum daß eine Münze im Kasten klingt, die Büchsen und verschließt das Geld in der Dorfkasse in der Darmstädter Hütte.

Sepp: ›An den Wochenenden muß ich mich immer wieder über den Konsumscheiß ärgern, der jetzt hier abgeht. Wo die Bürger halt ihre Verkehrsformen ins Dorf tragen, so wie sie's daheim gewöhnt sind. Diese Geldeinsäcklerei, das Kaufen und Verkaufen — ich komm mit diesem Verhalten nicht zurecht.‹«[40]

— Frauenprobleme: »Mercedes, Mutter zweier nahezu erwachsener Kinder und Besitzerin einer Eigentumswohnung in Mörfelden,verdient sich ihren Unterhalt als Reiseleiterin. Sie ist seit Jahren in der Anti-Startbahn-Bewegung mit Herz und Verstand engagiert. Ihre Kinder und ihr Freund leiden daran, weil Mercedes jede freie Minute dem Widerstand opfert: sie bemuttert das Dorf und fehlt auf keiner

Bürgerversammlung. Von der BI hat sie sich für die Kommunalwahl auf einen Listenplatz setzen lassen, ist dann aber zurückgetreten, als die Mörfelden-Walldorfer das Kommunalwahlrecht für Ausländer aus ihrem Programm verbannten. Maßlos enttäuscht schlägt sich Mercedes nun ganz auf die Seite der Dauerbesetzer.

Eines Tages streiken — Mercedes allen voran — einige Frauen im Dorf. Sie meinen, daß die Küche in letzter Zeit immer mehr zu ihrem Revier geworden sei, in dem sich die Männer allenfalls beim Würzen und Abschmecken blicken ließen. Zu fünft und guter Dinge lassen die Frauen die aufgesetzten Kochtöpfe im Stich, um sich in Mörfelden-Walldorf einen schönen Tag zu machen. In einem spanischen Speiselokal, das sie zuerst aufsuchen, wird ihnen bedeutet, daß trinkende Frauen nicht erwünscht seien. Als Mercedes an dem Haus eines Startbahngegners anklopft, um dort auf die Toilette zu gehen, wird ihr die Tür vor der Nase zugeschlagen.

Mercedes: ›Und dann habe ich mir gedacht, laß uns mal in eine richtige Waldenser Kneipe gehen, da werden wir bestimmt ein paar Startbahngegner finden, ein paar Freunde, und so Kontakt zu der Bevölkerung kriegen. Und dann sind wir fünf Frauen in den ›Waldenser Hof‹ rein und haben uns an einen Tisch gesetzt. Kaum hatten wir unsere Getränke, da kam ein Mann und wollte von Claudias Glas trinken. Claudia wollte nicht, der Mann zog an ihrem Glas, Claudia zog das Glas zurück, und der Mann schubste Claudia. Daraufhin schrie Ulrike, die Claudia zuvor geküßt, umarmt und gestreichelt hatte: ›Schlag meine Freundin nicht!‹ Und dann kam aus der Kneipenecke: ›Man sieht, daß ihr aus dem Hüttendorf kommt. Das sind doch alles Lesbische im Hüttendorf, und ich würde mich schämen, etwas in die Spendenbüchse für diese Frauen reinzugeben!‹ Und da, da waren wir sprachlos.«[41]

— Das Ende naht: »Es ist dunkel geworden. Die Polizei hat einen dichten Ring um den ›Wächter der Freiheit‹ gezogen, auf einer Breite von mehreren hundert Metern werden wir Schritt für Schritt zurückgedrängt, bis wir in den Sümpfen stehen. Auf ihrem Vormarsch zerfetzten die Polizisten die im Wind knatternden Planen, man gibt uns keine Zeit, unsere Verletzten mitzunehmen; sie dreschen auf eine Trage mit zwei Sanitätern. Die Turmbesatzung ist einem Dauerbeschuß durch den großen Wasserwerfer ausgesetzt.

Auf dem Niemandsland fahren Scheinwerfer auf. In Flutlicht getaucht geht eine technische Sondertruppe mit Motorsägen gegen die Waldbühne vor. Was wir in den Junitagen in mühsamer Arbeit für unser Fest zusammenzimmerten, das wird vor unseren Augen Stück für Stück zerteilt. An den Turm werden Sturmleitern gelegt, und wir können gar nicht so schnell gucken, da ist ein Kommando schon oben, fesselt die drei Besatzer und läßt sie an Stricken herunter. Dann beginnt auch hier das Zerstörungswerk — und das Symbol unserer ›Vorwärtsverteidigung‹ liegt im Sand.

In der Nacht wird geholzt, unser Vorort wird kurz und klein gehauen. Rund um den niedergemachten ›Wächter der Freiheit‹ fallen Bäume, auf einer Kiefer hockt Alex und redet stundenlang per Megafon auf die Bauarbeiter und Polizisten ein. Seine Stimme ist heiser, er krächzt. Motorsägen kreischen, riesige Planierraupen walzen unsere Grabenlandschaft platt. Über unsere Hütten im Dorf donnert von Zeit zu Zeit ein Flugzeug. In dieser Nacht tue ich kein Auge zu; eine Polizeikette steht fünfzig Schritte weit im Wald.«[42]

Begeben wir uns in eine andere grüne Provinz. Juni 1980. Bohrloch 1004. Das Ende der Freien Republik Wendland ist gekommen. Die letzte Nacht ist kühl, voller seltsamer Geräusche und Gesichter.

»Als diese Nacht in dem Augenblick ihres Übergangs zum Tag für eine Weile zeitlos wurde, als die Leuchtziffern der Armbanduhr nicht mehr leuchteten und die Helligkeit noch nicht ausreichte, die Uhrzeit zu lesen, rief einer der Türmer: ›Sie kommen.‹ — ›Nein, sie kommen nicht‹, sagte der andere. — ›Gib mal her, und was siehst du?‹ — ›Ich sehe einen Flugzeugträger.‹ — ›Na klar, sie kommen mit Flugzeugträgern‹, rief der andere Türmer. ›Und mit U-Booten?‹ fragte jetzt einer von unten. Gelächter — ›Sie kommen, hört ihr nicht? Sie kommen mit Hunden.‹ — ›Du hast wohl noch nie einen Fuchs bellen gehört, was?‹ — ›Ruhe da oben!‹ schnaubt es aus dem Blockhaus. ›Ihr Nachtwächter.‹ Die Türmer geben für einen Moment Ruhe. ›Sag mal, sind das nicht Lichter? Ich glaube, sie kommen mit Autos.‹ — ›Mensch, natürlich, kommen sie mit Autos, dachtest du, die kommen zu Fuß?‹ — ›Kommen sie denn?‹ fragt es von unten, nun doch bereit, das Tagwerk zu beginnen. ›Schlaft nur, wir passen schon auf‹, geht die Parole vom Himmel zur Erde zurück. — ›Ich glaube, da hinten im Wald stehen zwei, die haben Ferngläser‹, geht die Beobachtung weiter. ›Jetzt laß uns doch mal schlafen‹, faucht unten wieder ein Schlafsack; ›Ihr mit eurem Terror da oben;‹ Die Nachtwächter werden abgelöst, sie klettern vom Hochsitz und streben zu dem Schlafplatz im Blockhaus. ›Sag mal, kommen die echt?‹ will einer noch mal wissen. ›Mensch, wer liegt dann da auf meinem Schlafsack?‹ fragt der Nachtwächter klagend zurück. ›Laß den doch endlich liegen‹, stöhnt ein Nachbar. ›Heute nacht sind tierisch viele Neue gekommen‹, erläutert ein anderer Schlafgenosse. ›Also, ich kann jetzt doch nicht mehr schlafen‹, sagt der abgelöste Nachtwächter und beginnt im Kanonenöfchen zu stochern. ›Ruhe‹, fleht es in seinem Rücken, ›kann man denn in diesem Stall nicht einmal Ruhe kriegen!‹ Wieder kehrt ein kurzer Moment der Ruhe und Erholung ein in das Blockhaus ›Buxtehude‹. Die Ruhe ist tief genug, daß die Halbschläfer aus der Ferne der Wälder ein monotones, tiefes Geräusch wie von Lastwagen hören, und ganz in der Nähe von einer Lerche; auch so eine Ruhestörerin. Dann ist es wieder still. ›Kommen sie?‹ stört einer die kurze Pause. ›Bestimmt kommen sie‹, tröstet der am Ofen. ›Die kommen immer.‹ — ›Wie sind sie denn eigentlich damals in Brokdorf gekommen?‹ wollte ein Dritter wissen.« (Bernhard Heimrich).[43]

Freie Republik Wendland. Gegründet in den Wäldern zwischen Schnakenburg, Lüchow und Dannenberg an der Elbe. Blockhütten, überragt von Holztürmen und Hochsitzen, für jedes Hüttenrudel einer. Aufsteigender Rauch von den Kochstellen. Klappern und Hämmern. Es riecht nach Wald, Erbsensuppe und nach Menschen, die sich längere Zeit nicht richtig waschen konnten. Im Zentrum der Marktplatz, auch »Wendische Kultstätte« genannt, flankiert von den beiden größten Türmen. Den Eingang des Dorfes bewacht ein Schlagbaum und eine Informationshütte für die Besetzer und Besucher. Die Spannung, ob nun geräumt wird, steigt. Eine Besetzerin sagt: »Ich muß heute ehrlich Sekt trinken, daß es endlich so weit ist, ich halte das Warten nicht mehr aus.« Dann die Lautsprecher der Polizei. »Wir fordern Sie auf, den Boden der Freien Republik Wendland unverzüglich zu verlassen und sich auf das Territorium der BRD zurückzuziehen.« Die Räumung beginnt am nächsten Morgen kurz vor halb neun. Am Abend müssen nur noch die drei Türme — auf einem von ihnen befindet sich der Sender der Republik — »erobert« werden. 30 Personen halten sich dort verschanzt. Niedersachsens Innenminister Möcklinghoff äußert sich befriedigt über den Verlauf der Aktion. Er entscheidet, daß die Besetzung der Bohrstelle, vom illegalen Sender abgesehen, ohne strafrechtliche Folgen bleiben soll. Schließlich danken Polizei und Bundesgrenzschutz den Demonstranten dafür, daß sie ihren angekündigten gewaltfreien Widerstand auch tatsächlich verwirklicht hätten. Auf dem Bohrplatz 1004 können nun die Techniker damit beginnen, die Vorbereitungen für die dritte Probebohrung (zur weiteren Erkundung des Salzstockes bei Gorleben auf seine Eignung als Endlager für radioaktive Abfälle) zu treffen.

> Solche Berichte aus der grünen Provinz sind eine nostalgische Lektüre. Jugendzeit. Indianerromantik. Aber es geht nicht um Tom Sawyer oder Huckleberry Finn. Um gesellschaftspolitische Abenteuer-Spielplätze handelt es sich; auf denen sich die Gestrigen mit den Morgigen zu neuer Volksgemeinschaft zusammenschließen. Zurück zum einfachen Leben. Der Überdruß an der Zivilisation speist sich aus sattsam bekanntem Wurzeldeutsch. Den Anschluß an Aufklärung versäumt diese Nation gern. Und umarmt dafür Bäume, küßt junge Birken. Den Blick auf eine Welt richten, in der es noch elementar, natürlich, eben grün zugeht. Eine Naivität, die freilich leicht am mittelständischen Anspruchsdenken scheitert. Strom braucht man schon im dunklen Forst. Die Vornamen der Alternativler weisen darauf hin, wie sehr ihre Eltern in sie die Sehnsucht nach warenästhetisch verfeinerter Zivilisation projizierten; denn damals wollte man weg von der Wurzelwelt. Zu Zeiten des Wirtschaftswunders zeugten und gebärten die Siegfrieds, Hermanns, Friedrichs, Annas, Ernas, Rosemaries, Erikas Kinder, die zum internationalen Geschmacksniveau aufsteigen sollten — und nun kehren diese Claires, Pias, Franks, Claudias, Patricias, Carlas, Wolframs, Maschas wieder in die Wälder zurück.

Geschichte wiederholt sich zwar nicht in ihren Erscheinungsformen. Aufschlußreich ist jedoch durchaus, auf die kulturhistorischen Grundlagen der Ökologiebewegung zurückzublicken. Der Begriff »Grundlage« darf nicht so verstanden werden, daß die Theorie- und Praxis-Gebäude verschiedener Zeiten, die auf ähnlichem oder gleichem Fundament errichtet wurden, gleich aussehen und gleiche Inhalte haben müßten; sie können sehr unterschiedlich sein. Die Zivilisationsmüdigkeit am Ende der Aufklärung ist quantitativ und qualitativ etwas anderes als die des Fin de siècle; die stadtfeindliche, das Bauerntum mystifizierende Strömung im Wilhelminismus und in der Weimarer Republik unterscheidet sich durchaus vom Blut- und Bodenkult des Nationalsozialismus. Die Strukturen solcher Phänomene sind jedoch vergleichbar — oft freilich nur in einer Ebene und in der anderen nicht. Die Zivilisationsmüdigkeit der Aufklärung ist unter dem anthropologischen Aspekt derjenigen der Jahrhundertwende durchaus verwandt, im Hinblick auf die ökonomisch-politische Situation jedoch nicht vergleichbar. Steigt man in den Unterbau, die sozio-ökonomischen Bedingtheiten der Epoche bzw. Zeitströmungen beinhaltend, oder in den Überbau, das kollektive Bewußtsein betreffend, mag man Gemeinsamkeiten entdecken, welche die an- und einsehbaren Phänomene nicht erwarten lassen. Grüne und Alternative schlagen sich zum Beispiel zu allen Zeiten »seitwärts in die Büsche«.

In dem Gedicht »Der Wilde« von Johann Gottfried Seume (1763-1810) wird ein kanadischer Indianer, »der noch Europens/übertünchte Höflichkeit nicht kannte/ und ein Herz, wie Gott es ihm gegeben,/ von Kultur noch frei, im Busen fühlte« auf dem Heimweg vom Markt, wo er seine Jagdbeute zum Verkauf »ohne schlaue Rednerkünste ... um ein Kleines hingegeben hatte«, vom »Donnersturm« überrascht. Er sucht Obdach im Hause eines Weißen, doch der »gesittet feine Eigentümer« weist ihn von der Schwelle. Wenig später verirrt sich der gleiche Pflanzer im Walde; er trifft aufs Heim des edlen Wilden, der ihn aufnimmt und speist. »Höflich dankte fein der Europäer« — da erkennt er seinen Gastgeber: »Wie vom Blitz getroffen stand der Jäger.« »Ruhig lächelnd sagte der Hurone:/ ›Seht, ihr fremden, klugen, weißen Leute,/ seht, wir Wilden sind doch beßre Menschen!‹/ Und er schlug sich seitwärts in die Büsche.«[44]

Am Ende der Aufklärung, übersättigt vom zivilisatorischen Raffinement der Rokokokultur (wobei die letztere freilich das aufkommende Retour-à-la-nature gewissermaßen als Aphrodisiakum ihrer Anakreontik integrierte) wird der Wilde, der »Sauvage«, zu einer Idealgestalt, auf die sich der Glückshunger der Zeit wirft — ein Lieblingsobjekt utopischen Sehnens. 1771 berichtet zum Beispiel Louis Antoine Bougainville von einer Weltreise, die ihn auch nach Tahiti führte; in seinem »Nachtrag« zu Bougainvilles Schilderung hat Diderot in Form eines »Gesprächs zwischen A und B über die Unsitte, moralische Ideen an gewisse physische Handlungen zu knüpfen, zu denen sie nicht passen« eine Exegese des Reiseberichts geliefert, der die allgemeine Tendenz eines in die »wilde Fremde« hinwegprojizierten neuen Umweltgefühls widerspiegelt. Der Tahitianer stehe am Anfang der Welt, der Europäer ihrem Greisenalter näher. An den Gestaden einer zivilisationsfernen Welt gäbe es paradiesisches Dasein; aus der Unschuld erwachse Glück; der reine Trieb der Natur ermögliche Glück in der Lust und Lust als Glück.[45]

Von Anfang an ist solches arkadische bzw. »tahitianische« Sozialdorado mit teilweise auch aggressivem Kulturpessimismus verknüpft. Der Suche nach der »Insel der Seligen«, die man durch »Drop-out« zu erreichen sucht, entspricht der Angriff auf die moralische Verwahrlosung und Sittenanarchie Europas. »Indianerparadies« — als Topos umfassender Glückssehnsucht verstanden — ist ein Stichwort dieser Geistesströmung geblieben, vor allem auch in den Bildern der Kunst festgehalten.

Das Grüne hat braune Ränder

Das Wachstum der Städte wird im 19. Jahrhundert fast ausschließlich nach ökonomischen Gesichtspunkten vorangetrieben. Stadt ist nicht mehr Metropolis, Ort der Kultur, Urbild der Geborgenheit, sondern Profitopolis, ungezügeltem Wachstum verpflichtet, angefüllt mit trostlosen Mietskasernen und Hinterhöfen. Dies bewirkt eine Gegenbewegung, welche die Rückkehr aufs Land, in die Heimat, zum Bauerntum propagiert. In diese Strömung fließen vor allem in der Weimarer Republik starke antiaufklärerische, antizivilisatorische Tendenzen ein. Das Völkische dominiert; der Volksgeist, den man als Erdgeist mythifiziert. Die Natur erscheint als große Reinwäscherin von Morbidität, Dekadenz, Sensibilität, Nervosität. Der Gesellschaft soll das Gefühl vermittelt werden, daß kulturelle Verfeinerung den Zugang zu den Ursprüngen, den Weg zu den Müttern verstellt. Natur wird der bürgerlichen Seele nicht mehr in ihrer Unerbittlichkeit geschildert; sie wird als säkularisierter Trost angeboten, wobei sozialdarwinistische Denkmuster mit idyllischer Beschaulichkeit sich verbinden. Mit seinem Roman »Das einfache Leben« hat Ernst Wiechert in ganz besonderem Maße zur Romantisierung dieser kulturkritischen Affekte beigetragen. Dem ewigen Rauschen der östlichen Wälder entspricht ein hochgestochenes Pathos, mit dem die Selbstfindung eines adeligen Einzelgängers beschrieben und zum

Heilsrezept für eine verwirrte Menschheit ausgegeben wird. Thomas von Orla, der aus dem »großen Krieg« zurückgekommen ist (»Stahlbad«-Reminiszenzen durchziehen seine Meditationen), findet sein Stichwort in »einem Psalm, in dem man seit der Konfirmation nicht mehr gelesen hatte; und dort hat man den Vers gefunden: ›Wir bringen unsere Jahre zu wie ein Geschwätz‹. Darüber hat man nachgedacht.« Die Eröffnungsszenerie des Romans ist raffiniert angelegt: Vorfrühlingstag, wolkenloser Abendhimmel, im lichtgrün verblaßten Himmel die Stämme der Kiefern (»schwarz und unbeweglich«), der Held mit einem alten, unansehnlichen Buch in der Hand, die linke Schläfe an den Vorhang des Fensters gelegt, die Schatten des Abends auf der Stirn und »in den tiefen Falten, die von den Nasenhöhlen zum Mund laufen«.[46] Der Weg zur Weisheit wird in Optik umgesetzt. Der Edle von Orla, der inmitten der Oberflächenwelt der Nachkriegszeit auf der Suche nach dem Wesentlichen ist und mit stolzem Blick die verwüsteten Städte überschaut, so wie er früher von der Brücke seines Kriegsschiffes das wogende Meer beherrscht hat, verläßt Frau und Kind (zumal die Frau auf ihren »Kindermund« »leuchtende Farbe aufträgt« und sich in die Hektik des gesellschaftlichen Lebens stürzt); er findet zurück zur Natur und zum einfachen Leben, denn in der Stadt gibt's weder Brot noch Wein. — »Das Licht hinter den Fenstern war trübe, und wenn ein Torweg sich auf die Hinterhöfe öffnete, wehte es dumpf heraus wie von einem Friedhof, auf dem Kränze welkten. Grammophone kreischten aus der Ferne, erstickt wie unter nassen Tüchern, und ganz weit vor ihm, hoch über unsichtbaren Dächern, raste ein zerrissener Kreis, bald grün, bald rot erstrahlend, um seine Achse. Er sah aus wie ein verstümmeltes Signal aus der Unendlichkeit.«[47] Im Osten, da ist das Leben noch etwas wert — der Wald mit seinem Brausen kündet der verdorbenen Stadtwelt den nahen Untergang an. »Was sich hier in die Wälder hinein dehnte, blau, in den Buchten noch von grauem Eise bedeckt, von braunen Rohrflächen gesäumt, vom klagenden Ruf der Haubentaucher überhallt, schien ihm nach den brennenden und dann verfinsterten Jahren wie ein Land, das außer allem Geschehen geblieben war, als sei es von Eisbergen bedeckt gewesen und nun erst in makelloser und strenger Klarheit wieder ans Licht gestiegen. Es erschien ihm unähnlich allen anderen Ländern des Reiches, nicht wie ein Blatt, auf dem die Hand des Menschen geschrieben, gestrichen, gelöscht und wieder geschrieben hatte, sondern als ein Unberührtes, aus dem ein Anfang geschehen könnte, keine Wiederholung, Verbesserung oder Berichtigung, sondern eben ein Anfang, eine erste Furche, und die Vögel unter dem Himmel würden sich über ihr versammeln und zusehen, was nun hier unter der Hand des Menschen zum ersten Male geschehe.«[48] — In der Welt der Fischer und Jäger gedeihen kernige Freundschaften. Ein bärbeißiger General, der, weil er ein General ist, in barschen Substantiven spricht (aber natürlich ein »treues Herz« hat), und seine Enkelin Marianne (»Ihr Haar war ganz mit Sonne erfüllt, und ihr zartes Gesicht stand wie unter einem Goldhelm«) sind Orla, der aus der Tiefe des Waldes heraus als Schriftsteller sich betätigt (»Ethik des Seemannslebens«, »Der Schlachtengott«), besonders zugetan. — Wiecherts »Einfaches Leben« präsentiert parfümierte Idyllik, Oberflächlichkeit und ideologische Zivilisationsfeindlichkeit als Ursprünglichkeit, Tiefsinn und Naturliebe; es gipfelt in entsagender Rührseligkeit, die im pseudophilosophischem Schwulst dargeboten wird: »Und auch das hatte er erkannt: daß am sich drehenden Gewölbe immer ein Stern unterging, wenn im Osten ein anderer aufstieg. Daß man mit vierzig oder fünfzig Jahren in den Schatten zu treten hatte. Daß man dann wohl beginnen konnte zu geben, aber aufhören mußte zu nehmen. Auf dieser Erde gab es nur ein bestimmtes Maß von Raum, und die Hälfte davon gehörte dem jungen Geschlecht. Im Glück wie in der Macht, und dafür auch im Schmerz. Wer über seine Jahre hinaus begehrte, verdarb. Nicht nur sich selbst, sondern auch das Begehrte. Die Liebe hatte nicht das Ihre zu suchen, von Anfang an nicht, aber noch viel weniger, wenn die grauen Fäden im Haar erschienen. Es gab keine größere Mannesprobe als das Entsagen ohne Bitterkeit.«[49]

Der spätere Blut- und Bodenkult des Nationalsozialismus verstärkte diese Ansätze. Das in den Asphaltdschungeln der Großstädte wuchernde sich bastardisierende Leben sollte ausgemerzt werden (so Alfred Rosenberg). Mutter Natur ist etwa in Hitlers »Mein Kampf« die erbarmungslose Richterin, die zwischen wertvollem und wertlosem Leben selektiert. Was in der zweiten Hälfte des 19. Jahrhunderts ideologisch-philosophisch formuliert, durch die Jugendbewegung mit teils harmloser, teils gefährlicher Lagerfeuerromantik versehen wurde, geht schließlich über ins braune »Uranfangsgeraune«.

»Ein Volk in der Masse ohne bestimmte Form des Geschmacks, im Ganzen unberührt von der moralichen und ästhetischen Verfeinerung benachbarter Kulturländer, philosophisch von konfuser idealistischer Begrifflichkeit, prosaistisch dumpf und unpointiert, ein Volk der Praxis mit dem — wie seine Entwicklung lehrt — alleinigen biologischen Ausweg zur Vergeistigung durch das Mittel der Romanisierung oder der Universalierung, läßt eine antisemitische Bewegung hoch, die ihm seine niedrigsten Ideale phraseologisch verzaubert, nämlich Kleinbausiedlungen, darin subventionierten, durch Steuergesetze vergünstigten Geschlechtsverkehr; in der Küche selbstgezogenes Rapsöl, selbstbebrütete Eierkuchen, Eigengraupen; am Leibe Heimatkurkeln, Grauflanell und als Kunst und Innenleben funkisch gegrölte Sturmbannlieder. Darin erkennt sich ein Volk. Ein Turnreck im Garten und auf den Höhen Johannisfeuer — das ist der Vollgermane. Ein Schützenplatz und der zinnerne Humpen voll Bock, das sei sein Element. Und nun blicken sie fragend die gebildeten Nationen an und erwarten mit einer kindlich anmutenden Naivität deren bewunderndes Erstaunen.« (Gottfried Benn)[50]

Besteht die Gefahr, daß das heutige Grüne ins gestrige Braune sich verschiebt? Kennen die Jüngeren die Beharrungskraft nationalsozialistischen Gedankenguts — vor allem dann, wenn es sich idealistisch artikulieren kann? Zivilisation? Nein danke! Die grüne Alternative zum geilen und parasitären Überfluß ist die »härene Vision vom einfachen Leben, und alles geistesgeschichtliche Pochen auf den großen Rousseau ändert nichts daran, daß in dieser Version sehr viel Irrationalismus und auch ein leise tickender Faschismus steckt. Vom Wassertreten zum Sonnenanbeten bis zur Lichtgestalt Adolf Hitler führte geistesgeschichtlich ein kurzer Weg; er war der nämliche wie von der vegetarischen Siedlungsgemeinschaft zum Kostverächter auf dem Obersalzberg. Auch die rote Lebensform ist eine braune. Der Asket mit den Flagellanten-Augen gehört auf den Hohen Meißner, wo ihn dann das Elitekorps der SS adoptieren darf. Die außerordentliche Wirkung des marxistischen Schriftstellers Bert Brecht beruhte auch auf dessen ungebrochener Sinnlichkeit.« (Rolf Schneider)[51] Ist es ein Zufall, fragt Wolfgang Pohrt, wenn am Rande der Bewegung die Angst vor Verstrahlung und die Aversion gegen Überfremdung fusionieren, wenn der Wille zur Reinerhaltung der Natur mit dem Willen zur Reinerhaltung des deutschen Volkes sich paart? Lebt im

Protest gegen Chemie und Atom die alte paranoische Angst des faschistoiden Zwangscharakters vor Verunreinigung und Verseuchung durch Gift, Schmutz, Keime, Mikroben, Insekten wieder auf? Steckt dahinter auch die wahnhafte Furcht vor Überfremdung, der Abneigung gegen Wissenschaft schlechthin? Im Umfeld des Atomprotests, der ja wahrhaftig rational begründbar ist, zeigt sich die alte deutsche Feindschaft gegen alles Gekünstelte, Unechte, Raffinierte, Artifizielle — »die traditionellen deutschen Ressentiments gegen die welsche Kunst der Verstellung, gegen den welschen kalten Intellekt, gegen Witz und Eleganz, gegen geschminkte Frauen, gegen individuelle Freiheit von sozialer Kontrolle durch Familienbande, Dorfgemeinschaft, Blockwart und Volksgenossen, gegen städtische Umgangsformen und ganz allgemein gegen Urbanität.

So wohlvertraut klingen die Forderungen, die von der Alternativbewegung erhoben werden in Deutschland, so altbekannt die Sprache, die einzelnen Formulierungen und die Diktion, daß man sich angesichts der rituellen Bemühungen um Verständnis für die Jugend fragen muß: können die Älteren wirklich nicht verstehen, oder wollen sie nicht begreifen? Steht jene Kirchenälteste der evangelischen Johannespfarrei Merzhausen, die in der Freiburger Stadtzeitung schreibt, mit folgender Einschätzung der Alternativen und Hausbesetzer wirklich ganz allein: ›Nach meiner Meinung sind sie nicht schwach oder kaputt, zumindest nicht alle. Ich habe eher den Eindruck, daß viele unverbildet und gesund empfindend spüren, daß Wesentliches in der Zukunft für den Menschen verlorengeht, wenn er so weitermacht in Hast und Hektik, im Streben nach immer mehr — wenn er nicht mehr weiß, was ›Leben‹ ist. Sie spüren dies an sich selbst, wollen ihr Leben selbst in die Hand nehmen, um sich zu retten — und sie brauchen dazu nur eines — Raum!‹ Gesundes Empfinden, der unverbildete, starke Mensch und Jungvolk ohne Raum — für diese Diagnose alternativen Selbstverständnisses, die förmlich ins Auge springt, braucht man in Deutschland kein Langzeitforschungsprogramm und keine Gesprächstherapie, sondern man muß sich nur erinnern. Warum also fallen die Dinge, die eine ältere Dame unbefangen, in wohlmeinender Absicht und obendrein mit dem Einverständnis der Alternativen ausplaudert, niemandem auf? Warum dürfen bei den Alternativen Vokabeln wie Arbeitsdienst und Lebensraum, die im Munde von Strauß etwa einen mittleren Skandal im linksliberalen Feuilleton produzieren würden, unbeanstandet passieren? Wo bleiben die Ästheten, die alternative Poesie und Prosa als das denunzieren, was sie meistens sind: unerträglicher Kitsch und erbärmlicher Schund, langweiliger als jeder Groschenroman, nicht weniger affirmativ und viel schlechter geschrieben? Wer klärt die Alternativen, die mit ihrer Empfindlichkeit hausieren, darüber auf, daß die ›Träumer aus einem anderen Leben‹ aus logisch zwingenden Gründen keine Träumer, sondern dreiste, unbelehrbar verhärtete Chauvinisten sind, weil sie sich mit dem Reklametisch, den Trivialmythen, die sie propagieren, um die einzig mögliche Empfindung, um die Erfahrung nämlich betrügen, daß wir — Traumurlaub, Traumwagen und Musik zum Träumen haben schließlich ihren Preis — keine Träume, sondern — der Traum knüpft an längst Vergangenes an — in Deutschland nur Alpträume haben können?«[52]

Bei vielen Bürgerversammlungen erlebe ich die Sorge um Bäume. Von Menschen ist immer weniger die Rede. Von Tieren spricht man übrigens auch kaum. Höchstens von Hunden. Niemand blickt — wie etwa die Romanciers der 20er Jahre — auf die

Schlachthöfe als Topoi, in denen sich die Dämonie der mechanisierten Entfremdung in ganz besonderem Maße lokalisieren läßt. Der Machtmißbrauch der Herrschenden wird festgemacht an deren Absicht, irgendwo Bäume fällen zu wollen, z.B. um eine Straße zu erweitern, so daß der Verkehr besser »abfließen« kann. Daß damit die Emissionen reduziert würden — zum Nutzen der Straßenanlieger, und zudem zum Ausgleich an anderer Stelle mehr Bäume gepflanzt würden... aber das ist planerische Rationalität, abstrakt. Es interessiert der bestimmte Baum; der Baum, den man jeden Tag sieht. Wie kindisch! Wie unbedacht!

Als ich geboren wurde, pflanzte mein Vater einen Nußbaum im Hinterhof unseres Mietshauses. Als ich 42 Jahre alt war, mußte der Baum gefällt werden. Einmal war es rentabel, in den Hof Garagen zu bauen; zum anderen war der Baum nicht mehr der beste. Bäume sterben aufrecht. Wenn ich an den gefällten Nußbaum denke, merke ich, daß ein Stückchen meines Lebens mit umgeschlagen wurde. Die irrationalen Baumschützer haben offensichtlich doch etwas vom Lebenssinn erspürt. Also Positionswechsel. Denn aus dem Hause tretend, wollen wir ein paar Bäume sehen...

Um ein sanftes Gesetz von innen bittend

Die Geschichtsschreibung, meint Horst Stern, dürfte einstens die maßlose technische und wirtschaftliche Entwicklung der Industrienationen zwischen den Jahren 1945 und 1975 als den »Dreißigjährigen Krieg« gegen die Natur etikettieren. Die Besichtigung dieses Zeitalters führe durch großräumige Landschaftsruinen und Waldverheerungen, durch betongrindige Gebirgstäler und auf verdrahtete Gipfel, über chemisch ausgebeutete Böden hin zu den Ufern abfallverseuchter Ströme und Meere. Sie ende schließlich in der bankrotten Weltmetropole New York, deren Zeitungen die von Müll und Kriminalität bedrohten Bürger mit der um die Welt gehenden Nachricht trösteten, daß das Bruttosozialprodukt der USA im 3. Quartal des Jahres 1975 mit 11 % den höchsten Zuwachs seit zwanzig Jahren erreicht habe. Schon immer gingen die Warnungen einer kassandrischen Ökologie in den Reden der Macher eines menschlichen Glücks durch wirtschaftliches Wachstum unter. Man müsse noch retten, was zu retten ist.[53]

In der Tat macht der Warenfetischismus ein neues Verhältnis zum Gegenständlichen notwendig. Die Zerstörung der Umwelt kann durch eine neue Verehrung der Natur aufgehoben werden. Die Grünen und Alternativen erinnern unsere Zeit und Welt, auch wenn sie selbst sich oft recht lautstark und aggressiv gebärden, ans »sanfte Gesetz«.

Wenn man an die kulturhistorischen Grundlagen der Ökologiebewegung denkt, soll man an Adalbert Stifter denken. Er hat das Bemühen um Geborgenheit in der und durch die Natur, in und mit den Dingen vorgezeichnet — Ausdruck einer Welthaltung, die nach Wesenheit und Wahrheit sucht. Auf eine kultivierte Weise. An Stifter kann man deutlich machen: man muß nicht regressiv zurück, wenn man im »Grünen« sich einrichtet; man muß nicht eintauchen in den Strom des Irrationalen, wenn man Welt in ihrer Natürlichkeit zu ergreifen sucht. Notwendig ist die Bescheidenheit eines geläuterten Rationalismus, der die Notwendigkeit von Innerlichkeit einsieht, die ihrerseits auf Vergesellschaftung aus ist. Von Stifter her die Sozialisierung des Ästhetischen anstreben, wobei das Ästhetische sich als die Vermählung von Formalität und Sinnlichkeit zu erweisen hätte! Die Dinge forderten, meint Stifter im

»Nachsommer« (dem auch die nachfolgenden Zitate entnommen sind) Objektivierung im Innern des Menschen.

»Wenn wir nur in uns selber in Ordnung wären, dann würden wir viel mehr Freude an den Dingen dieser Erde haben. Aber wenn ein Übermaß von Wünschen und Begehrungen in uns ist, so hören wir nur diese immer an und vermögen nicht, die Unschuld der Dinge außer uns zu fassen. Leider halten wir sie wichtig, wenn sie Gegenstände unserer Leidenschaft sind, und unwichtig, wenn sie zu diesen in keinen Beziehungen stehen, während es doch oft umgekehrt sein kann.«[54] Die Ehrfurcht vor dem Gegenständlichen korrespondiert mit seelischer Lauterkeit, wobei biedermeierliche »Randerscheinungen« (etwa Filzschuhe, damit der Boden geschont wird) weniger als philiströs, denn als besonderer Ausdruck der Sensibilität den Dingen gegenüber interpretiert werden sollten. Wenn Dinge, Möbelstücke, Gerätschaften, »welche lange vor uns, ja oft mehrere Jahrhunderte vor unserer Zeit verfertigt wurden und in Verfall geraten sind, wieder hergestellt werden«[55], wenn man Räume mit kostbaren Möbeln, die in eigener handwerklicher Tätigkeit geformt und damit »erlebbar« sind, einrichtet, wenn Steine gesammelt und in Sammlungen angeordnet, Bücher und Kupferstiche ausgebreitet und wieder eingeräumt werden, so sind solche Tätigkeiten Teil des Versuchs, innere Unruhe und Gefährdung durch Projektion in Ordnungsmuster zu überwinden.

Insbesondere die Natur ist ein wichtiger Bereich für derartige Projizierungen und Fixierungen: eine Natur, die als Geometrie des Gartens und der Gartenlandschaft, als Schachbrettmuster der Kulturlandschaft — vor dem Hintergrund von Randzonen elementarer und chaotischer Gewalt, etwa des Gebirges — sich darbietet; aus der Entfernung wird freilich selbst das Gebirge in den kristallinen Kontext einbezogen. »Jetzt sah ich zuweilen mit Vergnügen von einer Anhöhe oder von dem Gipfel eines Hügels ganze Strecken der blauen Kette, welche in immer undeutlicheren Gliedern ferner und ferner dahin lief.«[56] Das Gebirge, das sich im azurnen Horizont verliert, begrenzt das übersichtliche Tableau der Kulturlandschaft. »Das Hochgebirge, welches wir gestern nicht hatten sehen können, stand heute in seiner ganzen Klarheit an der Länge des südlichen Himmels dahin. Vor ihm waren die Vorlande mit manchen weißen Punkten von Kirchen und Dörfern, näher zu mir zeigte sich mancher Turm von einer Ortschaft, die ich kannte, und unter meinen Füßen ruhte der Garten und das Haus, in welchem ich gestern so freundlich aufgenommen worden war. Die Getreide, welche nicht weit von mir hinter der Planke des Gartens standen, und die gestern ganz ruhig gewesen waren, befanden sich heute in einem zwar schwachen, aber fröhlichen Wogen.«[57] Felder, Wälder und Wiesen im Gemisch, Meierhöfe, weiße Kirchtürme, Straßen, die als lichte Streifen durch das Grün ziehen — Kompositionen aus Wolken, Bergen, Landschaften, aus Tages- und Nachtstimmung, Morgen- und Abenddämmerung — erscheinen unter dem Vorzeichen einer atmosphärischen Klarheit und Durchsichtigkeit, wie sie etwa der wolkenlose Himmel nach reinigendem Gewitter vermittelt: »Die Sonne war bereits aufgegangen, der ganze Himmel war heiter, kein Lüftlein rührte sich, aus dem Garten tönte das Schmettern der Vögel, die Rosen dufteten.«[58] Der Garten ist der Raum, wo Vegetatives und Rationales, Natur und Kultur eine Verbindung eingehen. Die Figuration des Gartens ist als gestaltete Stofflichkeit Spiel des Menschen mit der Natur: Bäume, Sträucher, Pflanzen sind zum Muster der Wohlgefälligkeit geordnet — Beete von Rosen, Aurikeln, Nelken, Lilien,

Levkojen, Tulpen, daneben Gemüse, Erdbeeren und Nutzsträucher. Der Blick von der höchsten Stelle des Gartens vermittelt den Blick in die Weite und Nähe, wobei die im Garten heimischen Vögel Sphärik wie Idyllik untermalen: »Endlich hatten wir die höchste Stelle erreicht, und mit ihr auch das Ende des Gartens. Jenseits senkte sich der Boden wieder sanft abwärts. Auf diesem Platze stand ein sehr großer Kirschbaum, der größte Baum des Gartens, vielleicht der größte Obstbaum der Gegend. Um den Stamm des Baumes lief eine Holzbank, die vier Tischchen nach den vier Weltgegenden vor sich hatten, daß man hier ausruhen, die Gegend besehen oder lesen und schreiben konnte. Man sah an dieser Stelle fast nach allen Richtungen des Himmels. Ich erinnerte mich nun ganz genau, daß ich diesen Baum wohl früher bei meinen Wanderungen von der Straße und von anderen Stellen aus gesehen hatte. Er war mir wie ein dunkler ausgezeichneter Punkt erschienen, der die höchste Stelle der Gegend krönte. Man mußte an heiteren Tagen von hier aus die ganze Gebirgskette im Süden sehen...«[59] Ein solcher Punkt, der die Horizontale, die Heiterkeit des Daseins erschließt, ist vertikal im Grunde der Schwermut verankert. Denn alle Bemühungen, heimisch zu werden im Bebauten und Eingeräumten, mit dem letzten Ziel: die Zeit dadurch zu bewältigen, daß man mit Gleichförmigkeit und Wiederholung den Zeitablauf verstellt, können nicht verhindern, daß die Figurationen, in denen Geborgenheit eingefangen ist, brüchig werden und in die Ordnungsmuster Vergänglichkeit einsickert.

Dies macht den »Nachsommer« (jeden Nachsommer) zu einem heroischen Versuch des »Dennoch«: der Resignation wird im dichterischen Bild der Glanz später Blüte zugeordnet. Die Rosenwand des Asperhofes ist Symbol des Überstehens: »Die Farben gingen von dem reinen Weiß der weißen Rosen durch das gelbliche und rötliche Weiß der Übergangsrosen in das zarte Rot und in den Purpur und in das bläuliche und schwärzliche Rot der roten Rosen über ... Ganz entwickelt und in ihren verschiedenen Abstufungen des Grüns prangend standen die Blätter hervor. Sie gaben mit den Farben der Blumen gemischt einen wunderlichen Überzug des Hauses. Die Sonne, die noch immer gleichsam einzig auf dieses Haus schien, gab den Rosen und den grünen Blättern derselben gleichsam goldene und feurige Farben.« Der sentimentalische Versuch, Dasein durch Gestaltung zu bewältigen, unter dem Vorzeichen des Konjunktivischen aus der Not der Existenz in Klarheit und Aufgeklärtheit sich zu projizieren, kann mit dem Titel eines Gedichts von Hans Magnus Enzensberger zusammengefaßt werden: »Option auf ein Grundstück«. Es gibt für den in der Zeit stehenden Menschen immer nur eine Anwartschaft aufs Heimischsein. Gäbe es diese Anwartschaft doch mehr!

Ich stelle mir vor, daß ich mich bei einer Diskussion — wenn sie überhaupt in Gang käme! — mit Austeigern, Spontis und anderen Freaks auf Stifter berufen würde, daß ich eine Stelle aus dem »Nachsommer« vorlesen würde. Seht ihr, da hat ein Dichter in sublimer Weise schon aufgezeigt, welchen Wert das Grüne, das einfache Leben, die gegenseitige Zuwendung hat. Vor mir vielleicht ein Spruch an die Wand gesprüht wie: »... den reaktionären Drecksäuen wie Kapitalisten, Staatsfunktionären und ähnliches Gesindel müßt ihr permanent in den Sack treten...« Da schauten sie mich an mit ihren verachtenden Augen. Natürlich käme ich nicht weit mit dem Zitat. Vielleicht würde jedoch inmitten der Verfeindungsatmospähre ein solches Zitat zunächst so frappieren, daß der Spott auf »solches Geschwätz« einen Augenblick aussetzte. — Hoffnungslos. Stifter kann man nur in einem Buch wagen; der Leser kann sich vor solcher Zumutung nicht schützen — bzw. diese überspringen bzw. das ganze Buch in die Ecke werfen.

Ich halte ein Kompaktseminar in der TU Berlin über Kulturpolitik. Der Raum wie üblich: mies, heruntergewirtschaftet, verwahrlost, dreckige Fenster, herabgerissene Sonnenjalousien, verschmierte Wände. Nun soll über Kulturpolitik doziert werden. Kulturpolitik als ökologische Nische, wo Menschen mehr zueinander finden, wo sie wieder Sinn finden etc. Ein »ausgewählter Kreis«, denn schließlich gibt es keine Scheine; die Studentinnen und Studenten sind »aus Interesse« (wirklich?) gekommen; dennoch hängen alle gelangweilt und vermuffelt herum. Ich sage nach einigen vergeblichen Anstrengungen, eine »Lernsituation« herzustellen: Steigen wir in das ganze Problem doch einmal über ein Beispiel aus der Dichtung ein. Mitleidiges Lächeln. Ein Liberaler der alten Art glaubt an Kultur. Aber man ist wohlwollend. Texte werden ausgeteilt, vorbereitet. Wem ein Zitat aus Stifters »Nachsommer« geben? Ich lasse mich physiognomisch leiten. Ein Mädchen hat inmitten der indifferenten Gesichter distanzierende Freundlichkeit signalisiert; ihr gebe ich den Text. Deutlich soll durch ihn werden die menschliche Möglichkeit, auf die Signale der Umwelt sensibel einzugehen. (Und kontrastierend dazu umweltpsychologische Überlegungen: wie wenig Betonwelt Erfahrungen und Erlebnisse zuläßt.) Einführung in die Wahrnehmungsästhetik, die weitere didaktische Absicht: Leben in sanierungszerstörten Stadtvierteln und in solchen, die ihre urbane Struktur beibehalten haben. Nach dem Gruppengespräch gibt die Studentin ihre persönlichen Eindrücke vom Stiftertext wieder. Man merkt es: auf der Kollegstufe im Gymnasium hatte sie sicherlich nur den Grundkurs »Deutsch« belegt; sie verfügt nicht über das routinierte Instrumentarium der »Textinterpretation«, wie doch die curriculare Reform es antrainiert. Sie spricht ganz persönlich, ganz einfach, nie trivial; und dann liest sie den Text, etwas unbeholfen, widerborstig — und doch schön. Sie liest so, daß der Funke überspring. Ich will die Geschichte nicht weiter erzählen... Wir saßen drei Tage bei intensiven Gesprächen und Diskussionen zusammen. Wehmütige Abschiedsstimmung, als das Seminar zu Ende ist. Die Klassiker sind doch nicht nur durchschlagend wirkungslos!

Auf einem Germanistentag meinte Wolf Lepenies: Literatur hat eine konservierende Funktion. Sie schützt vor dem Vergessen, sie bewahrt das Abgeschobene und Verdrängte auf, damit es zu einem späteren Zeitpunkt vielleicht wieder zum Vorschein kommt. Aus der literarischen Überlieferung erfahren wir, wie die Menschen zu anderen Zeiten gefühlt und gelebt haben. In ihr ist aufgehoben, was sonst verschwunden wäre. Literatur ist »Aufbewahrungsort«, wo unterdrückte Lebensfragen, abgetane Erfahrungen überwintern.

Berufsschule. Friseusinnen. Das Berufsziel: Haarkultur für die all-plastic-people, damit sie wirklich wie all-plastic-people aussehen. Kundinnen und Kunden »auffrisieren«, »hoch-stylen«. In den Make-up-Gesichtern sind die Vorbilder der Kulturindustrie eingestanzt. Lidschattenblick. Geistig leer, aber voller Erwartung. Irgendwie, irgendwo könnte doch etwas ganz Spitze, etwas ganz total irre sein. In diese Atmosphäre, mitten hinein, dem Fachlehrer so unbekannt wie seinen Schülerinnen, ein Gedicht von Eichendorff.

»Mondnacht

Es war, als hätt der Himmel
Die Erde still geküßt,
Daß sie im Blütenschimmer
Von ihm nun träumen müßt.

Die Luft ging durch die Felder,
Die Ähren wogten sacht,
Es rauschten leis die Wälder,
So sternklar war die Nacht.

Und meine Seele spannte
Weit ihre Flügel aus,
Flog durch die stillen Lande,
Als flöge sie nach Haus.«

So was müßte man in »Brigitte« auch lesen können. Warum eigentlich nicht? Den Zugang noch erleichtern, indem man einen musikalisch-sentimentalen Hit unterlegt, so daß die Seele richtig entspannen, sich richtig »ausspannen« kann. Nostalgisch. Beim Klassiker träumen. Das ist gar kein Experiment! Das kommt voll an! Dann ist plötzlich ein Ort erschlossen, wo menschliche Sehnsucht vor dem Vergessen bewahrt bleibt, wo das Abgeschobene und Verdrängte zum Vorschein kommen kann, wo der Lebenshunger, hier im Gedicht, einen Gesprächspartner findet. Wenn diese Welt voller Surrogate ist, warum soll man nicht zu den Quellen sich vorwagen? Und wenn sie, die Friseuse, dann im Frisiersalon der Kundin unter der Haube eine der vielen bunten Glamour-Zeitschriften hinreicht, vielleicht scheint dann irgendwie die Eichendorffsche Mondnacht auf.

Lesefrucht: Aus einem Brief von Wolfgang Langhoff (im Dritten Reich lange Jahre in der Emigration; einer der ersten, der nach der Niederlage Deutschlands zurückkehrte; Generalintendant der Städtischen Theater Düsseldorf, ehe er nach Ostberlin ging, wo er die Intendanz der Deutschen Theater übernahm, 1966 gestorben), geschrieben 1946:

»... Wenn ich zum Fenster hinausblicke, starren mich auf der anderen Straßenseite die leeren Löcher und zerbrochenen Fassaden der ausgebrannten Häuser an: ein Anblick, der dem Rückwanderer in den ersten zwei Wochen das Herz stillstehen läßt, an den er sich aber bald wie alle anderen so sehr gewöhnt, daß sein Auge darüber hinweggeht, als wäre alles in bester Ordnung. Was will man machen, wenn die Zerstörung das Normale, die Unversehrtheit das Anormale ist? Übertragt getrost dieses Bild des äußeren Zerfalles und die Gewöhnung daran auf den seelisch-sittlichen Zustand der Mehrheit der Bevölkerung, dann habt Ihr einen ungefähren Begriff von den Aufgaben, die sich mit den Worten ›Wiederaufbau‹, ›Erneuerung‹, ›geistige Gesundung‹ und so weiter verbinden... Es geht mir seltsam: Im großen und ganzen liebe ich die deutschen Menschen nicht, die ich hier vorgefunden habe. Sie sind kleinlich, meckern, haben keinen Schwung und keine Größe, beschimpfen und mißtrauen sich und hängen an der Gewohnheit: keine angenehmen Zeitgenossen. Das Leben ist hart und schwer, die Ernährung mangelhaft, die Zerstörungen sind trostlos... Aber es ist herrlich, wieder in der Heimat zu sein. Was liebe ich also? Die Landschaft? Die Sprache? Die Literatur? Den Rhein? Einen Traum —? Ich habe einmal in der Schweiz in einem Interniertenheim für Mädchen Gedichte gesprochen. Es waren Mädchen aller Nationen. Nach dem Vortrag waren wir noch lustig zusammen. Die Mädchen sangen Lieder in allen Sprachen, weniger schön, aber frisch und laut. Sie nickten den Takt mit den Köpfen. Dann sangen ein paar allein: Schlager, Spottverse, auch revolutionäre Lieder. Schließlich sang eine Fünfzehnjährige hell, dünn, glockenrein, ohne jede Sentimentalität, Dehnung oder Färbung: ›Sah ein Knab ein Röslein stehn...‹ Das ist es, glaube ich, was ich liebe und was mir den Glauben an Deutschlands Auferstehung erhält.«[61]

Grün soll die Welt sein; Hoffnung muß wurzeln können. Dazu braucht man Humus; und den Gärtner. Wir entwickeln und pflegen unsere Maschinen, sagt Antoine de Saint-Exupéry; unsere Ingenieure arbeiten mit sehr viel Mühe, hingegeben und bedachtsam daran, die Maschine immer weiter zu verbessern und zu vervollkommnen. Und Menschen? Sind denn Menschen nicht viel wichtiger und wertvoller? Nicht kostbarer? Für die Menchen fehlten heutzutage die Gärtner. Das sei das Furchtbare unserer Zeit.

Das Gute an unserer Zeit: man will wieder »sein«, nicht nur »haben«; will Sinnfragen auch am Werktag beantwortet finden. Aber: when the music is over — Sachzwänge! »Ich hasse diese Epoche, in der der Mensch zu sanftem, höflichem und ruhigem Vieh wird, die Epoche des Robotermenschen, des Termitenmenschen, des Menschen, der seiner ganzen Schöpfungskraft beraubt wurde, den man mit Konfektionskultur versorgt, so wie man Rindvieh mit Heu versorgt.« (Saint-Exupery)[62] Sinn kann man eben nur finden und verwirklichen, wenn man ein Werk schafft oder etwas erlebt, etwas oder jemanden. Und jemanden erleben heißt ihn lieben; jemanden in seiner personalen Einmaligkeit erfassen. Nochmals Saint-Exupéry: »Die Liebesbande, die den heutigen Menschen mit Wesen und Dingen verknüpfen, sind so schlaff, so wenig gewichtig, daß der Mensch ihre Abwesenheit nicht mehr so spürt wie früher. Die Eisschränke sind austauschbar. Auch das Haus, wenn es bloß eine Anhäufung von Gegenständen ist. Und die Frau. Und die Religion. Und die Partei. Man kann nicht einmal mehr untreu sein. Wem sollte man untreu werden?«[63]

So kann ich weiterpredigen... Ich entnahm übrigens die Mehrzahl der Saint-Exupéry-Zitate der Betrachtung eines jungen CDU-Politikers, veröffentlicht in der »Welt«. Sind sie deshalb von meinem Standpunkt, den ich »links von der Mitte« sehe (was heißt das eigentlich?), »rechts«? Sind diejenigen, die diesen Standpunkt einnehmen, also Grüne und Alternative, auch »rechts«? Sinnfragen sind weder links noch rechts. Sie stecken im Kern menschlicher Existenz. Das Problem ist nur: Viele versuchen mit Antworten auf Sinnfragen die Antwortsuchenden für sich, ihre Partei, ihre Ideologie einzufangen.

»Werte! Werte!« posaunt die CDU/CSU hinaus ins Flachland einer verunsicherten Wirtschaftswunderwelt — aber nur am Sonntag. Am Werktag: Politik der Stärke; Ausbau der Herrschaft elitärer Sondergruppen und des Kapitalismus; Abbau sozialer Verantwortung.

»Frieden! Frieden!« posaunen die Pazifisten über den Abgründen des Over-kill am Sonntag. Aber wenn am Werktag auch die Aufrüstung des kommunistischen Lagers angegangen werden müßte, dominiert ein korrumpiertes Bewußtsein, das Menschlichkeit teilen will. Mutig sagt da Rudolf Bahro: »Mit welchem Recht zählen sich jene zur Friedensbewegung, die sich mit dem Ostblock verbunden fühlen und in ihrer hiesigen Presse jedes Verbrechen rechtfertigen und beschönigen, das von Moskau aus begangen wird?

Wo ist denn der Unterschied zwischen den Todesschwadronen in El Salvador und den gepanzerten Hubschraubern in Afghanistan? Dort metzeln die Sowjets mit eigener Hand den Widerstand nieder. Millionen Menschen, vielleicht schon ein Fünftel der Bevölkerung sind aus dem Lande geflohen. Und hat Moskau etwa nicht mit dieser Intervention die psychologischen Bedingungen für den Auftritt Reagans gefördert?

Was ist das für eine Doppelmoral, die in dem Entwurf gegen die ›menschenverachtende Interventionspolitik der US-Regierung in Zentralamerika‹ protestiert, mit Recht protestiert, und dann für Afghanistan von der ›politischen Lösung‹ schwätzt? Ebenso im Falle Polens. Was ist das für ein Frieden, den jene Leute unter uns meinen, für die General Jaruzelski der liebe Genosse ist? Bekanntlich sagen sie, Jaruzelski habe den Weltfrieden gerettet. Falls das so ist, dann bedeutet es, die Sowjet-Union würde für den Besitz Polens den Atomkrieg riskieren.

Sie hängen sich hier an den Pazifismus an, aber ihre politische Heimat liegt dort, wo beschlossen wird, auf den Autobahnen nach Berlin die Aufkleber ›Frieden schaffen ohne Waffen‹ zu entfernen und in der DDR junge Leute zu drangsalieren, die den Aufnäher ›Schwerter zu Pflugscharen‹ tragen. Ihr Friede muß bewaffnet sein. Die Waffen müssen nur in den von ihnen für richtig befundenen Händen liegen. Wir treten hier für einseitige Abrüstung ein, Seite an Seite mit Leuten, die niemals ihren Standpunkt korrigiert haben ›Je stärker die Sowjet-Union, desto sicherer der Friede‹.

Wie lange noch wollen wir uns einreden, wir könnten mit diesen Heuchlern zusammen am selben Strang ziehen? Haig ist keineswegs der einzige, für den es wichtigere Dinge als den Frieden gibt. Die Vertreter der östlichen Abschreckungsvariante denken und praktizieren dasselbe. Die Sowjet-Union hat in den 70er Jahren auch aktiv an der Rüstungsschraube gedreht.

Die DKP ist die Agentur des anderen Blocks in unserer Bewegung, ein Fremdkörper, ein Fossil aus der Zeit des Kalten Krieges. Sie ist mir ihrer Gesamtpolitik eines der Rädchen in dem Mechanismus der Blockkonfrontation, der den Krieg hervortreibt. Da ist ein Drache, der zwei Köpfe hat, und einer dieser Köpfe erhebt sich mitten unter uns.«[64]

»Aussteigen! Aussteigen!« posaunen die Alternativen angesichts der Systemzwänge am Sonntag. Werktag ist ihnen Sonntag: jeden Tag gehen sie am Realitätsprinzip vorüber. Anders die Hausbesetzer; hätte es sie nicht gegeben, wäre wahrscheinlich (obwohl es darüber seit Jahrzehnten eine umfassende Literatur gibt) das Problem leerstehender Häuser wie einer verfehlten Wohnungspolitik politisch als Problem gar nicht erkannt worden. Was muß eigentlich geschehen, damit etwas geschieht, ist eine Frage, die mit Recht eine unzufriedene Jugend stellt. Können denn die Politiker nicht selbst einmal alternativ fühlen, alternativ denken, alternativ handeln? Kann man nicht den anthithetischen Mut entwickeln — daß man einsteigen muß, daß man die Dreckarbeit der Reform auf sich nehmen muß, daß man mehr tun muß als lamentieren! Was die anderen einem antun können, hängt davon ab, was man sich antun läßt.

Warum habe ich das »Hinausposaunen« der SPD hier nicht erwähnt? Weil sie nicht ebenfalls viele Kulturheuchler in ihren Reihen hat? Das Quantum ist sicherlich erheblich. Ich lasse sie aus, weil sie (darüber wird noch zu sprechen sein) eine ganz besondere Qualität besitzt: nämlich Konflikte offen auszusprechen, auszutragen, auch wenn Solidarität leidet.

Wandel der Wertvorstellungen

Die Enquete-Kommission des Deutschen Bundestags 1982 über die Ursachen des jugendlichen Protests stellt fest: Zentralisierung und Bürokratisierung in Staat, Wirtschaft und Gesellschaft haben zu einem Defizit an Geborgenheit geführt. Die Rückkehr zu kleinen Einheiten sei notwendig, aber schwierig; die Familie als Teil einer solchen Mikrostruktur erfülle häufig diese Aufgaben nicht mehr. Der friedliche Protest sei nicht antidemokratisch, vielmehr Zeichen einer prodemokratischen Vitalität; doch würden die Bedürfnisse nach Partizipation angesichts der Systemzwänge häufig nicht erfüllt.[65]

Die alternative Kultur, heißt es in einer Antwort des Berliner Senats auf eine Anfrage der CDU-Fraktion im Abgeordnetenhaus, setze auf Kreativität, Eigeninitiative, Gemeinschaftlichkeit und eine dem Sozialismus fremde Einheit zwischen kollektivem Handeln und Individualismus durch Solidarität.

> Natürlich ist eine solche Einheit dem Sozialismus nicht fremd, sondern in seinem eigentlichen Wesenskern begründet. Offensichtlich kann man richtige Erkenntnisse im politischen Leben, die eigentlich demokratischem Konsens zugänglich sein könnten, dann, wenn sie den üblichen Einsichten der eigenen Blutgruppe nicht entsprechen, nur vermitteln, indem man den politischen Gegner diffamiert!

Die Alternativen suchten nach Wegen zu größerer Mitmenschlichkeit und zu mehr Geborgenheit. Ihre Ziele seien überschaubare Lebensverhältnisse, in denen der Staat dem einzelnen Menschen die Möglichkeit zu selbstverantwortlichem Handeln lasse. Die

Rückbesinnung auf die eigenen Fähigkeiten und die Erfahrung, die im Wechselspiel zwischen dem einzelnen und der Gruppe liege, ließen den mündigen Bürger sich entwickeln, der die Eigenständigkeit des Individuums anerkenne und auch seine Unterschiedlichkeit respektiere. Verantwortungsbewußtsein vor sich selbst und gegenüber dem unmittelbaren sozialen Umfeld setze auf Selbsthilfe. Unterstützung von dritter, insbesondere von staatlicher Seite, könne nach diesem Selbstverständnis menschlicher Existenz nur Hilfe zur Selbsthilfe sein. Deshalb sei für die CDU wie auch bei den Anhängern der alternativen Kultur nicht der betreute, sondern der selbständige Mensch Ziel staatlicher und sozialer Ordnungspolitik. »Es liegt in unseren politischen Zielvorstellungen, die Voraussetzungen dafür zu schaffen, daß jeder sein Glück selbst definiert und selbst finden kann... Alternative Kulturformen geben zahlreiche Denkanstöße. Sie bemühen sich, Lösungen für Probleme der arbeitsteiligen Industriegesellschaft zu finden. Die alternative Bewegung enthält konstruktive Ansätze, die es mit Offenheit unvoreingenommen zu diskutieren gilt, da hinter ihr mehr als nur ein Protest oder Verweigerungshaltung steht.«[66]

Hört! Hört! Werden da nicht wichtige Denkeinsichten aus parteipolitischen Gründen ins Gegenteil verkehrt? Spekuliert man richtig, daß der »Konservativismus« grüner und alternativer Gruppen Schubkraft für die eigene konservative Position geben kann? Ist einmal das einfache Leben wieder von der Mehrheit der Bevölkerung verinnerlicht, können die Eliten nur um so unbekümmerter die Kultur der Herrschenden wieder zur herrschenden Kultur machen. Das Bewußtsein von »Werten« kann das beste Disziplinierungsinstrument sein, da es einer äußeren Repression gar nicht bedarf: man hält diese von innen heraus ein. Das ethisch Richtige ist dann nicht mehr das gesellschaftlich Richtige, wenn es von den Falschen als Herrschaftsinstrument verwendet wird. Der ausgebeutete Untertan von einst, der sich, vor allem im Rahmen der sozialistischen Bewegung, engagiert und mühevoll zum emanzipierten Staatsbürger von heute heraufgearbeitet hat, wird denunziert als einer, der betreut sein wolle, der eigener Initiative und Spontaneität nicht mehr fähig sei; er wird gleichgesetzt mit dem bürokratisch verwalteten Menschen. Was im spätkapitalistischen Selbstverständnis verdrängt wird, daß nämlich Geld den Charakter verderbe, wird auf den Sozialismus projiziert: er korrumpiere durch seine Absicht, den materiellen Unterbau des Bürgers im Sinne sozialer Gerichtigkeit und Chancengleichheit zu verbessern, dessen Bewußtsein. Die Bedürfnislosigkeit der Alternativen, die häufig nicht nur eine aktive Bereitschaft zum Einfachen spiegelt, sondern dem Überdruß am Überfluß entsprungen ist, wird Verhaltensweisen vorgespannt, die dem Gleichheitsgrundsatz entgegenstehen. Von ganz ungefähr kommt das nicht: »grüne« Politik lehnt sich vielfach an Mittelstandsideologie an; man ist am Wohl der eigenen Gesellschaftsschicht, weniger am gesamtgesellschaftlichen Wohl orientiert (z.B. tritt die Sicherung des Arbeitsplatzes als Voraussetzung für eine wirkliche Massenkultur im Sinne der gerechten Verteilung der Güter angesichts von Gruppeninteressen zurück; das Verhältnis zu den Gewerkschaften ist deshalb auch gebrochen). Bezeichnend auch, daß der alternativ-kulturelle Typ häufig Familien entstammt, die wegen ihrer materiellen Ausrichtung und Erfolge wesentliche Sozialisationsdefizite ausweisen. Das macht freilich wiederum diesen Typ offen: er erkennt aus dem Defizit heraus den Wert von Werten, die im allgemeinen Wertebewußtsein wenig präsent sind. Die autoritäre »Lösung« solcher Problematik (wie gesagt): Verinnerlichung »wertvoller

Werte« durch die Mehrheit, da auf diese Weise die Minderheit die Möglichkeit hat, ungehindert außerhalb des »Werteterritoriums« zu operieren. Die feudale Gesellschaft — lediglich in ihren Attitüden demokratisiert — kehrte dann wieder. Dann müßten eines Tages die Alternativen und Grünen als Steigbügelhalter für die Rückkehr des autoritären Staates sich mißbraucht fühlen; aber auch prüfen, ob sie nicht doch auch die Steigbügel gehalten haben!

Unabhängig davon, ob der Wertewandel lediglich eine Rückkehr zu alten Werten darstellt, die von den einen in Übereinklang mit Gleichheitsvorstellungen, von den anderen als Disziplinierungsinstrument für die Durchsetzung von Ungleichheit verstanden wird —, die meisten Beobachter sind heute der Meinung, daß das Aufwachsen des jungen Menschen unter den Bedingungen eines epochalen Wertewandels erfolgt (was sicherlich dann stimmt, wenn man den Vergleichszeitraum verhältnismäßig eng begrenzt, also auf die Zeit nach dem Zweiten Weltkrieg bezieht). Es fände statt ein Wandel von einer materiellen Wertorientierung zu einer postmateriellen, und dieser erfasse vor allem die Angehörigen der jüngeren Generation. Materielle Werte seien Sicherheit betonende Werte wie Stärke, Verteidigung, Ordnung, Ruhe, Kampf gegen Verbrechen, dann aber vor allem wirtschaftliches Wachstum, Kampf gegen steigende Preise, stabile Wirtschaft. Postmaterielle Werte seien Hochschätzung der Persönlichkeit und Selbstverwirklichung, verstärktes Mitspracherecht in Betrieb, Gemeinde, Politik, in der Gestaltung gesellschaftlicher Verhältnisse; dann im intellektuell-ästhetischen Bereich: Betonung einer dem Menschen dienenden schönen Umwelt, freie Meinungsäußerung, die Hochschätzung von Ideen, geistigen Gehalten, gegenüber Geld und anderen materiellen Werten.

»Die Beobachtung, daß postmaterielle Orientierungen sich vor allem bei Angehörigen der jüngeren Generation finden, hat zu einem Erklärungsversuch geführt, der auf die unterschiedlichen Lebensbedingungen der verschiedenen Generationen abhebt: Materielle Orientierung entsteht dieser Erklärung zufolge immer dann, wenn eine Generation unter kärglichen Bedingungen aufwuchs, d.h. wenn ihre prägende Phase in eine Zeit materieller Armut und Not fiel. Umgekehrt: eine Generation, die im Überfluß aufwächst, tendiert dieser Theorie zufolge dazu, postmaterielle, ideelle Werte zu betonen, also Ziele der Selbstverwirklichung, der emotional befriedigenden Beziehungen usw. Während am Sachverhalt eines historischen Wertwandels wohl kaum Zweifel bestehen können, ist die eben referierte Theorie in ihrer Erklärungskraft problematisiert worden. Es ist darauf hingewiesen worden, daß es neben diesem durch Zyklen wirtschaftlicher Prosperität bzw. Krisen zustandekommenden Verlauf auch so etwas wie einen langfristigen Prozeß gebe, der anders determiniert sei. Gemeint ist damit die These vom langfristig zu beobachtenden Prozeß der Korrosion bürgerlicher Sinn- und Deutungssysteme, wie er von Habermas und seinen Schülern vor allem unter dem Aspekt der damit verbundenen Krisenphänomene beschrieben und im Rahmen einer Theorie des Spätkapitalismus erörtert wurde.« (Walter Hornstein)[67]

Alternative Orientierungen bedeuten für Jugendliche in der Regel andere Konsequenzen als für Erwachsene; letztere hätten zumindest eher die Möglichkeit des Ausweichens gegenüber als inadäquat empfundenen Anforderungen (etwa durch Berufswechsel). Jugendliche dagegen stünden unter einem starken Anpassungsdruck. Gerade der Jugend gegenüber würde die herrschende Norm geltend gemacht; und so sie ihr nicht entspräche, etwa wenn sie alternative Lebensentwürfe den herrschenden entgegenstelle, sei es für die Erwachsenen ein Leichtes, gerade unter Berufung auf »pädagogische Notwendigkeiten« und darauf, daß man ja nur »das Beste« wolle, diese als Abweichung zu entwerten und zu disqualifizieren. Solcher Reaktionsweise unterlägen die meisten Jugendlichen, wenn sie die Brüchigkeit des etablierten Leistungssystems mit seinen Ansprüchen spürten und daraus für sich die Konsequenz zögen, aus diesem System auszusteigen. Ein Großteil der Sprachlosigkeit zwischen den Generationen sei als Ausdruck des skizzierten historischen Wertewandels zu verstehen. Viele der heute Heranwachsenden lebten wertmäßig in einer anderen Welt als viele der Erwachsenen; sie verstünden einander deshalb nicht mehr.

Das gelte

— in Bezug auf die Zeitstruktur des Jugendalters: für die Jugendlichen sei die Jugendzeit nicht Vorbereitung auf etwas Späteres, wie dies die Erwachsenen weitgehend erwarten, sondern gegenwärtiges, jetzt zu lebendes Leben;
— in Bezug auf die Bewertung von Inhalten: dem Jugendlichen sei anderes wichtiger als den Erwachsenen. Daraus ergäben sich konkurrierende Bewertungen praktisch aller Lebensbereiche;
— in Bezug auf die Ansprüche des Individuums gegenüber institutionellen Anforderungen: für Jugendliche sei heute charakteristisch ein betont sensibles, von manchem als empfindsam beschriebenes Verhältnis zur eigenen Subjektivität und zum eigenen Ich sowie eine Abwehr gegenüber institutionellen Zwängen, wie sie etwa im Bildungswesen geltend gemacht werden; dies irritiert die Erwachsenen, weil sie gewohnt seien oder vielmehr daran gewöhnt worden seien, Ansprüche des eigenen Ichs weitgehend den Anforderungen der Institution unterzuordnen.

In der pädagogischen und politischen Praxis reagiert man auf solche »Verständnislosigkeit« zwischen den Generationen vernehmlich auf viererlei Weise:

»— Es gibt zunächst als die am weitesten verbreitete Reaktion den resignativen Verzichts der Erwachsenen darauf, so etwas wie erzieherische Forderungen anzumahnen. Eine scheinbare Legitimation verschafft sich diese Reaktionsform dadurch, daß sie Heranwachsende, die sich nicht für das interessieren, was den Erwachsenen und den gesellschaftlichen Institutionen wichtig ist (sondern für anderes), als ›uninteressiert‹, ›demotiviert‹ hinstellt. Häufig begnügt man sich dann damit, auf der Einhaltung äußerlich kontrollierbarer Verhaltensweisen und meßbarer Leistung zu bestehen.

— Es gibt zweitens das Verfahren der Diskriminierung und Diffamierung alternativer Lebensentwürfe und ihre Uminterpretation zu ›abweichendem Verhalten‹, zu Aufmüpfigkeit und disziplinar zu ahndender Widersetzlichkeit. Hier wird in einer höchst problematischen Weise ausgeblendet, daß konkurrierende Wertsysteme im Hintergrund stehen; es wird so getan, als ob alle von einer gemeinsam geteilten Grundüberzeugung, z.B. über den Sinn von Schule und Leistung, über die Bewertung von Inhalten schulischen Lernens, ausgingen. In Wirklichkeit ist dies überhaupt nicht der Fall. Das zeigt sich an ganz konkreten und alltäglichen Problemen und Auseinandersetzungen in der Schule, bei der Berufswahl, bei der Gestaltung des Alltags.

— Drittens sieht es so aus, als ob aus solchen Prozessen und aus den dahinterstehenden Gründen immer wieder neue Problemgruppen erzeugt und auch traditionelle wie z.B. der ›Schulversager‹ in neuen Ausprägungen hervorgebracht würden. Gerade am Beispiel des ›Schulversagers‹ wird dies deutlich: Die neue Ausprägung besteht darin, daß hier nicht mehr diejenigen ›versagen‹, die aus Gründen mangelnder intelligenzmäßiger Ausstattung den Anforderungen nicht gerecht werden, sondern diejenigen, die eben aus grundlegend anderer Wertorientierung heraus keinen motivativen Zugang zu den gesellschaftlichen Anforderungen haben.

— Schließlich: Es gibt heute gelegentlich eine problematisch zu nennende Inanspruchnahme von Bindungsbereitschaft Jugendlicher, die als Rückkehr zu den ›alten Werten‹ auch mißverstanden bzw. in einer bestimmten Weise politisch in Anspruch genommen wird. Auch dies ist eine problematische gesellschaftlich-politische Reaktion auf die skizzierte Situation. Wenn Jugendliche sich heute stärker als früher z.B. in Vereinen engagieren, in vielfältigen Formen, dann muß dies interpretiert und kritisch-pädagogisch bewertet werden. Hier liegt gelegentlich auch Rückzug, auch der Versuch, den Anforderungen der Gegenwart zu entgehen, zugrunde. Dies kann nicht einfach ignoriert werden. Es muß die Frage gestellt werden, ob hier nicht mangelnde Ich-Stärke, Orientierungslosigkeit, ungelöste Sinnfragen zur Flucht in kollektive Bindungen führen, in Heilslehren der verschiedensten Art, wie dies etwa in den ›neuen Jugendreligionen‹, die fälschlich so genannt werden, geschieht.« (Walter Hornstein)[68]

Jugend wächst auf in einer »Bildungsgesellschaft«, die sich lediglich noch eine solche nennt, in Wirklichkeit aber eine»Ausbildungsgesellschaft« darstellt; Schule dient fast ausschließlich der Vorbereitung auf das Erwachsenenleben in apparathaft organisierten Einrichtungen. Prozesse der Ichfindung und Sinngebung, also humane Erziehung, Erziehung, die auf die Ganzheit der jugendlichen Personalität Rücksicht nimmt, werden kaum unterstützt. Die instrumentelle Vernunft dominiert, Vernunft, die sich um Existenzfragen kümmert, bleibt ausgesperrt. Jugend wächst auf in einer Leistungsgesellschaft, in der die Leistung nicht als Teil menschlicher Selbstverwirklichkung erscheint, sondern mit Sanktionen herbeigezwungen wird. Arbeit als bedeutsamste Möglichkeit des Menschen, sich verwirklichen zu können, wird zur Funktion eines Mechanismus, der vor allem die Statuszuweisungen regelt. Dementsprechend hoch müssen die Ersatzbefriedigungen durch Konsum und Freizeit sein; die Frustrationen im Leistungs- und Arbeitsbereich werden durch Surrogate ausgeglichen.

Jugend wächst in einer Gesellschaft auf, die den Wandel zum Materialismus hin nicht mehr als Wertverlust, sondern als eigentlichen Wertzuwachs begreift. Natürlich waren auch in früherer Zeit die Werte nicht verwirklicht; als »Optative« jedoch strukturierten sie Reformbemühungen. Die Proletarier des 19. Jahrhunderts orientierten sich am gleichen Wertsystem wie die Bürgerlichen; nur mit dem wesentlichen Unterschied, daß die bürgerliche Kultur immerhin gewisse Chancen bot, in Teilbereichen diese Werte wirksam bzw. verwirklicht zu sehen, während die Arbeiterschaft auf ihren Zukunftsglauben angewiesen war. Konsumgesellschaft von heute hat eine auf den Kopf gestülpte Werthierarchie: Egoismus rangiert an der Spitze. Die Trivialmythen der Warenästhetik sorgen dafür, daß die Tatsache, daß die Werte verfälscht sind, kaum kritisch erkannt oder intuitiv erfühlt wird. Das Schöne, Gute und Wahre verdinglicht sich in materiellen Gütern, auf die hin die Seelen und Körper transzendieren.

Jugend wächst in einer Gesellschaft auf, die Konflikte dadurch zu lösen trachtet, daß sie Gegenpositionen zur bestehenden Gesellschaft in abweichendes und dem Fortschritt schädliches Verhalten umdeutet. Gerade These und Antithese würden jedoch die Dynamisierung demokratischer Gesellschaft ermöglichen; ohne Kulturrevolution erstarren Werte (erstarrte Werte sind aber Un-Werte); erst in der Herausforderung gesellschaftlicher Entwicklung können Werte sich bewähren. Erworben muß werden, was man glaubt zu besitzen — indem man es immer wieder »aufhebt«.

Jugend wächst auf in einer gesellschaftlichen Situation, in der die Fähigkeit des Staates, gesellschaftlichen Konsens zu erzeugen, generell abnimmt — angesichts verstärkt aufbrechender, nicht nur auf ökonomischen Verteilungskämpfen beruhender Konflikte, sondern auch ganz neuartiger Herausforderungen (wie Frieden, Umwelt, Dritte Welt); neuartige Spannungslinien entstehen dadurch.

Die ästhetische Erziehung des Menschen

Die Dialektik der Aufklärung ist die Tragödie der bürgerlichen Aufklärung. Die Dialektik der Dialektik, die Aufhebung dieser Dialektik der Aufklärung (als Rückkehr zu ursprünglichen, nicht pervertierten Werten), könnte die Tragödie der alternativen Bewegung werden: dann nämlich, wenn diese Rückkehr nicht in einem sentimentalischen, sondern in einem naiven Sinne erfolgte. Wir können aber nicht Werte, die erst über die Vernunft ihre soziale Bedeutsamkeit erhielten und dann korrumpiert wurden, dadurch revitalisieren, daß wir so tun, als wäre durch Intuition, Spontaneität, insgesamt auf irrationale Weise ihre gesellschaftliche Relevanz wieder herzustellen. Man kann sie zwar durch »Gefühl« persönlich, privatistisch stützen; auf diesem Wege befindet sich weitgehend die alternative Bewegung. Jedoch nur über Aufklärung, die die Dialektik der Aufklärung zurücknimmt, kann das konsumtiv orientierte System der (Trivial-)Werte in ein solches humaner Geltungskraft verwandelt werden. Am Ende des 18. Jahrhunderts hat Friedrich Schiller diese Problematik der Modernität bereits klar erkannt, indem er zum einen der Dominanz des Nützlichen das Schöne entgegenstellte (was heute die Wiedergewinnung des Ästhetischen gegenüber der Warenästhetik bedeuten würde) und indem er zum anderen das Natürliche nicht als Rückkehr zur Natur, sondern als aktive Erinnerung des Geistes ans Natürliche begriff.

»Jetzt aber herrscht das Bedürfnis und beugt die gesunkene Menschheit unter sein tyrannisches Joch. Der Nutzen ist das große Idol der Zeit, dem alle Kräfte fronen und alle Talente huldigen sollen. Auf dieser groben Waage hat das geistige Verdienst der Kunst kein Gewicht, und, aller Aufmunterung beraubt, verschwindet sie von dem lärmenden Markt des Jahrhunderts.«[69]

Diese Stelle steht in Schillers Briefen über die »ästhetische Erziehung des Menschen«. Geschrieben 1793 unter dem Einfluß der französischen Revolution — die der Dichter als Befreiung der Menschheit begrüßte und als Perversion des Menschlichen verurteilte — will er dem alles überwuchernden Anspruch der Nützlichkeit das »ganz andere«, die Kunst, die Kultur, die Ästhetik, entgegensetzen. Sicherlich, in manchem trat für Schiller an die Stelle der realen politischen Befreiung lediglich die ideelle ästhetische Enthebung; unverkennbar ist ein gewisser Rückzug in das Reich der Träume, wo die Freiheit unverbindlich blüht — aber sein rigoroser Idealismus entzog sich nicht dem Anspruch der Wirklichkeit: sein Bestreben, das ihn die Denkposition Kants überwinden läßt, richtet sich auf die (für diesen unmögliche) Aufhebung der Antinomie zwischen Vernunft und Sinnlichkeit in politischer Ästhetik. Schillers Kunsttheorie steht damit zwischen dem kategorischen Imperativ Kants, dessen erkenntnistheoretische Grundlage sie verläßt, und dem von Marx, dessen politökonomische Dimension sie noch nicht erreicht. Hat Marx die gesellschaftlich organisierte Wirtschaftsform im Auge, wenn er von der materiellen Basis spricht, so Schiller die politisch organisierte Staatsform. Hierbei geht es ihm um kein loses Nebeneinander von Individuum und Staat. Worauf er abzielt, ist die ästhetische Vermittlung beider miteinander. Einen Gedanken Fichtes aufgreifend, gibt er zu erkennen, wie sehr sich sein Verständnis des wahren Menschen im Menschen als »zoon politikon« erfüllt:

»Jeder individuelle Mensch, kann man sagen, trägt, der Anlage und Bestimmung nach, einen reinen idealistischen Mensch in sich, mit dessen unveränderlicher Einheit in allen seinen Abwechselungen übereinzustimmen die große Aufgabe seines Daseins ist.«[70]

Schiller verleiht diesem Satz politisch-praktische Relevanz, indem er fortfährt:

»Dieser reine Mensch, der sich mehr oder weniger deutlich in jedem Subjekt zu erkennen gibt, wird repräsentiert durch den Staat, die objektive und gleichsam kanonische Form, in der sich die Mannigfaltigkeit der Subjekte zu vereinigen trachtet. Nun lassen sich aber zwei verschiedene Arten denken, wie der Mensch in der Zeit mit dem Menschen in der Idee zusammentreffen, mithin ebenso viele, wie der Staat in den Individuen sich behaupten kann: entweder dadurch, daß der reine Mensch den empirischen unterdrückt, daß der Staat die Individuen aufhebt; oder dadurch, daß das Individuum Staat wird, daß der Mensch in der Zeit zum Menschen in der Idee sich veredelt.«[71]

Soll der »Mensch in der Zeit« mit dem »Menschen in der Idee« zusammentreffen, so geht es — auf unser Jahrhundert bezogen sowie auf den Bereich des Nützlichen und des Schönen eingegrenzt — um die positive Beantwortung folgender Fragen: Wie ist es mit dem »ästhetischen Staat« heute bestellt? Wie steht es mit dem Bürgerrecht auf kreative Verwirklichung? Wie mit der ästhetischen Erziehung in unserer Gesellschaft? Haben wir einen Menschen ermöglicht, der »nur spielt, wo er in voller Bedeutung des Wortes Mensch ist, und nur da ganz Mensch ist, wo er spielt«? Ist die Demokratisierung des Schönen vollzogen? Um nochmals Schiller zu zitieren, jetzt mit dem Ziel, die »Begrenzung« seines Denkansatzes aufzuzeigen:

»In dem ästhetischen Staate ist alles — auch das dienende Werkzeug ein freier Bürger, der mit dem edelsten gleiche Rechte hat, und der Verstand, der die duldende Masse unter seine Zwecke gewalttätig beugt, muß sie hier um ihre Beistimmung fragen. Hier also, in dem Reiche des ästhetischen Scheins, wird das Ideal der Gleichheit erfüllt, welches der Schwärmer so gern auch dem Wesen nach realisiert sehen möchte.«[72]

Heute fordern wir demgegenüber, wenn wir Demokratie ernst nehmen, Ästhetik vom Kopf auf die Füße stellen wollen: Der ästhetische Staat darf nicht ein Staat des Scheins sein; er muß auch dem Wesen nach verwirklicht werden. Nicht der Schwärmer träume diese Träume nach vorwärts — der Politiker, der Städteplaner, der Lehrer, der

Arbeiter, jeder sollte die Idee des Schönen für verwirklichbar halten! Nicht im Reiche des ästhetischen Scheins ist das Ideal der Gleichheit zu erfüllen, im Reiche der Realität muß das Schöne dem Nützlichen Gegengewicht sein können und dürfen.

Was not tut, ist die »Vollziehung der Aktualität«. Wenn wir dabei auf Schiller rekurrieren, dann deshalb, weil wir bei dem Bemühen um die Demokratisierung des Schönen ohne Erinnerung nicht auskommen können. Wenn Geschichte — so Peter Wapnewski — nicht verwechselt wird mit bloß Gewesenem, wenn Geschichte aktiviertes Gedächtnis ist, eingeholte Vergangenheit, wenn Geschichte betreiben heißt, eine Sache aus ihren Voraussetzungen und in ihren Folgen verstehen, wenn mit einem Wort Geschichte als Unterbau der jeweiligen Gegenwart verstanden wird, als Chance, aus Vergangenheit das Gegenwärtige zu begreifen und das Künftige zu vermuten: dann ist Geschichte die redlichste Schutzwehr gegen die Verführung durch plakative Illusionen und penetrante Ideologie, gegen die Suggestion der heillosen Heilsversprechung.

Das Wort vom »aktivierten Gedächtnis« sei auf unseren Begründungszusammenhang bezogen: Die Demokratisierung des Schönen, eine breitangelegte ästhetische Erziehung in unserer Gesellschaft, ist — damit Praxis nicht blind bleibt — ohne die »Vollziehung der Gedanken der Vergangenheit« nicht denkbar. Dies hat Karl Marx im Auge, wenn er im September 1843 an Arnold Ruge schreibt:

»Es wird sich ... zeigen, daß die Welt längst den Traum von einer Sache besitzt, von der sie nur das Bewußtsein besitzen muß, um sie wirklich zu besitzen. Es wird sich zeigen, daß es sich nicht um einen großen Gedankenstrich zwischen Vergangenheit und Zukunft handelt, sondern um die Vollziehung der Gedanken der Vergangenheit.«[73]

Was das »Natürliche« betrifft: wir können nicht mehr natürlich empfinden, denn dann müßten wir den technischen Fortschritt, der vor allem soziale Gleichberechtigung ermöglicht, aufgeben; wir könnten aber wieder und mehr als bislang das Natürliche empfinden. Friedrich Schiller verdeutlicht diesen Gedankengang an einem sehr begrenzten Beispiel, nämlich an dem Unterschied zwischen naiver und sentimentalischer Dichtung. Der Gedankengang ist aber sehr leicht in seiner allgemeinen Bedeutsamkeit zu verstehen. Wie kommt es, fragt Schiller, daß wir, die in allem, was Natur ist, von den Alten, den Griechen, so unendlich weit übertroffen werden, daß gerade wir uns nach der Natur mit besonderer Innigkeit zurücksehnen (im Sinne einer postmateriellen Gesellschaftskonzeption müßte man besser sagen: uns zu ihr »voraussehnen«)? Daher kommt es: weil die Natur bei uns aus der Menschheit verschwunden sei und wir sie nur außerhalb dieser, in der unbeseelten Welt, in ihrer Wahrheit wieder anträfen. Nicht unsere größere Naturmäßigkeit, sondern ganz im Gegenteil: die Naturwidrigkeit unserer Verhältnisse, Zustände und Sitte treibe uns an, dem erwachenden Triebe nach Wahrheit und Simplizität (der unbestechlich und unaustilgbar in allen menschlichen Herzen liege) in der physischen Welt eine Befriedigung zu verschaffen, wie er in der moralischen nicht zu erhoffen sei. (Ein solcher Satz ließe sich, ins Sprachmuster unserer Tage übertragen, jederzeit ins »Parteiprogramm« von grünen und alternativen Listen aufnehmen — so sie ein solches aufstellten!)

Deswegen sei das Gefühl, womit wir an der Natur hingen, dem Gefühl so nahe verwandt, womit wir das entflohene Alter der Kindheit und der kindlichen Unschuld beklagten. Unsere Kindheit sei die einzige unverstümmelte Natur, die wir in der kultivierten Menschheit noch anträfen; daher sei es kein Wunder, wenn uns jede Fußstapfe der Natur auf unsere Kindheit zurückführe. (Leider gilt nicht einmal dies mehr für die heutige Jugend: während die Generationen mittleren und höheren Alters in zunehmendem Maße sich an ihre Kindheit erinnern, da sie eben eine solche hatten, können die Jüngeren dies nicht, zumindest nicht so intensiv tun, da man sie ihrer Kindheit mit Hilfe vorverlegter Anpassungszwänge beraubt hat — wogegen sie freilich protestierten.)

»Sehr viel anders war es mit den alten Griechen. Bei diesen artete die Kultur nicht so weit aus, daß die Natur darüber verlassen wurde. Der ganze Bau ihres gesellschaftlichen Lebens war auf Empfindungen, nicht auf einem Machwerk der Kunst, errichtet; ihre Götterlehre selbst war die Eingebung eines naiven Gefühls, die Geburt einer fröhlichen Einbildungskraft, nicht der grübelnden Vernunft, wie der Kirchenglaube der neueren Nationen; da also der Grieche die Natur in der Menschheit nicht verloren hatte, so konnte er außerhalb dieser auch nicht von ihr überrascht werden und kein so dringendes Bedürfnis nach Gegenständen haben, in denen er sie wiederfand. Einig mit sich selbst und glücklich im Gefühl seiner Menschheit, mußte er bei dieser als seinem Maximum stillestehen und alles andere derselben zu nähern bemüht sein; während wir, uneinig mit uns selbst und unglücklich in unseren Erfahrungen von Menschheit, kein dringenderes Interesse haben, als aus derselben herauszufliehen und eine so mißlungene Form aus unseren Augen zu rücken.

Das Gefühl, von dem hier die Rede ist, ist also nicht das, was die Alten hatten; es ist vielmehr einerlei mit demjenigen, welches wir für die Alten haben. Sie empfanden natürlich; wir empfinden das Natürliche. Es war ohne Zweifel ein ganz anderes Gefühl, was Homers Seele füllte, als er seinen göttlichen Sauhirt den Ulysses bewirten ließ, als was die Seele des jungen Werthers bewegte, da er nach einer lästigen Gesellschaft diesen Gesang las. Unser Gefühl für Natur gleich der Empfindung des Kranken für die Gesundheit.«[74]

Im Erfahrungsbericht von Peter Mosler heißt es: »Wir wollen ein Teil der Dorfgemeinschaft sein, aber wir sind anders als ihr, und wir wollen auch anders bleiben.«

Das heißt: die Dorfbewohner empfinden natürlich, die Dorfzuzügler empfinden im Dorf das Natürliche. (Natürlich müssen auch die Dorfbewohner für sich sagen — denn inzwischen sind sie längst eingebunden in den Fortschritt der Modernität —: frühere Dorfbewohner empfanden natürlich, wir, die heutigen Dorfbewohner, empfinden das Natürliche.)

Soll man das Apfelbäumchen pflanzen?

Begreift man das Grüne und Alternative als einen Teil der Auseinandersetzung um Natur und Kultur, wie sie seit den Ursprüngen der Kultur die Menschheitsgeschichte immer bewegt hat, nämlich als ein wichtiges selbstreflexives und selbstkritisches Element zivilisatorischer Fortentwicklung, soweit dieses sich von »Kulturbewußtsein« tragen läßt; versteht man unter »Zurück-zur-Natur« ein wichtiges Korrektiv für die immer stärker werdende Möglichkeit, Natur zu beherrschen und zu unterwerfen — dann versteht man, daß die grüne bzw. alternative Bewegung ein Teil dieser Kulturentwicklung zu sein hat. Man sollte sie nicht ausgrenzen, abdrängen, verdrängen wollen. Dazu kommt — und das versieht die heutige Situation mit einem ganz schlimmen Vorzeichen —, daß die zivilisatorische Entwicklung, die Entwicklung der Naturwissenschaften im besonderen, nicht nur der Gefahr erlegen ist, sich vom Kulturbewußtsein als Symbolisierung menschlicher Werte und Tugenden abzulösen (wie es zu bestimmten Zeiten immer wieder geschah — etwa als in der Zeit der Industrialisierung soziale Tugenden weitgehend oder gänzlich außer acht gelassen wurden); sondern daß diese zivilisatorische Entwicklung die Aufhebung von Kultur in Form der Vernichtung von Menschheit schlechthin impliziert. Das »Zurück-zur-Natur« ist somit nicht nur ein selbstkritisches Korrektiv, sondern unter Umständen eine letzte Möglichkeit, die Selbstaufhebung der Zivilisation zu verhindern. Denn das Kulturbewußtsein wäre wohl allein nicht in der Lage, die ungeheuerliche Gefährdung, in die wir durch die Hochzüchtung intellektueller Fähigkeiten hineinmanövriert wurden, zu bannen. Die Stimme der Vernunft ist nicht nur leise; sie bleibt manchmal auch unerhört. Der Todestrieb ist dann stärker als der Eros (als tragendem Element von Kulturentwicklung).

Daß der Irrationalismus der heutigen Naturbewegung die Vernunft wieder zu sich selbst bringt, damit sie wieder das Natürliche zu empfinden vermag, stellt freilich keine sehr große Chance dar. Der neue »Naturalismus« wird sich in seiner Emotionalität die Köpfe an den starren Systemen wund schlagen, wenn diese Systeme nicht selbst, aus höherer Vernunft heraus, »zu tanzen« beginnen — sich im Interesse ihrer selbst auch teilweise auflösen. Dies wiederum ist nicht zu erwarten.

Dialektik der Aufklärung, das bedeutet in apokalyptischer Dimension: wenn weder entinstrumentalisierte Vernunft noch irrationalistischer Lebenswille die Dialektik der Entwicklung dialektisch aufzuheben vermögen, wird das, was mit dem Feuer begann, im Feuer untergehen. Das Leben mit der Atombombe wird zum Sterben durch den Atomtod.

Holzschnittartig der Tatbestand, wie er gesehen werden muß, aber nicht eingesehen wird:

— Der naturwissenschaftliche Fortschritt, ein Höhepunkt von Aufklärung, hat die atomare Vernichtung möglich gemacht. Durch Abschreckung versucht man sie zu verhindern. 1972 hatte die UdSSR 2500 strategische Sprengköpfe, 1982 besitzt sie 8040. Atomare Zerstörungskraft: 7868 Megatonnen. Die USA hatten 1972 5700 strategische Sprengköpfe, 1982 besaßen sie 9480. Atomare Zerstörungskraft: 3505 Megatonnen. Eine Megatonne entspricht der Explosivgewalt von einer Million Tonnen TNT. Bei einem Atomangriff bewirkt eine Megatonne, in 200 m Höhe gezündet, in einem Umkreis von etwa 7 km Durchmesser: totale Zerstörung (so gut wie keine Überlebenden); im Umkreis von etwa 15 km: Tod der Hälfte der Bevölkerung; im Umkreis von etwa 20 km: etwa 25 % Tote.[75] Die militärisch bestimmte instrumentelle Vernunft, die keineswegs vom Kulturbewußtsein abgekoppelt ist, was sich als Strategie zur Verhinderung von Atomkriegen manifestiert, steigert sich, um ihr Ziel gegenseitiger Abschreckung zu erreichen, in immer größere Vernichtungspotentiale hinein: Kill, over-kill, over-over-kill, over-over-over-kill... Im Sinne solcher Vernunft muß jede Weltmacht konstant weiterrüsten. Instrumentelle Vernunft wird mit solchem Denken die Weltvernichtung solange aufhalten können, solange Vernunft dominiert — also die »Instrumente« noch beherrscht. Und solange, als Teil dieser

Vernunft, die höchst raffiniert angelegten Auslösungsmechanismen nicht durch ein Versehen (das fast, aber nicht ganz ausgeschlossen ist) entriegelt werden.

Sinnhafte Vernunft gebietet Abrüstung im Sinne einer zumindest schrittweisen Reduzierung der Vernichtungswaffen. Es sieht nicht so aus, als ob die Vernunft aus sich selbst heraus das System der Abschreckung wirklich abzubauen vermag. Die Apparaturen und Maschinerien haben sich schon weitgehend verselbständigt, wenn sie sich auch noch am Gängelband einer Vernunft, die die Menschheit erhalten will, bewegen.

Ich bin überzeugt: bis in die Zentren der Macht hinein empfindet man noch »das Natürliche«, nämlich, daß die Menschheit erhalten werden soll, auch wenn man nicht mehr natürlich empfindet. Aber mit ziemlicher, ja fast absoluter Sicherheit kann man sagen, daß dieses System auf Dauer nicht funktionieren wird. Die Geschichte bietet kein Beispiel dafür, daß nicht irgendwann, irgendwo, irgendwer im Besitz von Macht Amok läuft. Solange ein Amokläufer, wie z.B. Hitler, viele Hilfskräfte braucht, um seine Politik verbrannter Erde verwirklichen zu können, und selbst mit Hilfe vieler Hilfskräfte nicht genügend »Instrumente« hat, seinen Wahnsinn total zu verwirklichen, kann er zwar — furchtbar genug — Ausschwitz ermöglichen und Millionen von Toten hinterlassen, aber doch nicht die Welt ausradieren. Irgendein Amokläufer wird es irgendeines Tages können.

Die Friedensbewegung setzt gefühlsmäßig auf die Kraft vernünftiger Sehnsucht. Das gerade macht sie irrational; aber zugleich lebensfähig: denn Vernunft macht nicht nur Feige, sondern Hoffnungslose aus uns allen; angesichts des zukünftigen Amokläufers — mit Atombomben in der Hand. Die Friedensbewegung gibt vor, von Angst bestimmt zu sein; in Wirklichkeit dürfte sie wenig Todesangst haben; sie zeigt nämlich einen hohen Motivationspegel. Eine rationale Einsicht in das Szenarium menschlicher Selbstvernichtung müßte jeden Elan austreiben. Unsere Chance: daß das unvernünftige Wirkliche, weil es gar nicht mehr mit Vernunft wahrgenommen werden kann, nicht mehr das Wirkliche bleibt.

Ein Gedankenexperiment — absurd freilich, weil Menschen ihre persönlichen gegenwärtigen Interessen wohl kaum, zumindest nicht en masse, dem zukünftigen Überleben der Menschheit opfern würden... Immerhin: die Rüstungseskalation fände wahrscheinlich ihr Ende, wenn derjenige der »Abschreckungspartner«, bei dem sinnorientierte Vernunft noch etwas stärker vertreten ist (allemal der Westen, nicht zuletzt deshalb, weil hier noch frei philosophisch gedacht werden kann), freiwillig auf jede atomare Aufrüstung verzichtete, was je nach der Stärke und Kraft des potentiellen Feindes die schrittweise, ja weitgehende oder weitestgehende Aufgabe der Länder, Bevölkerungen, Kontinente der westlichen »Einflußsphäre« bedeutete. Lieber rot als tot! Die Abschreckungsstrategie wäre dann sinnlos; die instrumentelle Vernunft hätte wieder eine Chance, von vorne anzufangen — z.B. ihr Vernichtungspotential zu verschrotten. Natürlich würde bei den totalitären Regimen die Tötungshemmung nicht dadurch hervorgerufen werden, daß man sich unterwürfe; im Gegenteil: die Begehrlichkeit würde zunächst wachsen. Die Größe der Erde wäre jedoch sicherlich ein Faktor, der eine gewisse humane Binnengliederung, ein gewisses »Unterdrückungsgefälle« bewirkte.

Stünde ich vor der Wahl, die dieses Gedankenexperiment einschließt — ich jedenfalls wäre nicht bereit, mich für Unterwerfung zu entscheiden. Ich will doch mein Leben noch in einiger Annehmlichkeit führen; ich will doch frei sein; ich will doch zum Beispiel dieses Buch unzensiert schreiben können; ich will doch ... ich will doch ... Und die Friedensmarschierer wollen doch auch... Wir müssen alle sterben. Warum sollen dann nicht alle auf einmal sterben? Ich denke an meine Kinder; aber solange wird die Abschreckungsstrategie schon noch halten. Meine Kinder denken an ihre Kinder, aber solange wird die Abschreckungsstrategie schon noch halten. Deren Kinder werden an ihre Kinder denken; auch dann wird die Abschreckungsstrategie schon noch halten. Also pflanzen wir rasch noch unser Apfelbäumchen!

Jeder konservative Publizist, der auf seine Menschlichkeit, aufs Abendland und auf die Abschreckungsstrategie etwas hält, zitiert in diesem Sinne Luther. Auch wenn die Welt am nächsten Tage unterginge, solle man es — das Apfelbäumchen nämlich — noch pflanzen. Die Metapher ist nicht nur deshalb falsch, weil sie bei Luther gar nicht vorkommt; sondern vor allem deshalb, weil religiöse Menschen wie Luther überhaupt nie wirklich konkret an einen durch irdische Kräfte hervorgerufenen Untergang der Welt glaubten; sie konnten also ohne Sorge ihre Apfelbäumchen pflanzen, denn der durch Gott eingeleitete letzte Tag war ja zugleich der erste Tag des Paradieses. Dem standen die Apfelbäumchen auch nicht im Wege. Lebensmut im Atomzeitalter — nichts als Kulturheuchelei? Theoretisch ja.

Was tue ich? Ich verhalte mich natürlich genauso wie diejenigen, die das Ganze so schön in eine Metapher kleiden. Bin froh, wenn es mir gelingt ein Apfelbäumchen zu pflanzen, oder Stiefmütterchen, Vergißmeinnicht. Schreibe zum Beispiel einen Aufsatz, ein Buch. Stürmisch zieht über uns die Dialektik der Aufklärung dahin; der Schrebergarten wird mit großem Eifer bepflanzt; und über jede Kleinigkeit kann man sich aufregen.

Ich beobachte eine Gruppe, die auf dem Bahnsteig steht, um mit dem nächsten Zug zur Friedensdemonstration nach Bonn zu fahren. Nichts von Angst, nichts von Furcht. Diskussion über die Schulnoten, Disco-Geplauder, Pläne für die Ferien und was man alles in Bonn nach der Demonstration anstellen wird. (Nichts Gefährliches! Nichts Aufrührerisches! Keine Sorge!) Hallo, Heike ... Ich fahre gegenläufig. Erste Klasse. Bevorzuge Großraumwagen. Habe mir seit langem Zeitungsausschnitte zur Lektüre zurechtgelegt; das langt für zwei, drei Stunden. Unter anderem von Strobe Talbott, ein »Dossier« in der »Zeit«: »Leben mit dem Atomtod. Was passiert, wenn die Abschreckung versagt?« Ja, was passiert eigentlich, wenn etwas passiert?

Das Dilemma der SPD

Wir müssen ein Teil der Industriegesellschaft bleiben; aber doch sagen, daß wir sie anders haben wollen, also postmodern, also postmateriell. Darüber wird theoretisch diskutiert. Darüber wurde in diesem Buch ausführlich gehandelt. Darüber diskutiert die SPD. Daran scheitert sie im Augenblick. Aber gerade deshalb bleibt sie wohl ein Reservoir dialektischer Denkungsart, aus dem heraus sich eines Tages diejenigen stärken können, die neu den Weg der Aufklärung zu gehen bereit sind. So wie 1933 die Manifestationen der Tapferkeit der SPD eine Kraft waren für diejenigen, die 1945 im Zeichen der SPD wieder ans Werk gingen.

Peter Glotz warnt vor Träumern und Technokraten. Besser wäre es wohl, wenn die Technokraten durch Träume nach vorwärts und durch Erinnerung ans »Rückwärtige« ihre Technokrateneigenschaften ablegten; und die Träumer »präsentischer« würden, angesichts von Realität ihre Utopien zu differenzieren, ja zu relativieren, begännen. Wenn die SPD sich nicht entscheidet zwischen Träumern und Technokraten, zwischen der Utopie und der Realität, zwischen der Industriegesellschaft und der Alternativgesellschaft, wenn sie das Schwanken, das Oszillieren, den Zweifel, die

Unschlüssigkeit zum Kern der Parteiprogrammatik macht, wird sie in immer kältere Zonen gelangen, d.h. in die weitgehende Isolation geraten. In der Tat! Aber genau das wird auf längere Zeit ihre Heimat sein müssen, wenn sie nicht nur an die Zukunft der Partei, sondern an die Zukunft dieser Gesellschaft und dieses Staates denkt. So schützt sie menschliche Werte vor dem Vergessen; sie bewahrt das Abgeschobene und Verdrängte auf, damit es zu einem späteren Zeitpunkt vielleicht wieder zum Vorschein oder stärker zum Vorschein kommen kann. Als verhältnismäßig klein gewordene Partei wird man aus ihrer Parteigeschichte eines Tages ablesen können, wie die Menschen zu anderen Zeiten gefühlt und gelebt haben, vor allem wie sie in ihren Anschauungen zerrissen waren. Die Triumphierenden heute, die über den Niedergang der SPD zum (Wahl-)Sieg gelangen, werden dann schon längst vergessen sein. Ihre »Vergeßlichkeit« gegenüber dem, was wertvoll ist, aber zur Zeit nicht zählt, stößt sie in den Orkus des Vergessens hinab.

Ich verstehe die historische Rolle, die Erhard Eppler spielt; auch wenn ich seinen schwäbisch-rigorosen Pietismus, der politisches Außenseitertum nicht nur dadurch genießt, daß er auf Beifall, sondern auch auf Claqueure aus ist, nicht mag. Da ist einer, der immer mehr Abstand von dem nimmt, was man von der Politik und den Politikern bisher kennt. Da ist einer, so hat es Robert Leicht formuliert, der durchaus noch dem bildungsbürgerlichen Politikverständnis verhaftet ist, aber über die politische Welt nachdenkt und seine Einsichten in einer gescheiten Form vorträgt. »Wer Ohren hat zu hören, der versteht's, und die anderen werden es halt nicht kapieren. Das ist dann freilich deren Schuld.« Vielleicht kapieren sie es eines Tages doch! Ich weiß, sagt Eppler, »das ist sehr fragwürdig. Ich habe aber noch nichts weniger Fragwürdiges gefunden. Ich weiß, das ist nichts Begeisterndes, aber es ist vielleicht etwas Wahres dran.«[76]

Denkt man an die Rolle der SPD in der Gegenwart, an eine SPD, die an der Macht bleiben will, an eine solche, die ihre Apfelbäumchen überall hin zu pflanzen trachtet, dann darf sie es nicht mit Eppler, dann muß sie es mit Richard Löwenthal halten. Seine Thesen zur »Identität und Zukunft der Sozialdemokratie« sind auch für mich, einen dieser Apfelbäumchenpflanzer, plausibel; eben mit der Einschränkung, daß sie eine vordergründige Wahrheit spiegeln, eine Wahrheit, die das augenblickliche Handeln betrifft. Aber: man muß in jedem Augenblick handeln; man kann nicht die Hände in den Schoß legen. Freilich sollte man nicht nur philosophisch, sondern auch politisch bedenken, was Th. W. Adorno gesagt hat (auch wenn das natürlich, noch dazu in seiner Diktion, gegenüber der Alltagsweisheit, daß Politik im Hier und Nun sich bewähren müsse, verblaßt); Adorno sagt: »Das Verzweifelte, das die Praxis, auf die es ankäme, verstellt ist, gewährt paradox die Atempause zum Denken, die nicht zu nutzen praktischer Frevel wäre.«[77] Mit Adorno kann man eben denken, mit Löwenthal handeln.

Die SPD, sagt Richard Löwenthal in seinen Thesen[78], befindet sich zur Zeit in einer Krise ihrer Identität. Es handle sich nicht einfach darum, daß ihre Popularitätskurven und Wählerzahlen sänken — das ist bei kritischer Wirtschaftslage und nach zwölf Jahren Regierungszeit natürlich und kann sich bei anderer Lage wieder verändern; es handle sich darum, daß einerseits die Anziehungskraft der Sozialdemokraten auf die Jungwähler zugunsten diverser grüner und alternativer Gruppen und der Nichtwähler zurückgehe, während andererseits eine erhebliche Anzahl sozialdemokratischer »Stammwähler« zur CDU abschwimme oder zu Hause bleibe.

Dieser gleichzeitige Verlust nach zwei entgegengesetzten Richtungen zeige an, daß die Partei in einer brennenden Streitfrage unserer Zeit keine eindeutige und überzeugende Entscheidung getroffen habe — mithin eine Krise ihrer Identität durchmache.

Der Fehler dieser These scheint mir darin zu liegen, daß eine quantitative, realpolitisch natürlich sehr relevante Tatsache moralisch bzw. psychologisch gedeutet wird. Wenn Wähler weglaufen, braucht dies keinesfalls darin begründet zu sein, daß die Partei in einer Identitätskrise steckt. Wenn Wähler konservativeren Richtungen sich anschließen, mag dies gerade im »falschen Bewußtsein« dieser Wähler begründet sein. Außerdem meint Löwenthal, daß brennende Streitfragen immer nur eindeutig und dadurch »überzeugend« beantwortet werden könnten. Mangel an Eindeutigkeit kann aber gerade in komplexen Situationen überzeugen, weil auf diese Weise der Weg zur Wahrheit offen bleibt, Wahrheit als Prozeß begriffen wird. Eindeutigkeit grenzt nahe an Einseitigkeit; die Einseitigkeit kann bewirken, daß man die eigentlichen Möglichkeiten zukünftiger Politik versäumt. Vor noch nicht zu langer Zeit verkündeten CDU/CSU (die CSU konstatiert das heute noch!): Keine Experimente! Gerade Experimente sind jedoch angewandte Aufkärung: indem durch sie nämlich immer ein Stück Zukunft vorab konkret aufgeklärt wird, empirische Verifikation bzw. Falsifikation an die Stelle von Vermutungen, Vorstellungen, Absichten, auch Unterstellungen tritt, sind sie Teil praktischer Ideologiekritik. Vorgefaßtes erstarrt nicht, wird nicht verabsolutiert, da es sich dem »Realitätstest« stellt. Mit dem falschen Bewußtsein »Keine Experimente« gelang es, große Wählerkreise zu gewinnen, obwohl man gerade dadurch die wahre Identität einer demokratischen Industriegesellschaft, die eben in einer ideologiefreien Offenheit besteht, verfehlte. Im Umkehrschluß: Der Rückgang der SPD ist Folge ihres richtigen Bewußtseins und damit Identitätsgewißheit festigend.

Die Streitfrage, um die es gehe, so Löwenthal in seiner zweiten These, sei die Frage nach dem Primat der Lebensfähigkeit unserer Industriegesellschaft und der maximalen Beschäftigung ihrer Mitglieder einerseits oder dem Primat nichtindustrieller Lebensformen und der absoluten Verhinderung ökologischer Schäden andererseits. Natürlich wollten alle Sozialdemokraten maximale Beschäftigung, und alle Sozialdemokraten seien gegen die Vergiftung der Umwelt; aber die Weltanschauung der Alternativen sei der Industriegesellschaft grundsätzlich feindlich und halte sie für einen geschichtlichen Irrweg der Menschheit; sie setze das Ziel des Umweltschutzes als so absolut, daß es mit der Fortentwicklung einer industriellen Gesellschaft unvereinbar werde. Auf dem Papier könne man immer Kompromißformeln finden, die beiden Zielen gerecht würden. In der Praxis müsse man wieder und wieder ausufernde ökologische Forderungen im Interesse des Rechts auf Arbeit begrenzen.

In der Tat: wenn die Alternativen nicht begreifen, daß die Industriegesellschaft den humanen Fortschritt des Menschen erst ermöglicht (auch wenn sie ihn bislang nur teilweise verwirklicht hat), geraten wir (darüber wurde ausführlich gehandelt) in den fatalen Sog der Regression. Ich bin jedoch nicht der Meinung, daß nur auf dem Papier Kompromißformeln gefunden werden können. Wenn man daran denkt, daß noch in der APO-Zeit der Begriff »Ökologie« kaum bekannt war und vorher der SPD-Wahlkampfslogan: »Ein blauer Himmel über Rhein und Ruhr!« weniger als brisantes denn attraktives Schlagwort empfunden wurde; wenn man dann die Veränderungen seitdem in Betracht zieht und wie umweltbewußt viele Entscheidungen heutzutage getroffen werden, auch wie viele neuen umweltfreundlichen Technologien in Gang gesetzt werden konnten; wenn man schließlich das gesamtgesellschaftliche Umweltbewußtsein sich vergegenwärtigt, wird man von »papierenen Kompromißformeln« nicht sprechen können.

Nach der Natur der Schichten, so Löwenthal in der dritten These, die die eine oder die andere der entgegengesetzten Positionen in dieser Streitfrage unterstützen, habe man häufig von einem Gegensatz zwischen industriellen Arbeitern, insbesondere Facharbeitern und Angehörigen der neuen »nachindustriellen« Schichten, vor allem Jugendlichen, gesprochen. Dies treffe die wirkliche Scheidelinie nicht. Auf der industriellen Seite finde sich die große Mehrheit aller in die Arbeitsteilung unserer Gesellschaft eingegliederten Berufstätigen, ob Arbeiter, Angestellt, Angehörige des öffentlichen Dienstes oder Selbständige, mit teilweiser Ausnahme solcher stark »ideologisch« ausgerichteter Berufe wie Lehrer oder Pfarrer. Auf der anderen Seite finde sich vor allem ein Teil der Jugendlichen, die oft ohne ihr Verschulden nicht in die berufliche Arbeitsteilung eingegliedert seien, oft aber auch sich gar nicht in diese eingliedern wollten — nicht weil sie faul wären, sondern weil sie die Freiheit wechselnder Beschäftigung einer beruflichen Festlegung vorzögen, die sie als Beschränkung ihrer Selbstbestimmung empfänden. Dabei seien freilich die frei gewählten Wechseltätigkeiten solcher »Aussteiger« meist nicht in der Lage, ihre wirtschaftliche Existenz zu sichern; sie bedürften der öffentlichen Unterstützung (etwa durch Bafög) oder der privaten (etwa durch Eltern). Sie handelten aus menschlich verständlichen altruistischen Motiven, aber sie lebten überwiegend auf Kosten der berufstätigen Mehrheit.

Das ist in manchem bereits sehr »anpasserisch« formuliert. Offensichtlich wagt es Löwenthal nicht, eine Teilwahrheit krasser auszusprechen: es gibt eine große Zahl von »Faulen« und solchen, die in ihrem Narzißmus keine Rücksicht auf wirklich Notleidende nehmen, die sich von der Gesellschaft »aushalten« lassen. Aus heruntergekommener emanzipatorischer Ideologie bauen sie eine aggressive Fassade auf, hinter der sie sich recht behaglich einrichten. Die Gesellschaft: ein Steinbruch für egozentrische Bedürfnisse. Wehe, wenn diese Gesellschaft nicht das bereitstellt, was man zumindest als soziales Netz braucht; sie, die schon denunziert ist, wird nochmals denunziert: hat sie doch reagiert, wie man es unterstellt hat!

Ein genereller Schuldvorwurf »Aussteigern« gegenüber ist damit nicht erhoben, auch wenn man von Fall zu Fall den einzelnen am Portepee packen und zu einem größeren individuellen wie gesellschaftlichen Engagement auffordern sollte. Wenn man keinen Bock auf etwas hat, dann muß man eben (am besten selbst!) dafür sorgen, daß man einen bekommt. »Irgendwie« bedient will man ja selbst auch werden. Freilich: mit der allgemeinen »Erschlaffung« erntet Erziehung nur, was sie gesät hat. Wenn Familien, Schulen, Werkstätten, Fabriken, Kirchen, Parteien, Gewerkschaften etc. ständig demotivieren, an die Stelle von Anreiz Anpassung, von Gratifikation Sanktion, von Lust Unlust, von Aktivität Manipulation tritt, braucht man sich über die gegebene Situation nicht sehr zu wundern. Sozialpsychologisch kann das Aussteigertum freilich ganz anders interpretiert werden: es symbolisierte dann die mündiggewordenen Sehnsüchte einer arbeitsteiligen Gesellschaft, die das nicht wagt, was sie eigentlich tun möchte. Die Aussteiger, gerade weil sie narzißhaft, egozentrisch und »faul« sind, verwirklichten, was andere gerne verwirklicht sähen, aber sich nicht zu verwirklichen trauen. Ein solches Vor-leben könnte heuristische Wirkung haben: Wenn man ein bißchen mehr ausstiege als bislang, würde man auch ein bißchen menschlicher leben als bislang.

Diejenigen, sagt Löwenthal in seiner vierten These, die der Sozialdemokratie die Aufgabe einer Integration der neuen Welle »kritischer Jugend« stellen wollen, würden auf eine vermeintliche Gemeinschaft der grundlegenden Ziele verweisen. Das sei eine Fehleinschätzung. Es gebe in vielen Fällen eine Gemeinschaft humaner Motive und kritischer Anschauung zwischen Sozialdemokraten und »Aussteigern«, aber keine Gemeinschaft mit ihren politischen oder antipolitischen Zielen. Die Sozialdemokratie will die Industriegesellschaft fortentwickeln und vermenschlichen — sie will sie nicht verteufeln oder abbauen, da sie weiß, daß ohne ihre Leistungen die Milliardenbevölkerung unseres Planeten nicht existieren könnte. Die Sozialdemokratie mache aus statistischem Maximalwachstum keinen Fetisch, aber sie mache erst recht keinen Fetisch aus einem »Null-Wachstum«, das nie zum wirtschaftlichen Gleichgewicht, nur zur Dauerkrise aller Investitionsgüterindustrien mit den entsprechenden Folgen auf dem Arbeitsmarkt führe. Die Sozialdemokratie könne die gegenwärtige wirtschaftliche Stagnation nicht als einen Weg zur idyllischen Stabilität beschönigen, sondern müsse das Menschenmögliche tun, um sie zu überwinden.

Gut gebrüllt Löwe! Das muß man in der Tat hart aussprechen (es ist an anderer Stelle in diesem Buch gleichermaßen hart gesagt worden): Wer die Industriegesellschaft abschaffen und verketzern will, der überliefert Millionen Menschen dem sicheren Tod. Nur die Industriegesellschaft kann in den unterentwickelten Ländern das Massenelend, den Massentod abbauen helfen. Es wird aber nicht diese Industriegesellschaft sein müssen. Es ist gut, daß es zwischen Aussteigern und Sozialdemokraten eine Gemeinschaft humaner Motive und kritischer Anschauungen gibt. Im besonderen wird es die Aufgabe der Sozialdemokratie sein müssen, nicht mit erhobenem Zeigefinger, sondern durch stete und lang-mütige Argumentation, dafür zu sorgen, daß das Nullwachstum nicht fetischisiert, sondern das »richtige Wachstum« initiiert wird. Dabei muß man vor allem die Welt im Auge behalten — eine osmotische Kultur, und nicht ein kleinbürgerlich alternatives, von den Gesamtproblemen abgekoppeltes Idyll anstreben. Scharfe Kritik ist notwendig an dieser Industriegesellschaft, weil sie häufig nichts Besseres weiß, als unterentwickelte Länder zugunsten der Profitmaximierung ihrer »Multis« auszupowern. Mut sollte die Sozialdemokratie zeigen bei ihrem Bekenntnis zur Industriegesellschaft, wie sie zu sein hätte; zugleich Mut bei ihrer Kritik an der Industriegesellschaft, wie sie häufig noch ist.

Die Ablehnung der arbeitsteiligen Industriegesellschaft und der Rückzug auf Inseln der »Selbstverwirklichung«, so Richard Löwenthal in These fünf, führe logisch häufig auch zum Rückzug aus den Institutionen unserer Demokratie. Umweltschützerische Bürgerinitiativen und kommunalpolitische Mitarbeit von Grünen können Formen belebender demokratischer Partizipation sein, ob ihre Vorschläge im einzelnen vernünftig sind oder nicht. Die Entgegenstellung solcher Forderungen gegen bereits rechtsgültige Mehrheitsentscheidungen der gewählten demokratischen Körperschaften aber beruhe auf einem Versuch der Abkapselung lokaler Interessen von den Bedürfnissen der Gesamtgesellschaft, die zur Nichtachtung unserer demokratischen Institutionen und häufig auch zur Nichtachtung der Rechtsordnung führe, die unsere Gesellschaft zusammenhalte.

Natürlich ist es falsch, Bürgerinitiativen als den eigentlichen Hort des »richtigen« demokratischen Bewußtseins zu feiern; auf der anderen Seite hat sich aufgrund gewisser Ermüdungserscheinungen der repräsentativen Demokratie die Notwendigkeit ergeben, diese basisdemokratisch aufzulockern, sozusagen »auf Trab zu bringen«. Politischer Proporz und politische Verfilzung sprechen nicht gegen das demokratische System; es bietet immer die Chance, daß — im besonderen durch seine Publizistik — Fehlverhalten und Skandale aufgedeckt werden. Wenn alternative und grüne Forderungen rechtsgültigen Mehrheitsentscheidungen entgegenstehen, können sie dazu beitragen, Mehrheitsentscheidungen zu revidieren — denn Majorität ist nicht gleichzusetzen mit sachgerechter Entscheidung. Diese Entgegenstellung muß allerdings eine friedliche sein, sich innerhalb der legalisierten Möglichkeiten von Widerstand bewegen. Legalität ist jeweils aktuelle gesellschaftliche Wahrheit —, abgesehen von naturrechtlichen unumstößlichen Prämissen — Redaktionsschluß. Neue Erkenntnisse, z.B. eingebracht über Bürgerinitiativen, auch über solche, die lediglich sektorale Interessen vertreten, dienen dazu, Demokratie »fortzuschreiben«. Solche Bemühungen um »Revision« sind nicht nur ein Fundamentum des »Rechtsweges«, sondern auch und vor allem ein Grundbestand fortschreitender Gesellschaftspolitik, die Fortschritt erreichen will. Die organisierte Kritik an der Rechtsordnung ist nicht gleichzusetzen mit ihrer Nichtachtung oder Mißachtung; im Gegenteil: diese Rechtsordnung fordert in ihrer jeweiligen Vorläufigkeit zu solcher Kritik auf. Wenn eine Gesellschaft Kritik lediglich als verbale Auseinandersetzung in den Parlamenten der Gemeinden, Länder und des Bundes begreift und nicht auch akzeptiert, daß Kritik z.B. durch Protest und Demonstration formuliert wird, würde sie sich eines Prinzips entledigen, das ihr immanent sein muß, damit Demokratie durch Praxis gedeiht. Demokratie wird eben durch Vollzug von Dialektik zusammengehalten, und nicht durch die Indoktrination von Harmonievorstellungen. All dies ist im Grundgesetz dem Sinne nach wie expressis verbis verankert; es kommt »nur« darauf an, daß es noch mehr im Bewußtsein und im Handeln verankert wird.

Die Sozialdemokratie, so Richard Löwenthal in seiner sechsten und letzten These, könne also die gegenwärtige Identitätskrise nur überwinden, wenn sie sich klar für die arbeitsteilige Industriegesellschaft und gegen ihre Verteufelung, für die große Mehrheit der Berufstätigen und gegen die Randgruppen der Aussteiger entscheide. Eine solche Entscheidung sei mit realistischen Maßstäben der Umweltpolitik, wie sie seit 1969 mit sichtbarem Erfolg stetig entwickelt worden, aber zum Teil zu wenig bekannt geworden sei, durchaus vereinbart. Wenn sie diese Politik sowohl in der Diskussion und vor allem in der Praxis eindeutig vertrete, könne sie sicher schließlich auch Teile der Aussteiger, die zum Lernen aus Erfahrung fähig seien, integrieren. Wenn die Partei um der Integrierung dieser Gruppen willen eine klare Entscheidung vermissen lasse, könne sie sich nur selbst desintegrieren.

In der Tat: die konkrete Arbeit der SPD müßte und sollte viele Aussteiger, viele Alternative, viele Grüne davon überzeugen, daß eine soziale und demokratische Politik, wie sie die Sozialdemokraten bei allen Defiziten, betreiben — daß eine solche gerade dem Wohle unterprivilegierter und vernachlässigter Schichten dienende Politik besonderer und tatkräftiger Unterstützung bedarf. Die SPD würde aber ihre Überzeugungskraft verlieren, wenn sie sich gegen Randgruppen entschiede. Gegenüber Randgruppen den eigenen Standpunkt klar zum Ausdruck zu bringen, ist etwas ganz anderes als deren Ausgrenzung. Die politische Attraktion einer Partei steigt leider, wenn sie mit starken, eindeutigen, auch einseitigen Worten sich »verlautbart«. Die eigentliche Substanz einer Partei, wenn sie sich dem Geist der Aufklärung verbunden fühlt, liegt im differenzierenden Eingehen auf Probleme; oft auch darin, daß man nicht immer gewiß weiß, ob man richtig handelt, wenn man handelt (aber handeln muß man!). Gerade Parteien müssen den Mut zur Verunsicherung haben — angesichts komplexer Situationen und kaum verläßlicher Wegweiser. Die Parteien sollten durchaus den Mut haben, von Fall zu Fall »zwischen den Linien« zu operieren, um die »gettoisierte« Diskussion in der Bevölkerung wieder für den gesamtgesellschaftlichen Diskurs zu öffnen. Eine Konfliktlösung durch »antagonistische Kooperation« zu erreichen, ist schwer. Sie hält aber mehr stand als Entscheidungen, die über Abstimmungsmaschinerien erfolgen; wenn lediglich Quantitäten den Ausschlag geben, wird die Staatsverdrossenheit der Minderheiten, die sich leicht zu einer Mehrheit des Protests addieren können, ansteigen.

Kommunikatives Handeln

Richard Löwenthals Thesen sind in ihrer Klarheit, auch in ihrer Eindeutigkeit Teil »produktiver Wahrheit«: sie setzen Diskurs in Gang. In ihrer Einseitigkeit stehen sie freilich im Gegensatz zur »Theorie des kommunikativen Handelns«, wie sie Jürgen Habermas vorgelegt hat.[79] Für Habermas bedeutet Wahrheit nicht »Korrespondenz« (Übereinstimmung) des Gedankens mit seinem Gegenstand; denn es gibt eben keine Instanz, keine Substanz, die die Übereinstimmung garantieren können, keine Sicherheit spendende, unabhängige Wahrheitssonne, deren Licht objektive Entscheidung brächte. Für Habermas ist Wahrheit Konsens: als wahr gilt, was nach Ausschöpfung sämtlicher verfügbarer Argumente und Gegenargumente von einer Gemeinschaft vernünftig debattierender Leute als wahr akzeptiert wird. Salopp mit Klaus Podak, dessen Interpretation ich hier folge, formuliert: Wahr ist, was alle dafür halten, wenn nur kein überprüfbares Argument ausgelassen wird. »Das hat bedeutende Konsequenzen. Wahrheit ist geschichtlich, sie ist hergestellt, außerdem — wenn neue Gründe auftauchen — wandelbar. Dieser Wahrheitsbegriff ist selber ein Ergebnis kritischer Geschichte. Nicht mehr wandelbar sind allerdings die Bedingungen, unter denen eine vielleicht wandelbare Wahrheit zustande kommt: die Bedingungen uneingeschränkter Kommunikation, Diskussion, Argumentation. Immer wenn Diskussion über Wahrheitsfragen durch Machtsprüche und Herrschaftsdekrete eingeschränkt oder abgebrochen wird, ist äußerstes Mißtrauen geboten.

Ohne auf weitere Einzelheiten einzugehen: eine Theorie, die diesen Sachverhalt in sich aufgenommen hat, kann nicht mit Dekreten und Definitionen allein daherkommen. Sie muß offene Theoriediskussion sein, grundsätzliche Wandelbarkeit ist ihr Signum. Sie ist, alles in allem, provisorisch. Nur in einem ist sie nicht provisorisch: im Festhalten an den Bedingungen uneingeschränkter Kommunikation.«[80]

Vernunft, der Treibstoff der Aufklärung liege nicht herum, wie ein Rohstoff, von dem man sich, wenn der Vorrat verbraucht ist, nur neuen Nachschub holen muß; Vernunft muß organisiert, in Institutionen zum »allgemeinen Gebrauch« bereitgestellt werden; Bürokratien und »Apparate« könnten in diesem Sinne Vernunftspeicher sein;

ihre Bürgernähe besteht vor allem darin, daß sie dem Bürger zu kritischem Denken und Handeln »Materialien« liefern, notwendige Vorentscheidungen diskursiv treffen. In zunehmendem Maße würde Bürgerbeteiligung an Gewicht gewinnen. Eine solche — neben anderen Formen des kommunikativen Handels — »provokante Bedrohung« eingeschliffener Systeme sei eine Herausforderung, die die symbolischen Strukturen der Lebenswelt im ganzen in Frage stelle; sie mache plausibel, warum diese für uns zugänglich geworden sind. »Wenn Bürgerinitiativen ihr Recht auf Selbstbestimmung in ihrem Lebensraum anmelden, wenn Eltern sich dagegen wehren, daß der Staat in die Familien hineinerzieht, wenn ein die Scheidung anstrebendes Paar die juristische Reglementierung seiner Privatangelegenheiten ablehnt, wenn Jugendliche es verkehrt finden, sich über Formen des Geldverdienens und des Konsums zu definieren, wenn — auch in übertriebenen Formen — auf Selbstverwirklichung gegen stumpfsinniges Alltagsleben gesetzt wird, wenn die Leute gegen die Expertenkulturen des Staats den Frieden in ihrem Land mitbestimmen wollen: in allen diesen Fällen melden sie Grundbedürfnisse nach unverkürzter Kommunikation als Recht an. Und wenn erfahren wird, daß ohne diese Selbstbestimmung und Verständigung eine Gesellschaft nichts mehr wert ist, dann erweist sich das kommunikative Handeln als der unverzichtbare Baustoff einer menschenwürdigen Gesellschaft. Das kommunikative Handeln bietet sich von selbst zum Grundbegriff einer Theorie der Gesellschaft an.«[81]

Begündung, Selbstbegründung, Letztbegründung sei auch der Theorie nicht mehr im alten Sinne möglich; da die charismatischen Instanzen fehlten, müsse sie sich im gegenwärtigen Zeitraum sozusagen von selbst begründen. Die Gesellschaft zerfalle in den Widerspruch übermächtiger Systeme gegen die legitimen Ansprüche einzelner Menschen, die sich nun in ihrem Selbstausdruck, in ihrer Selbstverständigung bedroht sehen. Im Augenblick der Gefährdung entwickelt sich aber eine neue Lebendigkeit. Die zerissene Wirklichkeit schafft eine Praxis kommunikativen Handelns, die in die Theorie des kommunikativen Handelns eingeht und übergeht — als »unverkürzte Vernunft«.

Erfahrungshunger und kulturelle Freisetzung

In seinem Dorf, so heißt es in Peter Moslers Erfahrungsbericht, fehle die Vielfalt. Eintönigkeit grassiert. Auf die Frage: »Wie geht's?« — die Antwort: »Alles dasselbe!« Zurück zur Stadt? Zurück zum Beton? Jedenfalls Erfahrungshunger! Einer aus der Generation linker 68er meint, sie, die Nachfahren des Babybooms, hätten die grotesken Qualen eines komischen Friedens erlitten: einen Zustand der Leere, eine öde Zeit, die man zur privaten Belustigung mit Krieg oder Aufstand verwechselte. Nichts geschah, und dieses Nichts, das einem geschah, putzte man mit revolutionären Lumpen heraus. »Wie viele Identitäten haben wir nacheinander angelegt! Eingeborene unter dem Joch des Kolonialismus mit Frantz Fanon, amerikanische Neger mit Malcolm X und LeRoi Jones, Guerilleros mit Che Guevara, Strategen des Partisanenkrieges mit Giap und Ho Tschi Minh — so versuchten wir verzweifelt, uns an die großen Revolten der Zeit anzuhängen, und merkten nicht, daß unsere Besonderheit tatsächlich in eben diesem Bemühen bestand. Die Rastlosigkeit unserer Suche definierte uns weit besser als ihre provisorischen Inhalte. Wir sind die komische und komplizierte Generation des Wir-sind-alle... Heimgesucht vom Schreckgespenst unserer Bedeutungslosigkeit, haben wir uns gierig alle Revolten des 20. Jahrhunderts zugelegt. Wenn, wie es heißt, das Reisen die Jugend bildet, so wurden wir geprägt durch eine rasche Abfolge von Pilgerfahrten, die uns nicht von der Stelle führten.« (Alain Finkielkraut)[82]

Für die APO-Generation war der Alltag Prosa und die Politik Poesie; sie fand in hektischen Demonstrationen ihre Libidoströmungen erfüllt; bald jedoch griff Frustration um sich. Die bürgerliche Vereinzelung zersetzte wieder das glückhafte, rauschhafte Erlebnis von Gemeinschaft. Wenn die alternde Avantgarde nicht der nächsten Generation auf den Spuren ins Grüne folgte — nur wenige von ihr sind da voll dabei! —, und auch nicht auf Anpassungsstufen zum Establishment emporstieg, ist der einstige Aufschwung längst im Wohngemeinschaftsritual festgelaufen; entsprechend das Ambiente. Ein durchreisender »Genosse« übers Domizil eines »Genossen«: »Ich habe keine Mühe, mich sofort wie zu Hause zu fühlen. Die Schaumstoffmatratze im Eck, davor die Stereoanlage, daneben der Fernseher, auf dem Schreibtisch ungeöffnete Strafmandate, an den Wänden gerahmte Poster der italienischen Gewerkschaften, die mit geballter Faust zur Teilnahme am ›1. Maggio 1903‹ aufrufen — so ähnlich war meine Studentenbude in Bochum, und so ähnlich sehen auch die meisten Hamburger Wohngemeinschaften aus, die ich kenne; sie gleichen sich wie ein ›Interconti‹ dem anderen. Selbst im Bücherregel kenne ich mich aus: Marx, Mitscherlich, Mead und Adorno stehen wie einst bei mir fast unberührt einträchtig beieinander. Die Pornos dagegen sind arg zerlesen und nicht gut genug versteckt im unteren Drittel des Frankfurter-Rundschau-Stapels. Ein kurzer Rundblick genügt, und ich kann mir anhand der Zimmereinrichtung ein recht gutes Bild von dem Typ machen, der hier wohnt: Er muß so Ende zwanzig sein, studiert inzwischen lustlos irgendeine Sozialwissenschaft, seine Jugendträume haben längst zu welken begonnen, auf den Demos läuft er ohne innere Anteilnahme nur noch mit, Examensängste plagen ihn mehr als Mittelstreckenraketen und der Freiheitskampf in El Salvador, seit Jahren war er mal wieder beim Friseur und kam sich vor wie auf dem elektrischen Stuhl, die Freundin trägt sich zu allem Übel auch noch mit Heiratsabsichten, weil sie auf die Dreißig zugeht und nicht zu spät ein Kind haben will, nun kann er nicht mehr mit ihr schlafen, und das Fingernägelkauen hat er auch wieder angefangen. Kurz, er ist ein Mensch aus meiner Welt, bei dem ich traumlos gut schlafen werden.« (Michael Holzach)[83]

Heute, beim neuen Jugendprotest, neue Träume; vehemente Sehnsüchte. Die Anarchie als kollektive Lust, der Kampf als inneres Erlebnis — das treibt an, schweißt zusammen, gibt Kraft. Straßenschlachten in Bürgerkriegsschlachten uminterpretiert, romantisiert — pervertierte Glücksgefühle. Horst Krüger beschreibt eine solche Szene des »Erfahrungshungers«:

»Da war Polizei aufmarschiert, in Gefechtsausrüstung natürlich: Kampfhelme, Schutzschilde, Schlagstöcke. Wasserwerfer im Hintergrund als unterstützende schwere Artillerie, die chemische Keule mitdrin. Der gewaltige Wasserstrahl ging auf die widerspenstigen Revolutionäre wie ein Hurrican nieder. Er fegte sie mit Naturgewalt einfach nieder. Man sah eine Gruppe liebenswerter, ja hübscher junger Menschen, wie sie anzukämpfen versuchte, aber, rudernd und hoffnungslos widerstrebend, dann doch zu Boden ging. Sie hielten sich aneinander fest, sie lagen, verhakt und verkrallt wie eine Gruppe sterbender Krieger, diagonal zur Horizontale. Das Wasser drückte ihre Parkas und Jeans unweigerlich zu Boden. Das Bild hatte fast antike Größe: So starb man ja damals als Letzter in Rom oder Griechenland, vor den Thermopylen zum Beispiel. Der aktuelle Effekt kam jedoch aus seiner überzogenen Pathetik. Mein Gott, was für eine Theatralik! Welch ein opernhafte Aufgeblasenheit! Revolutions-Romantik. Denn natürlich: Hier ging es ja gar nicht um Leben und Tod. Es ging nur um den landesüblichen Wochenendsport einer erlebnishungrigen Wohlstandsjugend mit ihrem Staat.«[84]

Horst Krüger ist kein objektiver Beobachter. Er projiziert in eine solche Szene die Antipathie des Liberalen gegenüber unästhetischer Gewaltsamkeit; er sieht zu wenig die strukturelle Gewalt, die selbst den Friedfertigsten von Fall zu Fall aufreizt zurückzuschlagen. Man versucht ins Anarchische und Anarchistische auszubrechen, um so dem Mittelmaß der Gesellschaft zu entkommen.

Faszination des politischen Aktivismus, der sich in der Aktion rechtfertigt, also weitgehend auf handlungsleitende Erkenntnis verzichtet.

Faszination des Sektenwesens — der Versenkung in exotische Mystik; Religionen, die ohne allgemeine Verpflichtung auskommen, die den einzelnen in der Gruppe aufgehen lassen, ihn von seiner Ich-haftigkeit befreien; endlich muß er nicht mehr Person sein.

Faszination betäubender Musik; um Alltagsdruck vergessen zu können; in modischen Accessoires sich entäußern; durch die Droge soziale Verpflichtung abwerfen.

Oder gar Selbstmord — Flucht vor Zukunft; in die Ecke getrieben, schlägt man nicht einmal mehr zurück; man bringt sich um.

Am Rande dieser mehr oder weniger extremen Befindlichkeiten, unterstützt durch Arbeitslosigkeit und geringe Berufsaussichten, Lethargie, die sich noch ein paar schöne Tage macht; da sagt ein 18jähriger in der Praxis einer Psychotherapeutin:

»... ob ich nun doch Abitur mache oder nicht, ob ich da nun noch mehr oder weniger erfolgreich herumstudiere oder nicht, ob ich schließlich zum Oberstudiendirektor oder Taxifahrer avanciere — irgendwann sagt es doch ›Wum‹, und dann ist dieser kleine Stern Erde eben gewesen. Das soll noch durch unser ganzes Leben hindurch gutgehen? Nee, ich will da nicht mitmachen. Wozu soll ich mich anstrengen, wie meine Mutter meint? Um eine Familie ernähren zu können, damit die süßen Babys dann von dem Beton zerschmettert werden, den ich für sie mit meiner Hände Arbeit errichtet habe? Oder was sonst für Lebensziele? Eine Alterssicherung aufbauen, wie mein Vater? Das wird doch alles unsicher in unserer Situation. Nein, ich jobbe nun eben, mach mir zwischendurch vom Selbstverdienten ein paar schöne Tage, trampe mal durch Europa und guck mir die Erde wenigstens noch mal an, bevor sie untergeht.«[85]

Erfahrungshunger pervertiert, wenn keine Erfahrungen gemacht werden können, weil die Umwelt das »Abenteuer« abblockt (oft auf sehr sanfte Weise); aber auch, wenn Erfahrungen versagt bleiben, die Identität aufzubauen und zu stabilisieren vermögen. Das Eigentliche des Erfahrungshungers, nämlich die »Stufen des Selbst« erfahren zu können, bleibt ungestillt. Die Vereitelung von persönlichkeitsbildenden Sehnsüchten, die nur oberflächlich — etwa durch Konsum — abgesättigt werden, schlägt zunehmend in Aggression um. Die Gewaltanwendung nimmt zu; zum Beispiel bei Fußball-Fan-Clubs: die Ekstase, die das Spiel vermittelt, fällt kurz danach in sich zusammen; das Vakuum wird durch Randalieren aufgefüllt. Sinn-lose Frustrationsaggressivität.

In diesem Sinne interpretiere ich auch einen großen Teil des jugendlichen Neo-Faschismus. Im Wohlstandsmüll gedeihen Ausländerhaß, Wut aufs politische Bonzentum; man macht solche blindwütige Antihaltung zwar an vergangenen nationalsozialistischen Symbolen fest; der Grund aber liegt mehr in der gegenwärtigen Malaise. Der jugendliche Nazi ist vorwiegend Rocker, nicht Hitlerjunge. Man ist weder hart wie Krupp-Stahl noch zäh wie Leder noch flink wie ein Windhund; die eigene Verletzlichkeit wird durch ein Imponiergehabe abgeschirmt, das sich freilich bis in die schlimmsten Gewalttaten hineinsteigern kann. Man will beweisen, daß man sich verachtet, indem man diesen seinen Selbsthaß an der Gesellschaft, die ihn produzierte, rächt. Zum Beispiel wie beim Münchener Oktoberfest-Attentat, durch Massenmord.

»Trotz. Der Gebogene wird selber Bieger und rächt an anderen, daß er erlag.« (Rainer Maria Rilke)[86]

Erfahrungshunger: durchaus Leistungs- und Gestaltungswille. Auf die Frage (in der Shell-Jugendstudie), welche von unterschiedlichen Lebensbedürfnissen für ihr persönliches Leben ganz besonders wichtig seien, sagten 68 % der 17- bis 29jährigen: »Ein Beruf, der mich ausfüllt.« Das war 1973. Sechs Jahre später waren es 12 % mehr, also 80 %. Stattdessen zunehmende Jugendarbeitslosigkeit. Aber auch sonst (etwa in der Jugendpolitik) werden zu wenige Leistungsfelder, die über die reine Zweckrationalität hinausgehen, angeboten. (Am besten wirken sich da noch Sport und das Vereinsleben aus.) Freiräume, in denen das Engagement sich selbst die Ziele setzen kann, sind verstellt. Man will Abenteuer bestehen: bleibt aber in den Städten einbetoniert, auf dem Lande an der Dumpfheit kleben. Die Kulturindustrie kreiert die Heavy-Metal-Fans, Hippies, Mods, Punks, Rastas, Rockers, Rockabilly Fans, Skinheads, Teds (morgen heißen sie schon wieder anders); sie bedient ihre modischen Sehnsüchte und treibt sie ins Abseits der Surrogate; beutet sie nebenbei auch noch kulturkritisch aus. Und die konservative professionelle Pädagogik verteufelt, was ihr die eigene jugendpolitische Indifferenz einbringt.

In der vom bayerischen Kultusministerium herausgegebenen Zeitschrift »Schule und wir« malt zum Beispiel ein amtlicher Kulturhüter die Diskothek als Sündenbabel[87]. »Überall die gleiche dämonische Szene, eine Tortur für Trommelfell und Netzhaut.« Im Zentrum, wo »die junge Masse wogt, brodelt, stampft und zuckt« — die Tanzfläche. »Schallgewitter, oft von der Lautstärke eines Düsenflugzeuges, donnern über die Köpfe hinweg, treiben die Tanzenden in Trance.« Stundenlanges Licht- und Lärminfero wirkt »berauschend, setzt die Hemmschwelle herab«. Die Disco sei ein Tummelplatz von Rauschgiftsüchtigen, Rockerbanden, Hehlern und Dieben; »manche Pistole soll dort den Besitzer gewechselt haben«. »Barbusige Go-go-girls und Striptease-Tänzerinnen« machten die Disco zu einem »Börsenplatz für erotische Beziehungen«. Nicht die Liebe fürs Leben sei hier gefragt, sondern das Abenteuer für eine Nacht. Kaum jemand betrete die Diskothek ohne sexuellen Hintergedanken. Und so weiter. — Verteufelung statt Anregung, Abschreckungsstrategie statt »Plädoyer für ungewöhnliches Lernen«.

Als ich vor einiger Zeit bei einem Vortrag in der Universität Graz angesichts des Erscheinungsbildes meiner Zuhörer für meinen Standpunkt links von der Mitte heftige

Kritik von ganz links erwartete — ich sei zu optimistisch, staatstreu, aufklärungsgläubig — kam es ganz anders. Mit Zustimmung der Anwesenden äußerte einer, vom äußeren Habitus her ganz der »scene« zugehörig, nach bedächtiger Würdigung der bundesrepublikanischen Herbst- und Winterstimmung: in Österreich sei das ganz anders, man habe ja schließlich hier die Berge!

In Thomas Ziehes und Herbert Stubenrauchs Buch »Plädoyer für ungewöhnliches Lernen« lautet die diesbezügliche Analyse wesentlich komplexer (und wird damit den jugendlichen Verhaltensweisen natürlich auch wesentlich gerechter):

»Zugespitzt kann der Kampf gegen Lehrer, gegen Polizei aber auch gegen Gebäude, Institutionen, Kaufhäuser ein Kampf um das eigene psychische Überleben werden, um die Möglichkeiten, sich nicht bereits sehr jung als psychisch tot erleben zu müssen! Wut, Haß, Erlebnisse gewaltsamer Konfrontationen sind so gesehen elementare Erlebnisse, sich zu wehren und in diesem Sich-Wehren endlich einmal wieder eine eigene Wirklichkeit in sich zu fühlen. Sie haben nichts, aber auch gar nichts mehr mit jugendlichen ›Streichen‹ gemein!

Nun brauchen wir allerdings nicht allein an jüngste Jugendrevolten zu denken. Auch die bis zu Schmerz gesteigerte Lautstärke beim Musikhören und Tanzen, auch der Rausch von Geschwindigkeit auf dem Motorrad können elementares Resonanzerlebnis für das Körperselbst sein. Oder bewußt bis zu tranceähnlichen Körperzuständen zu fasten. Oder sich Selbstverletzungen beizubringen, wie es zum Aufnahmeritual mancher Rockergruppen gehört. Hier wird nicht unter innerpsychischem Realitätsdrück entlastend gehandelt, sondern es geht darum, sich der Intensität psychischen und körperlichen Erlebens erst einmal zu versichern.

In der Bundesrepublik erregte vor einigen Jahren ein Strafprozeß erhebliches Aufsehen: Kinder hatten von einer Autobahnbrücke aus Steine auf die unter ihnen fahrenden Autos herunterfallen lassen — mit furchtbaren Unfallfolgen. Der fassungslose Richter insistierte auf der Frage, ob die Kinder denn kein ›schlechtes Gewissen‹ gehabt hätten. Diese wiederum konnten mit der Fragestellung überhaupt nichts anfangen. Ihnen war es darum gegangen zu sehen, ›was passiert‹. Von einem Überich-Konflikt konnte hier keine Rede sein, der Wirklichkeitseffekt, den die eigenen Handlungen folgenschwer hervorriefen, war es, was die Kinder antrieb. Sich omnipotent, im schlimmsten ›wirksam‹ und somit ›wirklich‹ erleben zu können, wäre nach unserer Interpretation hier das Motiv.

Um Mißverständnisse zu vermeiden: Was den sozialen Kampf um Möglichkeiten, das eigene Leben leben zu können, angeht, wollen wir keinesfalls behaupten, es handele sich um irreale Projektionen lediglich innerpsychischer Vorgängen. Im Gegenteil: der Kampf ist überaus realistisch, so wie es realistisch ist, das Alltagsleben in unseren Stadtvierteln, Institutionen, Schulen, Büros zunehmend als tot zu empfinden. Die Kolonialisierung der Lebensfelder durch entpersonalisierte Macht- und Organisationsstrukturen schreitet voran. Dieser Prozeß erst läßt die Problematik des Selbst-Erlebens virulent werden. Er erzeugt massenhaft Defizite für Resonanzmöglichkeiten, aber auch eine zunehmende Wachheit derer, die da enteignet werden sollen.«[88]

Eine verbaute, stereotypisierte, in ihrer Spontaneität und Glaubwürdigkeit abgeblockte Umwelt bewirkt, daß der gerade bei jungen Menschen stark ausgeprägte, anthropologisch bedingte Erfahrungshunger unbefriedigt bleibt. Er sucht sich

Ventile, oft solche der Abreaktion; oder er zieht sich, was eigene Initiative und Kreativität betrifft, immer mehr zurück, was zu einem ausgesprochen gedämpften, defensiven Psychogramm führt. Die Demutsgebärde ist die Kehrseite des Imponiergehabes. Destruktionstrieb auf der einen, Selbstaufgabe auf der anderen Seite.

Erfahrungshunger: das würde und müßte bedeuten, daß man — wie der Grazer Student meinte — »die Berge hat«. In philosophischer Dimension: bereit ist, wie Sisyphos den Stein den Berg hinauf zu wälzen, auch wenn er immer wieder herabrutscht. Der Mensch ist ständiger Revolte. Sinn des Sinnlosen. Mut vor dem Unbewältigbaren, um dadurch sein Leben intensiv zu leben.

Wie aber wird eine Gegenposition zur narzißtischen Selbststilisierung, zur larmoyanten Kraftlosigkeit, zum vagen, entgrenzten Subjektivismus aufzubauen sein, wenn das Plädoyer für ungewöhnliches Lernen keine Resonanz findet, wenn gesellschaftliche Kräfte weder im institutionellen noch im außerinstitutionellen Raum jugendlicher »Neugierde« Entfaltungsmöglichkeiten, jugendlicher Leistungskraft Bewährungsproben, jugendlichem Abenteuersinn Aktivitätsfelder erschließen?

»Unser gemeinsames Dilemma besteht darin, daß die Welt längst bekannt ist, bevor sie erfahren werden konnte. Wir sind von Spiegeln umgeben, die sich bewegen und in sich selbst drehen. Der Aufdringlichkeit der medialen Realität gegenüber erscheinen die eigenen Handlungsmöglichkeiten zunehmend nichtig. Wohin immer du kommst und was immer du tust: wie der Igel aus der Fabel sind das konkurrierende Andere, das innere Bild, der heimatlos gewordene Wunsch immer schon da. Das, was die Autoren die Enteignung des ›Blicks-für-sich-selbst‹ nennen, kumuliert mit der Gefräßigkeit des pädagogischen Zugriffs auf Kindheit und Jugend. Eingekeilt zwischen Autobahn und Supermarkt, wird auch noch der schmale Grünstreifen, der dazwischen liegt, in pädagogische Monokulturen verwandelt: Abenteuerspielplatz, Spielcurriculum, Diskopädagogik, universitäre Produktion von Nahwelten, soziales Lernen im Dreivierteltakt, Animation rund um die Uhr. Als Kritiker des Enteignungsprozesses sind die Autoren des ›ungewöhnlichen Lernens‹ zugleich dessen Protagonisten. Gegenüber der Reichweite ihres Unternehmens einer kulturtheoretischen Analyse des vergesellschafteten Subjekts erscheinen technokratische und traditionalistische Strategien geradezu naiv. Wird mit der Verbindung der Kompetenzen — hier Lebenswelt und da psychische Strukturanalyse — der Boden für eine Quadropädagogik bereitet, die keinen Stein auf dem anderen läßt?«[89]

Ziehe verwendet den Begriff der »kulturellen Freisetzung«. Diese bewirke eine Erweiterung dessen, was man für sich erwartet, erträumt, ersehnt; auch wenn es dann im tatsächlichen Leben gar nicht erreicht werden kann. Früher, bis in die Zeit des Zweiten Weltkrieges hinein, war das, was der einzelne von seinem Leben erwartete, im hohen Maße gesellschaftlich vorgedacht, bis in die innere Bildwelt hinein. Der Spielraum zum Abweichen erwies sich als gering. Die Tradition, die soziokulturelle Aura »dekretierte« im weitesten Umfang die Entwicklung des einzelnen wie der Gruppen, Stände und Schichten. Aufgrund der Entwicklung in den letzten drei Jahrzehnten erfolgte eine Ausweitung jugendlicher Wahlmöglichkeiten; zumindest im Kopf kann man ungehindert — ungehindert von Tabus, Normen, Traditionen — alles »durchspielen«. Oft sagen Ältere und Alte zu Jüngeren und Jungen: Das hätte es früher nicht gegeben! Eine durchaus richtige Feststellung. Denn früher wurde die kulturelle und gesellschaftliche Aura als Selbstverständlichkeit hingenommen; sie ließ einiges zu, das meiste nicht. Man denke z.B. an die Veränderung im Verhältnis der Geschlechter zueinander; nicht nur, was die Vorverlegung der ersten sexuellen Erfahrung, sondern vor allem, was die Bereitschaft der Gesellschaft von heute betrifft, ein frühes Zusammenleben junger Menschen ohne Ehebindung als weitgehend selbstverständlich hinzunehmen (und dies keineswegs nur in besonders aufgeschlossenen, progressiven Schichten, sondern als allgemeine Erscheinungsform). Die Tradition, die früher Lebenswege vorzeichnete, war oft eine sehr schlechte Tradition. Sie unterband die freiheitliche und individuelle Entfaltung; sie hatte aber zugleich eine Entlastungsfunktion. Man wußte, wie man dran war; opponierte man, revoltierte man, hatte man seine klar umrissenen Ziele, seine klar erkennbaren Gegner oder Feinde. Die Auflösung der soziokulturellen Aura, die weit ausgelegten traditionalen Werte, die einbindenden und verbindenden Ligaturen (wie Ralf Dahrendorf die »unausgesprochenen Verbindlichkeiten« nennt) werden kompensiert durch Gummiwände, deren Elastizität oft sehr erstaunlich ist, die aber letztlich Entfaltung wieder auf sich selbst zurückwerfen.

Die Jugendlichen, so interpretiert Warnfried Dettling, fühlen sich alleine und alleingelassen. Die Erwachsenen verstehen nicht mehr ihre Sprache, und die Jugendlichen finden nicht mehr zum Gespräch. Die Barrieren und die emotionalen Sperren zwischen den Generationen wachsen. Die Jugend lebt immer mehr in ihrem eigenen Getto. Daß dem so ist, liegt nicht nur am fehlenden Verständnis der Alten oder an der Undankbarkeit der Jungen; es hat tiefere sozialstrukturelle Gründe. Heute leben die drei Generationen Jugendliche, Berufstätige und Senioren nebeneinander her, abgeschottet in ihre jeweils eigenen Welt, d.h. mit sehr unterschiedlichen Erfahrungen und Wertorientierungen.[90]

Die paradoxe Situation besteht also darin, daß auf der einen Seite die Freisetzung von kulturellen Normen den jungen Menschen (im Kopf) in die Lage versetzt, ja in die Lage zwingt, für sich allein entscheiden zu müssen, für sich sein Leben zu »entwerfen«. Auf der anderen entspringt diese Freisetzung mehr einer Gleichgültigkeit, einer Desorientierung; so wird sie auch nicht als mentaler und realer Fortschritt bewertet, sondern mit Rückzug quittiert. »Das hat es früher nicht gegeben!« Jetzt ist es anders. Aus der Ferne beobachten, auch diffamieren und denunzieren, aber nicht zu nahe herangeraten! Eventuell die Staatsmacht, die Polizei, dazwischenschieben, wenn die Gummiwände nicht elastisch genug sind!

Ein einfaches Beispiel: Schulabschluß. Das bedeutete früher Schulfeier. Die traditionellen Formen waren vorgegeben: Rede, Musik, festliche Kleidung, ein paar Dankesworte des Schülers. In der APO-Zeit Angriff auf diese Tradition. Der Schüler-Redner kritisierte die Schule, griff sie an; das entsetzte den Direktor, die Lehrer, die Eltern. Umfassende Diskussionen, wie man dem steuern könne! Eine Zeitlang wurde die Tradition aufrecht erhalten; mit starken Repressions- und Zensurmaßnahmen verknüpft, z.B. wurden die Zeugnisse erst nach der Feier ausgegeben, die Rede mußte vorgelegt werden. Das klappte nur sehr bedingt. Die meisten Schulen verzichteten schließlich auf Schlußfeiern. Die kulturelle Freisetzung war erfolgt: die Jugendlichen, die ihre Schule abschlossen, konnten dieses Ereignis entweder selbst gestalten oder überhaupt nicht mehr beachten. Damit waren zugleich die Widerstände, an die man sich hätte halten können, zumindest in ihrer symbolischen Präsenz, weggeräumt.

Heute empfindet man wieder, daß das Leben Zäsuren braucht; es bedeutet eine geistige und seelische Verarmung, wenn festliche Akzente fehlen. Die Schulfeier ist wieder »in«.Die Frage ist: wird es die alte, erstarrte Tradition sein, die Festlichkeit bestimmt; oder ist man durch Erfahrungen hindurchgegangen, hat man dazugelernt, hat man neue dynamischere Formen gefunden, ist die Atmosphäre »lockerer« geworden?

Der Erfahrungshunger der jüngeren Generation bedarf der Wegweiser. Vorschläge, Warnungen, Vermittlung von Erfahrung, Widerstand, Gegenposition sorgen dafür, daß der Erfahrungshunger nicht im Dickicht der Desorientierung steckenbleibt, sondern sich zu strukturieren vermag. Eine kulturelle Freisetzung, die die Jugend alleine läßt, ermöglicht keine wirkliche Freiheit; ihre Last ist dann zu groß. Eine entmutigte Erziehung läßt die Dinge treiben. »Mut zur Erziehung« bedeutet nicht die Rückkehr zur alten repressiven Tradition, wohl aber die Bereitschaft, die Auseinandersetzung mit den vielfältigen und oft unverständlichen Lebens-, Verhaltens-, Denk- und Gefühlsformen der Jugend zu wagen. Als Individualpsychologe meint Manès Sperber (in einem Interview): »...Bin ich wie alle meinesgleichen ein entschiedener Gegner der autoritären Erziehung und daher all jener Erwachsenen, die sich auf Kosten der jüngeren Generation übermäßige Geltung und unverdiente Autorität, eine unanfechtbare Überlegenheitsposition zu verschaffen suchen. Nicht weniger schädlich scheinen mir aber jene Erzieher, die die jungen Menschen allein lassen mit ihren Fragen und somit mit der Illusion einer Freiheit, die vor allem seelische Verwahrlosung bedeutet. Ja, jene Leute, die sich ihrer eigene Freiheit zu versichern glauben, wenn sie öffentlich Feindschaft manifestieren — sie alle sind Opfer einer solchen Verwahrlosung, die aber oft mit einer maßlosen Verwöhnung einhergehen kann.«[91]

Traditionen sind solche nur, wenn sie innig bekämpft, zornig abgerissen, leidenschaftlich umgebaut werden können — voller Anstößigkeit und damit Lebendigkeit. Ehe neue Traditionen entstehen, entwickelt sich häufig Ratlosigkeit. Pluralistische Relativierung versucht, den »Traditionsballast« abzuwerfen (was auch mehr oder weniger gelingt); man zweifelt an allem und jedem. Die Eltern, Lehrer, Ausbilder spüren weder die Kraft noch die Verpflichtung in sich, solchem Zweifel engagiert entgegenzutreten; denn sie zweifeln ja schließlich auch, ob das, was sie »traditionellerweise« denken, fühlen und tun, richtig ist. Innerhalb der Informationsverschmutzung und der Komplexität selbst des Alltäglichen wagt man nicht mehr das Bekenntnis zum »Richtigen«; denn es mag sich zu einem späteren Zeitpunkt als das Falsche erweisen. Man verharrt lieber in der Vagheit; die anderen (z.B. die Politiker) sollen nur die richtige Entscheidung treffen; man zieht sich inzwischen in seine private Sphäre zurück. So kann man die eigene Unsicherheit auf diejenigen, die eigentlich auch unsicher sind, aber doch noch das Wagnis des Handelns auf sich nehmen, projizieren; indem man diese dann für das, was man nicht selbst geleistet hat, verantwortlich macht.

Jugend macht sich in einer Weise bemerkbar, die zwar nicht übersehen werden kann, aber gerade wegen ihrer »Aufdringlichkeit«, die auf Beachtung hofft, zurückgewiesen wird. Man läßt die Jugend in Ruhe; so soll die Jugend auch die Erwachsenen in Ruhe lassen. Oder man verlangt, daß die Jugendlichen gleich wie die Erwachsenen sich verhalten; dann hat man auch seine Ruhe.

All diese Probleme gibt es — oberflächlich gesehen — in der DDR nicht. Das Über-Ich des Staates minimalisiert den Generationenkonflikt; die »alten Traditionen« sind noch etwas wert. Diese »deutsche Jugend« ist diszipliniert, optimistisch, klassenbewußt. Es ist eine Jugend, wie es sie früher immer so gegeben hat. Die Vergangenheit ist bewältigt; man weiß, was falsch gemacht wurde und was richtig war. Die Zukunft ist gesichert; das sozialistische Vaterland fest verankert in der internationalen kommunistischen Solidarität. Niemand braucht auszusteigen, auszuflippen. »Szenenbeschreibung« aus der DDR:

»Von Partei- und Staatsführung gewünscht wird eine Musterjugend: mit ›Bestnoten‹ und ›Bestzeiten‹, ehrgeizig, folgsam, gut angezogen. Und sie wird gefeiert. Zur Jugendweihe singt der Tenor vom Stadttheater: ›Mit meinem Odem bin ich ganz verwurzelt, dir meiner Republik. Aus dir ist meine Kraft gewachsen. Ich bin ein unlösbarer Teil von dir.‹ Eine Lehrerin zitiert Brecht, Dimitroff, Wilhelm Pieck, Heinrich Mann, Otto Grotewohl und selbstverständlich Erich Honecker: ›Das Wichtigste, daß unsere Arbeit, unser Kampf allen dient!‹ Der Schuldirektor spricht: ›Tretet durch die Tür, die in das Leben der Erwachsenen führt. Die sozialistische Ordnung garantiert eine freie Persönlichkeitsentwicklung.‹

Die Bühne im ›Filmtheater der Freundschaft‹ in Prenzlau ist mit Fahnen, dem Bild zukunftsfroher Jungen und Mädchen und mit dem Spruch geschmückt: ›Dem Sozialismus unser Herz und unsere Hand!‹ Auf Blumenbänken stehen Gummibäume und Rhododendron.

Der Direktor hebt die Stimme: ›In jedem Menschen liegt der Wunsch nach ein bißchen Unsterblichkeit. Alles, was wir heute tun, wird Bestand haben in einer friedlichen sozialistischen Welt. Ihr werdet triumphale Siege erringen.‹ Die Sieger von morgen, 74 Jugendliche aus Prenzlau, erheben sich und geloben, in Zukunft als wahre Sozialisten, Internationalisten, Sowjetfreunde und Kämpfer zu leben. Junge Pioniere aus der ersten Klasse überreichen rote Nelken in Cellophan, je drei Stück. In den Blumengeschäften der DDR gibt es in diesen Frühjahrswochen kaum mehr Nelken.

Das Orchester spielt zum Schluß den ›Marsch der Enthusiasten‹. Alle sind zufrieden. Auch Horst Obst, der die Feierstunde neben mir kritisch verfolgt hat. Der gelernte Steinmetz, Kreisfunktionär der FDJ, hat das Amt des Vorsitzenden des Jugendweiheausschusses im Bezirk Neubrandenburg übernommen. Der schwergewichtige Herr Obst muß dafür sorgen, daß dieses Jahr 284 Jugendweihen mit 12 000 Teilnehmern reibungslos über die Bühne gehen. Herr Obst erklärt mir: ›Diese Zeit ist geprägt von der Jugendweihe. Sie ist nicht mehr aus unserem Leben wegzudenken!« Er hat recht. Im vergangenen Jahr hatten 97,5 Prozent der 14jährigen an diesem Ritual teilgenommen.

Anschließend macht uns Herr Obst mit Familie Langner bekannt, die wir nach dem Festessen in ihrem neuen Eigenheim am Stadtrand von Prenzlau bei Kaffee und Kuchen besuchen dürfen. Die 14 Jahre alte Birgit, jüngste von drei Geschwistern, fand die Jugendweihe ›schön feierlich‹. Sie hatte eigentlich nur Angst davor, in ihren schwarzen Schuhen mit kleinem Damenabsatz beim Bühnenauftritt zu stolpern. In zehn Unterrichtsstunden wurde sie in ihrer Klasse auf diesen Feiertag vorbereitet. FDJ-Funktionäre, SED-Genossen und Offiziere hielten ihr und ihren Klassenkameraden Vorträge über so wichtige Themen wie ›Mut und Heldentum in unserer Zeit‹ und ›Von der Sowjetunion lernen heißt siegen lernen.‹ Birgit, Musterschülerin mit

›Bestnoten‹ in Deutsch, Literatur und Biologie, liebt ihren Hamster und Abenteuerbücher. Und natürlich ihr Vaterland. Sie hat ein eigenes Zimmer mit Plüschtieren. Auf dem Gabentisch liegen eine Uhr, Bücher, Spiele und Briefumschläge mit Geldgeschenken. Ihre Klassenkameraden haben Tonbandgeräte und Mopeds bekommen. Die Eltern haben schon ein Jahr im voraus Festtafeln, Clubzimmer und Säle gemietet, um Verwandte und Freunde aus Ost und West großzügig bewirten zu können. Die Langners feiern zu Hause. Im Wohnzimmer ist Platz für 14 Personen.

Birgits Vater wünscht sich für seine Kinder ›vor allem Frieden‹ und erklärt: ›Sonst ist die Zukunft der Jugend in der DDR im Gegensatz zur Bundesrepublik gesichert.‹ Herr Obst hört das gern.

Birgit ist eine vorbildliche Jugendliche der DDR. Sie trägt bei festlichen Anlässen das Blauhemd der FDJ, besucht die Erweiterte Oberschule (EOS), nimmt am Wehrkundeunterricht teil und wird, wenn sie einen Notendurchschnitt von 1,5 erreicht, in ein paar Jahren Biologie studieren.«[92] Eine solche Jugend überrascht mich nicht. Ich bin nicht der Meinung, daß sie unjugendlich ist. Vieles spricht dafür, daß diese Jugend gerade deshalb so echt jugendlich ist, weil sie die Last der kulturellen Freisetzung nicht tragen, den Mut zur Freiheit nicht aufbringen muß. Jugend will durchaus geleitet, von Eltern und Erziehern fremdbestimmt sein; damit sie besser aufbegehren, besser ihren Standpunkt — im »Gegenüber« — finden kann. Die Glossierung antiautoritärer Erziehung: »Vati, Mutti, müssen wir heute spielen, was wir wollen?« verweist auf eine anthropologische Wahrheit: Erlaubnis will »abgetrotzt«, bei »aufgeklärter« Erziehung: im Diskurs erworben werden; im dialektischen Prozeß, bei dem die Argumente von jung und alt, älter und jünger, sich entfalten können. Vorbilder. Leitbilder. Die Welt ist — im Pro und Kontra — übersichtlicher. In ihren äußeren Strukturen. Im Innern gibt es sowieso genügend Irrungen und Wirrungen.

Eine glückliche, aktive, begeisterte Jugend war die Jugend des Dritten Reiches; voll eingebunden in die gesamtgesellschaftliche und politische Aura. Immer wieder erschreckend, sich zu vergegenwärtigen, wie leicht Jugend manipuliert, gleichgeschaltet, verführt werden kann.

In der Antrittsrede bei der Eröffnung seiner Vorlesungen Berlin 1818 rief Hegel den Geist der Jugend an: »... denn sie ist die schöne Zeit des Lebens, das noch nicht in dem System der beschränkten Zwecke der Not befangen und für sich der Freiheit einer interessenlosen wissenschaftlichen Beschäftigung fähig ist; ebenso ist sie noch unbefangen von dem negativen Geiste der Eitelkeit, von dem Gehaltlosen eines bloß kritischen Bemühens. Ein noch gesundes Herz hat noch den Mut, Wahrheit zu verlangen, und das Reich der Wahrheit ist es, in welchem die Philosophie zu Hause ist, welches sie erbaut und dessen wird durch ihr Studium teilhaftig werden.«[93] — Die Jugend, die begeistert in den Ersten und dann in den Zweiten Weltkrieg zog, die Jugend, die begeistert dem Nationalsozialismus sich überantwortete, die Jugend, die begeistert in den Reihen des DDR-Sozialismus marschiert — diese Jugend hatte und hat offensichtlich weder das gesunde Herz noch den Mut, Wahrheit zu verlangen. Und dennoch: aller geschichtlichen Erfahrung zum Trotz, sollten wir die Idealisierung von Jugend als Höhepunkt menschlichen Lebens unseren pädagogischen Bemühungen vorscheinen lassen.

Nicht als anthropologische Mißachtung von Jugend, sondern aus Hochachtung vor ihr muß die These »Die Jugend braucht Vorbilder!« verstanden und glaubwürdig verwirklicht werden. Denn erst wenn wir uns selbst, im Angesicht von Jugend, um Vorbildlichkeit bemühen, können wir verlangen, daß Jugend ihre »Gegenbildlichkeit« entfaltet. Kulturelle Freisetzung bedeutet kein Klima der Indifferenz, sondern ein solches dialektischer, gerade auch in symbolischen »Repräsentanzen« sich vollziehender Kommunikation.

Die Krawalle Jugendlicher in zahlreichen Städten unserer westlichen Welt hätten deutlich gemacht, so Margarte Mitscherlich, daß es ihnen an Werten fehlte, an denen sie sich orientieren können. Vor allem müssen es Werte sein, die durch und an Personen erfahrbar sind. Man möchte wissen, wer wann wo was wirklich will. Man braucht Menschen, an denen man sich messen kann, die man kritisieren darf, die einem verständnisvoll entgegentreten und die zur Auseinandersetzung bereit sind.

»Die ›Vaterlosigkeit‹ hat zugenommen; nicht nur der Vater, sondern auch ein großer Bruder oder Mentor sind durch ihren Beruf bedingt physisch und oft auch psychisch abwesend. Die zerbröckelnde Autorität hat zu neuen Formen der Auflehnung oder auch zur Gleichgültigkeit und Beziehungslosigkeit geführt, als deren Folge entweder nach wie vor die Sehnsucht nach einer universal gültigen Moral, die wenn notwendig auch mit Gewalt durchgesetzt werden soll, oder eine zynische Ablehnung gegenüber jeder Forderung nach einer verpflichtenden Moral in weiten Bereichen unserer Gesellschaft zu beobachten ist. Man kann ohne Übertreibung von einem Vorbild-Defizit sprechen, das nicht nur auf die ›spurlose Arbeit‹ des Vaters in unserer industriellen Massengesellschaft, wie sie Alexander Mitscherlich beschrieben hat, zurückzuführen ist, sondern auch auf einen Identifikationsmangel im Bereich der Familie, der Institutionen und der Gesellschaft überhaupt.«[94]

Seit Ende des Zweiten Weltkrieges, einhergehend mit der zunehmenden Technisierung unserer Gesellschaft, die immer weniger steuerbar erscheint, hätten wir den Bankrott bisher hochgehaltener Ideale und damit auch die Entwertung autoritärer Erziehungsformen erlebt. Die Eltern, in ihrer inneren Unsicherheit, repräsentierten Vorbilder, hinter denen sie im Grunde nicht mehr stehen. Aus Angst vor der Konfrontation mit der eigenen Unsicherheit oder davor, als »Kulturheuchler« entlarvt zu werden, verweigerten sie den Jugendlichen die Diskussion über die Widersprüche in sich selber und in der sie umgebenden Gesellschaft. Die Art der Erziehung des Kindes und die Breite seiner Identifikationsmöglichkeiten bedinge aber Reichtum oder Armut seiner Persönlichkeit. Nur mit Hilfe von entsprechenden Vorbildern könne es sich langsam die Fähigkeit zur Empathie und Toleranz erwerben. Der Begriff der Toleranz sei vielfach angegriffen und abgewertet worden; man denke an Herbert Marcuses Definition der »repressiven Toleranz«. Toleranz heiße aber nicht Gleichgültigkeit den unterschiedlichen Wertvorstellungen oder der doppelten Moral gegenüber, sondern vielmehr Verstehens- und Diskussionsbereitschaft über das, was in und um uns geschieht, oder auch eine eindeutige und begründete Stellungnahme.

Identifikation sei ein psychologischer Vorgang, durch den ein Subjekt einen Aspekt, eine Eigenschaft, ein Attribut eines anderen assimiliert und sich vollständig oder nur teilweise nach dem Vorbild des anderen umwandelt. Um sich dergestalt identifizieren zu können, brauche ein Mensch Vorbilder.

Die Gefahr, sich mit falschen Vorbildern zu identifizieren, besteht immer; deshalb ist es so wichtig, daß innerhalb der Demokratie die Erwachsenen ihre Wertvorstellungen radikal, d.h. bis zu den Wurzeln ihres jeweiligen Selbstverständnisses reichend, diskutierten.

Auf den Plural »Vorbilder« kommt es an — auf eine »Mehrzahl«, die sich als dialektisch strukturierte Vielfalt begreift. Solche Heterogenität ist natürlich eingebunden in das Grundmuster einer humanen politischen Anthropologie, wie sie von den Grundwerten des Grundgesetzes postuliert wird. Beides muß vorgelebt werden: die Einheit eines humanen Grundkonsenses und die Vielfalt sich widersprechender Werte. Mit Hilfe *solcher* Vorbildhaftigkeit, die die Freiheit zur »Auswahl«, zur Entscheidung abverlangt (eben kulturelle Freisetzung!), können Kinder und Jugendliche ihr Ich erweitern und kritischer Differenzierung fähig werden. Indem sie erleben und nachvollziehen, daß Menschen verschiedenartig und jeweils anders als die anderen sind, wird die Gefahr seelischer Einseitigkeit vermieden. Freude am anderen! Wer als Kind lernte, zu verschiedenen Menschen unterschiedliche Beziehungen aufzubauen, ist aufgrund solcher vielfältigen Verinnerlichungen und entsprechend differenzierender Einfühlung einigermaßen vor einer auf Herrschaft und Unterwerfung fixierten Weltanschauung gefeit.

Die eine Anstrengung besteht darin, den Mut aufzubringen, Vorbild zu sein; die andere darin, diese Vorbildhaftigkeit, vor allem in kritischer Selbstreflektion, so durchschaubar zu machen, daß die Ablösung vom Vorbild oder der Wechsel zu einem anderen dem jungen Menschen jederzeit ohne Selbstwertverlust möglich wird. Die Diskussion über Vorbildhaftigkeit ist deshalb so schwer zu führen, weil die Älteren und Alten den Jüngeren und Jungen gegenüber immer meinen, sie müßten dadurch Vorbild sein, daß sie ein Konzentrat aller nur irgendwie möglichen Tugenden darzustellen hätten; während es doch wichtig ist, bei aller ethischen Anstrengung nicht über seine geistig-seelischen »Verhältnisse« hinaus zu leben, sondern sein Ich anzunehmen und glaubwürdig zu vermitteln. Sein Ich annehmen kann natürlich nicht heißen, dies kritiklos zu tun; als Maßstab zur Selbstbeurteilung erweist sich eine humane Anthropologie, die den Menschen als kommunikatives, soziables, transzendierendes, gewaltfreies, um Sublimierung bemühtes Wesen begreift.

Anmerkungen

1 Johannes Böck: Entfremdung — Analyse eines Begriffs. In: Blätter für Deutschlehrer. Dezember 1981, S. 101.
2 Sigmund Freud: Das Unbehagen in der Kultur. In Sigmund Freud: Studienausgabe. Band IX. Fragen der Gesellschaft. Ursprünge der Religion. Herausgegeben von Alexander Mitscherlich, Angela Richards, James Strachey. Frankfurt am Main 1974, S. 209.
3 Sigmund Freud: Das Unbehagen in der Kultur; a.a.O., S. 210.
4 Sigmund Freud: Das Unbehagen in der Kultur; a.a.O., S. 208.
5 Sigmund Freud: Das Unbehagen in der Kultur; a.a.O., S. 208.
6 Hermann Lübbe: Miesmacher haben Konjunktur. Warum eine desorientierte Gesellschaft den Faden zum eigenen Selbstverständnis nicht wiederfindet. In: Rheinischer Merkur/Christ und Welt, 4. 9. 1981.
7 Friedrich G. Kürbisch (Hrsg.): Dieses Land schläft einen unruhigen Schlaf. Sozialreportagen 1918—1945. Ein Lesebuch. Bonn 1980.
Friedrich G. Kürbisch (Hrsg.): Erkundungen in einem unbekannten Land. Sozialreportagen von 1945 bis heute. Bonn 1981.

8 Zit. nach Hans Maier: Das Leistungsprinzip, seine Kritiker und seine Bedingungen. Einer der Hauptaspekte des sozialen Wandels in der Industriegesellschaft. In: Frankfurter Allgemeine Zeitung, 19. 12. 1981.
9 Peter Henkel: Nur noch 30 Prozent halten die Technik für einen Segen. In: Frankfurter Rundschau, 6. 3. 1982.
10 Hans Schuster: Der verrufene Fortschritt. In: Süddeutsche Zeitung, 2. 1. 1982.
11 Vgl. hierzu Claus Offe: Postindustrielle Gesellschaft — ein politisches Programm? Zu Daniel Bells Analysen. In: Merkur, Heft 9/1976, S. 878 ff.
12 Zit. nach Hermann Glaser (Hrsg.): Fluchtpunkt Jahrhundertwende. Ursprünge und Aspekte einer zukünftigen Gesellschaft. Band 1: Modernität im Widerspruch. Krise der Politik. Band 2: Jugend zwischen Revolte und Resignation. Alternativen für morgen? Frankfurt am Main, Berlin, Wien 1981. Band 1, S. 12 f.
13 Zit. nach Hermann Glaser (Hrsg.): Fluchtpunkt Jahrhundertwende; a.a.O., Band 1, S. 13 f.
14 Theodor Leuenberger; Rudolf Schilling: Die Ohnmacht des Bürgers. Plädoyer für eine nachmoderne Gesellschaft. Frankfurt am Main 1977, S. 224.
15 Theodor Leuenberger, Rudolf Schilling: Die Ohnmacht des Bürgers; a.a.O., S. 232.
16 Theodor Leuenberger, Rudolf Schilling: Die Ohnmacht des Bürgers; a.a.O., S. 233.
17 Eidgenössische Kommission für Jugendfragen: Thesen zu den Jugendunruhen 1980. Zit. nach Jugendpolitischer Dienst (jpd), 13. 2. 1981, S. 4.
18 Zit. nach Karl Otto Conrady (Hrsg.): Das große deutsche Gedichtbuch. Kronberg/Ts. 1977, S. 834 f.
19 Das Überleben sichern. Gemeinsame Interessen der Industrie- und Entwicklungsländer. Bericht der Nord-Süd-Kommission. Mit einer Einleitung des Vorsitzenden Willy Brandt. Köln 1980, S. 20 f.
20 Hans-Josef Vogel, Michael Sagurna: Heften wir es ab! In: Westfalen-Echo, Nr. 1/1981, S. 5.
21 Hans-Josef Vogel, Michael Sagurna: Heften wir es ab!; a.a.O., S. 5 f.
22 A. A. Guha: Das Notwendige wird utopisch. In: Frankfurter Rundschau, 9. 8. 1980.
23 Johano Strasser: Die 80er Jahre — Orwells Jahrzehnt? In: L'80, Heft 13/1980, S. 18 f.
24 Hans-Eckehard Bahr: Du hast keine Chance, aber nutze sie. Die Alternativen und der republikanische Friede. In: Die Zeit, 10. 4. 1981
25 Alexander Mitscherlich: Thesen zur Stadt der Zukunft. Frankfurt am Main 1971, S. 2.
26 E. Fechner: Zur Entstehung des Filmes »Nachrede auf Klara Heydebreck« und Textbuch. In: Der Monat, Heft 266/1970, S. 21 ff.
27 Zit. nach Kursbuch 27/1972, S. 1 f.
28 Gerd Kröncke: Krank durch Sanierung. Die Angst vor städtebaulichen Maßnahmen legt sich auf die Gesundheit. In: Süddeutsche Zeitung, 10. 6. 1981.
29 Peter von Becker: Die Minima Moralia der achtziger Jahre. Notizen zu Botho Strauß' »Paare Passanten« und »Kalldewey, Farce«. In: Merkur, Heft 2/1982, S. 157.
30 Walter Hollstein: Die Gegengesellschaft. Reinbek bei Hamburg 1981, S. 146.
31 Bundesministerium für Jugend, Familie und Gesundheit: Zur alternativen Kultur in der Bundesrepublik Deutschland. In: Aus Politik und Zeitgeschichte. Beilage zur Wochenzeitung »Das Parlament«, 26. 9. 1981, S. 14 f.
32 Horst Karasek. Das Dorf im Flörsheimer Wald. Eine Chronik vom alltäglichen Widerstand gegen die Startbahn West. Darmstadt und Neuwied 1981, S. 105 f.
33 Horst Karasek: Das Dorf im Flörsheimer Wald; a.a.O., S. 21.
34 Horst Karasek: Das Dorf im Flörsheimer Wald; a.a.O., S. 24.
35 Horst Karasek: Das Dorf im Flörsheimer Wald; a.a.O., S. 27
36 Horst Karasek: Das Dorf im Flörsheimer Wald; a.a.O., S. 29.
37 Horst Karasek: Das Dorf im Flörsheimer Wald; a.a.O., S. 30.
38 Horst Karasek: Das Dorf im Flörsheimer Wald; a.a.O., S. 33
39 Horst Karasek: Das Dorf im Flörsheimer Wald; a.a.O., S. 47 f.
40 Horst Karasek: Das Dorf im Flörsheimer Wald; a.a.O., S. 52.
41 Horst Karasek: Das Dorf im Flörsheimer Wald; a.a.O., S. 57 f.
42 Horst Karasek: Das Dorf im Flörsheimer Wald; a.a.O., S. 207 f.

43 Bernhard Heimrich: Dreimal hatten die Besetzer die gewaltlose Räumung geübt. In: Frankfurter Allgemeine Zeitung, 6. 6. 1980.
44 Zit. nach Karl Otto Conrady (Hrsg.): Das große deutsche Gedichtbuch. Kronberg/Ts. 1977, S. 326 f.
45 D. Diderot: Nachtrag zu »Bougainvilles Reise«. Frankfurt am Main 1965. Vgl. hierzu auch Hermann Glaser: Eros in der Politik. Köln 1967, S. 24 ff.
46 Ernst Wiechert: Das einfache Leben. München 1959, S. 8.
47 Ernst Wiechert: Das einfache Leben; a.a.O., S. 15.
48 Ernst Wiechert: Das einfache Leben; a.a.O., S. 32 f.
49 Ernst Wiechert: Das einfache Leben; a.a.O., S. 322 f.
50 Gottfried Benn: Kunst und Drittes Reich. In: Gesammelte Werke in acht Bänden. Hrsg. von Dieter Wellershof. Band 3. Wiesbaden 1968, S. 877 f.
51 Rolf Schneider: Die Grünen — ein Unglück. In: Der Spiegel, Nr. 13/1980, S. 39.
52 Wolfgang Pohrt: Altenative unter Verdacht. In: Konkret, Heft 10/1981, S. 45.
53 Horst Stern: Natur als Ware. In: Frankfurter Hefte, Heft 4/1976, S. 107.
54 Adalbert Stifter: Der Nachsommer. Mit einem Nachwort von Emil Staiger. München 1964, S. 156.
55 Adalbert Stifter: Der Nachsommer; a.a.O., S. 67.
56 Adalbert Stifter: Der Nachsommer; a.a.O., S. 23.
57 Adalbert Stifter: Der Nachsommer; a.a.O., S. 93.
58 Adalbert Stifter: Der Nachsommer; a.a.O., S. 57.
59 Adalbert Stifter: Der Nachsommer; a.a.O., S. 44 f.
60 Adalbert Stifter: Der Nachsommer; a.a.O., S. 32 f.
61 Wolfgang Langhoff: Ein Deutschland-Brief. In: Neue Zeitung, 18. 2. 1946.
62 Zit. nach Peter-Hubert Köppinger: Auf der Suche nach Sinn die Gewißheit: Die Eisschränke sind austauschbar. In: Die Welt, 30. 3. 1982.
63 Zit. nach Peter-Hubert Köppinger: Auf der Suche nach Sinn; a.a.O.
64 Rudolf Bahro: Die DKP ist ein Fremdkörper. In: Der Spiegel, Nr. 15/1982, S. 30.
65 Vgl. Frankfurter Allgemeine Zeitung, 2. 4. 1982.
66 »Es geht ihnen um Selbstverwirklichung und Solidarität«. Eine große Anfrage der CDU-Fraktion im Berliner Abgeordnetenhaus über »alternatives Leben« und die Antwort des Senats. In: Frankfurter Rundschau, 27. 4. 1982.
67 Walter Hornstein: Jugendprobleme, Jugendforschung und politisches Handeln. In: Aus Politik und Zeitgeschichte. Beilage zur Wochenzeitung »Das Parlament«, 23. 1. 1982, S. 16.
68 Walter Hornstein: Jugendprobleme, Jugendforschung und politisches Handeln; a.a.O., S. 18.
69 Friedrich von Schiller: Über die ästhetische Erziehung des Menschen (1793). In: Schillers Werke. Band IV. Frankfurt am Main 1966, S. 195.
70 Friedrich von Schiller: Über die ästhetische Erziehung; a.a.O. S. 199.
71 Friedrich von Schiller: Über die ästhetische Erziehung; a.a.O., S. 199 f.
72 Friedrich von Schiller: Über die ästhetische Erziehung; a.a.O., S. 286.
73 Karl Marx, Friedrich Engels: Werke. Band 1. Berlin-Ost 1970, S. 346.
74 Peter Mosler: Zurück zum Beton. In: Frankfurter Rundschau, 30. 4. 1982.
75 Strobe Talbott: Leben mit dem Atomtod. Was passiert, wenn die Abschreckung versagt? In: Die Zeit, 16. 4. 1982.
76 Robert Leicht: Erhard Eppler: Politik aus der Isolation. Unterwegs in immer kältere Zonen. In: Süddeutsche Zeitung, 2. 4. 1982.
77 Theodor W. Adorno: Negative Dialektik. Frankfurt am Main 1970, S. 241.
78 Richard Löwenthal: Sechs Thesen. In: Frankfurter Rundschau, 8. 12. 1981.
79 Jürgen Habermas: Theorie des kommunikativen Handelns. Zwei Bände. Frankfurt am Main 1982.
80 Klaus Podak: Verteidigung unverkürzter Vernunft. Jürgen Habermas legt seine »Theorie des kommunikativen Handelns« vor. In: Süddeutsche Zeitung, 24./25. 4. 1982.
81 Klaus Podak: Verteidigung unverkürzter Vernunft; a.a.O.
82 Alain Finkielkraut: Alles deutsche Juden? Über eine Generation linker 68er, die

nacheinander die großen Unterdrückten verkörperte. In: Frankfurter Rundschau, 27. 3. 1982.

83 Michael Holzach: »Dem Gefühl nach bin ich schon seit Jahren unterwegs«. Die Bundesrepublik aus einer ungewöhnlichen Perspektive: Zu Fuß und ohne Geld 2500 Kilometer durch das Wohlstandsland. Teil II. In: Frankfurter Rundschau, 3. 4. 1982.

84 Horst Krüger: Deutsches Tagebuch (V). Die neue Jugendbewegung. In: Der Monat, Heft 1/1982, S. 129.

85 Zit. nach Christa Meves: Die Sache mit dem Apfelbaum. Lebensmut im Atomzeitalter. In: Rheinischer Merkur/Christ und Welt, 2. 4. 1982.

86 Zit. nach Hans-Jürgen Heise: Der Phantasie Segel setzen. Über das Kindliche in der Dichtung. In: Akzente, Heft 6/1981, S. 569.

87 Vgl. Carl Hupfer: Die Diskothek als Sündenbabel. Zeitschrift des Kultusministeriums verteufelt Freizeitstätten der jungen Generation. In: Süddeutsche Zeitung, 7. 4. 1982.

88 Thomas Ziehe, Herbert Stubenrauch: Plädoyer für ungewöhnliches Lernen. Ideen zur Jugendsituation. Reinbek bei Hamburg 1982, S. 101.

89 Thomas Ziehe, Herbert Stubenrauch: Plädoyer für ungewöhnliches Lernen; a.a.O., S. 296.

90 Warnfried Dettling: Die Jungen haben Anspruch auf eine andere Politik. In: Deutsches Allgemeines Sonntagsblatt, 11. 10. 1981.

91 Interview mit Manès Sperber: Alles zerstören kann jeder Schwachsinnige. Der Schriftsteller über die Jugendrevolte, die Kriegsgefahr und die Zukunft in der Zivilisation. In: Rheinischer Merkur/Christ und Welt, 12. 3. 1982.

92 Dieter Bub: Beten für den Frieden. In: Stern, Jg. 1982.

93 Zit. nach Erich Geißler: Die Knospe muß der Blüte weichen. Wir dürfen die Jugend nicht zum Pflegefall verkommen lassen. In: Frankfurter Allgemeine Zeitung, 23. März 1982.

94 Margarete Mitscherlich: Die Jugend braucht Vorbilder. »Junges Deutschland im Hoffmann und Campe Verlag«. Flugschriftenreihe Nr. 2. Hrsg. von Hans-Jürgen Schmitt. Hamburg 1981, S. 6.

Abgesang

Jede bisherige Gesellschaft, so Cornelius Castoriadis, hat versucht, einige Grundfragen zu beantworten: Wer sind wir, als Gemeinschaft? Was sind wir, die einen für die anderen? Wo und worin sind wir? Was wollen wir, was begehren wir, was fehlt uns? Die Gesellschaft müsse ihre »Identität« bestimmen, ihre Gliederung, die Welt, ihre Beziehungen zur Welt und deren Objekten, ihre Bedürfnisse und Wünsche. Ohne eine solche »Antwort« auf solche »Fragen«, ohne solche »Definition« gäbe es keine menschliche Welt, keine Gesellschaft und keine Kultur — denn alles bliebe ununterschiedenes Chaos.[1]

Fragen, Antworten, Definitionen. In diesem Staat können Fragen gestellt, Antworten versucht, Definitionen neben- und gegeneinander gestellt, auch miteinander gefunden werden. Etwas ganz anderes ist es, ob die Gesellschaft, die sie konstituierenden einzelnen wie Gruppen, Repräsentanten wie Institutionen Fragen lieben, um Antworten bemüht sind, ein Interesse für Definitionen entwickeln. Ist dies nicht so, wird die größte Chance, die die Demokratie bietet, nicht genutzt oder gar verspielt: nämlich den steten Diskurs zu führen, die »Wahrheit« auf kommunikative Weise (in Form kommunikativer Theorie und kommunikativer Praxis) zu finden. Die Gesellschaft, so Castoriadis, konstituiere sich, indem sie in ihrem Leben, in ihrer Tätigkeit de facto eine Antwort auf Fragen auftauchen lasse; erst im Tun einer Gesellschaft erscheine die Antwort auf solche Fragen als verkörperter Sinn. Verständlich werde das gesellschaftliche Tun erst, wenn man es als Antwort auf Fragen begreift, die es unausdrücklich selber stellt. Daß dies *auch* so ist, will ich nicht bestreiten; die »imaginären gesellschaftlichen Bedeutungen« stellen sich im Vollzug von Handeln ein. Für genauso notwendig aber halte ich es, daß man Fragen *ausdrücklich* stellt, Antworten *ausdrücklich* vorschlägt, Definitionen *ausdrücklich* vorlegt. Mit der »Anstrengung des Begriffs«. Expressis verbis.

Letzlich war dies, die Überzeugung von der Notwendigkeit der Explikation, der Beweggrund, warum ich dieses Buch schrieb. Wer sind wir? Eine Gemeinschaft, die mehr denn je durch den Generationenkonflikt gespalten ist. Was sind wir, die Älteren für die Jüngeren, die Jüngeren für die Älteren? Wo und worin besteht unsere Identität? Haben wir sie noch? Warum ist sie lädiert? Wie kann sie wieder hergestellt werden? Was wollen wir in einer Gesellschaft, die durch die Grenzen des Wachstums bestimmt ist? Was begehren wir? Warum sind so viele unserer Blütenträume nicht gereift? Waren es Scheinblüten? Was fehlt dieser Gesellschaft, daß sie von Irrungen und Wirrungen heimgesucht wird? Misere, Malaise: fatale Zustandsbeschreibungen für ein Land, in dem wir, nehmt alles nur in allem (vor allem dann, wenn man es mit anderen Ländern vergleicht), doch recht glücklich leben. Ist das alles ein falsches Glück, nun dekuvriert vom jugendlichen Protest, der ungestüm einen neuen, ganz anderen Glücksanspruch anmeldet, den er in diesem Land nicht erfüllt sieht?

Ich stehe in einem öffentlichen Amt; habe aber keine Karriere vor mir; kann ungeschützt sprechen (was nicht heißt, daß diejenigen, die eine Karriere vor sich haben, ihre Zunge in Zaum nehmen sollten). Ich veröffentlichte einige Bücher, die teils gelobt, teils angefeindet wurden; ich spreche nicht von Rezensionen, sondern vom Stellenwert dieser Bücher in der gesellschaftspolitischen Auseinandersetzung. Bei diesem Buch fand ich nur schwer den »roten Faden«; vielleicht weil es eigentlich ein grüner war; aber kaum folgte ich dem grünen, spürte ich, daß er zu gefährlicher Regression hinzog ... Da spreche ich besser von einer »Textur«: Ich bin »eingebunden« in die Überzeugung, daß die theoretische Analyse helfen kann, Antwort auf Lebensfragen zu finden. Der Zweck der Theorie ist es, die Vielfalt der konkreten Erscheinungsformen zu ordnen und die Details so zu abstrahieren, daß »schlüssige« Erkenntnisse möglich werden: schlüssig in dem Sinne, daß die gewonnenen Erkenntnisse auf die »neue«, die »nächste« Wirklichkeit zumindest vergleichsweise angewandt werden können. Der Wert der Theorie ist, inmitten der Erscheinungen Flucht, zur Klärung zu gelangen, unter Umständen zur Aufklärung.

Solche Räsonieren hat natürlich für die eigene wie kollektive Identität auch den Sinn eines »Glasperlenspieles«. In Abwandlung eines Hesse-Wortes möchte ich sagen, daß die Theorie, wie ich sie meine, nach absolvierter Meditation den Theoretiker so umschließt, wie die Oberfläche einer Kugel ihren Mittelpunkt umschließt; sie entläßt ihn mit dem Gefühl, eine restlos symmetrische und harmonische Welt aus der zufälligen und wirren gelöst und in sich aufgenommen zu haben. Mit der Verarbeitung der Phänomene, ihrer Ordnung und Einordnung, wird man sich ein bißchen mehr seiner selbst gewiß — man geht nicht im Sog der Vielfalt und Widersprüchlichkeiten unter.

Im »Steppenwolf« hat Hesse dann eine ganz andere Definition, freilich nicht von »Spiel« bzw. Theorie, sondern von »Aufzeichnungen« gegeben: sie stellten den Versuch dar, die große Zeitkrankheit nicht durch Umgehen zu überwinden, sondern diese selbst zum Gegenstand der Darstellung zu machen; sie bedeuteten einen Gang durch die Hölle, einen bald angstvollen, bald mutigen Gang durch das Chaos einer verfinsterten Seelenwelt, gegangen mit dem Willen, die Hölle zu durchqueren, dem Chaos die Stirn zu bieten, das Böse bis zu Ende zu erleiden. Es handelt sich dabei natürlich um ganz bestimmte »Aufzeichnungen«, eben um solche eines Einsamen, der sich der bürgerlich-heilen Welt entfremdet fühlt und als »Steppenwolf«, als wölfische Intelligenz, eine zerfallene Kultur (die der Zwanziger Jahre) durchwandert.

Entdramatisiert, aber dennoch: Wer diese *unsere* Zeit durchwandert, wer sich mit dem heutigen Generationenkonflikt beschäftigt, geht auch durch eine verfinsterte Seelenwelt. Wer deswegen auszieht, kann das Fürchten rasch lernen. Von Chaos möchte ich freilich nicht sprechen; geschweige denn von Hölle. Mein Ziel vielmehr: dialektische Harmonie herstellen, die Bösartigkeiten der Gesellschaft abbauen helfen. Als Angehöriger einer Generation, die das Chaos, das wirkliche wie das moralische, und das abgründig Böse des Dritten Reiches erlebte wie reflektierte, Trauerarbeit zu leisten sich bemühte, habe ich ein wesentlich milderes und hoffnungsvolleres Verhältnis zur Gegenwart und Zukunft als die Jugend von heute. »No future« — mit diesem Buch möchte ich sie überreden, doch an die Zukunft zu glauben. »Life is Xerox, your are only a copy« — mit diesem Buch möchte ich sie davon überzeugen, daß das Individuum nach wie vor eine große Chance hat. »Wir weinen auch ohne euer Tränengas« — mit diesem Buch möchte ich verdeutlichen, daß es keinen Grund gibt, nur zu weinen; viel Grund jedoch, dankbar zu sein.

Aber dann befand ich mich mit meiner optimistischen Sing-out-Philosophie doch immer im Packeis des Unbehagens. Ich befinde mich im Packeis des Unbehagens. Ich werde mich weiterhin im Packeis des Unbehagens befinden. Die tägliche Abwechslung, die tägliche Erfahrung des Scheiterns, das oft, zumindest in der Kulturpolitik, auch ein fröhliches Scheitern ist (Sisyphos ist glücklich, wenn der Stein zum neuen Wälzen wieder unten ist!) — solches Glück fehlender Nachdenklichkeit lenkt von solchem Unbehagen ab. Wenn man sich aber veranlaßt sieht oder zwingt, aufzuschreiben, was man zu einigen Grundfragen dieser Gesellschaft meint, wird das Packeis des Unbehagens viel bedrängender, allerdings auch viel greifbarer.

Man wird eingezwängt, hin und hergeschoben zwischen Argumenten und Materialien, zwischen Einsichten und Fragwürdigkeiten, zwischen Unsicherheiten und dem Wunsche nach Verstehen und Faßbarkeit.

Mit Unbehagen lese ich da, was der kluge Mentor dieses Buches, Charles Schüddekopf, in manchem Brief und dann konzentriert in der Ankündigung des Verlagsprospekts wie im Klappentext schrieb. (Gleich vorab, damit kein Mißverständnis aufkommt: mein Unbehagen besteht darin, daß ich nicht glaube, dieser Beschreibung meiner Arbeit, dieser Definition meiner Absichten, mit meinem Text gerecht werden zu können!) Da ist zunächst die Diskrepanz zwischen der Idee der Zielsetzung und ihrer Erfüllung. Mit diesem Buch, heißt es da, werde nicht eingestimmt in die Litanei über den Verlust der Verständigung zwischen Jungen und Alten; ich bemerke, daß ich oft doch in diese Litanei einstimme. Die Hilfe der Theorie versagt dann; an die Stelle der Analyse tritt der Unmut, die Schuldzuweisung, die sich auch geschichtlich zu legitimieren sucht. Litanei: eintöniges Gerede, endlose Aufzählung — damit ist auch gleich der Blickwinkel charakterisiert, unter dem viele der jugendlichen Verächter des Diskurses meine Bemühungen quittieren werden. Aber eine Litanei hat auch etwas Gutes; in säkularisierter Definition: ein im Wechselgesang vorgetragenes Fürbitt-Traktat mit Anrufungen. »Ich bitte um Vernunft.« »Ich rufe zur Verständigung zwischen den Fronten auf.«

In diesem Buch, so die Ankündigung, werde versucht, die Frage zu beantworten, ob die Kluft und das Packeis zwischen den Generationen ein besonderer gesellschaftlicher und politischer Tatbestand unserer Zeit und Welt sei, oder lediglich ein gleichbleibend generationsspezifisches Problem signalisiere. Ich weiß es nicht. Ich gebe unterschiedliche Antworten, die beides beinhalten. Der Protest als gleichbleibend generationsspezifisches Problem — deshalb umfangreiche Exkurse zu Generationenkonflikten in diesem und im letzten Jahrhundert. Er ist aber auch etwas ganz Spezifisches, Aktuelles, Gegenwärtiges — deshalb immer wieder das Bemühen, zu den eigentlichen Wurzeln heutiger Entfremdung vorzustoßen.

Das Ziel dieses Buches, so die Ankündigung, sei trotzdem keine puristische oder gar selbstgerechte psychosoziale Studie über Jugendprotest und Gesellschaft. In manchem ist sie durchaus puristisch, indem sie nämlich die reine Theorie, auch in entsprechendem Jargon, zu vermitteln trachtet. Der Selbstgerechtigkeit freilich versuche ich mit Intensität aus dem Weg zu gehen. Allein schon dadurch, daß ich mich mit meiner Widersprüchlichkeit »einbringe«. Damit diese Konflikte unübersehbar sind, wurden — nicht als didaktisches Prinzip, sondern als Ausdruck meiner Verunsicherung — zwei Druckarten gewählt. Ein schizoides Buch, ein seelisch zerrissenes Buch also; vor allem auch im Hinblick auf seine Denkstrukturen, was einen Wechsel von Sprachmustern einschließt. Es ist freilich ein Buch, und das läßt sich vielleicht positiv anmerken, in dem die Argumente ständig »aufgehoben«, die Argumentationsketten gesprengt bzw. in neuer Weise zusammengeschlossen werden. Vielleicht kann dadurch ein kleiner Beitrag zu dem geleistet werden, was Jürgen Habermas in seiner Theorie des kommunikativen Handelns die »Konsensustheorie der Wahrheit« nennt. Sehr grob und verkürzt gesprochen: als wahr gilt, was nach Ausschöpfung sämtlicher verfügbarer Argumente und Gegenargumente von einer Gemeinschaft vernünftig debattierender Leute als wahr akzeptiert wird. Ich versuchte, einige der verfügbaren Argumente und Gegenargumente so vorzutragen, daß vernünftig debattierende Leute zwar nicht unbedingt zur Wahrheit vorstoßen können — dies wäre eine Anmaßung —, wohl aber einige Vorschläge zur Wahrheitsfindung vorgelegt erhalten. Materialien also zum »steten Diskurs« — um noch einmal dieses mein Lieblingswort, diesen meinen Lieblingsbegriff, diese meine gesellschaftliche Überzeugung aufzugreifen.

Es sei, heißt es in der Ankündigung des Buches, der Versuch der persönlichen Bilanz von einem, der das Fürchten gelernt hat in der Sprachlosigkeit zwischen Jungen und Alten und der dennoch versuche, die Gesetze der Vernunft mit den Interessen der Sinne zu versöhnen, damit die Kraft zur Verständigung und zur gesellschaftlichen Veränderung nicht verlorengehe. Wenn man das so konzentriert liest, ängstigt man sich vor der eigenen Courage; einmal, weil das nach »Sonntagsworten« klingt; zum anderen, weil mir selbst oft die Kraft zur Verständigung, zur gesellschaftlichen Veränderung fehlt. Wie könnte ich also in dieser »persönlichen Bilanz« die Gesetze der Vernunft, die Ermutigung zum Handeln so attraktiv vermitteln, daß diese von den unterschiedlichen »Lagern«, von denen im Buche die Rede ist, wenigstens einigermaßen akzeptiert werden? Versucht wurde es. »Persönliche Bilanz« will auch heißen, daß ich weder einen Literaturbericht gebe, noch eine neue Theorie des Generationenkonflikts vortrage. Ich habe niedergeschrieben, welche Erfahrungen ich mit bestimmten Theorien und welche ich mit bestimmter Praxis habe, wobei beide, Theorie und Praxis, sich oft konterkarieren. Ich habe zwischen meinem theoretisierenden Ich und meinem der Praxis ausgelieferten, auch praxisbeeinflussenden Ich ein Zwiegespräch entfacht. Ich habe manchmal sehr subjektiv und expansiv literarische und soziologische, vor allem auch sozialpsychologische Autoren in das Gespräch einbezogen — und das heißt: umfänglich zitiert; Autoren, die mir für eine Bilanz im Laufe der Zeit, vor allem in letzter Zeit, wichtig geworden sind. Von Fall zu Fall habe ich als Publizist ein Gespräch mit mir selbst geführt; ich rekurrierte auf Gedanken, die mich seit langem beschäftigen und die ich entsprechend in anderem Zusammenhang artikuliert habe.

Und damit zum Unbehagen, das mir die Materialbehandlung (-aufarbeitung) machte. Der Leser erwartet vielleicht einen »Pyramidenaufbau«. Unten: eine breite empirische Schicht, übersichtlich geordnet und kompakt eingestampft; darüber die sich verengende Schicht der systematischen Konklusionen und Explikationen; schließlich, der Spitze zu, die wesentlichsten und wichtigsten Erkenntnisse. Ein anderes Modell, das ich mir selbst zum Ziel gesetzt hatte, wäre, in Form einer Spirale zu schreiben; sich im Spannungsfeld des Themas nach oben zu schrauben; in immer neuen Variationen die Problematik einzukreisen — Kapitel um Kapitel steht man dann, wenn auch an gleicher Stelle, eine »Etage« höher.

Die Eigendynamik der Sache, um die es geht, ihre Widersprüchlichkeit, erschütterte dieses Modell; ich stellte fest: die Spirale »schleuderte«; vielleicht ist sie auch umgefallen; der »dramaturgische« Aufbau jedenfalls fehlt. Warum aber soll man, wenn man schon über Spontaneismus schreibt, nicht auch selbst spontaneistisch schreiben? Die Materialien durcheinanderwirbeln, einem Exkurs sich voll überlassen, wenn man ihn für wichtig hält! Zur Entlastung kann ich auf Walter Benjamin verweisen, der die fragmentarische Schreibweise, nämlich die »schöne Regellosigkeit« von Gelesenem und Aufgelesenem, von Erkanntem und Erkenntnishaltigem damit begründet hat, daß sie eben ganz der Inkohärenz des Alltags entspreche. Inkohärent, unzusammenhängend, ist in der Tat das Thema: die Generationen hängen nicht mehr zusammen; sie sind auseinandergerissen — Packeis hat sich dazwischengeschoben — sich übereinanderschiebende Eisschollen, die sich reiben und bedrängen; »ordentlich« ist das alles nicht. Übrigens, was die Materialblöcke betrifft: nicht nur die kalten, die eisigen sind da; viele Zufriedenheits-Archipele bieten sich an. Vom Wärmestrom umflossen.

Die Grund- und Weltfragen der Philosophie: Was kann ich erkennen? Was kann ich tun? Was darf ich hoffen? bestimmten diesen Versuch zur Theorie, Praxis und »Metaphysik« des Generationenkonflikts. Insgesamt bin ich zu keiner verläßlichen Sicherheit in der Beurteilung vorgestoßen. Wenn wir die Fragen auf unsere »Region«, die Bundesrepublik Deutschland, beziehen, so liegen derart viele Erkenntnisse vor, daß uns beim Auszug in die Theorie höchstens das Gruseln wegen der ungeheuren Fülle kommen könnte, nicht aber weil wir überzeugende Kompetenzen vermissen müßten. Gerade in einer Gesellschaft, die wieder stärker Sinnfragen stellt und sich vom Zweckhaften abwendet, tut Theorie not. Zudem hat Kant formuliert: Die Praxis ist häufig deshalb so schlecht, weil die Theorie fehlt. Und bei der Praxis sollte man den Mut zu sperrigem, unkonventionellem, vor allem auch glaubwürdigem Handeln aufbringen. Bei Schwierigkeiten Gelassenheit zeigen, den Perfektionismus meiden.

Der Rundblick auf das Thema des Buches macht deutlich: Die Theorie stellt sich als gut beackertes Feld dar, das freilich noch wenig mit wagemutiger Jugendpolitik praktisch bepflanzt ist. Keine Resignation deshalb! Die Abendstimmung sollte man zumindest am Morgen, wenn die Dreckarbeit der Reform wieder beginnt, überwunden haben.

Skrupel begleiten die Niederschrift dieses Bandes, aber auch die Absicht und das Bemühen, möglichst skrupulös vorzugehen. Die Fragwürdigkeiten überwältigten mich oft; weder Theorie noch praktische Erfahrungen konnten da »versichernd« wirken. Die Probleme zehrten an den Nerven. Da ich aber das Glück habe, daß meine Familie vom vielfach beschriebenen Generationenkonflikt verschont blieb, konnte ich mich auf die Rolle des Beobachters zurückziehen. So danke ich ihr, daß sie mir (auch) dieses Buch ermöglichte, indem sie mir ersparte, das durchzustehen, was allenthalben analysiert und erfahren wird. Ich hoffe, daß Phantasie und Einfühlungskraft eine eventuell daraus entstehende »Überheblichkeit« verhindert haben.

An den Anfang des Textes stellte ich ein Gedicht von Fontane; ich will mit einem weiteren Fontane-Gedicht schließen. Es scheint mit dem Thema kaum verknüpft zu sein. Damit der persönliche Bezug jedoch deutlich wird, zunächst nochmals die letzten Verse des einleitenden Fontane-Gedichtes. Von den Jungen heißt es da:

»... Eins läßt sie stehen auf siegreichem Grunde:
Sie haben den Tag, sie haben die Stunde;
Der Mohr kann gehn, neu Spiel hebt an,
Sie beherrschen die Szene, *sie* sind dran.«

Ich gehöre von meiner Generation her wohl nicht zu den Alten, wohl aber zu den Älteren; von meiner Funktion her sicherlich zu denen, die bald gehen, wobei ich nicht weiß, ob ich meine Schuldigkeit (in Bayern als »roter« Mohr verschrien) getan habe; jedenfalls »meine Szene« ist es nicht mehr!

Eben deshalb die nachfolgenden Strophen — wie gesagt anachronistisch in den Details: die gut durchschlafene Nacht ist selten; in den Morgenzeitungen liest man meist nicht von Avancements, sondern von Fallissements; viele Ereignisse des Tages sind nicht nett... Vornehmlich zitiere ich das Gedicht wegen der drei letzten Zeilen:

»Heute früh, nach gut durchschlafener Nacht,
Bin ich wieder aufgewacht.
Ich setzte mich an den Frühstückstisch,
Der Kaffee war warm, die Semmel war frisch,
Ich habe die Morgenzeitung gelesen,
(Es sind wieder Avancements gewesen).
Ich trat ans Fenster, ich sah hinunter,
Es trabte wieder, es klingelte munter,
Eine Schürze (beim Schlächter) hing über dem Stuhle,
Kleine Mädchen gingen nach der Schule —
Alles war freundlich, alles war nett,
Aber wenn ich weiter geschlafen hätt
Und tät von alledem nichts wissen,
Würd es mir fehlen, würd ich's vermissen?«

PS: Doch — es würde mir fehlen, ich würde es vermissen. Vor allem, wenn man wieder, wie hier beschrieben, ein bißchen heiterer, gemütlicher, alternativer leben könnte; in einer guten neuen alten Zeit, einer gelasseneren, freundlicheren, überschaubareren, menschlicheren Welt.

Anmerkungen

1 Cornelius Castoriadis: Die imaginären gesellschaftlichen Bedeutungen. In: Merkur, Heft 4/1982, S. 331.
2 Theodor Fontane: Würd es mir fehlen, würd ichs vermissen? In: Gesammelte Werke. Eine Auswahl in fünf Bänden. 1. Band. Berlin 1915, S. 127 f.

Dr. Hermann Glaser,
geboren 1928, Studium der Germanistik, Anglistik, Geschichte und Philosophie in Erlangen und Bristol; Lehramtsexamen und Eintritt in den Schuldienst. Seit 1964 Schul- und Kulturdezernent der Stadt Nürnberg. Neben pädagogischen Veröffentlichungen Autor zahlreicher Bücher zu zeitgeschichtlichen, sozialpsychologischen, literar-historischen und kulturpolitischen Themen. Zuletzt: Bundesrepublikanisches Lesebuch. Drei Jahrzehnte geistiger Auseinandersetzung. München 1978; Soviel Anfang war nie. Deutscher Geist im 19. Jahrhundert München 1981; Spurensuche. Deutsche Familienprosa. Feiburg 1981; Ein deutsches Bilderbuch: 1870—1918. Die Gesellschaft einer Epoche in alten Photographien, München 1982 (zus. mit W. Pützstück).

CIP-Kurztitelaufnahme der Deutschen Bibliothek

Glaser, Hermann:
Im Packeis des Unbehagens: e. persönl. Bilanz d. Generationenkonflikts/Hermann Glaser. — Berlin; Bonn: Dietz, 1982.
ISBN 3—8012—0077—9